D1703910

ERNST JÜNGER – SÄMTLICHE WERKE

Tagebücher I-VIII

Band 1 Der Erste Weltkrieg
Band 2 Strahlungen I
Band 3 Strahlungen II
Band 4 Strahlungen III
Band 5 Strahlungen IV
Band 6 Strahlungen V
Band 7 Strahlungen VI, VII
Band 8 Reisetagebücher

Essays I-IX

Band 9 Betrachtungen zur Zeit
Band 10 Der Arbeiter
Band 11 Das Abenteuerliche Herz
Band 12 Subtile Jagden
Band 13 Annäherungen
Band 14 Fassungen I
Band 15 Fassungen II
Band 16 Fassungen III
Band 17 Ad hoc

Erzählende Schriften I-IV

Band 18 Erzählungen
Band 19 Heliopolis
Band 20 Eumeswil
Band 21 Die Zwille

Supplement

Band 22 Späte Arbeiten – Aus dem Nachlaß

Ernst Jünger

Sämtliche Werke 13
Essays V

Annäherungen

Klett-Cotta

Die 22 Bände der Sämtlichen Werke, die zwischen 1978 und 2003 bei Klett-Cotta erschienen sind (1–18: 1978–1983; Supplemente 19–22: 1999–2003), enthalten Ernst Jüngers Fassung letzter Hand. Ihr folgt diese Taschenbuchausgabe in Seiten- wie Zeilenumbruch. Offensichtliche Fehler wurden korrigiert, die posthum erschienenen Supplementbände integriert. Der vorliegende Band entspricht Band 11 der gebundenen Ausgabe.

Klett-Cotta
www.klett-cotta.de

Printed in Germany
Reihengestaltung Ingo Offermanns, Hamburg, unter Verwendung von Illustrationen von Niklas Sagebiel, Berlin
Gesetzt von pagina, Tübingen
Gedruckt und gebunden von Esser printSolutions GmbH, Bretten
ISBN 978-3-608-96313-7

Zweite Auflage, 2018

ANNÄHERUNGEN

INHALT

Annäherungen · Drogen und Rausch

Eingang

Schädel und Riffe 13
Drogen und Rausch 24
Die Pflanze als autonome Macht 44
Der Rausch: Heimat und Wanderung 48
Leitbahnen – Todesbegehungen 55
Licht über der Mauer 62

Europa

Dosierungen 71
Frühe Einstiege 79
Bier und Wein I 98
Bücher und Städte 104
Das große Babylon 118
Versengte Flügel 135
Bier und Wein II 150
Zum Grobianismus 162
Auf Maupassants Spuren 171
Betäubungen 187
Weiße Nächte 195

Der Orient

Opium 225
Adnoten zum Opium 247
Polnischer Karpfen 251
Fügen und Richten 267
Zum Haschisch 270

Übergänge

Figaros Hochzeit 279
Der Fall Wagner 293
Optische Modelle 303
Der surrealistische Vorstoß 327

Mexiko

Große Pupillen 339
Surrogate 343
Chinesische Gärten 351
Psychonauten 358
Rückblick auf Godenholm 367
Ein Pilz-Symposion 384
Nochmals LSD 392
Peyotl 396
Raffinierte Materie 409
Skepsis nach Bedarf 414

Parerga zu »Annäherungen«

Hund und Katz 421
Zum Glücksspiel 432
Potenz und Vermögen/Umsatz und Kapital 436
Die Preußen und der Krieg 437
Bücher und Leser 440
Krankheit und Dämonie/
Notizen zu Walters Mißgeschick 442

ANNÄHERUNGEN

DROGEN UND RAUSCH

ERSTAUSGABE 1970

EINGANG

SCHÄDEL UND RIFFE

1

»Messer Ludovico, was treibt Ihr für Narrheiten?« So ungefähr fragte der Kardinal Hippolyt von Este, nachdem er dessen »Orlando Furioso« gelesen hatte, seinen Schützling Ariost.

Dieser »Rasende Roland« gehörte neben Byrons Gedichten früh zu meinen Lieblingswerken; ich lernte ihn als Vierzehn- oder Fünfzehnjähriger kennen, und zwar in dem imposanten, von Doré illustrierten Folioband. Die Übersetzung stammte von Hermann Kurz. Weniger behagte mir späterhin die von Gries, die ich in einer Reclamausgabe mitführte. Ich las sie im Frühjahr 1917 in der Siegfried-Stellung und brachte die beiden Bändchen auch wieder heim. Es scheint mir, daß ich in den Kriegen mehr gelesen habe als zu anderen Zeiten; und das geht manchem so.

Die Lektüre des Ariost ist gefährlich; das wußte Cervantes schon. Überhaupt setzt die literarische Bildung Maßstäbe, die in der Realität nicht ausgefüllt werden können; das Spielfeld wird zu weit gesteckt.

Die skeptische Frage des Hippolyt von Este ist nicht nur eine Kardinals-, sondern auch eine Kardinalfrage. Sie hat mich oft beschäftigt, auch während der Arbeit an diesem Text. Man fragt sich immer wieder, warum man dies oder jenes treibt oder getrieben hat – und was man darauf zu hören bekommen wird. Und man fragt sich nach der Verantwortung.

2

Kaum zu befürchten ist, daß, wie man früher sagte, die »Schweine Epikurs« in die Mohn- und Hanfgärten einbrächen. Der Epikuräer neigt nicht zur Übertreibung – sie würde den Genuß beeinträchtigen. Er genießt die Zeit und die Dinge und ist daher eher die Gegenfigur des Süchtigen, der unter der Zeit leidet. Den Typus des Kettenrauchers wird man bei ihm nicht finden – eher den des Gourmets, der ein gutes Mahl mit einer Importe beschließt. Er hat den Genuß in der Hand und weiß ihn zu zügeln – weniger aus Gründen der Disziplin als des Genusses selbst.

Es hat alte Chinesen gegeben, die sich auf ähnliche Weise hin und wieder eine Pfeife Opium gestatteten – und es gibt sie vielleicht noch. Das ist dann, als ob man nach einem Mahl von vielen Gängen nicht nur auf die Terrasse und in den Park hinausträte, sondern darüber hinaus die Gehege der Zeit und des Raumes und damit des Möglichen ein wenig erweiterte. Das gibt mehr als Essen und Trinken, mehr auch als der Wein und die gute Zigarre; es führt weiter hinaus.

In dieser Hinsicht sollte es von einem gewissen, etwa vom pensionsfähigen Alter ab keine Beschränkungen mehr geben – denn für den, der sich dem Grenzenlosen nähert, müssen die Grenzen weit gesteckt werden. Nicht jeder kann hier wie der alte Faust noch bauen, doch im Unvermessenen zu planen, steht jedem frei.

Das gilt insonderheit für jene Spanne, in der die ultima linea rerum dichter heranrückt und bestimmter wird. Es gibt alte Winzer, die dann Monate und Jahre nur noch von Brot und Wein leben. Konrad Weiss hat ihrer gedacht.

Dem Leidenden, dessen Uhr schnell abläuft, den Schmerz zu lindern, ist selbstverständlich, doch nicht genug. Wir sollten an sein einsames Lager noch einmal die Fülle der Welt heranführen.

In der Todesstunde sind nicht Narcotica, sondern eher Gaben, die das Bewußtsein erweitern und schärfen, angebracht. Hat man auch nur im mindesten den Verdacht, daß es weitergehen könnte, und dafür sprechen Gründe, so sollte man wachsam sein. Dem folgt notwendig die Vermutung, daß es Qualitäten des Überganges gibt.

Auch unabhängig davon legt mancher Wert auf sein individuelles Sterben, um das er sich nicht betrügen lassen will. Für den Kapitän ist es Ehrensache, als letzter von Bord zu gehen.

Und endlich ist zu bedenken: nicht nur der Schmerz des Todes könnte fortgenommen werden, sondern auch seine Euphorie. Vielleicht sind in den letzten, verklingenden Akkorden noch wichtige Botschaften – Empfänge, Sendungen. Totenmasken zeigen einen Abglanz davon.

Ein buntes Gefieder hat der Hahn des Asklep.

3

Getrennt vom Genuß ist das geistige Abenteuer zu betrachten, dessen Lockungen sich gerade dem höher und feiner ausgebildeten Bewußtsein aufdrängen. Im Grunde ist jeder Genuß geistig; dort ruht die unerschöpfliche Quelle, die als Begierde aufsteigt, der keine Befriedigung genügt. »Und im Genuß verschmacht ich nach Begierde.«

Jede Werbung kennt den Zusammenhang. Wenn im Winter die Kataloge der Gärtnereien kommen, erwecken ihre Bilder ein lebhafteres Vergnügen als im Sommer die Blumen, die auf den Beeten blühen. Auch in der Natur wird auf die Werbung mehr Kunst und List als auf die Erfüllung gelegt. Die Muster eines Falterflügels oder des Paradiesvogel-Gefieders bezeugen es.

Der geistige Hunger ist unstillbar; der physische ist eng begrenzt. Wenn ein römischer Fresser wie Vitellius drei ungeheure Mahlzeiten am Tage verschlang und sich des Überflusses durch Brechmittel entledigte, so hat er unter dem Mißverhältnis zwischen Augen und Mund gelitten, wenngleich auf primitive Art. Das Mißverhältnis hat seine Skala; auch das Auge ruft den Geist zu Hilfe, wenn ihm die sichtbare Welt nicht genügt.

Mehr als Vitellius und seinesgleichen konnte Antonius genießen – dazu befähigte ihn nicht die stärkere Physis oder größerer Reichtum, sondern die überlegene Geistigkeit. In Flauberts »Versuchung« füllen sich imaginäre Tafeln mit Gerichten, die frischer und farbiger sind, als sie die Gärtner und Köche, ja selbst die Maler hervorbringen. Antonius erblickt in seiner Wüstenhöhle den Überfluß an der Quelle – dort, wo er sich unmittelbar in die Erscheinung kristallisiert. Daher ist der Asket reicher als der im Genuß verschmachtende Cäsar, der Herr der sichtbaren Welt.

4

Den Typus des geistigen Abenteurers habe ich in der Figur des Antonio Peri zu zeichnen versucht:

»Antonio unterschied sich auf den ersten Blick kaum von den Handwerkern, die man überall in Heliopolis ihre Geschäfte treiben sieht. Und doch verbarg sich unter dieser Oberfläche noch etwas anderes – er war ein Traumfänger. Er fing Träume, so wie man andere mit Netzen nach Schmetterlingen jagen sieht. Er fuhr an Sonn- und Feiertagen nicht auf die Inseln und suchte nicht die Schenken am Pagosrande auf. Er schloß sich in sein Kabinett zum Ausflug in die Traumregionen ein. Er sagte, alle Länder und unbekannten Inseln seien dort in die Tapete eingewebt. Die Drogen dienten ihm als Schlüssel zum Eintritt in die Kammern und Höhlen dieser Welt.

Er trank auch Wein, doch war es nie der Genuß, der ihn dazu veranlaßte. Ihn trieb im wesentlichen eine Mischung von Abenteuer- und Erkenntnisdurst. Er reiste nicht, um sich im Unbekannten anzusiedeln, sondern als Geograph. Der Wein war ihm ein Schlüssel unter vielen, eines der Tore zum Labyrinth.

Vielleicht war es nur die Methodik, die ihn an Katastrophen und Delirien vorbeiführte. Sie hatten ihn oft gestreift. Er war der Meinung, daß jede Droge eine Formel enthält, die Zugang zu gewissen Welträtseln gewährt. Er glaubte ferner, daß eine Rangordnung der Formeln zu ermitteln sei. Die höchsten müßten gleich dem Stein der Weisen das Universalgeheimnis aufschließen.

Er suchte den Hauptschlüssel. Muß aber nicht das stärkste Arkanum notwendig tödlich sein?«

Daß die rastlose Suche nach dem Abenteuer, dem Fernen und dem Fremden, etwas anderes meinte, wird erst beim letzten Gange offenbar. Antonio gerät in ein Strahlengitter, wird tödlich verwundet, schwer verbrannt. In diesen Qualen lehnt er das Morphium ab. Es war nicht der Genuß, auch nicht das Abenteuer, was ihn zu seinen Ausflügen bewog. Neugier gewiß, doch Neugier, die sich sublimierte, bis er endlich vor der rechten Pforte stand. Vor ihr bedarf es keines Schlüssels; sie öffnet sich von selbst.

5

Jeder Genuß lebt durch den Geist. Und jedes Abenteuer durch die Nähe des Todes, den es umkreist.

Ich entsinne mich eines Bildes, das ich gesehen habe, als ich kaum lesen gelernt hatte, und das »Der Abenteurer« hieß: ein Seefahrer, ein einsamer Konquistador, der den Fuß auf den Strand einer unbekannten Insel setzt. Vor ihm ein Furcht erweckendes Gebirge, sein Schiff im Hintergrund. Er ist allein.

So etwa wird es gewesen sein. Der »Abenteurer« war damals eins der berühmten Bilder, die man in den Ausstellungen von Bewunderern umlagert sieht. Ein Musterstück der literarischen Malkunst, die kulminierte in der »Toteninsel« von Böcklin (1882).

Der Geschmack an diesem Genre ist abhanden gekommen; das Bild wird heute irgendwo verstauben, falls es sich überhaupt erhalten hat. Sein Charakter war symbolisch: das Schiff, das der Mensch verlassen hat, der Strand, auf den er den Fuß setzt, das Furcht und Erwartung einflößende Kolorit. Böcklin war tiefer, und bereits Munch hätte die Aufgabe anders angefaßt. Heute würde sie wieder anders gelöst werden. Wir besitzen bereits einige große Werke, in denen die Nähe des Todes nicht etwa geschildert wird, sondern die sie durchtränkt.

Von jenem »Abenteurer« haben sich mir nur Einzelheiten schärfer in der Erinnerung erhalten: der Strand war mit

Knochen besät, mit Schädeln und Gebeinen der beim gleichen Wagnis Gescheiterten. Das begriff ich und zog auch den Schluß, den der Maler beabsichtigt hatte: daß da hinaufzusteigen zwar lockend, doch gefährlich sei. Das sind die Knochen der Vorgänger, der Väter und endlich auch die eigenen. Der Strand der Zeit ist von ihnen bedeckt. Wenn ihre Wellen uns an ihn herantragen, wenn wir landen, schreiten wir über sie hinweg. Das Abenteuer ist ein Konzentrat des Lebens; wir atmen schneller, der Tod rückt näher heran.

6

Der Totenkopf mit den gekreuzten Knochen war lange ein gültiges Symbol, nicht nur in Grüften und auf Totenäckern, sondern auch in der Kunst. Besonders im Barock war er, zusammen mit der Sanduhr und der Sense, ein beliebtes Motiv. Heut würde es primitiv sein, ihn in diesem Sinne zu verwenden; sein Rang ist eher der eines Verkehrszeichens. Schon als der Maler des »Abenteurers« ihn ins Bild brachte, unterlag er der Versuchung einer literarischen Anspielung.

Wir fragen uns: wie ist es möglich, daß ein Objekt wie hier der Totenkopf einmal als Motiv der hohen Kunst verwendet wird und als solches uns auch heute noch einleuchtet, während dasselbe Objekt, von Zeitgenossen dargeboten, uns nicht mehr befriedigt, ja vielleicht sogar komische Züge gewinnt?

Dazu ist zu bemerken, daß jeder Gegenstand symbolische Kraft gewinnen und auch verlieren kann. Seine Rolle ist die des Korns, über welches das Auge sein Ziel visiert. Ist gut gerichtet, so wird der Glanz des Zieles sich dem Korn mitteilen. Und dieser Glanz erhält sich wie in den alten Bildern, er »leuchtet lange noch zurück«. Nicht nur die Schönheit des Gemeinten hat sich übertragen, sondern auch ein Schimmer der Unvergänglichkeit. Aphrodite war nicht nur gemeint in der Geliebten – sie wurde in der Umarmung auch durch sie vertreten und namenlos gemacht.

Der Totenkopf des alten Meisters erschreckt uns heute noch. Durch ihn hindurch, durch seine Augenhöhlen war der Tod gesehen – das hat sich den Atomen mitgeteilt.

Der Totenkopf des »Abenteurers« dagegen ist reines Requisit. Dort das Symbol und hier das Ornament, dort Mythos, hier Allegorie. Annäherung dort, Entfernung hier.

Dabei ist zu beachten, daß der Zeitgenosse, auch rein malerisch gesehen, die Meisterschaft des Alten nicht erreicht, mag er artistisch auch auf der Höhe sein. Rasch schwindet das Behagen, das Einverständnis des Betrachters mit der Leistung, deren Ruhm der Künstler überlebt. Der Arme war, obwohl er es nicht wußte, Falschmünzer. Die Blüte wird im Vertrauen hingenommen, doch früher oder später spricht sich herum: es fehlt der Gegenwert. Der Schein ist ohne Deckung – hier der papierene Anspruch, dort die Goldreserve, hier die Erscheinung, dort die Wirklichkeit.

Die Blüten sind oft täuschend gelungen; nur wenige Kenner durchschauen das sofort. »Durchschauen« heißt in solchen Fällen: erkennen, daß nichts dahinter steckt.

7

Der Versuch, durch einen Schädel Effekt zu machen, wurde spätestens um jene Spanne herum absurd, in der die Röntgenstrahlen aufkamen. Hier wäre vielleicht auszuführen, was mit dem Satz gemeint ist: eine Bemerkung nicht zur physikalischen, sondern zur fundamentalen Optik – zu einer neuen, quasi instinktiven und seiner Genese entsprechenden Art des Menschen, zu sehen. Dazu stellen die Strahlen sich ein als empirische, durch den Gestaltwandel bedingte Konsequenz.

Dieser fundamentale Wechsel, der sich auch in der Physik und ihrem Instrumentarium geltend macht, hat nicht nur ein Höhenniveau, in dem das Atmen schwieriger, sondern auch Tiefenschichten, in denen die Materie dichter und aufschlußreicher wird. Von beidem profitiert die Physik.

Wichtiger ist jedoch, daß sich damit auch das Verhältnis

zum Tode ändert und daß diese Änderung nicht nur im Glauben und Denken, sondern auch in der Kunst nach Ausdruck verlangt. Auch das ist einer der Gründe dafür, daß der Totenkopf, wie so viel anderes, als Symbol nicht mehr »glaubwürdig« ist.

Das sind Fragen der Perspektive, nicht der Substanz. »An sich« bleibt die Macht des Schädels ungebrochen, doch visieren wir nicht mehr über ihn. Darüber hinaus ist zu bemerken, daß wir überhaupt an einem Symbolschwund teilnehmen. Nur wenige Mächte werden dem widerstehen – vielleicht die Mutter allein.

Dem muß die Kunst Rechnung tragen, und sie tut es – zunächst ex negativo, doch mit tastenden Fühlhörnern. Entwertung der klassischen Symbole kennzeichnet jeden Stilwechsel. In einem Großen Übergang indessen geht es nicht mehr um vereinzelte Symbole, sondern um die Symbolwelt überhaupt. Hier sei noch einmal erinnert an das, was in der »Zeitmauer« über die »Weißung« gesagt wurde. Sie ist letzthin nicht als nihilistischer Akt zu begreifen, sondern als retour offensif. Das Weiß ist nicht farblos, sondern die Zuflucht der farbigen Welt.

8

Im Rückblick auf unser Beispiel wollen wir uns eine der herrlichen Kalkwände vorstellen, wie sie über der Azurküste oder den grünen Matten des Donautals aufragen. Es können auch die Kreideklippen an der Küste von Rügen oder Korallenriffe im Stillen Ozean sein.

Dort blendet der Tod nicht mehr als isolierter Schädel, sondern in ungeheurer Auftürmung. Dies alles war ausgeformtes Gerüst des Lebens – Schneckenhäuser und Muschelschalen, Diatomeenpanzer, Korallen, die sich in Jahrtausenden aufstockten, bevor sie in höhere Grade der Versteinerung eintraten. In Vorweltmeeren ausgewebte Formen, die der tellurische Druck noch schärfer ausprägt und vernichtet, wenn er ein wenig stärker wird. Dann wieder Auflösung durch Sturz und Brandung bis zu den Molekülen, die von neuem dem Leben zum Raube fallen und in Kreisen, Spiralen, Symmetrien auferstehen.

Ein Spiel um den Kalkspiegel, eins unter vielen nur. Der Steinkohlenwald versinkt in den Flözen, und was er an Sonne eintrank, atmet er aus in den Feuern der technischen Welt. Das wechselt in Äonen – wie in den Augenblicken die Eiskristalle um den Nullpunkt, die, gleichviel ob sie schmelzen oder anschießen, sich spiegelbildlich ähnlich sind.

Dies alles schlummert in den Kalkwänden und wartet auf Belebung durch die Kunst.

9

Ein neues Verhältnis zum Tode bahnt sich an. Das ist wichtiger als alle Großtaten innerhalb der technischen Welt. Ein Großer Übergang.

Nicht nur die Kalkwand, auch die Wüste lebt. Moses hat es gewußt. Es war die zum Stab gewordene Schlange, mit der er das Wasser aus dem Felsen schlug. Auch in unseren Wüsten ist Durst nach diesem Wasser; sie sind von Dürstenden erfüllt. Und dieser Durst wird stärker, wenn der Mensch gesättigt ist.

Bald scheint der Staat, der »tausendschuppige Drache«, noch das einzige Wesen, das die Wüste bewohnt, die er mit seinen Fata Morganen ausstattet. Das höchste Monopol ist das der Träume; das haben die Priester seit jeher gewußt.

10

Es zählt zu den Privilegien der Götter, daß sie in der Bildwelt verharren und nur selten aus ihr in die Erscheinung hinaustreten. Der Abglanz wird farbig dann.

Unsereinem ist das weniger vergönnt. Wir ahnen die Fülle

der Bildwelt im farbigen Abglanz und treten selten, wie in den Träumen, aus der Erscheinung in sie ein.

Als Binnenländer lernte ich das Meer erst aus Berichten kennen, und die Wellen erschienen mir mäßig, als ich es zum ersten Male sah. Nur als das Ertrinken drohte, war die Woge riesig, als ob sie bislang, ob hoch oder nieder, Kulisse gewesen wäre und nun das Spiel anfinge. So hat sie Hokusai gemalt. So muß man die Kalkwand sehen.

Als der »Neger«, von dem ich noch berichten werde, die Freundin entjungfert hatte und dann fragte, wie es gewesen sei, sagte sie: »Ich hatte es mir schöner vorgestellt.« Das war ihm verdrießlich, wird aber die Regel sein.

Auch das Verbrechen hat imaginären Reiz. Ein Bankraub, wie er im Roman oder im Film sich abspielt, kann Intelligenzen anziehen, die Sinn für Finessen haben oder auch für kühne Volten, bei denen ein Programm in Sekunden hineinzupressen ist. In praxi kommt Unerwartetes und durchaus Widriges. Nachdem Raskolnikow die alte Wucherin, die seiner Ansicht nach so wenig wert ist wie eine Wanze, erschlagen hat, taucht deren fromme Schwester im Flur auf, der er das gleiche Schicksal bereiten muß.

Es zählt übrigens zu den genialen Zügen des Romans, daß der imaginäre Teil der Tat von der Schuld abgezogen wird. In Anbetracht des Doppelmordes, der dazu noch auf niedere Weise, »mit dem Beil«, begangen wurde, ist das Urteil mild. Den anderen Sträflingen ist das ein Dorn im Auge; sie meinen, daß »der Herr« zu billig davongekommen sei.

11

Auch beim Rausch kann die Enttäuschung nicht ausbleiben. Sie stellt sich ein – nicht gerade im Verhältnis von Schuld und Sühne, sondern im Rahmen einer erweiterten Anrechnung, in den allerdings auch Schuld und Sühne hineinpassen. Rausch und Verbrechen sind benachbart und manchmal schwer zu isolieren, besonders an den Grenzrainen.

Im Rausch, gleichviel ob er betäubend oder erregend wirkt, wird Zeit vorweggenommen, anders verwaltet, ausgeliehen. Sie wird zurückgefordert; der Flut folgt Ebbe, den Farben Blässe, die Welt wird grau, wird langweilig.

Das läßt sich noch in die Physiologie und in die Psychologie einordnen, obwohl bereits hier Katastrophen drohen. Zugleich kann es zu einem prometheischen Licht- und Bildraub kommen, zum Eindringen in das Göttergehege – auch dort ist Zeit, wenngleich die Schritte weiter und mächtiger sind und gewaltige Fußstapfen zurücklassen. Auch dort sind Gefahren; das »einmal lebt ich wie Götter« muß bezahlt werden.

12

Die Zeit ist abgelaufen, ja überschritten, die ich mir für das Thema gesetzt hatte. Es hat sich einem Essay angesponnen, den ich Mircea Eliade zum 60. Geburtstag widmete (»Drogen und Rausch«, »Antaios« 1968). Ein zweiter Teil sollte spezielle Erfahrungen behandeln; er hat sich nach vielen Richtungen hin ausgedehnt. Ich könnte ihn schärfer ins System bringen und denke daran hinsichtlich einiger wiederkehrender Begriffe; für den Leser ist es günstiger, dem Text zu folgen, wie er Blatt um Blatt ansetzte.

Das Thema ließe sich weiter, doch nicht zu Ende führen – das deutet der Titel an. Er steht für jede, insbesondere für die musische Entwicklung und für das Leben überhaupt. Die eigentliche Arbeit war weniger darauf gerichtet, ein Buch zu schreiben, als einen Apparat zu konstruieren, ein Fahrzeug, das man nicht als derselbe verläßt, der eingestiegen ist. Das gilt vor allem für den Autor – Meditationen ad usum proprium, zur eigenen Ausrichtung. Der Leser mag nach Belieben oder auch nach Bedürfnis daran teilnehmen.

DROGEN UND RAUSCH

Qu'elle soit ramassée pour »le bien« ou pour »le mal«, la mandragore est crainte et respectée comme une plante miraculeuse … En elle sont renfermées des forces extraordinaires, qui peuvent multiplier la vie ou donner la mort. En une certaine mesure donc, la mandragore est »l'herbe de la vie et de la mort«.
Mircea Eliade in »Le culte de la mandragore en Roumanie« (»Zalmoxis«, 1938)

13

Der Einfluß der Droge ist ambivalent; sie wirkt sowohl auf die Aktion wie auf die Kontemplation: auf den Willen wie auf die Anschauung. Diese beiden Kräfte, die sich auszuschließen scheinen, werden oft durch dasselbe Mittel hervorgerufen, wie jeder weiß, der einmal eine zechende Gesellschaft beobachtet hat.

Allerdings ist es fraglich, ob man den Wein zu den Drogen im engeren Sinne rechnen darf. Vielleicht wurde seine ursprüngliche Gewalt in Jahrtausenden des Genusses domestiziert. Mächtigeres, aber auch Unheimlicheres erfahren wir aus den Mythen, in denen Dionysos als Festherr mit seinem Gefolge von Satyrn, Silenen, Mänaden und Raubtieren erscheint.

Der Siegeszug des Gottes geschah in umgekehrter Richtung wie der Alexanders: von Indien über den Vorderen Orient nach Europa, und seine Eroberungen sind nachhaltiger. Dionysos gilt, gleich dem Adonis, als Stifter orgiastischer Feste, deren Periodik sich tief in die Geschichtswelt einflicht und mit denen ein üppiger Phallosdienst verbunden war. Dieser bildete nicht den Inhalt der Dionysien, sondern eine der Offenbarungen, die das Mysterium und seine bindende Kraft bestätigten. Demgegenüber konnten, einem alten Autor zufolge, »die Feste der Aphrodite auf Cythere fromme Kinderspiele genannt werden«.

Diese ursprüngliche Kraft des Weines ist geschwunden; wir sehen sie gemildert wiederkehren in den Herbst- und Frühlingsfesten der Weinländer. Nur selten tritt aus der Steigerung von Lebenslust, von Farben, Melodien, grotesken Bildern noch eine Spur der alten Mysterienwelt mit ihrer unheimlich ansteckenden Gewalt hervor. Archaisches taucht dann in den Gesichtern, den Sprüngen und Tänzen auf. Vor allem die Maske gehört dazu, das Symbolon der »verkehrten Welt«.

Wenn wir die Triumphe von Alexander und Dionysos vergleichen, so berühren wir damit auch den Unterschied von historischer und elementarer Macht. Der Erfolg in der Geschichte, etwa die Eroberung Babylons, ist flüchtig und an Namen geknüpft. Der Augenblick kehrt in dieser Form nicht wieder; er bildet ein Glied in der Kette der historischen Zeit. Für Wandlungen innerhalb der Elementarwelt sind dagegen weder Namen noch Daten wichtig, und doch geschehen sie immer wieder, nicht nur unter-, sondern auch innerhalb der historischen Zeit. Sie brechen wie Magma aus der Kruste hervor.

Um beim Wein zu bleiben: Alexander mußte aus Indien weichen, während Dionysos noch heute als namenloser Festherr regiert. Der Wein hat Europa stärker verändert als das Schwert. Immer noch gilt er als Medium kultischer Wandlungen.

Der Austausch von neuen Giften und Räuschen, auch von Lastern, Fiebern und Krankheiten, entbehrt der festen Daten, mit denen sich eine Krönung oder eine Entscheidungsschlacht dem Gedächtnis einprägen. Das bleibt im Dunkel, im Wurzelgeflecht. Wir können die Vorgänge ahnen, doch weder ihren Umfang ermessen noch in ihre Tiefe eindringen.

Als Cortez 1519 in Mexiko landete, fiel das für die Europäer in die historische, für die Azteken in eine magische

Weltordnung. Dort ist der Traum noch mächtiger als das wache Bewußtsein, die Ahnung bindet stärker als das Wort. Bei solchen Kontakten webt ein spiegelbildliches Hin und Her, das bald als Raub und bald als Gabe, dann wieder als Schuld und Sühne begriffen wird – etwa im Opfer: hier Montezuma, dort Maximilian, beide Kaiser von Mexiko. Unter der Oberfläche werden Keime, Bilder, Träume gegeben und empfangen in einem Wechsel, der Stämme vernichtet und andere befruchtet, doch dessen Wirken sich der exakten Beschreibung und Datierung entzieht.

14

Die Statistik kann, auch wo sie präzis ist, aus einem Problem nicht mehr als Ziffern herausholen. Das Problem wird in der Tiefe nicht davon berührt; es bleibt im eigentlichen Sinn des Wortes Streitfrage. Das gilt besonders für Gebiete, die an die Psyche angrenzen, wie für jedes Verhalten, auch das der Tiere, und nicht minder für unser Thema: die Drogen und der Rausch.

So hat man, um in diesem Zusammenhang eines der großen Geschenke Amerikas an Europa, den Tabak, zu erwähnen, ziemlich genaue Ziffern hinsichtlich des Verhältnisses gewonnen, das zwischen dem Nikotin und einer Reihe von Krankheiten besteht. Solche Ermittlungen gehören in das Gebiet der Ökonomie; man muß jedoch, um sie anzuerkennen, bereits den Begriff des »Nutzens« akzeptiert haben, unter dem sie getroffen sind.

Der Nutzen ist in diesem Falle hygienischer Natur. Indessen könnte mit dem Rauchen in anderer Hinsicht auch Gewinn verknüpft sein – schon das Wort »Genuß« deutet es an. Man könnte an die Behaglichkeit im Gespräch denken, an die Verkürzung einer langweiligen und an die Verflüchtigung einer trüben Stunde, an eine Assoziation, die eben auf diese Weise gefördert wird – an einen Augenblick des Glücks schlechthin. Jede Konzentration, aber auch jede Entspannung muß bezahlt werden. Ist der Genuß die Ausgabe wert? Hier ruht das Problem, zu dem die Statistik nur Daten liefern kann. Es taucht im Raucher vor jeder Zigarette auf.

Die Statistik bestätigt nur eine seit jeher bekannte Tatsache: daß die Droge gefährlich ist. Wer sich mit ihr einläßt, geht ein Risiko ein, das um so höher wird, je weniger er kalkuliert. In dieser Hinsicht freilich, zum Vergleich von Gewinn und Einsatz, hat die Statistik ihren Wert.

15

Wenn wir den Wein und den Tabak in die Betrachtung einbeziehen, so deshalb, weil es sich empfiehlt, von möglichst bekannten Größen auszugehen. Zum eigentlichen Thema gehören beide nur am Rand. Sie werden um so weniger davon berührt, je schärfer wir den Begriff der Droge abgrenzen. Für Baudelaire öffnet der Wein die Pforte zu den künstlichen Paradiesen neben dem Haschisch und dem Opium. Mit Recht widerstrebt es dem Freund des Weines, ihn als Droge anzusehen. Es ist ihm auch lieber, daß Winzer und Küfer, als daß Chemiker und Fabrikanten sich mit dem Wein beschäftigen. Immer noch sind ihm vom Anbau der Rebe bis zur Auferstehung der Traube aus dem Keller Sorgfalt und Kunst von Gärtnern und Handwerkern gewidmet; immer noch gilt er als Göttergeschenk von wunderbarer, verwandelnder Kraft. Blut der Erde, Blut der Götter zugleich.

Wollte man den Wein als Droge betrachten, so wäre das eine Feststellung unter anderen, wie etwa jene, daß er Alkohol enthält. Näher scheint jener Welt schon der Tabak zu stehen. Das Nikotin gibt eine Ahnung dessen, was in der Sphäre der Alkaloide möglich ist. In den Rauchopfern, die täglich auf dem Planeten gebracht werden, kündet sich die Leichtigkeit, die geistige Befreiung großer Flugträume an. Sie bringt jedoch, mit der Zauberkraft des Opiums verglichen, nur ein schwaches Anheben, eine gelinde Euphorie.

16

Wie viele etymologische Erklärungen, so ist auch die des Wortes »Droge« unbefriedigend. Es ist obskuren Ursprunges. Wie bei »Alkohol« gibt es Ableitungen aus dem Hispano-Arabischen, auch aus dem mittelalterlichen Latein. Die Herkunft vom niederländischen »drog«, trocken, ist wahrscheinlicher. Drogen waren Stoffe, die aus vielen Ländern über die Kräuterböden, die Drogerien, in den Handel gebracht und von Ärzten, Köchen, Parfümerie- und Spezereihändlern verwandt wurden. Von jeher haftete dem Wort ein Beiklang des Geheimnisvollen, der magischen Verrichtung, speziell auch morgenländischer Herkunft an.

In unserem Zusammenhang ist »Droge« ein Stoff, der Rausch erzeugt. Allerdings muß etwas Spezifisches dazukommen, das diese Stoffe unterscheidet von solchen, die als Medizin oder zum reinen Genuß dienen. Dieses Spezifische ist nicht im Stoff, sondern in der Absicht zu suchen, denn sowohl Medizinen wie Genußmittel können auch in diesem engeren Sinn als berauschende Drogen verwandt werden.

Shakespeare spricht einmal im »Sommernachtstraum« vom »gemeinen« Schlaf, den er unterscheidet vom stärkeren, magischen Bann. Der eine bringt Träume, der andere Visionen und Prophezeiungen. Ähnlich zeigt auch der durch die Droge erzeugte Rausch besondere, schwer zu umschreibende Wirkungen. Wer ihn erstrebt, verfolgt besondere Absichten. Und wer das Wort »Droge« in diesem Sinn verwendet, setzt ein Einverständnis des Hörers oder des Lesers voraus, das sich nicht more geometrico definieren läßt. Er betritt mit ihnen ein Grenzgebiet.

17

Aufgüsse und Konzentrate, Abkochungen und Elixiere, Pulver und Pillen, Salben, Pasten und Harze können in diesem spezifischen Sinn als Drogen verwandt werden. Der Stoff kann fest, flüssig, rauch- oder gasförmig sein; er kann gegessen, getrunken, eingerieben, inhaliert, geraucht, geschnupft, gespritzt werden.

Um den Rausch zu erzeugen, bedarf es nicht nur eines bestimmten Stoffes, sondern auch einer gewissen Menge oder Konzentration. Die Dosis kann zu gering oder zu stark sein – im ersten Fall wird sie nicht über die Nüchternheit hinaus-, im zweiten wird sie in die Bewußtlosigkeit hineinführen. Bei der Gewöhnung an eine Droge fällt es bekanntlich immer schwerer, den Mittelweg zu halten – auf der einen Seite wird die Depression, auf der anderen die Dosis bedrohlicher. Der Preis wird immer höher, der für die Lust gefordert wird. Da heißt es umkehren oder zugrunde gehen.

Wenn die Wirkung der Droge nachläßt, kann entweder die Menge oder die Konzentration erhöht werden. Das ist der Fall des Rauchers oder des Trinkers, der zunächst den gewohnten Konsum steigert und dann zu stärkeren Sorten übergeht. Damit deutet sich zugleich an, daß ihm der reine Genuß nicht mehr genügt. Eine dritte Möglichkeit liegt in der Veränderung der Periodik – im Übergang von der täglichen Gewöhnung zum seltenen, festlichen Exzeß.

In diesem dritten Falle wird nicht die Dosis gesteigert, sondern die Empfänglichkeit. Der Raucher, der die Disziplin aufbringt, sich mit einer Morgenzigarette zu begnügen, wird dennoch insofern auf seine Kosten kommen, als er eine Intensität des Genusses erreicht, die ihm trotz einem viel stärkeren Konsum bislang fremd geblieben war. Das trägt allerdings wiederum zur Versuchung bei.

18

Die Sensibilität kann äußerst stark und entsprechend die Dosis gering, ja minimal werden. Wir wissen seit Hahnemann, daß selbst feinste Spuren von Stoffen wirksam werden können, und die moderne Chemie bestätigt es. Immer muß aber dem Rezept auch eine rezeptive Bereitschaft zur Seite stehen. Daher helfen homöopathische Medizinen nicht jedermann; sie setzen ein homöopathisches Verhalten voraus. Dem Feinfühligen genügt eine Andeutung. Das ist ein allgemeines Gesetz, nicht nur im Rahmen der Hygiene, sondern der Lebensführung überhaupt. Andererseits gilt das Sprichwort: »Auf einen groben Klotz gehört ein grober Keil.«

Die Dosis kann also minimal werden. Auch können unter Umständen Stoffe berauschen, die als neutral gelten, wie die Atemluft. Darauf beruht die »Idee des Doktor Ox« von Jules Verne. Unter der Vorspiegelung, eine Gasanstalt bauen zu wollen, verändert der Doktor Ox in einer Kleinstadt durch Zufuhr von reinem Sauerstoff auf rauschhafte Weise die Mentalität der Einwohner. Durch Konzentration wird also ein Stoff »giftig«, den wir mit jedem Atemzug einholen. Paracelsus: »Sola dosis facit venenum.«

Der Doktor Ox hat die Luft destilliert. Das läßt vermuten, daß sie für sensible Naturen an sich berauschend werden kann. So ist es in der Tat. Es wird wohl wenig Menschen geben, denen sich nicht, wenigstens für Augenblicke, das Goethesche »Jugend ist Trunkenheit ohne Wein« verwirklichte. Gewiß ist dazu die unberührte Bereitschaft nötig, die zu den Kennzeichen der Jugend gehört. Immer aber werden auch äußere Faktoren mitwirken, seien es »höhere Potenzen« bekannter oder unbekannter Stoffe, seien es atmosphärische Einflüsse. In den Romanen finden sich Floskeln wie: »Die Luft war wie Wein«. Die »unerklärliche Heiterkeit« steigt aus fast immateriellen Quellen auf.

Doch kann die »gute Stunde« auch Melancholie bringen. Sie hat oft mahnende, warnende Kraft und ist in dieser Eigenschaft nicht minder günstig, denn oft künden sich drohende Gefahren auf solche Weise an. Neben Wahrnehmungen, die ebenso schwer zu erklären wie zu bestreiten sind, gibt es viele, zu deren Begründung die verfeinerte Empfindsamkeit genügt. Alexander von Humboldt beschäftigt sich in seiner »Reise in die Äquinoktialgegenden« ausführlich mit den Erscheinungen, die den Vulkanausbrüchen und Erdbeben vorausgehen, und in diesem Zusammenhang mit der

Beunruhigung von Menschen und Tieren, die man ebenso gut als Ahnung wie als Wahrnehmung bezeichnen kann.

19

Immer wieder bis auf den heutigen Tag hat man Stoffe oder psychogene Kräfte gewissermaßen aus der Atmosphäre zu extrahieren versucht. So Mesmer, der, vom Magnetismus ausgehend, ein »Fluidum« zu erkennen glaubte, das dem menschlichen Körper entströme und in bestimmten Gegenständen wie in Akkumulatoren zu speichern sei. Der Mesmerismus hat in der Heilkunst kaum mehr als eine Mode gemacht, wohl aber leben Einflüsse in der Dichtung nach. Er hat vor allem E. Th. A. Hoffmann fasziniert. Schon Mesmers Dissertation hatte Aufsehen erregt. »De planetarum influxu« könnte als Titel auch über einer Betrachtung von Novalis oder einem Beitrag im »Athenäum« stehen.

Weniger bekannt geworden und doch bedeutender als Mesmer ist Carl-Ludwig von Reichenbach, der sich nicht nur als Naturphilosoph, sondern auch als Geologe, Chemiker und Industrieller auszeichnete. Reichenbach wollte im »Od« einen Stoff erkannt haben, dessen Kraft oder Ausstrahlung sich dem Mesmerschen Fluidum vergleichen läßt. Dieses Od, obwohl überall in der Natur vorhanden, wird nur von zart organisierten Wesen wahrgenommen, die Reichenbach die Sensitiven oder bei besonderer Feinfühligkeit die Hochsensitiven nennt.

Reichenbach, in dem sich die naturphilosophische Begabung mit naturwissenschaftlicher Exaktheit vereinigt, bemühte sich, das Od experimentell nachzuweisen, und bediente sich dazu der Sensitiven, etwa derart, wie ein Kurzsichtiger seine Brille benutzt. Er entwickelte dazu Verfahren, die wir heute als Tests bezeichnen würden, zwar ohne Anwendung von Apparaten, doch mit sehr feinen Differenzierungen. So schied etwa als Sensitiver aus, wer zwischen der spitzen und der stumpfen Seite eines Hühnereies, das er zwischen zwei Fingern halten mußte, keinen Temperaturunterschied fand. Reichenbach unternahm das Wagnis, in Regionen einzudringen, die, obwohl weder fern noch verschlossen, den groben Sinnen unzugänglich sind.

Die Physiker wollten jedoch vom Od ebensowenig wie die Psychiater und Neurologen von den Sensitiven Notiz nehmen. Das bekümmerte Reichenbach als Naturwissenschaftler, als Philosoph konnte er sich darüber hinwegsetzen. Er kam mit seinen Ideen in eine denkbar ungünstige Zeit. Noch stärker gilt das für Fechner, der das mathematisch-physikalische Weltbild als die »Nachtseite« des Universums ansah und für seine »Psychophysik« aus Reichenbachs Schriften den größten Nutzen zog.

Fechners Gedanken über die Beseelung der Himmelskörper und der Pflanzen mußten in einer Zeit verhallen, in der mechanistische Theorien sich mit unerhörter Wucht Bahn brachen. In der Medizin bereitete sich der massive Positivismus vor, aus dessen Hybris heraus ein Chirurg sich rühmte, er habe bei seiner Arbeit noch nie eine Seele erblickt.

Solche Gegensätze innerhalb der Anschauung erwecken den Eindruck, als ob der Geist sich in zwei Flügeln eines Hauses beschäftigte, zwischen denen es keine Türen gibt. Man könnte auch an einen Doppelspiegel denken, dessen Seiten von einer undurchsichtigen Schicht geschieden sind. Immerhin kommen stets wieder Zeiten, die sich der Einheit der Anschauung annähern. Sie kann nie absolut gelingen, denn sowohl das mathematisch-physikalische Weltbild als auch das naturphilosophische der Reichenbach und Fechner sind nur Aspekte des »Innren der Natur«.

20

Die Dosis, die zum Rausch führt, kann also minimal sein, wenn die Bereitschaft genügt. Auch in dieser Hinsicht gibt es Sensitive, die besonders anfällig sind. Die Normen, die der Gesetzgeber aufzustellen sich veranlaßt sieht, etwa im Verkehrsrecht, geben nur einen groben Maßstab ab. Er wird immer strenger werden, weil die empirische Welt täglich neue Beweise dafür bringt, daß in Rausch und Technik zwei Mächte zusammenstoßen, die sich ausschließen. Das gilt freilich nicht für die Droge überhaupt. Vielmehr nehmen die Zahl der Mittel und der Umfang ihrer Anwendung ununterbrochen zu. Es mehren sich die Leistungen, bei denen die angemessene Drogierung nicht nur geboten, sondern unumgänglich ist. Das wird zu einer besonderen Wissenschaft.

Die Bereitschaft, die zum Rausch führt, kann so stark werden, daß reine Verhaltensweisen genügen und Mittel sich erübrigen. Das ist vor allem der Askese vorbehalten; ihr enges Verhältnis zur Ekstase ist seit jeher bekannt. Zur Enthaltsamkeit, zum Wachen und Fasten kommt die Einsamkeit, die auch dem Künstler und dem Gelehrten immer wieder Kraft spendet. Das Anfluten von Bildern in der Thebais: Televisionen, die nicht auf Drogen, geschweige denn auf Apparate angewiesen sind.

Der Denker, der Künstler, der gut in Form ist, kennt solche Phasen, in denen neues Licht zuflutet. Die Welt beginnt zu sprechen und dem Geist mit quellender Kraft zu antworten. Die Dinge scheinen sich aufzuladen; ihre Schönheit, ihre sinnvolle Ordnung tritt auf eine neue Weise hervor. Dieses In-Form-Sein ist vom physischen Wohlbehagen unabhängig; oft steht es in Gegensatz zu ihm, fast als ob im Zustand der Schwächung die Bilder leichter Zugang fänden als sonst. Allerdings hat schon Reichenbach davor gewarnt, Sensitivität und Krankheit zu verwechseln – doch ist es nicht einfach, hier dem Irrtum zu entgehen. Das zeigt sich besonders bei den Disputen, in denen vom Werk her auf die Psyche des Künstlers geschlossen wird. Es ist kein Zufall, daß gerade unsere Zeit reich an solchen Streitfällen ist. Wahrscheinlich gehen nicht nur produktiven Phasen im Leben des Einzelnen, sondern auch dem Stilwandel innerhalb der Kulturen Zustände erhöhter Bereitschaft voraus. Sie zeitigen notwendig eine babylonische Verwirrung sowohl der Formensprache als auch der Sprache überhaupt.

21

Jung-Stilling bezeichnet die Bereitschaft als »Ahnungs-Vermögen« und meint damit eine erhöhte Empfänglichkeit, die durch Lebensführung erreicht werden kann. »Endlich aber kann auch ein reiner gottergebener Mensch durch lange Übungen und im Wandel vor Gott in Entzückungen und in den Zustand magnetischen Schlafs gelangen.« Nach ihm »wirkt die Seele im natürlichen Zustand durch das Gehirn und die Nerven, im magnetischen ohne beide«. Erst nach dem Tode gewinnt der Mensch die volle Kraft des hellsehenden Schlafes, da er sich nun ganz vom Körper getrennt hat, und diese Fähigkeit ist weit vollkommener, als sie im Leben erreicht werden kann.

Jung-Stillings mit Ahnungsvermögen Begabte entsprechen ungefähr den Reichenbachschen Hochsensitiven; nach heutigem Sprachgebrauch könnte man sie als äußerst seltene, doch immer wieder auftretende Mutanten auffassen. Das Ahnungsvermögen kann entwickelt werden, muß aber angeboren sein. Damit erklärt Jung-Stilling unter anderem Fälle, in denen warnende Träume oder Erscheinungen nicht dem Bedrohten, sondern einem Dritten zuteil werden, der für ihn die Rolle des Empfängers spielt. Diese Fähigkeit braucht nicht mit ethischer oder geistiger Begabung gekoppelt zu sein; sie kann sowohl in einer dumpfen wie in einer genialen Existenz auftreten. In der Gestalt des Fürsten Myschkin schildert Dostojewski einen Typ von hochentwickeltem Ahnungsvermögen, der auf seine Umwelt den Eindruck eines Idioten macht.

In alten und neuen Biographien stößt man immer wieder auf die Figur des Sensitiven, der vor einem Feuer, einem Blitzschlag oder einem anderen Unglück, von unbezwinglicher Unruhe oder Atemnot ergriffen, den Raum verläßt, in dem er mit anderen, die sorglos bleiben, beisammen war.

22

Zustände der Exzitation oder der Meditation, die denen des Rausches ähnlich sind, können auch auftreten, ohne daß toxische Mittel verwandt worden sind. Das weist darauf hin, daß durch die Droge Kräfte geweckt werden, die umfassender sind als die einer spezifischen Intoxikation. Sie ist ein Schlüssel zu Reichen, die der normalen Wahrnehmung verschlossen sind, doch nicht der einzige.

Für das, was erstrebt wird, dürfte der Begriff des Rausches nicht ausreichen, falls er nicht auf eine Weise erweitert wird, die mannigfaltige und auch konträre Erscheinungen umgreift. Wir begannen ja mit der Feststellung, daß die Droge sowohl auf den Willen wie auf die Anschauung wirkt. Innerhalb dieser Ambivalenz gibt es eine große Skala, die nach beiden Seiten zur Bewußtlosigkeit führt und endlich zum Tod. Die Drogen können als Exzitantien und Stimulantien, als Somnifera, Narcotica und Phantastica begehrt werden; sie dienen sowohl zur Betäubung wie zur Anregung. Hasan Sabbâh, der Alte vom Berge, war mit dieser Skala in ihrem vollen Umfang vertraut. Er führte die Fedavis, die Geweihten, die später auch die Assassinen genannt wurden, aus der Ruhe künstlicher Paradiese bis zum rasenden Amoklauf gegen Fürsten und Statthalter. Nichts Gleiches, wohl aber Verwandtes findet sich innerhalb der Verstrickung unserer technischen Welt. Zu ihren Tendenzen gehören sowohl die Flucht in die Betäubung wie die Steigerung der Motorik durch Stimulantien.

Der Gesetzgeber muß diese Fülle vereinfachen. Er sieht den Rausch als den »durch Rauschgifte bewirkten Zustand, insbesondere die akute Alkoholvergiftung« an. Ihm liegt es ob, zu entscheiden, wo individuell der Rausch mit einer Tat, auch einem Unterlassen, zu schaffen hatte oder nicht. Zu beurteilen, mit welcher Bewußtseinslage die strafbare Abweichung beginnt, ist schon deshalb schwierig, weil es Drogen gibt, die wenigstens zeitweilig die technische Leistung begünstigen. Die Wettkämpfer haben solche Mittel zu allen Zeiten gekannt, doch die Grenze ist flüssig, die das Doping von der erlaubten Anregung trennt.

Alljährlich kommen neue Drogen in den Handel, deren Gefährlichkeit oft erst erkannt wird, wenn sie bereits Schaden getan haben. Bei anderen ist die Schädigung minimal, doch summiert sie sich in Jahrzehnten der Anwendung auf oft verhängnisvolle Art. Das gilt für anregende Drogen wie den Tabak und auch für betäubende wie die leichten Schlafmittel. Dazu kommt, daß Stimulantia und Narcotica oft nebeneinander oder, besser gesagt, gegeneinander gebraucht werden. Die Säge geht hin und her. Man könnte auch an die Belastung einer Waage denken: zu jedem Gewicht wird ein Gegengewicht auf die Schalen gelegt. So wird ein künstliches Äquilibrium gehalten, bis eines Tages der Waagbalken bricht.

23

Der Unbeteiligte, der Nüchterne, bemerkt am Spektrum des Rausches vor allem jene Seite, auf der Bewegung stattfindet. Dort ist das Anderssein nicht zu ignorieren; es kündet sich weithin den Augen und Ohren an. Die Worte für diesen Zustand beziehen sich, wenigstens in den Bier- und den Weinländern, entweder auf das übermäßige Trinken oder auf die gesteigerte Aktivität. Meist führen sie sich auf das lateinische »bibo« und »ebrius«, auf das althochdeutsche »trinkan« und das gotische »drigkan« zurück.

»Rauschen« dagegen bezeichnet eine lebhafte Bewegung, etwa von Flügeln, die auch akustisch, als »Geräusch«, bemerkbar wird. Die Bewegung kann heftig werden – das angelsächsische »rush« für »stürzen« gehört hierher. Zu denken ist ferner an erhöhte, vibrierende Vitalität. »Rauschzeit« ist Paarungszeit. Vom Eber sagt man, daß er dann »rauschig« wird. Insekten und Vögel versammeln sich zu Schwärmen; gleich nach dem Hochzeitsflug fallen den Termiten die Flügel ab.

Rauschzeit ist Schwarmzeit; Menschen und Tiere versammeln sich. Schon deshalb ist die aktive, willensmäßige Seite des Rausches besser bekannt. Der Berauschte scheut die Gesellschaft nicht; er fühlt sich wohl im festlichen Trubel und sucht nicht die Einsamkeit. Oft benimmt er sich auffällig, doch genießt er hinsichtlich seines Verhaltens eine größere Lizenz als der Nüchterne. Den Lachenden sieht man lieber als den Betrübten; der Angeheiterte wird mit Wohlwollen betrachtet, oft auch als jener, der die Langeweile vertreibt und die Stimmung belebt. Ein Bote des Dionysos tritt ein und öffnet das Tor zur närrischen Welt. Das wirkt selbst auf den Nüchternen ansteckend.

Diese gesteigerte und nicht zu übersehende Aktivität hat dem Wort »Rausch« den Akzent erteilt. Ganz allgemein beansprucht die sichtbare Seite der Dinge auch in der Sprache einen stärkeren Anteil als die verborgene. Ein Beispiel dafür bietet das Wort »Tag«. Wenn wir es aussprechen, umfassen wir damit zugleich die Nacht. Die Lichtseite bezieht also den Schatten mit ein. Wir denken gemeinhin kaum darüber nach. Ganz ähnlich bezieht das Wort »Rausch«, obwohl es die augenfällige Steigerung der Lebenskräfte betont, auch ihre Dämpfung mit ein: die lethargischen und reglosen, dem Schlaf und dem Traum ähnelnden Zustände.

Der Rausch äußert sich in verschiedenen, oft konträren Erscheinungen; die Droge erzeugt ebenso verschiedene Wirkungen. Trotzdem ergänzen sich beide zu einem Komplex von großer Spannweite. Hasan Sabbâh soll seine Assassinen durch ein und dasselbe Mittel, den Haschisch, sowohl in die Welt glückseliger Träume wie in die des Mordes geführt haben.

24

Wer sich betäuben will, verhält sich anders als jener, der sich nach Art der Schwärmer zu berauschen gedenkt. Er sucht nicht die Gesellschaft, sondern die Einsamkeit auf. Er steht der Sucht näher, daher pflegt er sein Tun zu verbergen, dem auch die festliche Periodik fehlt. Der »heimliche Trinker« gilt als bedenklicher Typ.

Wer sich schwer und gewohnheitsmäßig betäubt, ist schon deshalb auf Heimlichkeit angewiesen, weil die Droge fast immer aus dunklen Quellen stammt. Ihr Genuß führt in eine Zone der Illegalität. Es gehört daher zu den Anzeichen beginnender Anarchie, wenn derart Berauschte die Öffentlichkeit nicht mehr scheuen. So konnte man nach dem Ersten Weltkrieg in den Cafés Drogierte beobachten, die dort »Löcher in die Luft starrten«.

Der Betäubte meidet aber nicht nur deshalb die Gesellschaft, weil er sie aus verschiedenen Gründen zu fürchten hat. Er ist seiner Natur nach auf Einsamkeit angewiesen; sein Wesen ist nicht mitteilender, sondern empfangender, rezeptiver Natur. Er sitzt wie vor einem magischen Spiegel, regungslos in sich selbst versunken, und immer ist es dieses Selbst, das er genießt, sei es als reine Euphorie, sei es als Bildwelt, die sein Inneres erzeugt und die auf ihn zurückflutet. So gibt es Lampen, deren fluoreszierendes Licht einen grauen Stein in eine Goldstufe verwandeln kann.

Baudelaire, der den Haschisch »eine Waffe zum Selbstmord« nennt, erwähnt unter anderen Wirkungen die außerordentliche Kälte nach dem Genuß der Droge, den er zur »Klasse der einsamen Freuden« zählt. Dieses Frieren, das auch andere Phantastica erzeugen, ist nicht nur physischer Natur. Es ist auch ein Zeichen der Einsamkeit.

25

Narkissos war der Sohn eines Flußgottes und einer Nymphe, der Liriope. Die Mutter war von seiner Schönheit ebenso entzückt wie durch seine Kaltsinnigkeit erschreckt. Um sein Schicksal besorgt, fragte sie den Seher Teiresias um Rat und hörte von ihm das Orakel: ihrem Sohn werde, falls er sich selbst nicht kennenlernen würde, ein langes Leben beschieden sein. Das rätselhafte Wort ging in Erfüllung, als Narkissos eines Tages, von der Jagd heimkehrend, sich durstig über einen Quell beugte und in ihm sein Spiegelbild sah. Der Jüngling verliebte sich in das Phantom, und er verzehrte sich in ungestillter Sehnsucht nach dem eigenen Bilde, bis er zugrunde ging. Die Götter verwandelten ihn in eine Blume von betäubendem Duft, in die Narzisse, die noch heute seinen Namen trägt und deren Blüte sich gern über stille Gewässer neigt.

Wahrscheinlich haben sich vom Narkissos-Mythos, wie von so vielen anderen, nur Rudimente erhalten; sein großes Thema scheint die Sehnsucht gewesen zu sein. Ihr erlag auch die Nymphe Echo, die sich vergeblich nach der Umarmung des Narkissos sehnte und sich vor Gram verzehrte, bis endlich von ihr nichts mehr als die Stimme blieb.

Narkissos lernte sich kennen, doch er erkannte sich nicht. »Erkenne dich selbst!« stand über dem Apollo-Tempel zu Delphi; Narkissos scheiterte wie so viele andere vor und nach ihm an dieser schwersten der Aufgaben; er suchte vergeblich sein Selbst in seinem Spiegelbild. Das Wort »erkennen« hat doppelte Bedeutung; Narkissos läßt sich auf ein erotisches wie Faust auf ein geistiges Wagnis ein.

Eben diese verzehrende Sehnsucht ist auch ein Kennzeichen der Droge und ihres Genusses; die Begier bleibt immer wieder hinter der Erfüllung zurück. Die Bilder locken wie eine Wüstenspiegelung; der Durst wird brennender. Wir können auch an den Einstieg in eine Grotte denken, die sich in ein Labyrinth von immer engeren und unwegsameren Gängen verzweigt. Dort droht das Schicksal Elis Fröboms, des Helden in Hoffmanns »Bergwerken zu Falun«. Er kommt nicht wieder, ist der Welt verloren, und ähnlich erging es dem Mönch von Heisterbach, der sich im Wald verirrte und erst nach dreihundert Jahren wieder in sein Kloster fand. Dieser Wald ist die Zeit.

26

Wir halten die Stoffe, die den narkotischen Rausch erzeugen, für feiner, ätherischer als jene, die den Willen anspannen. Faust wird nach der großen Beschwörung im nächtlichen Studierzimmer zunächst zu den wüsten Zechern in Auerbachs Keller und dann erst in die Hexenküche geführt.

Wir sprechen vom »narkotischen Duft«. Das Wort stammt vom griechischen *ναρκόω*, ich betäube, ab. Im Süden gibt es Narzissenarten, deren Duft als gefährlich gilt. Euphorie und Schmerzlosigkeit folgen der Einatmung flüchtiger Substanzen wie der des Lachgases oder des Äthers, der um die Jahrhundertwende auch einmal als Genußmittel in Mode gewesen ist und dem Maupassant eine Studie gewidmet hat. In der klassischen Magie wird immer wieder der Rauch erwähnt, der nicht nur betäubt, sondern auch als feines Medium für die der Betäubung folgenden Visionen dient. Wir finden solche Szenen in »Tausend und einer Nacht«, aber auch noch bei Autoren wie Cazotte, Hoffmann, Poe, Kubin und anderen.

Die Vermutung liegt nahe, daß diese der Anschauung zugewandte Seite des Rausches auch die qualitativ bedeutendere ist. Wenn wir uns darüber ein Urteil bilden wollen, müssen wir auf die gemeinsame Wurzel zurückgreifen, aus der so verschiedenartige Formen der Imagination aufsteigen. Das Wagnis, das wir mit der Droge eingehen, besteht darin, daß wir an einer Grundmacht des Daseins rütteln, nämlich an der Zeit. Das freilich auf verschiedene Weise: je nachdem, ob wir uns betäuben oder stimulieren, dehnen oder komprimieren wir die Zeit. Damit hängt wiederum die Begehung des Raumes zusammen: hier das Bestreben, die Bewegung in ihm zu steigern, dort die Starre der magischen Welt.

Wenn wir die Zeit, wie es von jeher geschehen ist, einem Strom vergleichen, so scheint er sich dem Stimulierten zu verengen, schneller zu fließen, in Wirbeln und Kaskaden zu Tal zu sprühen. Dem folgen die Gedanken, die Mimik und Gestik; der so Berauschte denkt und handelt geschwinder und impulsiver als der Nüchterne, auch weniger berechenbar.

Unter dem Einfluß narkotischer Mittel dagegen verlangsamt sich die Zeit. Der Strom fließt ruhiger; die Ufer treten zurück. Mit der beginnenden Betäubung treibt das Bewußtsein wie in einem Boot auf einem See, dessen Grenzen es nicht mehr erblickt. Die Zeit wird uferlos; sie wird zum Meer.

So kommt es zu den endlosen Opiumträumen, die de Quincey beschreibt. Er wähnt, »für Jahrtausende in den Eingeweiden ewiger Pyramiden bestattet zu sein«. In den »Suspiria de Profundis«, einer Essay-Sammlung, die ein Vierteljahrhundert nach den »Confessions« erschienen ist, blickt er auf diese ungeheure Ausweitung der Zeit zurück und sagt, sie zu schildern, würden astronomische Maßstäbe nicht ausreichen. »Ja, lächerlich wäre es, den Zeitraum, den man während eines Traumes durchlebt, nach Generationen zu bestimmen – oder selbst nach Jahrtausenden.«

Das Gefühl der Entfernung vom menschlichen Zeitbewußtsein überhaupt wird auch von anderen bestätigt, so von Cocteau: »Tout ce qu'on fait dans la vie, même l'amour, on le fait dans le train express qui roule vers la mort. Fumer l'opium, c'est quitter le train en marche; c'est s'occuper d'autre chose que de la vie, de la mort.«

27

Die Zeit läuft schneller am animalischen, langsamer am vegetativen Pol. Von hier aus fällt auch Licht auf das Verhältnis der Narcotica zum Schmerz. Die meisten Menschen werden mit den Narcoticis dank deren anästhetisierenden Eigenschaften bekannt. Zur Gewöhnung führt das damit verbundene Glücksgefühl, die Euphorie. Daß die Depressiven besonders leicht dem Morphium anheimfallen, erklärt sich daraus, daß von ihnen bereits die Existenz an sich als schmerzhaft empfunden wird.

Viele Narcotica sind zugleich Phantastica. Sertürner hat, indem er 1803 das Morphium isolierte, die schmerzstillende Potenz des Opiums von der eidetischen getrennt. Er hat damit zahllosen Leidenden geholfen, aber zugleich dem Mohnsaft, wie ihn Novalis besingt, die Farben geraubt.

Wer der Bildwelt zustrebt, will durch das Narcoticum weder dem Schmerz entgehen noch Euphorie genießen; er sucht das Phantasticum. Ihn bewegt nicht die Furcht vor dem Leiden, sondern höhere Neugier, vielleicht auch Vermessenheit. In das Zauber- und Hexenwesen des Mittelalters spielt immer wieder die Welt der Alkaloide ein: die Beschwörung mit Hilfe von Tränken, Salben und Dünsten, von Mandragora, Stechapfel, Bilsenkraut.

28

Die Beschwörung wurde in jenen Zeiten zu den Kapitalverbrechen gezählt. Die Erscheinungen waren glaubwürdiger als heut. Für Faust ist das Geisterreich, obwohl bereits weithin zur Geisteswelt geworden, noch »nicht verschlossen«, doch ihn bewegt nur noch die Sorge, ob die Beschwörung gelingt. Religiöse oder moralische Bedenken quälen ihn nicht mehr.

Ganz ähnlich stellt sich in unserer Zeit dem geistigen und dem musischen Menschen die Frage, was die Droge gewähren kann. Ihm kann letzthin nicht an der motorischen Steigerung der Kräfte, am Glück oder gar an Schmerzlosigkeit gelegen sein. Ihm geht es nicht einmal um Schärfung und Verfeinerung der Einsicht, sondern wie in Faustens Kabinett um »Eintretendes«.

Dieses Eintreten bedeutet nicht, daß neue Fakten bekannt werden. Nicht die Bereicherung der empirischen Welt ist gemeint. Faust strebt aus dem Studierzimmer hinaus, in dem ein Wagner zeitlebens verharren und sich glücklich fühlen wird. »Zwar weiß ich viel, doch möcht ich alles wissen« – das hat kein Ende, und in diesem Sinne gehört auch die Entdeckung Amerikas zu den Fakten; kein Raumschiff führt aus ihrer Welt hinaus.

Keine Akzeleration, selbst wenn sie bis zu den Sternen

trüge, kann das Urwort »Dir kannst du nicht entfliehen« außer Kraft setzen. Das gilt auch für die Steigerung der Lebenskraft. Die Multiplikation und selbst die Potenzierung verändern die Grundzahl nicht. Vom Eintretenden wird anderes erwartet als eine Steigerung dynamischer oder vitaler Art. Zu allen Zeiten erhoffte man von ihm eine Mehrung, eine Ergänzung, eine Hinzufügung. Das bedeutet nicht Potenzierung, sondern Addition.

Bei der Beschwörung, sei es mit Hilfe der Askese oder anderer Mittel, war früher kein Zweifel daran, daß Fremdes hinzuträte. Inzwischen hat das Denken eine Macht gewonnen, der gegenüber diese Überzeugung nur noch durch Nachhuten verteidigt wird. Es bleibt aber nur von spiegelbildlicher Bedeutung, ob ein Hinzutretendes von außen oder von innen kommt, ob es also dem Universum oder der eigenen Tiefe entstammt.

Nicht der Punkt, an dem die Sonde gesetzt wird, entscheidet, sondern jener, den sie erreicht. Dort überzeugt die Erscheinung mit solcher Stärke, daß für die Frage nach ihrer Realität, geschweige denn nach ihrer Herkunft, weder Raum noch Bedürfnis bleibt. Wo Gründe, Autoritäten oder gar Machtmittel nötig sind, um ihre Realität zu sichern, hat die Erscheinung schon die Macht verloren; sie wirkt nun wie ein Schatten oder ein Echo fort. Die Bereitschaft aber muß immer gewahrt bleiben.

DIE PFLANZE ALS AUTONOME MACHT

29

Wenn Säfte vegetativer und tierischer Herkunft sich durchdringen, so entstehen neue Moleküle, es bilden sich Ketten und Ringe verschiedenster Art. Seit kurzem sind wir imstande, in diesen Feinbau ein wenig einzublicken – vermöchten wir es nicht, so änderte sich im Grunde wenig oder nichts. Wahrscheinlich lenkt diese Einsicht, wie manche vermuten und viele ahnen, von Wichtigerem ab.

Daß manche dieser Moleküle den Körper nähren und andere ihn neutral passieren, wird ebensowenig bestritten wie die Tatsache, daß wiederum andere geistige Wirkungen auslösen. Auf diese Wahrnehmung gründet sich die indianische Unterscheidung zwischen alltäglicher und Götternahrung, wie in den höheren Kulturen jene von natürlichen und geweihten Substanzen überhaupt.

Die Frage nun, ob diese Wirkungen nur ausgelöst werden oder ob sie »hinzutreten«, führt über die Probleme der Psychologen und Chemiker hinaus. Wenn wir die Pflanze als autonome Macht erkennen, die eintritt, um Wurzeln und Blüten in uns zu treiben, entfernen wir uns um einige Breitengrade von der schiefen Perspektive, die wähnt, Geist sei das Monopol des Menschen und existiere nicht außer ihm. Ein neues Weltbild muß der planetarischen Nivellierung folgen; das ist die Aufgabe, die das nächste Jahrhundert in Anspruch nehmen wird. Es vorzubereiten, sind die nihilistischen und materialistischen Theorien berufen; von dorther wirkt die ihren Gegnern unbegreifliche Überzeugungskraft. Wir sehen freilich auch im Sturm, der Wälder entwurzelt und Häuser abdeckt, nicht den Sog windstiller Ferne – dasselbe gilt für die Zeit.

Wir bewegen uns hier am Rande der Abendmahlsstreitigkeiten, die tausend Jahre lang die Geister beschäftigten und sich zuzeiten verdichteten. Es geht um Wein und Brot, um Unterschiede zwischen Anwesenheit und Annäherung. Wenn wirklich etwas geschieht, fallen die groben und die feinen Differenzierungen dahin. Sie dringen ja auch nicht ins »Innre der Natur«. Wir können sowohl dem »Das ist« wie dem »Das bedeutet« jeden möglichen Umfang geben, im Grund begegnen sie sich in einem Punkt. Auch am Abend der Stiftung hat das Mahl über seine Wirklichkeit hinaus noch etwas »bedeutet«, wenngleich als hohe Stufe der Annäherung.

Uns plagen heute andere Sorgen, vor allem jene: daß sich auf diesem Wege nicht wieder Götter einschleichen.

30

Die Darstellung des Kokains gelang um 1860 in Wöhlers berühmtem Göttinger Institut, einer der Büchsen der Pandora für unsere Welt. Diese Ausfällung und Konzentrierung wirksamer Stoffe aus organischen Substanzen durchsetzt das ganze 19. Jahrhundert; sie begann mit der Extraktion des Morphins aus dem Mohnsaft durch den zwanzigjährigen Sertürner, der damit das erste Alkaloid entwickelte oder, besser gesagt, auswickelte.

Wie überall bei der Annäherung an die Titanenwelt, nehmen auch hier Ballung und Strahlung zu. In dieser Welt treten Kräfte und Stoffe auf, die zwar aus der Natur gewonnen, doch zu stark, zu vehement für das natürliche Fassungsvermögen sind, so daß der Mensch, will er sich nicht zerstören, auf wachsenden Abstand und größere Vorsicht angewiesen ist. Diese Kräfte und Stoffe sind sichtbare Modifikationen des Eintritts in eine neue Geisteswelt.

Vergärung, Destillation, Ausfällung und endlich Gewinnung strahlender Materie aus organischer Substanz. Mit ihr beginnt das 20. Jahrhundert – 1903 Entdeckung des Radiums und Poloniums, 1911 Nobelpreis an das Ehepaar Curie für Reindarstellung des Radiums aus riesigen Mengen Joachimsthaler Pechblende. Dieses Joachimsthal wurde 1945 von den Amerikanern an die Russen abgetreten, die dort große Mengen von spaltbaren Stoffen ausbeuten.

Jeder Übergang ist zugleich ein Einschnitt, jeder Gewinn auch ein Verlust. Wo das in der Tiefe, wenn nicht begriffen, so doch gefühlt wird, ist der Schmerz besonders groß – vor allem, wo unter dem Rückzug der Götter vor den Titanen noch gelitten wird. Die Urteile unterscheiden sich dort wie Tag und Nacht. Pierre Curie zählt zu den ersten Opfern des motorisierten Verkehrs († 1906). Léon Bloy frohlockte angesichts der Nachricht über »die Zermalmung des infamen Gehirns«.

31

Wie Goethe die Farben als eines der Abenteuer des Lichtes betrachtet, könnten wir den Rausch als einen Siegeszug der Pflanze durch die Psyche ansehen. So nährt die gewaltige Familie der Nachtschatten uns nicht nur physisch, sondern auch im Traum. Zu ihrer Monographie müßte sich die Systematik mit der Schau eines Novalis, eines Fechner vereinigen. Ihr Name »Solanaceen« führt sich vermutlich auf »solamen«, das Trostmittel, zurück.

Wie sich die Pflanze uns nicht nur physisch, sondern auch geistig zuwendet, so hat sie es viel früher erotisch den Tieren gegenüber getan. Um das zu sehen, müssen wir sie freilich als ebenbürtig anerkennen, als stärkeren Partner sogar. Zu den merkwürdigsten Erscheinungen, den wahren Wundern auf unserem Planeten, zählt das Geheimnis der Bienen, das zugleich ein Geheimnis der Blumen ist. Das Liebesduett zwischen zwei in ihrer Bildung und Entwicklung so ungeheuer weit voneinander entfernten Wesen muß einmal wie mit einem Zauberschlage sich bezeugt haben durch unzählige Zuwendungen. Die Blüten bilden sich um zu Geschlechtsorganen, die sich auf wunderliche Weise ganz fremden Wesen anpassen – Fliegen, Schwärmern und Faltern, auch Honigsaugern und Kolibris. Früher hat sie der Wind bestäubt.

Das war einer der Kurzschlüsse durch die Ahnenreihe und ihre Sicherung. Ein Großer Übergang. In solchen Bildern wird der Irisschleier durchsichtig. Der kosmogonische Eros durchbricht die Sonderungen der gebildeten Welt. Wir würden nie auf den Gedanken kommen, daß solches möglich sei – fühlten wir es nicht myriadenfach bestätigt auf jedem Gange durch eine Frühlingswiese, an jedem Blütenhang. Trotzdem hat es bis in unsere Zeit gedauert, ehe ein Mensch das Geheimnis erriet. Wieder ein Rektor: Christian Konrad Sprengel – »Das entdeckte Geheimnis der Natur« (1793). Was wir Geheimnis nennen, sind freilich nur Manifestationen; näher kommen wir ihnen im glockenhaften Summen unter dem blühenden Lindenbaum. Erkenntnis ist Übereinstimmung.

32

Die Pflanze, obwohl selbst kaum beweglich, zwingt das Bewegte in ihren Bann. Novalis hat es in seinen Hymnen gesehen. Ohne die Pflanze wäre kein Leben auf der Welt. Von ihr sind alle Wesen, die atmen und sich ernähren wollen, abhängig. Wie weit ihre geistige Macht reicht, kann nur geahnt werden. Nicht umsonst beruft sich das Gleichnis vor allem auf sie.

Was etwa durch den Tee, den Tabak, das Opium, doch oft schon durch den bloßen Duft von Blumen geweckt wird – diese Skala von Erheiterungen, von unbestimmten Träumen bis zur Betäubung – das ist mehr als eine Palette von Zuständen. Es muß etwas anderes, etwas Neues hinzutreten.

So wie die Pflanze Geschlechtsorgane bildet, um sich mit den Bienen zu begatten, vermählt sie sich auch mit dem Menschen – und die Berührung schenkt ihm Zugang zu Welten, in die er ohne sie nicht eindränge. Hier verbirgt sich auch das Geheimnis aller Süchte – und wer sie heilen will, muß geistiges Äquivalent geben.

DER RAUSCH: HEIMAT UND WANDERUNG

33

Daß Drogen Gebiete unter sich aufteilen und bestimmte Herrschaftsbereiche abgrenzen, ist oft bemerkt worden. Die Lotophagenträume gedeihen im Orient. Der Geist schweift aus, während der Körper auf dem Lager ruht. Die Bilder sind nicht nur schön und heiter; sie können auch schrecklich und grausam sein. Die Droge spielt die Rolle der Scheherazade, die dem Sultan während der Nacht »die wachen Stunden vertreibt«.

Der Abendländer zieht die stimulierenden und aktivierenden Einflüsse vor. Der Unterschied fällt selbst dort auf, wo er sich der gleichen Mittel bedient. Dort der Mann in der Chelabyja, der sich vor einem Café in Damaskus die Wasserpfeife bringen läßt – hier der Typ, der in der Pause zwischen zwei Arbeitsgängen hastig die Zigarette »stößt«.

In einer solchen Landschaft muß der Konsum von Mitteln zunehmen, die eine bildlose Steigerung der Lebenskraft einbringen, ein vitales Behagen bei beschleunigtem Puls. Dabei werden wie beim Kettenrauchen die Pausen geringer; die Droge wird zum Treibstoff degradiert. Dazwischen Öl für das ausgeleierte Getriebe: die ebenso farblosen Beruhigungs- und Schlafmittel. Von der Festseite des Rausches, der Annäherung an neue Welten und dem damit verknüpften Wagnis, ist keine Rede mehr.

34

Mit dem Einsickern reiner Phantastica in die westliche Welt verbindet sich nur ein geringes Wagnis, falls sie nicht, wie das Opium, durch chemische Prozeduren ihrer Bildwirkung beraubt werden. Ihr Genuß setzt das stille Behagen an der

Bildwelt voraus und damit eine Neigung, die dem Stil der Epoche widerspricht. Die beiden berühmten Fälle, in denen das Geheimnis des Mohns erfaßt wurde, sind die de Quinceys und Baudelaires. Auch Novalis sollte man nicht vergessen in dem Zusammenhang. Die Romantiker sind für das Fremde an sich anfällig. Einige Verse der Droste lassen vermuten, daß der Mohn zum mindesten hineinrankte. Ich denke besonders an »Durchwachte Nacht«. De Quincey hat starken Genuß an der Macht und ihrem Gepränge, auch ihren Schrecken – das bezeugt die berühmte Stelle seiner »Bekenntnisse«, die dem Consul Romanus gewidmet ist. So sehen Götter die Welt.

Der Träumer zieht die Einsamkeit vor; er möchte nicht überrascht werden. Die reale Welt trägt ihm Gefahren, zum mindesten den Fluch des Lächerlichen ein. Baudelaire hat das im Symbol des Albatrosses als Augur erfaßt. Schon durch dieses Gedicht hat sich sein Ausflug in den Fernen Osten für ihn, und mehr noch für uns, gelohnt. Die Götter dort verharren eher in der Haltung von Träumern als in der von Helden oder Leidenden. Die Meditation ist eine Form des Geistes, in der Traum und Gedanke sich sehr nahe kommen – wo sie sich völlig durchdringen, können neue Welten entstehen.

35

Die Phantastica können bei uns nicht zur Massenbedrohung werden wie die an- und ausspannenden Mittel – also wie Tabak und Alkohol einer-, Tabletten und Morphium andererseits.

Der Haschisch steht auf der Grenze, weil er nicht nur eidetisch, sondern auch motorisch wirkt. Der kollektive Genuß des Opiums ist selten; er setzt eine Gemeinsamkeit entweder musischer und meditativer oder abenteuerlicher Neigungen voraus. Immer wieder hört man in dieser Hinsicht von den Literaten des Hôtel Pimodan und von den Marineoffizieren bei Farrère, Mirbeau und Loti – doch nur deshalb, weil sich kaum Vergleichbares findet, also der Rarität halber.

Die Stimmung solcher Séancen muß man sich als die einer kultivierten und sich verdichtenden Sympathie vorstellen, verbunden auch mit diffusen Anwesenheitsgefühlen, wie sie bei Spiritisten auftreten. Die Bilder werden mit dem inneren Auge gesehen; sie sind unteilbar und von anderer Art, als sie unsere Traumfabriken oder selbst gute Schauspiele darbieten. Baudelaire geht ins Theater nicht als Zuschauer, sondern um das Stück als Motiv zu benutzen, das er in seine Traumwelt einfügt und ihrem Stil unterwirft. Die Kunst wird dem Rausch gegenüber zur Collage, zur geringeren Stufe der Annäherung. Man könnte sich das auch so vorstellen, daß sich das Verhältnis von Wüste und Oase umkehrt – die Oase bleibt smaragden, doch der Sand der Wüste wird Diamant. Das Land gewinnt Edelsteincharakter, wohin auch der Blick fällt; es schwindet der Unterschied zwischen Fassung und Juwel.

36

Die Phantastica finden also im Abendland eine esoterische Aufnahme. Es rankt sich eine eigene Literatur um sie, die sich von der frühen Romantik bis zum Fin de siècle verfolgen läßt. Ein Hauch des Dunklen, Heimlich-Unheimlichen umwittert den Kundigen. Es ist eigentlich kein Laster, dem er frönt, auch kein Verbrechen, zu dem er sich hinreißen läßt. Eher ist es ein Raub an der Gesellschaft, der verübt und verübelt wird – ein Raub, dessen extremste Form der Selbstmord ist. Man ist der Gesellschaft müde – so stößt man mit leichtem Boot aus dem Gewimmel der Häfen ab. Bald bläst Wind in die Segel, und am Gleicher brauchen die Inseln nicht mehr gesucht zu werden; sie steigen nach Belieben aus der Tiefe auf. Übrigens gewährt die Einsamkeit an sich bereits ein Gefühl, das dem Rausch ähnelt – die Segler, die allein den Ozean überqueren, suchen weniger das andere Ufer als diese unerhörte All-Einigkeit.

Solche Neigungen sind angeboren wie auch die zu anderen sozialen Abweichungen, etwa den politischen und erotischen. Früher zählten sie zu den Kennzeichen der Outcasts, der unehrlichen Leute, die man vor dem Tor in den Mühlen, Gerbereien, verdächtigen Wirtschaften traf. Dort war der Wechsel der fahrenden Sänger und Pfeifer, der Zigeuner und Venediger, der Goldmacher und Schatzgräber. Dort hegte man Stechapfel und Bilsenkraut und grub den Alraun aus, der unter dem Galgen wuchs.

Zwei Unbekannte treffen sich im Zuge oder auf einer Parkbank; es fällt der Name eines Autors, der Titel eines Buches, und sie wissen übereinander Bescheid. Meist freilich erkennen sie sich heute, wie Bouvard und Pécuchet zu Beginn ihres Romanes, als aufgeklärte Spießbürger.

37

Die Jahrhunderte geben einen groben Raster, der den Stilwandel nicht präzise deckt. Oft gewinnen sie erst in der Mitte ihren typischen Aspekt. So auch das unsere. Allerdings gibt es Keime, Anklänge schon vor dem Beginn, doch formten sie die Landschaft nicht. Das Röntgenbild, der Funk, der Übergang vom Dampf zum Treibstoff, vom Impressionismus zum Kubismus, Nietzsches Visionen, Lilienthals Flügel – das alles scheint punktuell, als ob Viren sich ansetzten. Die Einzelheiten werden verdeckt und übertönt durch den Lärm gewaltiger Verschrottungen. Vor allem bringen die beiden großen Kriege weltweite Planierungen. Doch nun wird auch der Weltstil sichtbar, als ob vom heißen Rohguß der Mantel abspränge – erst insulär wie im System der Flughäfen. Dort laufen schon andere Uhren, gilt eine neue Zeit. So horstet Brobdingnag sich im Bereich der Liliputaner ein – mit den brutalen Ansprüchen der Titanenkraft.

Der neue Weltstil bezieht auch Droge und Rausch in sich ein. Der große Strom der anregenden und betäubenden Pharmaka fließt weiter, verbreitert und beschleunigt sich sogar. Die Grenze verwischt sich, an der sie hier der Gesundheit, dort dem Vergnügen dienen, bis sie unentbehrlich geworden sind. Inmitten der Arbeitswelt und ihrer Spannung werden sie vielen zur Nervenkost. Von der Massendrogierung kann man in den pharmazeutischen Fabriken eine Vorstellung gewinnen angesichts der Zentrifugen, die in schneller Folge Tabletten herausschleudern. Das vereinigt sich zu vielfarbigen Flüssen, die sich wiederum verzweigen bis in die entlegensten Dörfer und Haushaltungen. Auch hier wird die Ambivalenz insofern spürbar, als die Chemie sich fortwährend an die Grenze herantastet, an der das Heilmittel euphorische Wirkungen abspaltet. Dort kommt es zu großem Konsum. Die Tabuierung durch das Gesetz bleibt im Kielwasser.

Dagegen verliert sich mit der Kultur der stille Genuß an den Rändern der Hanf- und Mohngärten. Einerseits wird die Beschleunigung zu stark, zum anderen genügen innerhalb des Schwundes – oder scheinen zu genügen – die mechanisch produzierten und reproduzierten Bilder, die kulissenhaft das Blickfeld umstellen und einengen. Die kollektiven Träume verdrängen die individuellen, die innere Bildwelt wird durch die äußere überdeckt.

Freilich bleibt immer ein Durst, ein mahnendes Gefühl der Leere zurück – die Ahnung, daß die Tage unfruchtbar verbraucht werden.

38

Damit ist der Abschnitt des langen Marsches erreicht, an dem neue Bedürfnisse erwachen, die mit der Titanenwelt in Einklang stehen. Das erklärt den Übergang zu jenen Drogen, die man »Psychopharmaka« nennt. Der Name ist unzureichend; wahrscheinlich wird er durch andere ersetzt werden.

Noch einmal: Die Stimulantia sind zum Treibstoff geworden, die Somnifera wurden entkeimt. Die eigentliche Gefahr ist darin zu vermuten, daß sie traumlosen Schlaf geben. Die Phantastica hingegen verloren mit der Kultur des bürgerlichen Zeitalters ihr inneres Gegengewicht. Wenn das

Haus zerstört ist, wird auch der Garten unwirtlich. Mit den Lilien, Seerosen, Herbstzeitlosen des Jugendstils und ihren Verschlingungen welkt auch der Mohn mit seinen Träumen dahin.

Nun kommt etwas Neues, auch um die Mitte des Jahrhunderts, dem Titanismus maßgerecht: eine Gruppe von Stoffen, deren Kräfte und Formeln sich um die des Meskalins ordnen. Sie sind organischer Herkunft, gehören zu den »secretis herbarum« des Albertus, doch wurden sie bald dem Zeitstil gemäß synthetisch umrissen und nachgeahmt. Auch ihnen ging, ähnlich wie dem Motorenflug Lilienthals Flügel, eine Reihe von tastenden Berührungen voraus. Der Meskalinrausch wurde in Beringers Institut auf die psychischen Wirkungen hin untersucht. Die Berichte (1927) ergaben eine umfangreiche, doch wenig tiefgründige Monographie. Hanns Heinz Evers, den man als einen der Neugierigen ohne Hintergrund bezeichnen könnte, ließ sich auf seinen Reisen auch einen Meskalinrausch nicht entgehen. Dabei gewann er noch nicht einmal die Stufe, die Maupassant durch den Äther erreichte – es blieb bei einer reinen Farbensymphonie.

39

Mexikos Erde verdanken wir eine Reihe titanischer Varianten; der Boden ist urträchtig. Der Truthahn, der Mais, die Sonnenblume: das Huhn, die Weizenähre, die Marguerite scheinen nach Brobdingnag versetzt. Die Nachtschatten fallen durch Riesenknollen und -früchte auf. Ein Grund für Pyramiden und Cäsaren, Adler und Schlange, Zauberer und Wahrsager, Hexen und Giftmischer.

Das Meskalin und seine Verwandten wirken brutaler, herrischer als die Opiate; sie führen nicht nur in die Bildwelt und ihre Paläste, sondern tief in die Gewölbe hinab. Sehr frühe Wahrnehmungen werden wieder glaubwürdig. Die Stimulantien und Narcotica manipulieren mit der Zeit, die sie ausdehnen oder beschleunigen. Hier aber spaltet sich die Erde; Zeit schaffende Macht wird ursprünglich.

Für Ärzte lag der Gedanke nahe, Kranke auf diese Weise aufzumuntern, vielleicht sogar zu heilen wie durch ein Fieber oder einen Schock. Für den musischen Menschen, den Dichter mag es noch andere Gründe geben, zum Brunnen hinabzusteigen, in dem Styx und Lethe sich vereinen; dort entspringt auch der kastalische Quell. Vergessen und Vernichtung gehen der Initiation voraus. Das läßt sich auch an der Entwicklung der Malerei ablesen. Ihre mexikanische Komponente soll noch gestreift werden.

LEITBAHNEN – TODESBEGEHUNGEN

40

Eins der zentralen Probleme des Themas: die Erschließung von Leitbahnen. Das wäre innerhalb der Intelligenz etwa der Sprung, den die Biologen die Mutation nennen.

Ein Schock, ein unerwarteter Anfall wie der Rausch kann neue Perspektiven aufreißen, und zwar mit einem Schlage, nicht also durch Entwicklung oder Unterricht. Wir dürfen auch an ein Beben denken, das eine Mauer niederwirft. Der Eingriff ist allerdings gewaltsam, andererseits ist zu bedenken, daß diese Mauer sonst vielleicht ein Leben lang die Perspektive begrenzt hätte, bis endlich der Tod, der große Ebner der Sonderungen, sie mit dem Hause verschwinden ließ.

Wenn die Nabelschnur durchschnitten oder durchbissen wird und der Geborene den ersten Atem schöpft, so ist das ein Großer Übergang, der mit der Erschließung von Leitbahnen verbunden ist. Auch wenn der Sterbende den Atem aufgibt, muß er, mehr oder minder vorbereitet, zu einem Großen Übergang antreten. Immer wieder wurde vermutet, daß er damit zugleich den Anschluß an neue Leitbahnen gewinnt. Das ist eine Sache des Glaubens; wir wissen es nicht.

Auch einem scharfen Schmerz, dem Verlust eines geliebten Menschen, einer großen Liebe, einem Erfolg, einem epileptischen Anfall kann sich der Durchbruch zu neuen Einsichten und Fähigkeiten anschließen. Wir dürfen das als Anschluß an den Vorrat von ungeformter Intelligenz ansehen. Wir münzen dann aus dem Barren aus. Dafür gibt es zahlreiche Bilder: die Schuppen fallen von den Augen, die Zunge wird gelöst, der Geist wird ausgegossen, er kommt aus den Wolken oder steigt aus dem Meere herauf. Dann heißt es: »Höre!« oder »Sieh und Siehe!« oder auch »Komm!«

Im Kleinen und Flüchtigen hat es jeder erlebt. Auch dichterische Kraft kann anschießen. Ein großes Gedicht gelingt, wenn die Zunge gelöst ist; vielleicht bleibt es unter vielen

Würfen der einzige, der traf. Der Baum des Lebens hat nur einmal geblüht. Die Kraft stieg aus den Wurzeln, kam aus den Träumen – dort ist jeder genial.

41

Ekstase und Rausch – übermannende und erzeugte Begeisterung sind schwer zu unterscheiden –: Apostelgeschichte 2,13 ff. Petrus ist überhaupt exemplarisch für den Alltagsmenschen, der transformiert wird und den es wider Willen überkommt. Der Fels wird sich seiner uranischen Kraft bewußt. Daß ihm der Schlüssel zugeordnet wird, ist symbolisch exakt.

Auch Paulus überkam es, und zwar in Form eines akuten Anfalles, der ihn für drei Tage blendete. Aber er war viel differenzierter als Petrus und konnte daher niemals so volkstümlich werden wie der Schlüsselgewaltige.

Um die enge Verknüpfung von Rausch und Ekstase haben die Traum- und Seelenführer, die Magier und Mysten seit jeher gewußt. Daher hat die Droge bei ihren Weihen, Initiationen und Mysterien immer eine Rolle gespielt. Sie ist ein Öffner unter anderen – wie die Meditation, das Fasten, der Tanz, die Musik, die Versenkung in Kunstwerke, die starken Erregungen. Daher darf ihre Rolle nicht überschätzt werden. Zudem öffnet sie auch die dunklen Pforten; Hasan Sabbâh mit seinen Assassinen gibt ein Beispiel dafür.

Auf den Besitz der Droge lassen sich Formen der Sklaverei gründen, dämonische Abhängigkeiten, bei denen es keiner Wächter und keines Gitters bedarf. Aus Hanf flicht man Stricke und gewinnt auch Haschisch, der stärker bindet – durch ihn hielten burische Farmer ihre Hottentotten am Gängelband. Hanf ist auch in den Marihuana-Zigaretten; Schwarzhändler verteilten sie in Chicago gratis an Schulkinder, die sie wie der Rattenfänger zu Hameln an sich fesselten. Diese Kinder entwickelten sich zu listigen Dieben; eines Tages, als es nichts mehr zu stehlen gab, versetzten sie die

Kleider, um ihre Gier nach der Droge zu befriedigen. Zu Haus erzählten sie, sie seien beraubt worden.

Hier ist der Name »Rauschgift« berechtigt und strenge Überwachung am Platz. Trotzdem nahm ich, als in demselben Chicago der erste Teil dieses Buches für Mircea Eliades Festschrift zum Druck vorbereitet wurde, Anstoß an dem Titel »Drugs and Intoxication«, den der Übersetzer gewählt hatte. »Drugs and Ecstasy« schien mir passender.

Freilich ist auch die Ekstasis nicht das Gemeinte, sondern das Zerreißen des durch die Sinne gewebten Vorhanges. Damit geht eng zusammen das Bangen oder auch der jähe Schmerz, der den Rausch einleitet. Die Ekstasis ist auch nicht mehr als ein Fahrzeug zur Annäherung an eine in sich unbewegte, ruhende Welt. Es mag genügen, wenn wir es einmal als Fähre benutzt haben. In jedem Falle war es ein Manöver, ein Experiment, ein Probeflug. Nicht jedem sollte man ihn zumuten. Hier möchte ich nicht so weit wie Huxley gehen. Eher möchte ich Gurdjeff, einem unserer modernen Magier, darin zustimmen, daß eine Auswahl getroffen werden sollte und daß auch dann Vorsicht geboten ist.

42

Gurdjeff, um den sich in Paris ein esoterischer Zirkel geschlossen hatte, scheint ziemlich tief in seit langem verschüttete Gänge eingedrungen zu sein. Er war Kaukasier. Man darf solche Erscheinungen vielleicht als ethnische Relikte auffassen. Gewisse Fähigkeiten haben sich wie auf Inseln oder in Gebirgstälern erhalten, so die zur Orakeldeutung und das Zweite Gesicht. Derartiges kommt und versiegt mit den Blutströmen. Es kann auch wieder auftauchen aus Tiefen, mit denen der Zusammenhang verlorenging – so Etruskisches in den Römern, Keltisches in unserer atlantischen Gegenwart.

Gurdjeff liebte die stark gebrannten Wässer wie viele seiner kaukasischen Landsleute. Es scheint überhaupt, daß der

Eingeweihte sich nicht so streng an die Regel hält, wie er das von den Adepten verlangt. So starb der Erleuchtete an einer Indigestion nach einer Mahlzeit von Wildeberfleisch. Askese kann gut sein und der Rausch ebenso. Das sind, wie gesagt, Fahrzeuge. Doch zu entscheiden, wann das eine oder das andere gut ist: das steht nicht jedem zu.

Der Droge maß Gurdjeff keine große Bedeutung bei, eine geringere jedenfalls als Huxley, der im Meskalin eine Art von Religionsersatz sah. Der Kaukasier meinte aber, es könne gut sein, den Adepten einmal durch einen Katarakt bis an die äußerste Grenze zu überfluten, um ihm zu zeigen, was außerhalb der Tretmühle möglich sei. Dann möge er zehn, zwanzig Jahre an sich arbeiten.

Die gleiche Methodik also wie beim Alten vom Berge, doch mit metaphysischen Absichten. Nach anderen Prinzipien verfuhr der Abt eines der syrischen Klöster, von dem Cassian berichtet, daß er die Novizen ein Stück Holz eingraben ließ und es ein Jahr lang jeden Morgen zu gießen befahl. Das sollte eine Übung in der Geduld und im Gehorsam sein.

43

Zwei pädagogische Methoden also? Gewiß, freilich muß in jede Lehre mehr als Methodik eingeschlossen sein. Auch Schulen sind Fahrzeuge und wertlos ohne Kenntnis des Ziels. Jeder gangbare Weg muß ein Abbild des Lebensweges sein.

Der syrische Abt wußte, daß das Leben hart ist, doch daß der treuen Geduld ein Lohn winkt, der jede Vorstellung übersteigt. Sein Holz war Abbild des Lebensbaumes oder der Palme, die endlich Früchte trägt.

Gurdjeff bewegt sich innerhalb desselben Topos, des gleichen Tao. Er will jedoch den Palmbaum *mit* seiner Frucht im magischen Bild vorweisen – – – nicht als Fata Morgana auf der Wanderung durch die Wüste, auch nicht als Jenseitsversprechen, sondern als erreichbares Ziel. Keine Vorspiegelung also, sondern eine Vor-Spiegelung.

44

Übrigens hängen auch die Fata Morganen nicht lediglich »in der Luft«. Es liegt ihnen Erreichbares »zu Grunde« – wirkliche Palmen, wirkliche Brunnen, eine wirkliche Oasis. Und alles schöner als in der Vorstellung. Das Ziel wird nicht deshalb verfehlt, weil es nicht vorhanden wäre, sondern weil die Sinne und die ihnen trauende Wahrnehmung nicht zureichen. Den Irrgang verursacht nicht die unerschütterliche Wahrheit, sondern das unzureichende System, der Mangel an Intelligenz und Instinkt.

Der Schein ist nicht wesenlos, sondern ein berechenbares Indiz. Der wirkliche Ort der Oasis würde schon durch eine Besteckaufnahme zu ermitteln sein. Der Wanderer verschmachtet in der Wüste, entweder weil sein Wissen oder weil sein Durst nicht genügte – weil er nicht »wie der Hirsch nach frischem Wasser« schrie.

45

Solange Wüste und Oase sich noch voneinander abheben, kann von Überfluß nicht die Rede sein. Allerdings stehen Bewässerungen selbst der trockensten Wüsten mit Hilfe der Technik bevor. Das berührt unser Thema nur am Rand.

Der syrische Abt steckt das Ziel weiter hinaus als Gurdjeff, der ihm gegenüber etwa wie Simon der Magier gegenüber den Aposteln erscheint. Beide aber sind in der Wüste; sie kreisen in den Vorhöfen des Todes einher. Annäherungen von mehr oder minderem Belang.

Dazu eine Adnote, die ähnlich wie die über die Wüstenbewässerung nur ad usum Delphini dienen und so verstanden werden soll: Die Kenntnis eines Vorhofes oder eines Wartesaales ist nicht unwichtig. Man kann sich hier nach dem rechten Ausgang, auch nach Abfahrt und Anschluß erkundigen. Das kann besonders wertvoll werden an Orten, wo Katastrophen drohen.

Aus diesem Grunde findet sich seit jeher in Zeremonien und Festen, bei Weihen, Aufnahmen und Mysterien die symbolische Begehung von Tod und Wiedergeburt. Dem vernichteten Bewußtsein folgt Auferstehung; der Staub verwandelt sich in Glanz. Der Gläubige nimmt teil an Sterben und Wiederkehr des Adonis; der Myste steigt aus dem Dunkel zum eleusinischen Licht empor.

46

Vernichtung auf allen Ebenen – auch moralisch, in der notwendigen Folge von Zusammenbruch und Erweckung, wie Hamann und Kanne sie geschildert haben und wie sie zur pietistischen Beichte gehört. Vernichtung und Rekonvaleszenz, Auferstehungsgefühl auch nach schweren Krankheiten.

> Ich hab von ferne
> Herr, Deinen Thron erblickt – – –

Verzweiflung überhaupt. Ver-Zweifeln – das heißt, den Punkt erreichen, an dem der Zweifel und damit auch die Hoffnung »zu Grunde geht«. Dubitare fortiter.

Den Heutigen gegenüber kommt man nicht ohne psychologische und physiologische Hinweise aus. Träume können den Tod Jahre zuvor ankünden, bestimmte und wahrscheinlich typische Bilder ihm unmittelbar vorausgehen. In welcher Reihenfolge verlaufen die toxische Kette vor und nach dem letzten Atemzuge und das Nacheinander des organischen Absterbens? Was bedeuten Berichte, nach denen der Anruf von Sterbenden, vor allem Ertrinkenden, wie eine Sendung aus großer Ferne, von den Müttern vernommen wird? Wird hier eine Aura leitend – wenigstens für Hochsensitive und in gewissen Zuständen?

Das sind Fragen, die bis in die Praxis, etwa den Modus der Bestattung, eingreifen. Die Menschen pflegen auch darüber nachzusinnen, und zwar alle Menschen, freilich meist auf unterschwellige Art. Hier eben könnte die Todesbegehung nicht nur die Ansicht, sondern auch den Mut festigen. Vielleicht sogar Leitbahnen anweben.

Ich notiere das am 26. Mai 1969, dem Pfingstmontag, an dem die drei Astronauten des Apollo 10 nach ihrer Mondumkreisung zur Erde zurückkehrten. Ihr Flug wird in die Geschichte der Astronautik eingehen – vor allem wegen der komplizierten Manöver der Mondlandefähre, die sich der Oberfläche des Trabanten auf geringste Distanz näherte. Das war die Vorübung der Landung, deren Gelingen höchstwahrscheinlich ist.

Nun gut, auch die Todesbegehung ist aufzufassen als die Vorübung, vielleicht sogar die Vorbereitung weit wichtigerer Landungen. Noch ist der Fährmann mit der Fähre eng verbunden, doch einmal wird er sie zurücklassen.

LICHT ÜBER DER MAUER

47

Wenn wir nun einen Seitenblick auf die gewaltig anschwellende Literatur über den Rausch werfen und dabei die Doppelwertigkeit des »Forschens« nicht außer acht lassen, so finden wir wenig Wissen und sehr viel Wissenschaft. Zu ihr ist nicht nur die Auffächerung der Materie und ihrer Wirkungen zu rechnen – also der gesamte chemische, pharmakologische und psychologische Befund. Es genügt auch nicht die Neugier in ihren mannigfaltigen Schattierungen, vom schwäbischen »Wunderfiz« bis zum Exotismus des Hôtel Pimodan.

Das gilt auch für die zeitgenössische Befahrung der Randgebiete und ihrer Inseln, auf denen man Räusche wie tropische Früchte pflückt. »Potente Gehirne stärken sich nicht durch Milch, sondern durch Alkaloide« – so Gottfried Benn. Ich möchte das eher als Schwächung ansehen; an Beispielen dafür fehlt es nicht. Das Schau- und Meinungsgeschäft wimmelt von solchen Lustknaben, die sich meist allerdings schon durch Kettenrauchen und Pillen erledigen und, bevor sie das geistige Mannesalter erreicht haben, unter ärztlichem Beistand abfahren.

Gut ist dagegen, was Benn über die Verfemung solcher Ausflüge bemerkt: »Drogen, Räusche, Ekstasen, seelischer Exhibitionismus – das klingt der Volksgemeinschaft infernalisch. – – – Das Argument der Schädigung steht einem Staat nicht zu, solange er Kriege führt, bei denen innerhalb von drei Jahren drei Millionen Menschen getötet werden.« Man könnte hinzufügen: und solange er aus dem Handel mit Zivilisationsgiften einen Hauptteil seiner Einkünfte zieht.

Näher kommt Benn dem Kern der Dinge (oder der dritten Stufe) mit der Meinung, daß durch »den Ausbau visionärer Zustände« der Rasse ein neuer Zustrom von Geist und Erkenntnissen zu vermitteln sei, der »eine neue schöpferische Periode von sich aus vermitteln könnte«.

Ähnlich äußern sich Ludwig Klages (»Vom kosmogonischen Eros«, 1922), René Guénon (»Orient et Occident«, 1930), Henri Michaux, Jean Cocteau, Jules Boissière, der schon erwähnte Gurdjeff und andere. Über Huxley demnächst. Wünschenswert wäre eine exakte, nach verschiedenen Gesichtspunkten aufgegliederte Bibliographie. Hier muß man sich erst mühsam zurechttasten.

Die musische Meisterung des Stoffes gelingt nur in seltensten Ausnahmen.

48

Ein starkes, weltweites, vielleicht sogar kosmisches Bedürfnis bringt »viel Irrtum und ein wenig Klarheit«, es erinnert mich an den eigenen Weg. Annäherung ist alles, und diese Annäherung hat kein greifbares, kein nennbares Ziel; der Sinn liegt im Weg.

Ich muß leider immer wieder mit technischen Gleichnissen darauf zurückkommen. Der Umgang mit hochgefährlichen, teils giftigen, teils brisanten Stoffen ist heute unvermeidlich, und nicht nur in den Laboratorien. Es gibt Manipulationen, die nur durch Glas- oder gar durch Bleiwände hindurch möglich sind. Die Laboranten bedienen sich dazu mechanischer Greifarme – es können auch Strahlen oder elektrische Kräfte sein. Darauf kommt es nicht an. Wichtig an dem Bilde ist, daß etwas hier und ein Entsprechendes hinter der Wand oder dem Schirm geschieht. Die Entsprechung könnte auch von dort kommen – etwa durch Magnetismus oder durch Explosion.

Der Myste nun, der in der Ekstasis das schmale Band zwischen Leben und Tod beschreitet und sich dort hinwagt, wo die Zeit fragwürdig wird, bleibt dennoch diesseits des Schirmes – er kommt über Annäherungen nicht hinaus. Der Eintritt in die letzte Kammer, die camera del morte, ist ihm versagt. Doch etwas hat ihn im Vorfeld getroffen – weniger durch direkte Berührung als magnetisch, nicht durch ursächliche, sondern durch analoge Einwirkung. Die Zeit wird nicht bezwungen auf den Grenzgängen, doch wird von dort aus vorausgesehen, daß sie bezwungen werden kann. Das war von jeher für uns frohe Botschaft, eleusinisches Licht.

Es sei dahingestellt, ob sich an dieser Grenze die Sinne schärfen oder ob die Materie stärker zu strahlen beginnt. Hierher Hesekiel 1,27–28, Apostelgeschichte 2,2 und 9,3, Offenbarung 1,10 und viele andere Stellen in profanen und heiligen Schriften, an denen Signale der kosmischen Jagd gehört und geschaut werden.

Das leuchtet und klingt über die Mauer, doch in der Zeit bewegen wir uns im besten Falle parallel mit dem Zeitlosen. Allerdings: daß der menschliche Geist das Parallelen-Axiom aufstellen konnte, ist ein Wunder und nicht durch Intuition allein zu erklären – Konzeption mußte hinzutreten. Die Benennung des Schnittpunkts im Sehr-Fernen war schon im Barock (Leibniz, Descartes, Spinoza) ein konstruktives Unterfangen geworden, das sich einerseits durch Rücksicht, andererseits durch Vorsicht abgrenzte. Heut werden solche Versuche von keinem mehr ernst genommen, der noch auf geistige Reputation Wert legt, und der instinktive Horror davor ist verständlich, denn sie könnten uns teuer zu stehen kommen.

49

Noch zur Perspektive an den Zeiträndern. Es trifft sich, daß mit der Morgenpost ein Gedicht »Nekropole« von Flavia Belange kam:

Wo der Tod Wohnung hat
mit Tanz und Gespräch
und der Gattin Liebe
das Lager noch wärmt
schön geschmückt
zu einem Fest
bei dem die Flöten singen –
ist das Leben vorher

nur ein kurzer Augenblick
– – –
Tod des Kriegers in Etrurien
wo unter der Erde
ein Festsaal wartete.

Die Verse erinnerten mich an das Gräberfeld von Tarquinia, in dessen Kammern ich weilte, während oben der Mohn blühte und der Weizen heranreifte. Viele haben das Glück empfunden, das dort unten bei den Toten gespendet wird. Dort braucht man keine Drogen – die Gegenwart ist stark. Überhaupt ist »Gegenwart« das Intensivum von »der Augenblick«. Er ist der Becher, Gegenwart der Wein. (»Praesentia« auch Unerschrockenheit, ja Macht. Ovid, Metamorphosen 4,612: »tanta est praesentia veri«.)

Oben schien dann die Sonne wärmer, der Mohn blühte kräftiger. Das war wirklich, als ob man Wein getrunken hätte; viele haben es bezeugt, die wieder heraufkamen. Der Tod ist dort freundlich, als Festherr präsent.

Die Frage liegt nahe, was denn dort unten geschehen ist und immer noch geschieht? Die Antwort muß lauten: nichts ist geschehen. Das ist das Zeichen großer Verwandlungen. Das Universum bewegt sich nicht um einen Hauch.

Von der Auskunft, daß doch etwas geschehen sei und immer noch geschehe, haben von jeher Priester und Zauberer gelebt.

50

In einem durchaus wunderbaren Universum ist es unnötig, daß auch noch Wunder geschehen. Daher hat die Heilige Stadt keinen Tempel, kein Heiligtum. Aus diesem Grunde sind im Neuen Testament die Wunder durchweg schwächer als die Gleichnisse. »Dein Sohn lebt!« – das ist kein Wunder, sondern ein Gleichnis, das auf ein Wunder weist. Würde ich es im Sinne des reinen Geschehens akzeptieren, das heißt, »an sich« als Wunder und nicht als Hinweis nehmen, so würde ich es innerhalb der Rangordnung für bedeutend halten, in der die Herztransplantation gelingt. Das Wort meint aber mehr. Es ist eine Bestätigung, die Tod und Leben übergreift. Der Jüngling zu Nain ist wie Blaiberg zum zweiten Mal gestorben, obgleich beide unsterblich sind.

51

Die Bestätigung kann empfunden und kann erreicht werden. Uns glücken Jenseitsvorstellungen, nicht weil sie auf sehr Fernes zielen, sondern auf ganz Nahes; es wird projiziert. Insofern bestätigt die Annäherung auch die Kulte und ihre Größe und räumt zugleich mit ihnen auf. Die Zeit und auch der Raum können auf Kosten des Mannigfaltigen gerafft werden. So gibt es in den Alleen Punkte, in deren Perspektive sich die Bäume decken und zusammenfallen zum Bilde eines einzigen, mächtigen Baums.

Zur Überwindung der Furcht kann die Kunst beitragen. Das ist auch die Aufgabe der Architektur, insofern sie als Kunst das bloße Bedürfnis überhöht. Versagt sie sich hier, indem sie sich völlig dem reinen Geschehen und seiner Ökonomie zur Verfügung stellt, bestenfalls mit ästhetischen Flausen, so muß die Furcht zunehmen. Sie ist wie seit jeher Todesfurcht, die heut im Zeitstil als technische Einwirkung empfunden wird. Immer bedurfte es starker Geister, um solche Vorweisungen nicht a priori zu akzeptieren, und in diesem Sinne zählt Maos »Die Atombombe ist ein Papiertiger« zu den seltenen Genieworten unseres Zeitalters. Das könnte Lao-Tse gesagt haben.

Landschaften im Sinne der Natur, der primitiven, frühen und Hochkulturen werden verschwinden; damit muß man sich abfinden. Daß diese Eingriffe zeitlich befristet sind und im Rahmen der Werkstättenlandschaft unvermeidlich, habe ich bereits im »Arbeiter« (1932) ausgeführt, auf ihre Periodizität bin ich eingegangen in der »Zeitmauer« (1959). »Weißungen« können auch durch Feuer stattfinden. Das wußten schon die Vorsokratiker.

Hier kommen wir auf einen besonderen Aspekt – nämlich auf die Erwägung, wie der Einzelne sich schadlos zu halten vermag. Daß er in einer Werkstätte lebt, ist eine Tatsache, doch kein Trost für ihn. Man pflegt auf perfekte Zustände zu verweisen, um »die Leute bei Laune zu halten« – kultisch, metaphysisch, technisch, ökonomisch – das heißt, man speist sie mit Vertröstungen ab. Seit jeher geschah das durch Priester, Tyrannen, gute und schlechte Hausväter. »Warte nur, bis du erst groß bist«, hörte schon das Kind. Doch wenn es groß war, wechselten die Sorgen; die Sorge blieb.

Die Ansprüche des Staates, der sich heute als Gesellschaft maskiert, können sehr stark werden. Dem Einzelnen bleibt die Möglichkeit, sich diesen Ansprüchen, und sei es durch Selbstmord, zu entziehen. »Die Möglichkeit des Selbstmordes zählt zu unserem Kapital.« Das war auch eine der Maximen, durch die ich hin und wieder Anstoß errege, und ich hörte darauf auch von einer der Caféhausgrößen, die heute, und oft erstaunlich lange, als Halbgötter verehrt werden, »es werde Zeit, daß der geschätzte Autor von seinem Kapital Gebrauch mache«.

Daß man aus der Realität aussteigt, um zu genießen, ist für die Annäherung unwichtig, schädlich sogar. Alles, was wir in die Vergangenheit hineinspiegeln – prächtige Tempel und Pyramiden, gotische Klöster und Kathedralen, frühe Republiken und Königreiche – ist auf den Vorhang gemalt. Dasselbe gilt für die Zukunftsparadiese, für die Perfektion der Technik, den Weltstaat ohne Krankheit und Kriege, die Kernfusion, die Sternfahrten. Dort geschieht viel, und mehr wird geschehen, zugleich wird der Konsum stärker, Substanz wird verzehrt. In Tokyo werden, wie ich höre, auf den Straßen schon Sauerstoff-Automaten aufgestellt. Man muß Luft tanken.

Das alles ist mehr oder weniger vollkommen – »letzthinnig« unvollkommen also. Diese webende Welt wie in den etruskischen Gräbern in die rechte Perspektive zu bringen

– das heißt, Gegenwart in den Augenblick füllen, Sein in das Wesen, Schweigen in die rauschende, sausende Zeit. Wir nähern uns nur flüchtig dem ungeheuren Reichtum, an dem wir teilhaben und der uns immer wieder versprochen, verheißen worden ist. Wir würden ihm in der Zeit nicht standhalten. Doch kann die Annäherung zur Transparenz führen. Das zeigt sich dann physiognomisch und symptomatisch: in Werken und Taten, Gesichtern und Kunstwerken.

In Landschaften auch. »Kein großer Naturweiser hat die Wahrheit verkannt, daß jedes Geistige sein Symbol hienieden habe, und daß folglich die ganze Natur als Hieroglyphe vor unseren Augen liegt.« So Baader, den ich, ähnlich wie Böhme, mit Vorbehalt zitiere, etwa Worten wie »hienieden« gegenüber – an dessen Einsicht in Kunst und Natur man aber nicht vorbeigehen kann. Kunst ist für ihn Abspiegelung oder Transparenz der höheren Begriffe in Formen der sinnlichen Realität (»Fermenta cognitionis«).

EUROPA

52

Spannung und Entspannung, Verdichtung und Lähmung, Kompression und Betäubung kennzeichnen die Ambivalenz des Rausches und seines Lebensgefühls.

Die Möglichkeit des Exzesses ist immer gegeben – »excedere« heißt »herausgehen«. Hier ist es die Norm, die verlassen wird. Was praktisch als Exzeß gilt, hängt von der Norm ab, die mit dem Wechsel der Umwelt eine mehr oder minder beschränkte Toleranz gewährt. Im technischen Raum, in dem die Uhren eine immer größere Rolle spielen, ist diese Toleranz knapp geworden; die Maschine duldet kein noch so flüchtiges Hinausgehen aus der meßbaren Zeit. Sie fordert Askese und verträgt sich nicht mit der Droge, die zum Genuß konsumiert wird – im Gegenteil: dort, wo drogiert wird, soll die Normalität erhöht werden. Das betrifft den Großteil aller Pillen und Tabletten, durch die physische und psychische Verstimmungen korrigiert werden.

Im Grunde bedeutet das »Hinausgehen« ein Verlassen der normalen Zeit. Das wird im Maße bedenklicher, in dem die Herrschaft der Uhren wächst. Es bleibt dieselbe Zeit, die hier hinabstürzt und dort sich zum ruhenden Spiegel ausbreitet, und es ist derselbe Geist, der sie als Form seiner Vorstellung moduliert. Die Zeit wird sein Objekt, sein Spielzeug jenseits der »ewig gleichgestellten Uhr«. Daraus erklären sich das Bewußtsein des Ungewohnten und Außerordentlichen, die jähe Heiterkeit, die dem Berauschten zuströmt, doch auch das Unbehagen, das den Exzessen folgt. Es war nicht nur vorweggenommene Lust und Lebenskraft, sondern vor allem geliehene, im voraus verbrauchte Zeit, gleichviel, ob sie verdichtet oder gedehnt wurde.

Andererseits verbindet sich mit den im Rausch zurückgelegten Strecken auch die Erinnerung an ein erhöhtes Lebensgefühl. Sie heftet sich weniger an die Andersartigkeit der

Tempi als an die der Schlüssel: Durch den Wechsel der Zeiten eröffneten sich auch Räume mit unbekannten Bildern und Einsichten.

53

Mit der Erinnerung an jenes Lebensgefühl verknüpft sich die Sehnsucht, seiner wieder teilhaftig zu werden: der Stimmung der Hoch- und Schwarmzeiten. Sie wird notwendig durch Pausen unterbrochen; auch hier gilt das Losungswort für den »Schatzgräber«. Man kann lange Strecken im Schritt und im Trab, doch nicht im Galopp reiten. Wo die Sehnsucht zur Sucht wird, soll das Intervall übersprungen werden; das führt zu schnellem Verschleiß.

»Sucht« erinnert an »suchen«; etymologisch geht die Bedeutung auf das gotische »siukan« zurück – das ist »krank sein«, wie es sich in unserem »siech« und im englischen »sick« noch erhielt. Wie bei vielen Wörtern ist auch bei diesem nicht nur der historische, sondern auch der lautmagische Sinn zu beachten; hier grenzt die Domäne des Dichters an die des Grammatikers an.

Die Dauer des Intervalls ist mannigfaltig; unter anderem wird sie, wenn wir den Vorgang von der Droge her betrachten, durch die toxische Wirkung bestimmt. Die leichte Euphorie beim Rauchen kann nach Minuten wiederholt werden. Die Zigarette schenkt nach Wilde den vollkommenen Genuß, ohne ganz zu befriedigen. Ein Stammtisch wird jahrzehntelang fast täglich besucht; dort kommen Confrères zusammen, die »ihr Quantum« kennen, das oft beträchtlich ist, doch können sie damit alt werden.

Kultische Feste, bei denen starke Drogen eine Rolle spielen, sind oft durch jahrelange Fristen voneinander getrennt. Der Eindruck kann so stark sein, daß der Betroffene nach keiner Wiederholung begehrt. Diese außerordentliche Kraft war, wie schon angedeutet, in frühen Zeiten auch dem Wein zu eigen, der seit langem domestiziert worden ist. Doch gibt es sensible Naturen, auf die er noch in der alten Weise wirkt. Sie bleiben in dieser Hinsicht im Kinderstand. Ihre Sensibilität braucht nicht auf physischer Schwäche zu beruhen – es ist im Gegenteil bedenklicher, wenn sie mit einer mächtigen Natur zusammentrifft.

54

Ein Freund aus den Jahren nach dem Ersten Weltkrieg – ich will ihn Kramberg nennen – verfügte bis in die äußere Erscheinung über diese Urkraft, die in der Ruhe noch imponierender als in der Bewegung wirkt. Zur trainierten Figur eines Athleten ein kühnes und zugleich intelligentes Gesicht – in dieser Form etwa stellt Bernard Shaw den Boxer Cashel Byron vor. Der Eros war offensichtlich – ich spürte das, wenn ich mit Kramberg in einem Lokal zusammensaß. Es kommt an solchen Orten nicht selten vor, daß eine Freundin der anderen zuflüstert: »Da rechts neben der Tür – ein gut aussehender Mann.« Solche Hinweise waren hier nicht nötig; Krambergs Präsenz zog unauffällig, doch stark die Aufmerksamkeit an – eine Beachtung, die ihn nicht weiter zu erstaunen schien, sondern die er als einen ihm zukommenden Tribut entgegennahm.

Merkwürdig bleibt, daß diejenigen, die sich eines so begünstigten Aspekts erfreuen, es oft weniger weit bringen als ihre Kameraden, die sich kaum vom Durchschnitt abheben. Kommt Ruhm dazu, wie bei den Schauspielern, so werden die Aussichten noch ungünstiger. Wo nämlich der Coup sehr leicht fällt, da wird er auch leicht verfehlt. Byron – ich meine jetzt den wirklichen – ist ein Prototyp solcher Glückskinder. Die geschiedene Frau, die von der Substanz zehrt, steht fast immer im Hintergrund.

Kramberg sprach wenig von seinen Verhältnissen. Er war, nach abenteuerlichen Fahrten, als Beamter bei einer kleinen Behörde gelandet, mit einem für seine Ansprüche zu geringen Gehalt. Er mußte auf gute Garderobe achten und »culture physique« treiben. Abends pflegte er in seinem Zimmer nackt zu turnen und einen Expander zu betätigen. Obwohl er bemerkt hatte, daß um diese Stunde Damen der Nachbarschaft mit Ferngläsern am Fenster erschienen, störte ihn das wenig – das entsprach seinem exhibitionistischen Typ.

Wunderlich war bei seinem selbstherrlichen und herausfordernden Wesen, daß er nie einen Tropfen geistiger Getränke anrührte, nicht einmal das zu jener Zeit noch ziemlich dünne Bier. Ich hielt das zunächst für einen ökonomischen Zug, aber er schlug auch jede Einladung zum Trinken aus. Einmal, als wir darauf zu sprechen kamen, erfuhr ich den Grund für diese Enthaltsamkeit.

Als Sechzehnjähriger war er zum ersten Mal von Kameraden zum Trinken aufgefordert worden und dabei in einen manischen Zustand geraten, an den er sich nicht erinnern konnte, doch der tagelang angedauert hatte und in dem alles möglich gewesen war. Etwas war auch geschehen; er ging nicht auf Einzelheiten ein. Leicht kann dann in einer einzigen Minute ein Leben zerstört werden. Jedenfalls hatte er seiner Mutter, während sie vor ihm auf den Knien lag, geschworen, für alle Zukunft nicht nur die Flasche zu meiden, sondern schon das erste Glas.

55

Solche Fälle, in denen Sensibilität und Urkraft sich vereinen und die Erregung mächtig aufflammt, sind selten, doch sie kommen, vor allem bei unberührten Menschen und Stämmen, immer wieder vor. Zeugnisse finden sich schon im Mythos, so in der Schilderung der Hochzeit des Peirithoos, die mit Rausch, Tobsucht, Mord und Vergewaltigung endet, durch Homer:

Selbst der berühmte Kentaur Eurytion tobte vor Unsinn,
Als der Wein ihn berauscht, in des edlen Peirithoos Wohnung,
Denn er kam, den Lapithen ein Gast; doch im Rausche des Weines
Raste sein Herz, daß er Greuel verübt' in Peirithoos Saale.

Zornvoll sprangen die Helden empor, und über den Vorsaal
Schleppten sie jenen hinaus und mähten mit grausamem Erze
Nas ihm und Ohren hinweg, und er, in dumpfer Betäubung,
Wandelte fort, mitnehmend die Straf unsinnigen Geistes.

Dieses Geschehen im Saal des Peirithoos gibt das Vorbild aller Händel, in denen Rausch und rohe Kraft zusammentreffen, bis zu jenen, mit denen der Amtsrichter sich nach der Kirchweih zu beschäftigen hat. Im alten Friesland nahm man das Totenhemd zum Hochzeitsschmaus mit. Daß nun Theseus und vor allem Herakles hier ordnend eingreifen, ist kein Zufall, sondern einer der Züge, die eine neue Herrschaft ankünden. Überhaupt ist der Mythos weit mehr dem Zufall entzogen als die Geschichte – er bringt Ideen, die Geschichte nur Tatsachen.

Dieses alte Thessalien, in dem die Lapithenhochzeit stattfand, ist zwielichtig und stand spät noch im Rufe, daß Hexen und Zauberer sich dort umtrieben. Ähnlich wie Kolchis, Phrygien, Mysien und Lydien zählt es zu den Ländern, die längst vor Herodot blühten und in denen wir Glanz und Schrecken der Erdkraft vereint finden. Immerhin herrschten hier, als Wälder, Berge und Höhlen noch seltsam bevölkert waren, schon Heroengesittung und solares Recht. Thessalos, der erste König, ein Sohn des Jason und der Medea, war ein der grausamen Mutter Entronnener.

Beim Zechen begegnen sich die Helden mit den Kentauren, in denen Homer fast nur die rohe Kraft erkennt. Sie werden gebändigt oder ausgerottet wie die Löwen und Schlangen; es kommt zu neuen Satzungen, zu Unterschieden, die bis in die Gegenwart fortwirken. Ein Richter, den Narben von Zweikämpfen schmücken und der am Zechtisch präsidierte, urteilt streng über trunkene Raufhändel.

Kramberg ist früh gestorben, was angesichts solcher Konstitution erstaunlich, doch nicht ungewöhnlich ist. Schon bei dem antiken Arzt Celsus findet sich die Bemerkung, daß die athletische Lebensweise zwar die physische Kraft steigert, doch nicht zu hohem Alter führt.

56

Das Verhältnis des Menschen zum Rausch gehört zu den wichtigsten, und es ist in der Ordnung, daß Erziehung und Gesetzgebung sich ausführlich damit beschäftigen. Wir finden hier eine bunte Palette vom absoluten Verbot über die Beschränkung bis zur Duldung oder gar Förderung der Rauschfreuden. Noch verwirrender wird das Bild durch die Mannigfaltigkeit der Beweggründe. Die Abstinenz des Spätprotestantismus in Amerika und den nordischen Staaten ist eine andere als die innerhalb des Islam gebotene. Mohammed selbst ist ein Muster der Geister, die ohne künstliche Mittel Eintretendem offenstehen. Er kann den Wein so gut entbehren wie der heilige Antonius. Die Derwische geraten durch reine Bewegung in ekstatische Zustände. In der Tat ist der Tanz ein altbewährtes Mittel zum Übergang in das Außer-sich-Sein. Die Enthaltsamkeit, wie sie die Heilsarmee und wie sie der Islam fordern, gilt einunddemselben, doch geht sie hier aus dem Mangel, dort aus dem Überfluß hervor. Hebbel hat das in dem Gedicht »Die Odaliske« gut erfaßt.

57

Die ambivalente Wertung der Droge wird im Großen am Verhalten der meisten Staaten ruchbar, die einerseits die Stimulantien verteufeln, andererseits auf die von ihrem Vertrieb lebenden Industrien angewiesen sind. Das gilt nicht nur für Alkohol und Tabak, sondern auch mehr und mehr für eine Unzahl von Chemikalien. Wer heute an einer heiteren Gesellschaft teilnimmt, kann wie eh und je beobachten, daß auf der Tafel sich die Gläser leeren und die Aschenbecher füllen – doch immer häufiger bemerkt er auch den halbverstohlenen Griff nach einem Döschen oder Schächtelchen unter ihr. Das entwickelt sich zu einer Art von psychischem Konfekt.

Daß eine Hand des Staates nicht weiß, was die andere tut, und daß ein Auge zugedrückt wird, ist nicht neu. Dieses

Changieren zwischen ethischen und ökonomischen Rücksichten beschränkt sich nicht auf die Stimulantien. Es ist das klassische Verhalten gegenüber zugleich anrüchigen und einträglichen Grenzgebieten wie dem Glücksspiel und der Prostitution. Das alles gehört zusammen, und es kann nicht wundernehmen, daß an Stätten, an denen die Korruption in Palästen zu wuchern beginnt, sich Glücksspieler, Freudenmädchen, Verbrecher und Rauschgifthändler ein Rendezvous geben. Dort setzt ein rapider Verschleiß ein, während ein wenig Korruption zum Wesen des Staates gehört, wie zu jedem Getriebe ein Tropfen Öl. Sprichwörtlich wurde das im »non olet« des Vespasian, der zu den guten Kaisern zählt.

Das Mißverhältnis zwischen Duldung und Gefährdung wird heute durch die Zuspitzung des Bewußtseins stärker profiliert. Die Wissenschaft strebt immer schärfere Präzision an; ihr Blick richtet sich auf Einzelheiten, die früher kaum erfaßt wurden. Zugleich werden die Ergebnisse statistisch ausgewertet und quantifiziert. Wird etwa durch Kurven ausgewiesen, daß Zigarettenkonsum und Zahl der Todesfälle durch Lungenkrebs korrespondieren, so fällt es schwer, sich der Verantwortung zu entziehen.

Die Schärfung des Bewußtseins ist gewissermaßen atmosphärisch; die Quantifizierbarkeit ist eine Folge unter anderen. Zur rationalen Anleuchtung von Tatbeständen, die früher ein vages Unbehagen erweckten, gehört auch die Fotografie. Das Lichtbild verändert natürlich nicht die Dinge, wohl aber bezeugt es, daß sich das Bewußtsein verändert hat.

58

Auch die Verantwortung hat mehrere Seiten; sie wäre unvollkommen, ließe sie sich rein durch die Schädigung beeinflussen. Der Reisende, der in Kairo vor einem Caféhaus sitzt, könnte zu dem Urteil kommen, daß dem Propheten ein Meisterstück der Prohibition gelungen sei – vollkommene Abstinenz durch die Jahrhunderte hindurch.

Derselbe Reisende wird bei der Landung in Alexandria die Erfahrung gemacht haben, daß Schwärme von Händlern ihm unter anderem Drogen anboten, von Hanfzigaretten bis zur Kantharidentinktur. Es ist ein alter Einwand gegen Mohammeds Gesetzgebung, daß sie durch das Verbot des Weines den Konsum von Opium und Haschisch und den sexuellen Exzeß begünstige.

Daß generelle Verbote ihre Schattenseiten haben, erwies sich auch während der Prohibition in den Staaten durch das gewaltige Anwachsen von Kriminalität und Korruption. Offenbar besteht im Menschen ein starkes und nicht auszurottendes Bedürfnis nicht nur nach dem Stimulans, sondern auch nach der Dosis, die berauscht. Die Lösung, die Bellamy in seinem »Rückblick aus dem Jahr 2000« vorsah (1888), trifft daher nicht den Kern. In seiner utopischen Welt werden den Speisen Spuren eines Mittels zugesetzt, das unmerklich dem Alkohol die Anziehungskraft raubt und das Bedürfnis nicht erst aufkommen läßt.

Hier waltet der Irrtum, daß der Durst des Trinkers eine Art von Hunger nach Flüssigem sei. Der wäre freilich bald zu stillen, wenn sich hinter ihm nicht etwas anderes verbärge, nämlich die Sehnsucht nach einer geistigeren Welt. *Der* Hunger ist unstillbar wie jedes metaphysische Bedürfnis, und das erklärt die Unersättlichkeit. Dazu kommt, daß die Zumessung in Raten dem Wesen des Rausches widerspricht. Er folgt dem Überfluß, der anschwillt und sich speichert, begleitet den Wechsel einer festlichen Welt.

FRÜHE EINSTIEGE

59

An den ersten Rausch wie an das erste Liebesabenteuer gerät der Heranwachsende meist durch Zufall; diese Begegnungen entziehen sich dem Plan. Kapellen des Dionysos und der Aphrodite könnten im Tempel der Fortuna stehen.

In den nordischen Ländern wird der Gott des Weines durch den Bierkönig Gambrinus vertreten – eine späte und nicht eben glückliche Bereicherung des Olymps. Solche Figuren tauchen auf, wo zwar Fülle geblieben, doch ihr Hintergrund neblig geworden ist. Wir sehen diesen Gambrinus auf den Bildern der Niederländer; sein Geist waltet über den wandgroßen Stilleben der Märkte und Festküchen und den Mählern, denen eine muntere Alte oder ein Bohnenkönig präsidiert. Das ist gewiß nur eine der Regionen einer mächtigen Schau, die auch tiefer Einblicke fähig ist. So in »Der Faun und die Bauernfamilie« – da wird es magisch, erdgeistig auf kentaurische Art.

Jedes Fest, soweit es den Namen verdient, meint Annäherung an das Mysterium. Sie gelingt mehr oder weniger; das hängt auch vom Festherrn ab. Schon der Bacchus der Römer bedeutete dem Dionysos gegenüber eine Minderung, eine Abschwächung. Nicht ohne Grund zogen die Kommerslieder die Kombination »Bacchus und Gambrinus« vor.

Es gibt gröbere und feinere Schlüssel zu den Mysterien. In dieser Hinsicht ist der Wein unübertrefflich; er gewährt die festliche Ergänzung zum Notwendigen des Lebens, zum täglichen Brot.

Das Mysterium dagegen bleibt einunddasselbe, wie Aphrodite einunddieselbe bleibt, in welcher Stellvertretung sie immer erkannt werden mag. Die Kammer bleibt dunkel; was sie verschließt, begeht der Mensch im Gleichnis, im Umgang, in den Begegnungen. Auch wo er Einheit spürt und wittert, bleibt es ein Gleichnis zeitloser Mächte in der Zeit.

Das gilt auch für den Rausch. Er kann die Zeit nicht aufheben, wohl aber kann er den Mysten zu ihr in eine neue Perspektive bringen, in der sie sich zu verkürzen oder auszudehnen scheint. Stärkeres nähert sich ihm an. Dabei ergreift ihn ein heiteres Staunen wie jene Bauern, die der Faun besuchte, auch Furcht und Traurigkeit. Das alles malt sich auf den Gesichtern der Zecher ab – und um so wunderlicher in unserer Zeit, die Zeit sein will, Zeit und nichts mehr, nichts anderes.

Gambrinus ist ein grober unter den Festherren, so wie das Bier ein grober Schlüssel ist. Das bezeugt schon die Rolle, die das Quantum, der reine »Stoff«, zu spielen beginnt. Gambrinus ist daher auch weniger Abkömmling der Olympier als der nordischen Asen, der gewaltigen Mettrinker. Hier finden wir schon früh das Wettzechen als niedere Abart der Symposien. Als Thor mit seinen Böcken zum Zauberschloß des Riesen Utgartloki fuhr und dort abstieg, ward ihm ein Horn kredenzt, das mit der Spitze im Weltmeer stand, und es wurde Ebbe, nachdem er drei Züge daraus getan hatte.

Das, wie gesagt, berührt nicht die Mysterien. Selbst Walhall und Olympos sind nur Anstiege – Gleichnisse nur. Auch in den Palästen des Gambrinus und auf seinen herbstlichen Festwiesen ist unter dem Lärmen der zechenden Massen noch etwas anderes zu hören – das Unerklärliche am Frohen, das aufkommt, wenn Fro selbst eintritt: auch dort begegnen sich Annäherung und Eintretendes.

60

Wir waren auf Fahrt im Weserbergland: Wandervögel; es muß um 1910 und an der Porta Westfalica gewesen sein. Jedenfalls hatten wir am Morgen das Kaiserdenkmal besucht. Die Gruppe, Schüler aus der Wunstorfer Gegend, war etwa zwölf Mann stark. Sie hatte zwei Führer; der erste sei Werner, der andere Robby genannt.

Damals war der Wandervogel schon ein von den Pädagogen teils geduldeter, teils begünstigter Bund geworden; an jeder höheren Schule gab es eine Ortsgruppe. Die Ideale waren vage, mehr vom Gefühl als von der Sache bestimmt – ohne akademische, militärische oder politische Absichten. »Auf Fahrt sein« – romantisch wandern, abkochen, ums Lagerfeuer sitzen, singen, zelten, in Scheunen übernachten: damit wurde manches gewonnen, doch mehr noch abgestreift.

Wichtiger war der ständige Austausch von Gedanken und Meinungen während der langen Wanderungen und vor dem Einschlafen. Manches aus diesen Gesprächen hielt für das Leben vor: Einsichten, die man mühsam hätte erwerben müssen, gewann man durch Abkürzung. Hase etwa, ein begeisterter Leser von Gerstäckers Romanen, teilte uns in der dunklen Scheune die Früchte seiner Lektüre mit. Einmal, als er uns schon lange damit unterhalten hatte und fortfuhr: »Ein ganz tolles Buch sind auch die ›Flußpiraten des Mississippi‹; darin entwickelt er folgende Idee – «, unterbrach ihn Werner, der endlich einschlafen wollte: »Nun hör auf mit dem Stuß! Gerstäcker ist ein flotter Erzähler, aber er hat keine Idee.«

Solche Adnoten können uns Arbeit abnehmen. Werner hatte überhaupt ein gutes Urteil bei starker Vitalität. »Ein fahrender Schüler, ein wüster Gesell«, wie es in dem Prager Studentenlied heißt. Dabei ließ er nicht alles durchgehen. Sein rüdes Bildungsklima hatte auch einen positiven Pol. Am ersten Tage dieser Fahrt hatten wir Bohnen gegessen, und es verdroß ihn, daß August Stiebitz, ein kleiner Rotkopf, den wir Fietje nannten, ungeniert seine Winde streichen ließ. Er fuhr ihn an: »He Fietje, furzt ihr zu Hause auch so herum?« Auf Fietje schien das wenig Eindruck zu machen; er sagte: »Na klar. Mein Vater sagt, daß nichts gefährlicher ist, als wenn man sichs verkneift. Da gibts Blinddarmentzündungen.«

Der alte Stiebitz war Sanitätsrat, ein stadtbekannter Zyniker. Es hieß, daß er, wenn er Patienten besuchte, den Finger in den Nachttopf steckte und den Urin kostete. Dabei gehörte er zu den Stützen der Gesellschaft; zu Kaisers Geburtstag und am Sedantag erschien er in der Uniform eines Marinestabsarztes bei den Schulfesten.

Fietje hatte eine ebenfalls kleine und rothaarige Schwester: Erika. Wenn man überlebt, erfährt man Entwicklungen, die überraschen, doch nicht erstaunen; so ging es mir auch hier. Nach dem Kriege hatte der alte Stiebitz bei uns Ärger gehabt. Er war nach Berlin gezogen und hatte in einer Abzweigung der Potsdamer Straße eine Praxis aufgemacht. Er war ein vorzüglicher Internist; in allem, was Galle und Leber anging, grenzte seine Diagnose an Divination. Das sprach sich herum, und bald drängte sich eine mehr oder weniger gelbsüchtige Gesellschaft in seinem Warteraum, in dem ein Brustbild Wilhelms II. hing.

»Mancher kehrt gleich um, wenn er das sieht. Ist mir auch lieber so – ich kann mich schließlich nicht vierteilen.« Das stimmte, und bei der Art seiner Klientel waren nächtliche Koliken keine Ausnahme. Im Sprechzimmer saß er in einem großen Sessel mit dem Rücken zum Fenster: »Hier ist schon manche Bombe geplatzt.« Als Typus war er in seiner Mischung grober und sensibler Fasern nicht eben selten; man findet das bei Ärzten häufig – die fast sprichwörtliche Musikalität der Chirurgen gehört hierher.

61

Fietje sah ich nur einmal wieder – er hatte natürlich auch bei der Marine gedient und war viel unterwegs. Als ich ihn nach Erika fragte, hatte ich seine wunde Stelle berührt: »Die bringt den Vater noch ins Grab.« Er hatte ihr einen ganzen Roman vorzuwerfen, vor allem schlechten Umgang, speziell mit einem schwindsüchtigen Lyriker, der chinesische Gedichte schrieb. »Wenn der auf Reisen geht, ist sie nicht ansprechbar. Heut mittag wieder, hockt wie ein ganzer Wald voll Affen am Tisch und stiert Löcher in die Luft. Der Alte läßt dann das Essen stehen. Gut, daß die Mutter das nicht mehr zu sehen braucht.«

Wir sprachen dann von seinen eigenen Sorgen; sie waren

politischer Natur. Er reiste im Auftrag des »Consuls«, hatte also in der Marinebrigade zu tun. Auf meine Frage, was er denn da Gutes treibe: »Das kann ich dir nicht sagen – ihr werdets bald genug sehen.« Er konnte indessen nicht ganz dichthalten: »Zuerst setzen wir euren Korbflechter ab.« Das zielte auf mich, denn damit war der Reichswehrminister gemeint. Es muß also kurz vor dem Kapp-Putsch gewesen sein.

Soviel zur Art, in welcher der alte Sanitätsrat in seinen liberalen und konservativen Genen sich ausmendelte. Epochales mußte hinzukommen. Damals im Weserbergland ahnte man noch nichts von solchen Entwicklungen. Werner war also mit seiner Rüge schlecht gelandet und mußte einlenken: »Fietje, ich will mich nicht in eure Familienangelegenheiten einmischen. Aber wenn du wieder einen streichen läßt, dann rufst du ›nuntio!‹, damit wir Bescheid wissen.«

Der Rat schien salomonisch, doch führte er vom Regen in die Traufe, da jeder nun aus der Konzession sich einen Spaß machte. Es gab des Nuntio-Rufens, des Fluchens und Gelächters kein Ende mehr. So wurde der Brauch am gleichen Tage wieder abgeschafft.

62

Werners Grobianismus hatte, wie gesagt, auch seine Bildungsseite; ihr ließen sich die Besichtigungen zurechnen. Ihm war aufgefallen, daß wir von der Entstehung der Gegenstände und Materien, die uns täglich umgaben, keine Ahnung hatten, und er nahm sich selbst dabei nicht aus. Dem eben sollten die Besichtigungen abhelfen. Wir waren schon in einer Spinnerei, einem Kalkwerk und einer Kläranlage gewesen und, nachdem Werner sein Anliegen vorgebracht hatte, wohlwollend empfangen und geführt worden. Auch hier am Wittekindsberg regte sich, nachdem wir abgekocht hatten, der Bildungstrieb. Wir hatten nur noch eine kurze Strekke bis zum vorgesehenen Nachtquartier. Unten am Flußufer lag eine Fabrik mit hohen Schloten, ein öder Bau aus angerußtem Ziegelstein. Vermutlich gab es da was zu besichtigen.

Wir zogen hinunter und traten durch ein Tor in einen kahlen Hof. Unser Aufzug mit den Gitarren und Mandolinen war »zünftig«; er lockte einige Arbeiter herbei. Als sie von Werner hörten, daß wir zur Besichtigung kämen, schienen sie nicht recht zu wissen, was sie mit uns anfangen sollten; einer begann zu lachen und sagte: »Die wollen hier bloß Bier trinken.« Immerhin verschwand er im Büro und meldete uns dort an.

Wir waren also in eine Brauerei geraten, und bald kam der Direktor, der gleich im Bilde war. Ich weiß nicht, ob eine der damals beliebten Vokabeln, »schmissig«, von »Schmiß« kommt – jedenfalls trug er deren noch ziemlich frische, obwohl er schon beleibt war und auf seinem Haupt eine Lichtung sich andeutete. Offenbar langweilte er sich hier erheblich, und unser Besuch gab eine erfreuliche Abwechslung. Er fand ihn großartig und führte uns persönlich herum.

Wir sahen in verschiedenen Stockwerken die großen Bottiche und kupfernen Braupfannen, die Maisch- und Aufhackmaschinen, die Saugpumpen, Transmissionen und Drehkreuze, stiegen auch bis zu den Darren und Schwelchböden empor. Wir hörten Worte wie Ober- und Unterhefe, Grünmalz, Treber, Dextrin, wurden auch in die Unterschiede zwischen englischen, böhmischen und bayrischen Brauverfahren eingeweiht. Es gab mehrere Aufgüsse, von denen der erste das Doppelbier, der letzte das dünne Konventbier lieferte. Das Münchener Klima war der Kunst des Brauens besonders günstig; es erreichte im März sein Optimum. Dies erklärte den Ruhm des Märzenbiers. Das Bockbier hatte nichts mit dem Tier zu schaffen; das Wort erinnerte an ein Starkbier, das zuerst in Einbeck gebraut worden war. In Mumme dagegen, dem Braunschweiger Schiffsbier, hatte sich der Name des Brauers konserviert. Der Direktor hoffte, daß die Hopfenernte gut würde. Versuche, aus der Pflanze haltbare Extrakte zu gewinnen, waren aussichtsreich. Diese und andere Einzelheiten erfuhren wir, während wir um die Maschinen standen oder die Treppen auf- und abstiegen.

63

Nachdem wir nun gesehen hatten, wie der Stoff bereitet wurde, war es in Ordnung, daß wir ihn auch kosteten. Der Rundgang endete in einem Teil des Kellers, der mit Möbeln ausgestattet war. Hier standen Stühle um einen Tisch, den ein Hausgeist zierte: ein stämmiger Bannerträger mit der Fahne der Brauerei. An den Wänden hingen Diplome, auf denen sich Reihen von Fabriken mit rauchenden Schloten abzeichneten, als ob sie sich auf geometrische Weise ins Imaginäre fortsetzten.

Der Direktor gab Aufträge. Es wurden eine Platte mit belegten Broten, Zigarren und Zigaretten gebracht, auch gefächerte Kästen, die mit Bierflaschen gefüllt waren. Bald saßen wir um ihn und seinen Braumeister geschart. Werner ging hinaus, um seine Klampfe zu holen; es würde nun, wie er meinte, »Fez« oder gar »Klamauk« geben.

Draußen war es heiß, hier unten angenehm kühl. Unser Gastgeber ließ die Probe mit leichtem Sommerbier beginnen, um dann zu schweren, für den Export bestimmten Sorten überzugehen. Wir sprachen ihnen zunächst mit dem natürlichen Durst zu, dann mit dem anderen, der mit dem Trinken wächst, und ließen uns auch nicht lange bitten, als der Direktor uns zum Singen ermunterte. Den »Zupfgeigenhansl« kannten wir auswendig. Das erste Lied, zwar nicht ganz zum Hausgeist passend, war wie immer der »Fahrende Gesell«:

Labt mich heut der Felsenquell
Tut es Rheinwein morgen – – –

Das zweite wurde schon eher dem Ort gerecht:

Es liegt ein Berg Kyffhäuser
Mitten im deutschen Land,
Drin schläft der gewaltige Kaiser:
Friedrich, der Rotbart genannt.

Dem schlossen sich andere an, darunter das Lied vom Teutoburger Wald. Varus hatte hier in der Nähe Schläge gekriegt, die für tausend Jahr vorhielten. Werner kannte auch Solostückchen, die locker waren, ohne gerade unanständig zu wirken, vorausgesetzt, daß die Stimmung einen gewissen Grad erreicht hatte. So das von den drei lustigen Holzhackerbuam oder das von der kleinen Frau Lerche – Schnäcke, die er mit angenehmer Stimme vortrug und mit der Laute begleitete.

> Meine Frau, die kleine Lerche,
> Putta ria ra
> Ließ nen Putten in der Kerche
> Putta ria ra
> Kam der Pastor herbeigesprungen:
> Lerche, du hast falsch gesungen!

Auch der Direktor hatte eine gute Singstimme. Er liebte balladeske Stoffe wie das Lied vom wackren Bürgermeister, der seine Stadt durch einen ungeheuren Trunk rettete:

> Stadt Rothenburg, die Feste,
> Hoch an der Tauber Strand,
> Dem grimmen Tilly bietet sie
> Seit Monden Widerstand.

So wurde es bald gemütlich; er freute sich an uns, und wir freuten uns an ihm. Ich hatte bis dahin kaum Bier getrunken; der Stoff erschien mir bitter, fade, unangenehm. Hier war es anders: der Durst, aber auch die Gesellschaft, veränderten den Geschmack. Zugleich wurden ungeahnte Kräfte frei. Ich machte neuartige Beobachtungen.

Besser hätte ich hier wohl das Wort »Wahrnehmungen« verwandt. Der Unterschied zwischen Beobachtung und Wahrnehmung gleicht dem zwischen Angler und Fisch: der Angler beobachtet den Köder; der Fisch nimmt ihn wahr. Freilich können wir, wie ich es hier versuche, unsere Wahrnehmungen in Beobachtungen verwandeln: durch Nach-Denken. Gelingt es uns dann, auch die Beobachtung zu verwandeln, so sehen wir aus geruhsamer Entfernung den Angler wie den Fisch.

Gedanken begleiten allerdings schon die Wahrnehmung. Sie sind ihr eng verhaftet und wie sie von Täuschungen getrübt. So unterlief mir ein typischer Denkfehler. Indem ich nämlich wähnte, daß wir hier saßen und tranken, weil wir lustig waren und Durst hatten, verhielt es sich im Grunde umgekehrt. Heiter waren wir schon den ganzen Tag gewesen, denn in diesem Alter genügt wenig dazu. Nun brachte das Trinken eine besondere Stimmung und einen andersartigen Durst. Die Schwelle ist fast unmerklich, die das Trinken vom Zechen trennt.

64

Werner hatte ich immer schon bewundert; er saß mit offenem Kragen neben dem Direktor – groß, munter, mit rotblonden Haaren, ein Typ, wie man ihn auf alten Bildern und immer noch in Keltenländern trifft. Die Führerrolle war ihm auf den Leib geschrieben; sie stand ihm zu. Sein Auftreten war zugleich sicher und gefällig, es zeugte von physischer und geistiger Überlegenheit. Dazu kam Mutterwitz. Ich hätte vielleicht auch eine Antwort oder ein Urteil, wie sie ihm vom Munde flossen, zustandegebracht, doch länger gebraucht, um sie zu formulieren – auch hätte mir die Entschiedenheit gefehlt, mit der er sie vorbrachte. Ihr gegenüber wurde die Zustimmung zum Genuß.

Solche Naturen verkörpern unsere Wunschträume. Wir sehen und hören sie, als ob ein Teil aus unserem Eigenen sich befreite und vor uns auf die Bühne hinausträte. Hier empfand ich es besonders und schloß auch den Direktor, der ihm mit Wohlgefallen lauschte, in meine Sympathie mit ein. Der imponierte uns durch seine Eleganz wie wir ihm durch unser zünftiges Auftreten. Vor ihm auf dem Tisch lag ein silbernes Zigarettenetui, in das Namen graviert waren. Wenn er ihm eine Zigarette entnahm, klopfte er sie darauf ab, bevor er sie ansteckte. Dabei leuchtete an seiner Hand ein blauer Stein, in den ein Wappen geschnitten war. Auch in seinen Bierkrug war dieses Wappen gebrannt und drum herum eine Devise: »– – – sei's Panier!«

Was das Panier sein sollte, ist mir entfallen; die Farben des Wappens waren die gleichen wie die eines Wimpels, den er an der Uhrkette trug. Das alles paßte zusammen – dazu die Schmisse: spätkultivierter Totemgeist. Da saß einer, der sich wohl in seiner Haut fühlte und wußte, was ihm zukam; das war auch an der Art zu merken, in der er seine Aufträge gab. Es waren eher Wünsche, die einem gemütlichen Autoritätsverhältnis entsprachen – Wünsche, an deren Erfüllung kein Zweifel war. Etwa: »Krause, Sie könnten mal – – –«

Krause war der Braumeister, ein Witzbold, der es verstand, uns im Lachen zu halten, was allerdings geringen Aufwand erforderte. Wenn er einen kleinen Schluck nahm, sagte er etwa: »Prost, Krause, mit dir trink ich am liebsten«, und vor einem größeren Zuge: »Bücke dich, liebe Seele, jetzt kommt ein Wolkenbruch.« Der Direktor mußte das oft gehört haben; er verzog kaum das Gesicht.

Krause wurde nicht müde, den Kästen neue Flaschen zu entnehmen, wobei er uns zum Trinken und auch zum Rauchen ermutigte. Wahrscheinlich rieb er sich im geheimen schon die Hände dabei. Er selbst trank ununterbrochen; der Durst schien sein natürlicher Zustand zu sein. Auch sein Chef leerte etliche Krüge, und zwar in einem Stil, der auf ein gutes Training schließen ließ. Er hatte eine Art zu trinken, die man beiläufig nennen könnte: er goß das Bier anstrengungslos hinunter, ohne daß der Kehlkopf sich bewegte – es floß am Schluckapparat vorbei. Auch als es lauter wurde, blieb er lässig in seinem Lehnstuhl; zu präsidieren war er gewohnt.

65

Nicht alle gewannen in diesem neuen Lichte, einige spannen sogar gehörig ab. So wurde Robby, unser zweiter Führer, immer unangenehmer, je länger die Sitzung dauerte. Er saß nicht nur verdrossen dabei und rührte kein Glas an, sondern wollte uns auch am Trinken hindern und machte speziell Werner dafür verantwortlich. Er wurde um so grämlicher, je mehr die Heiterkeit wuchs.

Es war allerdings richtig und stand in der Satzung des Altwandervogels: auf der Fahrt durfte weder getrunken noch geraucht werden. In dieser Enthaltsamkeit unterschieden wir uns, obwohl wir deren trinkfreudige Lieder noch sangen, von unseren Vorgängern, den Bacchanten, die freilich ein wenig älter gewesen waren als wir. Robby war also nicht im Unrecht mit dem, was er vorbrachte. Andererseits handelte es sich bei dieser Kostprobe um eine begründete Ausnahme. Ich hatte ihn schon immer für einen Schulfuchs gehalten, dessen Hauptbestreben es war, daß auf der Fahrt nichts »vorkommen« durfte – wie er jetzt mit seiner Spitznase herumstänkerte, wurde er mir richtig widerlich. Als Werner ihn anfuhr, ging er endlich hinaus, und wir waren den Störenfried los.

Es scheint mir heute, wenn ich an Robby zurückdenke, daß er von einem ungewöhnlichen Ordnungstrieb besessen war. Das ging, wie man sagt, »bis aufs Tüttelchen«. Es war daher wohl kein Zufall, daß er sich mit Fragen der Orthographie beschäftigte. Die Punkte hatten es ihm angetan. Seiner Ansicht nach wurde damit Verschwendung getrieben; er stellte den überflüssigen nach. Wenn die Fahrt auf der Bahn begann – in einem Abteil Vierter Klasse »Für Reisende mit Traglasten«, wo wir immer gern gesehen wurden – währte es nicht lange, bis Robby sich mit der Lektüre der Anschläge beschäftigte. Er zückte dann einen Bleistift und fing an, mit pädagogischem Eifer den Punkten nachzustellen; der erste fiel schon hinter »Bekanntmachung«. Auch gegen das Semikolon hatte er allerhand einzuwenden; er hielt es für ein Zwitterding. Ähnliches las ich dreißig Jahre später bei Valéry, mit dem Robby übrigens auch gemeinsam hatte, daß er ein guter Mathematiker war. Berauschende Getränke waren ihm durch die Bank zuwider als Zersetzungsstoffe der organischen Natur. Der unvergorene Fruchtsaft sei gesünder, bekömmlicher und von weit besserem Geschmack.

66

Soviel zum Persönlichen. Ich sah die Kameraden jetzt besser; sie gingen auch munterer aus sich heraus. Wir hatten, ob wir redeten oder schwiegen, unmittelbaren Schluß. Das überraschte, als ob ein bisher unbemerktes Scharnier einschnappte. Der Reiter kennt es; er hat vielleicht schon ein Jahr lang zu Pferde gesessen – plötzlich weiß er, was Reiten heißt.

Wir können einen Brief lesen, indem wir seinen Sätzen und Gedanken folgen – wir können aber auch einen Blick auf ihn werfen, mit dem wir nicht mehr seine Worte und Buchstaben, sondern seine Graphik sehen. Wie aus einem Dickicht, einem Gitter tritt dann der Briefschreiber hervor. Wir ahnen, daß *er* den eigentlichen Inhalt des Briefes bildet, nicht seine Mitteilung.

Ich will damit nicht sagen, daß unser Gespräch nun geistreicher geworden wäre – im Gegenteil. Daß es lebhafter und angeregter wurde, war keine Frage des Verstandes, sondern der Harmonie, die als Universalmacht alles vereint, wie der Wind alles bewegt oder die Sonne alles bescheint. Daher wachsen mit dem Rausch auch die Belanglosigkeit und Ungereimtheit der Gespräche, wenigstens für den Unbeteiligten. Der Reim ist freilich nicht in den Worten zu suchen, sondern in der Harmonie. Da der Nüchterne an ihr nicht teilhat, wird ihm das Treiben entweder komisch oder, wie unserem Unterführer Robby, zum Ärgernis.

67

Mich begannen andere Sorgen zu beschäftigen. Die gesteigerte Anschauung, die sich bislang auf die Kameraden gerichtet hatte, wandte sich nun den Gegenständen zu. Der Fußboden war mit Platten belegt; sie entstammten dem roten Sandstein des Gebirges, wie auch das Denkmal, das wir am Morgen besucht hatten. Von diesem roten Grunde hob sich ein Kasten voll Bierflaschen ab. Sie waren noch unangebrochen, die weißen Verschlüsse leuchteten. Es waren fünfundzwanzig: fünf mal fünf. Ich zählte sie einige Male: wie konnte aus einer quadratischen Anordnung eine ungerade Zahl hervorgehen? Gewiß, man konnte jede beliebige Zahl auf den Seiten abtragen. Aber mußte nicht die Vier irgendwo nachzuweisen sein?

Eine solche Grille war mir noch nie in den Kopf geraten; die Mathematik war mir zuwider, und da ich sie selbst in der Schule an mir vorbeigehen ließ, lag mir nichts ferner, als mich privatim mit ihr zu beschäftigen. Nun war ich unverhofft und ohne jedes Rüstzeug an eine Nahtstelle geraten, an die Grenzlinie zwischen Geometrie und Arithmetik, an den Vorrang des Messens vor dem Zählen, des Raumes vor der Zeit. Wichtiger als die Begegnung mit dem Problem war die allgemeinere mit der Evidenz: mit der anschauenden Kraft, der unser Fragen und Wissen entspringt.

68

Während ich mich in den Anblick der fünfundzwanzig weißen Ovale vertiefte, nahm die Belustigung ihren Fortgang; allerdings gab es schon Mißtöne. Krause erschien mit einem Tablett, auf dem eine Flasche Korn und Gläschen standen, doch der Direktor winkte ab. Auch daß die Witze seines Faktotums zu saftig wurden, ließ er nicht zu. Fietje stand auf und ging nach draußen; als er zurückkam, war er kreidebleich, und Schweißtropfen standen ihm auf der Stirn. Der Direktor blickte auf seine Uhr, an der der Wimpel hing. Es wurde zum Aufbruch Zeit. Werner stimmte das Lied an, mit dem wir uns zu verabschieden pflegten:

> Ade zur guten Nacht,
> Jetzt wird der Schluß gemacht,
> Weil ich muß scheiden.

Die Besichtigung war beendet. Wir bedankten uns, nahmen die Rucksäcke auf und kamen noch in guter Form davon. Der Bergwald war nahe; hier spürten wir die Wirkung des ungewohnten Genusses erst. Die Kellerluft hatte sie verstärkt. Fietje mußte sich wieder übergeben; er kam in einen Zustand, der einem Kollaps ähnelte. Werner knöpfte ihm das Hemd auf und legte ein feuchtes Tuch auf seine Brust. Er hatte eine Taschenapotheke dabei.

Die Sonne schien schräg durch die Baumkronen. Wir legten uns auf das Moos und versanken in einen dumpfen Schlaf. Das erinnerte ein wenig an die Urbacchanten, deren wildes Treiben im Wald freilich erst anfing, wenn sie mit den Bauern bis tief in die Nacht hinein gezecht und die Mägde im Stroh gehabt hatten.

69

Als wir lustlos erwachten, dämmerte es schon. Wir mußten uns nach einer Bleibe umsehen. Das war nicht schwierig und klappte meist bei der ersten Anfrage. Der Bauer, fast immer ein gedienter Mann, nahm sie wohlwollend entgegen und schloß uns die Scheune auf. Oft gab es noch eine Unterhaltung in der Stube, Brot und vom Eingeschlachteten.

Es war schon dunkel, als wir einen Hof erreichten, der einsam auf einer Lichtung lag. Ein Hund bellte hinter dem Zaun. Wir mußten lange rufen, bis sich das Tor öffnete und der Bauer kam. Die Verhandlung begann ungünstig. Werner sprach des Gebelles wegen lauter als gewöhnlich und mußte, als der Bauer nicht zu begreifen schien, was wir von ihm wollten, beinahe schreien. Der Bauer fragte immer wieder: »Watt wutt ju?«, und diese Frage nahm von Mal zu Mal eine drohendere Färbung an. Auch sein Hund wurde wütender. Endlich rief er den Sohn oder Knecht: »Hinnerk, kumm rut. Und bring 'n Bengel mit!« Es wurde Zeit, daß wir uns davonmachten.

Am Waldrand hielten wir an. Wir standen im Kreis; ich sah im Mondschein die Gesichter über der dunklen Kluft. Die Stimmung war jämmerlich. Die Instrumente, die Hahnenfedern wurden unheimlich. Die Romantik war futsch. Vielleicht waren wir gerade deshalb der Realität der alten Fahrenden näher, denen es passieren konnte, daß der Bauer sie vom Hof prügelte. Die Deklassierung muß man in Kauf nehmen. Zum Katzenjammer kam die Führungskrise, die schon während der Besichtigung herangegoren war. Werner war außer sich:

»Ein Waldschrat. Hat man sowas schon erlebt? So hat uns noch keiner geantwortet.«

Jetzt war Robbys Stunde gekommen; er konnte dem Ingrimm, den er schon lange gepflegt hatte, freien Lauf lassen:

»Kein Wunder – denn so hast du noch niemals gefragt. Außerdem hast du nach Schnaps gerochen – der Mann war im Recht. Er hielt uns für Landstreicher. Wir können von Glück sagen, daß wir noch heil davongekommen sind.«

Dagegen ließ sich wenig einwenden – vom Schnaps abgesehen, der Robby als deklassierende Verstärkung gedient hatte. Werner verzichtete auch auf jede Entschuldigung. Er sagte: »Robby, du hast recht wie immer; ich habs versiebt. Übernimm du die Führung; ich marschiere zur Strafe die Nacht durch.«

Damit machte er sich gleich auf den Weg. Wir hörten ihn im Dunkeln eins seiner Lieder singen:

Der Pfannenflicker schwenkt seinen Hut,
Ade, ade Mamsell, der Flick war gut.

Doch nun wollte ihn keiner im Stich lassen. Wir holten ihn ein, umstellten ihn und mußten ihm noch die Erlaubnis, mitmachen zu dürfen, abbetteln. Jeder wollte dabei sein, auch Fietje, der immer noch schwach auf den Beinen war. Selbst Robby konnte sich nicht ausschließen.

Die Nacht war lang; wir marschierten über Bückeburg und Stadthagen auf Wunstorf zu. Marschieren mußte es schon heißen, denn es war anstrengend. In den frühesten Morgenstunden, als es eben graute, lernte ich die Visionen kennen, die man den Zauber der Erschöpfung nennen kann:

die Träume der endlosen Straßen, den Rausch der Nachtwachen. Das war in den Brüchen kein Erlengebüsch mehr; es war eine Vorstadt von Dahomey. Dann kamen Paläste von großer Symmetrie. Es leuchtete aus den Fenstern – Lampione, Ampeln, Girlanden, Ketten von Licht. Die Hecken und Koppelzäune wurden ihrer Natur beraubt; die Wege schienen sich im Frühlicht zu verändern wie Ströme, die kristallin werden. Eben war hier noch Wasser mit Fischen und Seerosen – nun eine Straße, auf der Wagen entlangfuhren. Das war gefährlich – man mußte den Atem anhalten.

Dazwischen immer wieder ein jähes Erwachen, mit den schmerzenden Füßen auf dem Kopfpflaster. So setzt man zur Landung auf. Dabei war die Müdigkeit überwunden, als ob ein Wehr aufgezogen wäre und nun erst die eigentlichen Kräfte zuströmten.

70

Die Ebbe fördert mehr noch als die Flut. Eine Welt hatte sich angekündet, in der die Schwächung ungeahnte Kräfte freigibt und so die Sicht wandelt. Gewiß eine verkehrte Welt, und doch ein Hinweis auf eine ganz andere. Das ist die Stimmung der Vorhöfe – zwielichtig, trübe, doch durch die Spalten sickert ein neuer Schein.

Der Gedanke ist tröstlich; Gefahr ist immer dabei. Wenn auf den Flößen der Schiffbrüchigen die letzte Hoffnung geschwunden ist, beginnen im Hindämmern diese Stimmen und Bilder ihr Spiel zu treiben; sie gaukeln dem Durstenden vor, daß das Meerwasser köstlich, und dem Sterbenden, daß in der Tiefe die Rettung sei. Spiegelungen gewiß, aber in einem besonderen Sinn auch Vor-Spiegelungen: Hinweise auf einen Reichtum, der unerschöpflich ist, doch zugleich auf etwas Schweres, das sich buchtet oder vorwölbt – das dunkle Tal, die Grenzmauer, das Große Barriere-Riff.

Der Freiwillige, den Emir Musa die Mauer der Messingstadt ersteigen ließ, klatschte oben in die Hände und rief: »Du bist schön!« Dann stürzte er sich in die Tiefe und ward

»mit Haut und Knochen zermalmt«. Der Emir Musa aber sprach: »Wenn so ein Vernünftiger handelt, was wird erst ein Irrer tun?«

Auch die Fata Morgana hat ihre Wirklichkeit. Der Trug liegt nur darin, daß sie falsch geortet wird. Ihr Ort wird verkannt; ein Abziehbild wird für das Meisterwerk gehalten, das es vorspiegelt.

Die Gefahr wächst mit der Höhe, sie wächst für die Kühnen und Gläubigen. »Die Kühnsten steigen bis zu meiner Stirnbinde empor. Dort beginnen sie zu träumen und stürzen rücklings hinab.« So die Sphinx in der »Versuchung des Heiligen Antonius«.

71

Die Erinnerung hat mich weiter geführt, als ich beabsichtigte. Die erste Berührung mit dem Rausch macht uns mit seiner Licht- und Schattenwelt bekannt. Er gleicht der Flamme, die wärmt und leuchtet, doch auch blendet und brennt. Grenzfesten werden durch ihn aufgeschlossen und befremden; der Berauschte erinnert an die Breughelschen Bauern, die offenen Mundes in die Welt staunen. Die Dinge und Menschen werden einerseits dichter und schärfer gesehen, oft mehr, als gut ist, und andererseits durch neue Perspektiven in große Entfernung gerückt. Der Rausch führt an die Zeit heran – nicht nur in diese oder jene ihrer ephemeren Zellen, sondern an ihr Mysterium und damit hart an den Tod. Dort ruht die Gefahr, und jede physische Gefährdung gibt nur den Hinweis darauf. Wir können mit Calderon das Leben als Traum, doch treffender noch als Rausch bezeichnen, als eine der sublimen Dekompositionen der Materie.

72

Ich suche mich nun zu entsinnen, was aus dem Führer und dem Unterführer geworden ist. Je älter wir werden, desto mehr Lebensläufe können wir bis zum Ende verfolgen; wir sehen die Schicksalsfigur und damit abgeschlossen, was der Astrolog im voraus zu erkennen glaubt.

Werner enttäuschte, als wir uns nach dem Kriege wiedertrafen; so geht es uns mit vielen, die wir in der Jugend bewunderten. Wir sahen in ihnen vor allem etwas, das uns fehlte – oft waren es nur zwei, drei Jahre: der Vorsprung im Erwachsen-Sein. Sie zogen vielleicht auch deshalb an, weil sie gerade damals in ihrem Zenit standen. Der eine kommt spät zum Tragen, der andere hat sich schon in der Blüte erschöpft.

Es waren inzwischen über zwanzig Jahr verflossen, während deren wir uns nicht gesehen, doch hin und wieder voneinander gehört hatten. Die alten Wandervögel standen fast alle in lockerer Verbindung wie durch ein Netz, das zwar abgeschaltet, doch nicht stromlos geworden war. Wenn nachts auf den fremden Heerstraßen Regimenter aneinander vorbeimarschierten, wurden Namen gerufen und Grüße getauscht. Und selbst heut noch, wenn ich etwa bei Theo Oppermann in Wunstorf einspreche, sind bald zwei oder drei beisammen und erzählen die alten Dönekens. Die Klampfe wird von der Wand genommen; sie singen:

> Und da sahn wir von weitem
> Unsern Herzog schon reiten,
> Er ritt auf seinem »Grenadier«.
> Lustge Hannovraner, das sind wir.

Oder auch:

> Und dem König von Preußen
> Dem wolln wir was – – husten

und ähnliches. Das überstand seit 1866 Kriege und Bürgerkriege; es sind frühe Einprägungen.

Als Werner ins Zimmer trat, sah ich gleich, daß mit ihm etwas nicht in Ordnung war. Er hatte sich auch kaum gesetzt, als ich schon den Grund seines Leidens erfuhr. Es ging, wie die Ärzte ermittelt hatten, von einer Veränderung der Hypophyse aus. Obwohl dieses Organ kaum größer ist als ein Kirschkern, wußte Werner Erstaunliches darüber zu berichten; das Thema war unerschöpflich für ihn. Es lag ihm um so mehr am Herzen, als er noch einen Rentenanspruch damit verband. In solchen Fällen wird das Gespräch zum Plädoyer vor einem illusionären Gericht.

Um ihn ein wenig abzulenken, fragte ich ihn nach alten Kameraden, doch ging er kaum darauf ein. Nur als ich Robbys Namen nannte, sah ich, daß er da noch empfindlich war.

»Der hatte immer was zu stänkern; solche Pedanten vermiesen nur die Fahrt. Man sieht ja, wo's endet: in der Klapsmühle.«

Ich hatte auch schon davon vernommen, bald in dieser, bald in jener Version. Robby hatte auch bei einer unserer politischen Veränderungen recht haben wollen – und recht gehabt. Hatte er eine Fahne nicht aufziehen oder nicht rechtzeitig einholen wollen? – ich weiß es nicht mehr. Jedenfalls hatte man ihn erst ins Gefängnis und dann ins Irrenhaus gesteckt.

Subtiles Rechtsgefühl in unserer Zeit ist ein gefährliches Patengeschenk.

BIER UND WEIN I

73

Fahrten wie die ins Weserbergland fielen in meine Sekundanerzeit. Als Primaner war ich im Ruderklub. Es ist möglich, daß mir die Romantik der Fahrenden Gesellen nicht mehr recht behagte und daß mir das Singen zuviel wurde, bei dem ich meine Stimme möglichst im Chor verschwinden ließ. Wahrscheinlich wurde ich von meinen Mitpensionären, stämmigen Ruderern, einfach »gekeilt«. Es waren ihrer vier; ich konnte mich schwer ausschließen und lief als fünftes Rad am Wagen mit. Der Älteste, »Long Heini«, maß über zwei Meter; er fiel in der Pikardie. Kopfschuß; die Gräben waren nicht für Giganten gebaut.

Zum Rudern, mit dem ein ziemlicher Drill verbunden war, spürte ich wenig Neigung; meine Tätigkeit beschränkte sich auf Kajakfahrten in den Zuflüssen der Weser und auf das Baden am Bootshaus, vor dem ich lungerte. Getrunken wurde regelmäßig und methodisch; einmal in der Woche war Kneipe im »Bremer Schlüssel«, einem renommierten Haus. Selbfünft verließen wir dann nach dem Abendessen den Rhedenhof, so hieß die Pension. Mehr oder minder angeheitert kehrten wir gegen elf Uhr zurück. Zu späterer Stunde durften wir uns nicht mehr auf der Straße blicken lassen; das verstieß gegen die Schulordnung.

Die Fröhlichkeit der Bierabende war durch studentischen Komment geregelt, auf dessen Befolgung am oberen Tafelende der Präside und am unteren der Fuchsmajor achteten. Beide hatten Schläger vor sich liegen, mit denen sie, um sich Gehör zu schaffen, auf den Tisch klopften. Die Lieder und allerhand Zeremonien wie das Salamander-Reiben wurden nach vorangegangenem »Silentium« kommandiert; ein gemütlicher Teil, die Fidelitas, schloß sich an. Getrunken wurde aus Deckelkrügen; manchmal ging zudem ein Humpen rundum. Er hatte die Form eines Stiefels, der immer wieder gefüllt wurde, und zwar auf Kosten dessen, der ihn als Vorletzter gehabt hatte. Wenn das Bier zur Neige ging, mußte man entweder nippen oder mit einem Zuge Rest machen. Falls etwas vorbeifloß, hatte man »geblutet« und mußte auch zahlen. Es gab eine Menge Verstöße, die dadurch geahndet wurden, daß ein kleineres oder größeres Quantum zu leeren war – man mußte »in die Kanne gehen«. Oft waren Studenten, ehemalige Mitschüler, zu Gast; sie lobten unseren Biereifer.

Diese Abende waren in der Ordnung; sie wurden von den Lehrern nicht nur wohlwollend geduldet, sondern gern gesehen. Fast jeder von ihnen berief sich darauf, daß er in einer Verbindung aktiv gewesen war. Auf Universitäten haftete den Nichtkorporierten, den »Wilden«, beinahe ein Manko an, als Überrest aus Zeiten, in denen der Einzelne außerhalb der Landsmannschaften schutzlos gewesen war. Dieses Wesen durchsetzte noch ein Gerüst nicht nur mittelalterlicher, sondern viel früherer Zusammenhänge – von Tabu und Totem, Farben und Narben, Blutsbrüderschaften und ihrem Zeremoniell. Es soll uns von unserem Thema, dem Rausch, nicht ablenken. Jedenfalls hatten die Alten an unserem Treiben ein ähnliches Behagen wie etwa ein Indianer, der die Jungen mit Pfeil und Bogen spielen sieht.

Exkneipen waren verboten – das heißt, Ausflüge in die benachbarten Bierdörfer, in deren Wirtschaft ein Faß angestochen und geleert wurde. Da sie ihren besonderen Reiz hatten, wurden sie wenigstens einmal im Jahr riskiert und kamen unweigerlich auf – nicht des Gelages, sondern des Unfugs wegen, der sich ihm auf dem Heimweg anschloß und vandalische Spuren hinterließ. Dennoch denke ich an jene zwei oder drei Partien noch am liebsten zurück. Der heimliche Exzeß ist diesem Alter natürlicher als der protegierte Komment.

Der Rückblick ist nicht möglich ohne Melancholie. Er fällt auf eine Runde von Sechzehn- bis Neunzehnjährigen in meist zu knapp gewordenen Anzügen, auf ihr formelhaftes Gebaren in den Bewegungen, Redensarten, Trinksitten. Da war etwas als gültig angenommen, und dazu noch vorzeitig, das schon seit langem auf schwachen Füßen stand. Beim Wandervogel war es doch freier gewesen, obwohl dessen Romantik auch nicht zureichte.

Mich beschäftigen diese Zusammenhänge hier nur hinsichtlich der Erfahrungen, die mit dem Rausch gemacht wurden. Und da ist zu sagen, daß sie wenig ergiebig gewesen sind. Das Kneipen soll ja auch nicht zum Rausch führen, sondern zur Erhöhung und Temperierung der Gemütlichkeit. Man wird dann seßhaft, und der Stoff muß vorhalten. Er muß leicht und angenehm sein und in Fülle genossen werden können, und in dieser Hinsicht findet das Bier nicht seinesgleichen – man müßte denn schon auf andere Ebenen wechseln und etwa an den Tee denken. Allerdings sind hier der Genuß und auch das Zeremoniell, wie man bei Okakura Kakuzo studieren kann, weitaus geistiger. Ist mit dem Bier ein heiterer Lärm verbunden, so mit dem Tee ein heiteres Schweigen während der Pausen im geruhsamen Gespräch. Der Tee verträgt auch die Einsamkeit nächtlicher Studien und Meditationsübungen, ja er begünstigt sie. Er zwingt dem Geist nichts auf, führt keine fremden Bilder ein, sondern begleitet seine freie Wendung wie ein Instrument die Melodie. Das läßt sich bereits vom Kaffee nicht behaupten, der in viel stärkerem Sinne als Droge wirken kann.

74

Eine nicht immer scharfe Grenze trennt die Länder der Bier- von denen der Weintrinker. Sie wird bestimmt durch das milde, weder zu kühle noch zu warme Klima, in dem die Rebe gedeiht. Innerhalb dieses Gürtels gibt es wiederum Gefilde, wo ihre Kultur eine außerordentliche Verfeinerung gewinnt. Dazu muß viel harmonieren: die Lage der Stromtäler und der Hänge, die Erde, das Wasser, die Luft, die Sonne: die kosmischen und elementaren Voraussetzungen. Der Ortsgeist trägt dann das Seine dazu bei. Das Gestein ist nicht nur wichtig in der Art, in der es sich zersetzt und Krume bildet, sondern auch in seiner Fähigkeit, das Licht zurückzustrahlen und einzutrinken wie der rheinische Schiefer oder die Lava des Vesuvs. Seine Kraft wirkt noch in den Kellern, die in den Fels gebrochen sind. Ähnliches gilt vom Holz, mit dem der Wein in den Bütten, den Torkeln, den Fässern in Berührung kommt. Das Wissen, man könnte getrost sagen: die Weisheit, der Winzer und Küfer ist in langer Überlieferung gewonnen und raffiniert worden. Wir begegnen zwischen den Rebstökken, in den Kellern und den kleinen Wirtschaften Typen, die durch ihre Tätigkeit imprägniert wurden. Verwandtes findet man noch bei Jägern, Fischern und Reitern, also bei solchen, die ihren Beruf mit Passion treiben.

Der Weingärtner dient seinem Gott mit schwerer Mühe, aber er empfängt ihn auch und nimmt ihn in sich auf. Marcel Jouhandeau sagte mir von seinem Schwiegervater, der Postbote war und nach dem Dienst sein schmales Stück Weinland bestellte: »Die Arbeit im Weinberg war sein Gebet.« Und ich hörte von einem anderen, sehr alten Winzer, daß er während seiner letzten Jahre nur noch von Brot und Wein lebte – sakramental.

Tee und Wein sind vom Duft alter Kulturen umwittert – wir wollen das Wort nicht im Sinn des Erlesenen fassen, den es gewonnen hat. Alles Gewachsene ist letzthin untrennbar und in seinen Wirkungen unverkennbar, in Wurzeln und Zweigen wie in der Blüte und in der Frucht. Im Reich des Weines herrscht daher trotz und unter aller Verschiedenheit auch Gleichheit, vom Tübinger Gogen bis zu den Stiftsköpfen, vom Zwerg Perkeo im Keller des Heidelberger Schlosses bis zum erleuchteten Festsaal der Pfalzgrafen. Diese gleichende Kraft ist der des Dichters verwandt, der die Menschen durch sein Wort verwandelt und den Bettler zum Fürsten erhebt. Baudelaire, der den Wein als Freund des Einsamen und der Liebenden, aber auch des Lumpensammlers und des Mörders feierte, hat das in seiner Tiefe erfaßt. Eines Abends beginnt der Wein in den Flaschen zu singen, in deren gläsernem Käfig er gefangen und mit roten Siegeln verschlossen ist: »Un chant plein de lumière et de fraternité.«

Die wahre, die Zauberkraft des Weines offenbart sich in der Wiederkehr, in den periodischen Festen der Weinländer. Sie werden gefeiert, wenn die Ernte eingebracht ist und die Sonne Abschied nimmt – und wilder noch, wenn sie wiederkehrt und den Winter vertreibt. Ein mächtiges Aus- und Einatmen. Der Wein wird nicht mehr in Flaschen und Krügen aus dem Keller geholt; er strömt aus den Fässern, springt aus den Brunnen – die Luft ist von ihm durchtränkt.

Der Narr beginnt die Welt zu regieren – das ist ein Echo, ein Abglanz früher Zeiten, in denen Götter eintraten und sich zu uns an den Tisch setzten. Der große Pan rückt näher; Faune und Satyrn lehnen sich über den Zaun. Ein erdnahes, gnomenhaftes Wesen paart sich mit hoher Illumination. Es kommt etwas wieder, das seit langem verschwunden war; hinter den Schreien und Sprüngen, hinter der Mummerei und den Masken wird etwas schemenhaft wiedererkannt. Die Drehung läßt ein Drittes im Taumel ahnen: hinter dem Winter mehr als den Frühling, hinter dem Atmen mehr als das Leben, hinter der Maske mehr als den, der sich verbirgt.

»Im Wein ist Wahrheit« – das bedeutet nicht, daß sie in ihm verborgen ist. Das Wort meint eher, daß er etwas gewahren läßt, das immer und außer ihm gegenwärtig ist. Der Wein ist ein Schlüssel – das Gegenwärtige wird zum Eintretenden.

75

Daß sich dem Wein Maß zuordnet, erfährt man vor allem dort, wo er seit langem zu Haus ist: in den Weinländern. Dort wird in der Trinkfestigkeit kein besonderer Ruhm erblickt wie bei den Dandys und ihren Six-bottle-men, die bis zuletzt in stoischer Ruhe am Tisch saßen. Für Nebelländer mit ihren Melancholien sind schwere Biere und speziell der Whisky geeigneter. Merkwürdig am Whisky ist, daß er auf lange Strecken hin anregt, während seine berauschende Wirkung sich im geheimen staut. Die stimulierenden und die narkotischen Kräfte laufen als Parallelen, die sich plötzlich im

Unvermessenen treffen, nebeneinander her. Das Schiff durchschneidet leichthin die Wellen des Gesprächs; plötzlich kommt der Blackout.

Der Tischwein, der die Mahlzeiten begleitet, wird mäßig getrunken, oft verdünnt. Er ist der Landwein, treu, einheimisch, kommt nicht weit her. Wer ihn nicht selbst baut, hat seinen Winzer, dem er vertrauen kann. Bei den berühmten Marken, den grands crus, den Auslesen gehört das Maß zum Genuß; die Unmäßigkeit verbietet sich von selbst bei Libationen, zu denen die Kraft der Erde und die Kunst des Menschen sich vereinigten. Hier zählt der Tropfen, und dem Winzer ist der Kenner unentbehrlich – als jener, der die Spende würdigt, und mehr noch als jener, der das Mysterium begeht. Wenn er das Glas hebt, scheint er weit hindurchzublicken, und wenn er kostet, gleicht er dem, der nicht nur eine Melodie hört, sondern das Schweigen hinter ihr errät.

Exzesse finden sich auch in den Weinländern. Sie haben weniger mit der Natur des Weines als mit der Unnatur des Menschen zu tun. Selbst in sardischen Dörfern begegnete mir der Trinker, der seine Felder und Herden durch die Gurgel gejagt hatte, der verwahrloste, hohläugige, gierige ubriacone, der verachtet, bemitleidet, verlacht wurde.

Das bleiben Ausnahmen. Unbekannt sind diesen Ländern die von Betrunkenen wimmelnden Straßen und Stadtviertel, wie sie Kapiteln von Dickens und Dostojewski den Hintergrund und Hogarth Stoff zu makabren Dessins gaben. Dort haben die Polizei und die Heilsarmee ihre Fischgründe.

BÜCHER UND STÄDTE

76

Dieses nächtliche Wandern und Kreisen angetrunkener Mengen durch weite, trostlose Quartiere, wie es auch de Quincey und Jack London in ihren Erinnerungen schildern, ist beängstigend. An jeder Straßenecke winkt eine billige Kneipe; man trinkt im Stehen, und die schweren Getränke wirken heftig auf die geschwächten Körper ein. Schwärme von Freudenmädchen, darunter Kinder, schwer betrunkene Frauen, Obdachlose treiben im Strome mit. Dazwischen lauern jene, die an den Berauschten und Willenlosen ihr Geschäft machen: Zuhälter, Schlepper, Taschendiebe und Gauner jeder Art.

Hier trinkt man nicht, um sich zu erinnern oder sich anzunähern; man trinkt, um zu entfliehen, um zu vergessen, und das Erwachen ist schlimm. Der Dämon ist gegenwärtig; ein unübertrefflicher Witterer wie Dostojewski hat ihn fast körperlich erblickt. Seine Reisebeschreibungen sind eigentlich Dämonologien, sind Wanderungen eines Geistersehers durch die Welt. Mit der gleichen Sicherheit wie Tocqueville die politischen Strukturen erfaßt er deren grenzenlose Hintergründe – fast als ob der eine sich mit den Muskeln, der andere sich mit dem Pneuma eines Wesens beschäftigte. In Paris fand Dostojewski »Windstille in der Ordnung – eine kolossale, innere, geistige, aus der Seele hervorgehende Vorschriftsmäßigkeit. Könnte ein riesiges Heidelberg sein«.

London erscheint ihm als das titanische Negativbild dieser trotz aller Bewegung in sich ruhenden Humanität. Eine »Angst vor irgend etwas« beginnt ihn zu ergreifen bei den Rundgängen durch diese Stadt, in der »an jedem Samstagabend eine halbe Million Arbeiter und Arbeiterinnen mit ihren Kindern sich wie ein Meer in die Straßen ergießt, sich besonders in gewisse Stadtteile drängend, um dann die ganze Nacht bis fünf Uhr morgens zu feiern, das heißt, sich viehisch satt zu essen und voll zu trinken nach der ganzen durchhungerten Woche. Diese Millionenmasse trägt ihren gesamten Wochenlohn bei sich, alles was sie mit schwerer Arbeit fluchend verdient hat. In den Fleisch- und Eßwarenläden brennt das Gas in dicken Flammenbüscheln, die grell die Straße erhellen. Es ist geradezu, als werde für diese weißen Neger ein Ball veranstaltet. Die Trinkstuben sind aufgeputzt wie Paläste. Alles ist betrunken, doch ohne Fröhlichkeit, ist vielmehr finster, schwer und eigentümlich stumm. Nur hin und wieder wird diese verdächtige Schweigsamkeit von Schimpfwörtern und blutigen Prügeleien gestört. Die Frauen stehen den Männern nicht nach und betrinken sich gleich ihnen; die Kinder laufen und kriechen zwischen ihnen umher. – – –«

Er beschreibt dann noch den Gang durch eine strahlende Lusthölle. Bei Léon Bloy findet sich eine ähnliche Abneigung, die sich exzessiv äußert und bis zum Wunschbild einer Kanone steigert, durch die mit einem einzigen Schuß der »capitale infâme« ihr Ende zu bereiten sei. Das ist von einem anderen Standort aus gesehen: von dem des Katholiken spanischer Prägung gegenüber dem Protestantismus, und somit in einem Verhältnis, das dem von Hund und Katze gleicht.

Der Protestantismus, ohne den die neue Welt mit ihrer Technik undenkbar wäre, konnte in die Weinländer schwerer als in die des Nordens eindringen. Die Ränder bringen oft Unerwartetes hervor. Adnote zum Genfer Phänomen.

77

Dostojewskis bis in die »Windstille« dringender Blick ließ sich auch durch die stürmische Bildflut nicht verwirren, die ihn in London erschreckte und beunruhigte. Er hätte das Kapitel, in dem er diese Eindrücke schildert, etwa benennen können »Glanz und Elend der Maschinenwelt«. Er wählte jedoch einen anderen Titel, nämlich »Baal«. Offenbar hat er dort noch etwas mehr gesehen: eine inmitten des Gewimmels thronende Macht.

Der Mensch, der entfliehen will, kommt nicht ins Leere; es wartet an jedem Ausgang ein anderes auf ihn. Die Flucht an sich ist als Bewegung verhängnisvoll. In diese Maxime muß man den Selbstmord einschließen, allerdings unter Ausnahme seiner stoischen Formen, die nicht als Ausflucht zu betrachten sind. »Das Verlassen des Lebens wird unter Umständen dem Tüchtigen zur Pflicht.«

78

Von der Drogierung aus betrachtet, trifft sich in Szenen, wie Dostojewski sie beobachtete, die narkotische Wirkung mit der stimulierenden. Es wird etwas vergessen, als ob ein Vorhang, auf den graue Bilder gemalt sind, aufrollte. Dahinter aber erscheint, als ob ein neuer Meister sich ans Werk machte, eine andere Welt. Die Lichter werden greller, die Farben lebhafter. Die Begierden treten nackt hervor. Die Glut war tief unter der Asche versteckt. Jetzt schlägt, wie mit dem Blasbalg angefeuert, die Flamme hervor. Das Herz, die Lunge antworten.

Die Sinne werden schärfer, auch für das Blut. Es wird auf den breiten Straßen und Plätzen von den Massen gewittert wie in den Buchten des Amazonas von gierigen Raubfischen. Wie dort das Wasser zu brodeln beginnt, schäumt hier die Hefe auf. Dickens hat, etwa zwanzig Jahr vor Dostojewski, einem solchen Auftritt beigewohnt, und zwar anläßlich der Hinrichtung des Ehepaars Manning, das eines raffinierten Raubmordes wegen zum Tode verurteilt worden war. Er schildert seine Eindrücke in einem Brief an die »Times«:

»Sir, ich war Zeuge der Exekution an diesem Morgen. Ich ging hin, um die versammelte Menge zu beobachten, und ich hatte vortreffliche Gelegenheit dazu. Als ich um Mitternacht ankam, machte schon das schrille Geheul von Knaben und Mädchen, die an den besten Plätzen versammelt waren, mein Blut erstarren. Man parodierte bekannte Negermelodien, nur wurde ›Susanna‹ durch ›Mistress Manning‹ ersetzt. Als der

Tag graute, streiften mit beleidigendem, unverschämtem Benehmen bekannte Diebe, Straßendirnen, Säufer und Vagabunden jeder Sorte umher. Faustkämpfe, Gepfeife, brutale Späße, ein Aufkreischen der Lust mit obszönen Gesten, wenn ohnmächtige Frauen von der Polizei weggezogen wurden und ihre Kleider in Unordnung gerieten, gaben willkommene Intermezzi ab. Als die Sonne herrlich aufstieg, vergoldete sie tausend und abertausend von aufwärts gewandten Gesichtern, die so unaussprechlich viehisch und kannibalisch glotzten, daß ein Mensch fast Scham fühlen mußte vor seiner eigenen Gestalt. – – –«

79

Es ist nicht das Beste, was hier zum Vorschein kommt. Allerdings dürfen wir es nicht dem Rausch zuschreiben. Der Rausch enthüllt, als ob ein Vorhang aufgezogen würde oder als ob er die Tür zu tiefen Krypten aufstieße. Er ist ein Schlüssel unter anderen.

Wenn Dickens sich an jenen Ort begab und dort die Nacht verbrachte, so folgte er damit einer höheren Neugier, zu der der Autor nicht nur berechtigt, sondern sogar verpflichtet ist. Und wenn er dort, wie er sagt, Scham empfand, so gehört auch das zum Kursus und ist besonders wichtig in einer Ära, in der, wie in der viktorianischen, die weiße Weste dominiert.

Schließlich ist dieses Kannibalische dem Menschen eingeboren, und es bedarf zu seiner Entfaltung nicht einmal der Hinrichtungen. Die Unbarmherzigkeit wohnt ihm auf eine fast anatomische Weise inne wie der blinde Fleck im Auge und wird wie dieser kaum bemerkt. In jeder Epoche nämlich gibt es den Verfemten, auf den sich die Abneigung konzentriert. Er wird verketzert, ihn zu verfolgen ist löblich; geschieht ihm Böses, wird es Befriedigung hervorrufen. Diese Genugtuung trifft man auch bei guten Menschen, selbst bei Pickwickiern. Das beginnt schon in den Kindergärten, den ersten Schulklassen.

80

Hier muß ich der Versuchung, einen literarischen Ausflug anzuschließen, widerstehen. Sein Thema wäre die Art, in welcher der Blick auf den Verfemten gerichtet wird. Sie ist eine andere, wenn sie, und sei es wohlwollend oder selbst gütig, von außen, als wenn sie von innen kommt. In dieser Hinsicht unterscheidet sich die Beleuchtung des Bösen bei Dostojewski fundamental von der bei Dickens, Victor Hugo oder, um ein Extrem zu nennen, Eugène Sue.

Dostojewski tritt in das innere Universum des Raskolnikow ein; er denkt, fühlt, leidet mit dem Mörder, ersteht mit ihm auf. So folgt er dem großen »Das bist Du«. Das ist pädagogisch im höchsten Sinn insofern, als er den Leser in diese Identifizierung einbezieht, die über Kapitel hinweg die Lektüre zum Purgatorium macht – so bei der Beichte des Marmeladow oder dem Geständnis des Raskolnikow.

Dieses Werk, oft als Kriminalroman bezeichnet, ist eigentlich das Gegenteil davon. Der Kriminalroman fasziniert, weil in ihm der Mensch verfolgt wird; diese Verfolgung, die Kenntnis seiner Listen, seine Erlegung im Dschungel der Großstadt bilden Teile der Hohen Jagd. Dostojewski führt uns ein Stockwerk tiefer; hier tritt der Mörder als sein eigener Verfolger, doch auch als Selbstbezwinger auf. Das geht uns näher an.

Versagen muß ich mir auch, auf Joseph Conrad einzugehen als auf ein Phänomen der Übergänge, nicht nur in der westöstlichen, sondern auch in der moralischen Welt, und insofern unübertrefflich in der Beleuchtung der verkrachten Existenz. Man könnte sagen, daß hier die weiße Weste zu changieren beginnt. Die verkrachte Existenz ist zwielichtig – man gehört nicht mehr zur Gesellschaft, erkennt aber ihre Gesetze noch an.

81

Wir haben uns damit nicht allzu weit vom Thema entfernt oder doch nur im Sinn einer Einkreisung. Die reine Beobachtung des Menschen, sei sie auch von Verständnis oder selbst von Mitgefühl begleitet, nähert sich ihm nur unvollkommen an.

Etwas ganz anderes entsteht, wo der Autor in den Menschen einzutreten, sich mit ihm zu identifizieren beginnt. Lavater sagt einmal, um einen anderen wirklich zu verstehen, müsse man sein Gesicht imitieren – das ist richtig, falls es sich nicht auf die Maske beschränkt. Hier ist der Prüfstein, der das Echte vom Nachgemachten scheidet – das gilt auch für den Schauspieler. Immer wird Blut gefordert; und die getreueste Nachahmung, das feinste Studium der Charaktere erreicht nicht, was die Passion vermag. Die Kunst wird mit der Natur identisch; die Maske schmilzt in den Urstoff ein. In jeder Kunst, auch in der Heilkunst, wird man den Unterschied wiederfinden, und immer geht es um das, was keiner Technik, keiner Schule gelingt.

Dazu noch Raffael: »Verstehen bedeutet Gleichwerden.« Hier ist das Tier einzubeziehen; die alten Jäger haben es immer gewußt. Das gilt nicht nur für die blutigen Formen der Jagd, sondern auch für die höheren mit ihrer geistigen und unvergänglichen Besitznahme. Auch darin zeichnen sich die Religionen des Fernen vor denen des Nahen Ostens aus. Viele, auch älteste, Zeiten sind dem Tier näher gewesen als die unsere, haben es gründlicher erkannt, trotz allem Raffinement moderner Zoologie. Und nie gab es infamere Formen der Tierhaltung.

Auch der Dichter kennt das Geheimnis der Hohen Jagd. Wie der uralte Jäger das Tier durch Tanz und Maske, beschwört es der Dichter durch das Wort, das sich nicht auf Impressionen von Bewegung und Farbflecken beschränkt. Unter Brüdern soll man sich nicht loben; indessen will ich auch nicht verhehlen, daß es Friedrich Georg gelungen ist. So mit den Pfauen, den Eulen, der Schlange, dem Hasen und anderen.

Wir kommen hier auf frühe, vormythische Zeiten, auf die Verwandlung, deren die Große Mutter fähig ist. Ihr Kleid hat viele Muster, viele Falten und doch nur einen Stoff. Im Märchen wird die Einheit sichtbar; der Dichter erinnert uns an sie, der Künstler überhaupt. Wichtiger als das, was er uns hören und sehen, ist das, was er uns vergessen läßt. Wenn ihm das *Eine* gelingt, bleibt alles andere zurück: das Vereinzelte, das Strittige, der Gegenstand – die Zeit mit ihren Schattierungen.

82

Offenbar hat Dostojewski in Paris Beruhigendes hinter der Auflockerung und in London Beängstigendes hinter der Ordnung gesehen. Das zeugt für einen humanen, doch auch durchdringenden Blick. Er sah Baal thronen hinter dem Schauspiel an der Themse, das ihn erschreckte und faszinierte und das vor und nach ihm viele Schilderer gefunden hat.

Dostojewski dachte dabei wohl an jenen Bal oder Bel, der auch als Drache erschien und für den der König Cyrus von Daniel Verehrung forderte: »Siehe, er lebt ja, denn er ißt und trinkt, und du kannst nicht sagen, daß es nicht ein lebendiger Gott sei. Darum so bete ihn an!« (Vom Drachen zu Babel, 23) Blake sah einen grünen Drachen im Londoner Schatzhause.

Das Gerücht, das sich von diesem Gott erhalten hat, ist das vom harten, unbarmherzigen Herrn. Der Name Babylons, seines Hauptsitzes, wurde zum Synonym für Großstadt überhaupt, vor allem der Nachtseite. Dostojewski sah überdies etwas Spezielles: die puritanische Ausprägung, in der sich ungeheure Energieentfaltung mit unerschütterlichem Gewissen paart. Es ist daher kein Zufall, daß die Maschinentechnik und die mit ihr verknüpften Formen der Ausbeutung sich dort zum Präzedenz- und Modellfall für ihre kritische Betrachtung entwickelten.

Hier ist die Nachtseite besonders düster, die keiner Großstadt und, bei näherer Betrachtung, auch keiner Kleinstadt fehlt. Wie jedes Angebot, wird in den großen Städten auch das des Lasters stärker zur Schau getragen und spezialisiert. Die Straßen und Viertel, die dazu dienen, sind sich im Grunde ähnlich, doch verschieden nach Zeit und Ort. Sie sind in den Kapitalen anders als in den Hafen- und Garnisonstädten – anders, wo Hogarth, als dort, wo Toulouse-Lautrec seine Studien trieb. Es gibt Städte, denen von altersher der Ruf eines Capua anhaftet, und wiederum solche, die in der Absicht, Zentren des Rausches, des Spiels und der Wollust zu schaffen, gegründet worden sind.

Ohne Zweifel ist Dostojewski während der Pariser Tage auch auf dem Montmartre gewesen, doch es war nicht dort, wo Baal ihm zu thronen schien. In der Pariser Ambiance sah er Ordnungsgefüge, in London die obszöne Unordnung. Zu vermuten wäre eher das Gegenteil gewesen, doch eben hier erweist sich die Unbestechlichkeit des Künstlers, dessen Blick durch die soziale Oberfläche wie durch den Firnis eines Kunstwerks auf den Grund der Dinge dringt.

83

Wir fragen uns von neuem, warum der Rausch in den Nordländern um so viel trübere, traurigere Bilder als im Süden erzeugt? Gewiß fehlt der Wein, doch fehlt er nicht ohne Grund. Ähnliches gilt für die Sonne, das Klima überhaupt. Poe ist Südstaatler und zugleich das Musterbeispiel für alle Schrecken des angelsächsischen Blackout. Die Höllen Poes und Baudelaires sind verschieden – speziell auch dadurch, daß bei Poe die Maschine auftritt, nicht mehr in ihrer ökonomischen, sondern in ihrer dämonischen Potenz. Der Feind des Künstlers, ja des Menschen ist die mechanische Bewegung; das wird schon von Bosch gesehen.

Die Entfernung von dem, was der Rausch gewähren sollte, ist im Norden weiter; es fehlt ein Großteil der natürlichen, der angeborenen Heiterkeit. Andererseits wächst die Begabung, sie skeptisch zu reflektieren; Genies der Ironie, Satire, Groteske gedeihen kräftiger als anderswo.

Mit der Entfernung steigert sich die Anstrengung. Etwas vergessen, etwas fliehen und andererseits etwas erreichen, etwas gewinnen wollen – dazwischen bewegt sich die Problematik des Rausches überhaupt. Je dürftiger die Substanz, desto tiefer die Kluft, die zu überspringen ist. Der Weg vom Nachtmahl innerhalb der viktorianischen Familie führt direkt ins Freudenhaus. »Erbaulich« werden Werk und Lehre, wo das Fundament zu schwach geworden ist. Was sein sollte, spiegelt sich im Schein.

Immer wieder drängt sich der Vergleich mit der Wüste auf. Nietzsche hat ihn gründlich durchdacht, hat die Oasen und auch die Fata Morganen durchstreift. Auch seine Wertung des Verbrechers gehört dazu, nebst der historischen Projektion in die Renaissance. Hier ist allerdings Vorsicht geboten; schon Jacob Burckhardt unterliefen in dieser Hinsicht optische Täuschungen, Verwechslungen von Kraft und Schwäche, von denen sich schwer abschätzen läßt, in welchem Umfang sie verhängnisvoll geworden sind. Das führt auf Gobineau zurück. »Die Sehnsucht nach der Reinheit des Blutes ist ein Kennzeichen der Mischlinge.« Auch eine der Maximen, durch die ich mir schadete.

Nietzsches Verhältnis zum Rausch ist das des Hochsensitiven; auf solche Konstitutionen üben bereits Sonne, Luft und Barometerstand euphorische Wirkungen aus. Besonders in der »Morgenröte« teilt sich das dem Leser mit. In der Vorrede heißt es vom Menschen, daß er »vielleicht seine eigne, lange Finsternis haben will, sein Unverständliches, Verborgenes, Rätselhaftes – weil er weiß, was er *auch* haben wird: seinen eignen Morgen, seine eigne Erlösung, seine eigne Morgenröte«.

Da sind wir wieder bei der Annäherung.

84

Wenn nun die Entfernung sehr groß und das Eintretende, auf das wir angewiesen sind, selten geworden ist, dann gewinnen die Zwischen- und auch die Unterwelten an Anziehungskraft. Es wird ja nicht gänzlich öde: die verfallenen Altäre sind von Dämonen bewohnt.

Die Verödung muß in der Tiefe, nicht in den Symptomen erfaßt werden, denn im Sichtbaren fehlt es nicht an Abwechslung. Der Wechsel ist allerdings an Ort und Zeit gebunden; er ist kinetischer Natur. Wir fliegen zu den Polen und zum Monde und bringen die Öde mit. Im Maß, in dem wir uns bewegen, dringen Bildfluten auf uns ein. Warum kann der Bildhunger nicht gestillt werden? Er ist ein Zeichen dafür, daß Bilder im letzten nicht befriedigen. Das wahre Ungenügen strebt über Zeit und Raum hinaus.

Nur wo dieser Hunger nicht mehr gefühlt wird, genügen die Bilder; es wird nichts mehr vermißt an ihnen, es wird nichts mehr über, unter oder hinter ihnen gesucht. Sie geben ihr Geheimnis nicht mehr preis. Nun wird die Zufriedenheit des »Letzten Menschen« genossen, wie Nietzsche sie und nach ihm Huxley schilderten.

85

Wo das Leben sehr dürftig wird, ist der Rausch eine der letzten Ressourcen, die geblieben sind. Das ist einer der Gründe dafür, daß der Trunksucht durch Pastoren kaum beizukommen ist. Dem Trinker ist weder ökonomisch noch moralisch aufzuhelfen; es geht um Seinsfragen, zu deren Lösung die Theologie mehr und mehr unfähig geworden ist.

Der Trinker trinkt nicht nur deshalb, weil er seiner Not entfliehen will. Er will sich vor allem Sphären nähern, die nicht nur seiner eigenen, sondern der Not an sich entzogen sind; dort ist kein Kummer mehr. In seiner Euphorie verbirgt sich mehr als reines Wohlbehagen und Schmerzlosigkeit. Dostojewski hat auch das mit genialem Blick erfaßt. Wie hätte er sonst seinem traurigen Helden Marmeladow den Satz in den Mund legen können: »Ich trinke, weil ich stärker leiden will.«

86

Die Periodik mit ihrem Ebben und Fluten ist der technischen Monotonie entgegengesetzt. Hier der Herzschlag und dort der Takt des Motors, hier die Maschine, dort das Gedicht. Ein Trieb, sich festlich zu verschwenden, wirkt im Niederen und Hohen – sowohl in dem, der den Wochenlohn vertrinkt, als auch in jenem, der »einmal lebt ich wie Götter« sagen darf.

Die Periodik wird stärker wahrgenommen, wo man noch den Sinn des Festes und seine Freuden kennt, stärker also in unberührten und archaischen Gebieten als in urbanisierten, stärker auf dem Lande als in der Stadt. In der Stadt ist immerfort Jahrmarkt, ist Tag und Nacht Licht. Daher beschränkt sich die Wiederkehr, und in ihr schlummert das Geheimnis der Periodik, auf mächtige Anlässe. Wiederkehr geschieht, wenn das Ruhende im Bewegten, das Unsichtbare im Sichtbaren erscheint, also sich andeutet.

In der Stadt wird man daher mehr Süchtige finden als auf dem Land. Die Eigenart der Sucht besteht ja darin, daß sie die Periodik des Genusses auf ein Minimum oder besser auf ein Kontinuum zu bringen sucht. Damit verflachen die Ausschläge.

Die Stadt verbirgt den Süchtigen auch besser als das Land. Er lebt anonymer, findet Unterschlupfe, kann das Revier wechseln; die Droge ist leichter zugänglich.

Der Trunkenbold auf dem Dorfe, der Morphinist in der Kleinstadt sind bald und weithin bekannt, auch wenn sie versuchen, den Zustand zu verheimlichen. Das mag gelingen, wo der Übergang von starker Gewöhnung zu bedingungsloser Abhängigkeit noch nicht kundbar geworden ist. Es ist zugleich der Übergang vom offenen und gern gesehenen zum heimlichen und suspekten Konsum.

Bald gibt es nichts mehr zu vertuschen; unausbleiblich ist die Minderung im Ansehen, der Respektsverlust, auch abgesehen von den ökonomischen, sozialen, gesundheitlichen

Einbußen. Der Verfall der vertrauten Erscheinung, von den Nächsten beobachtet und erlitten, auch dem Betroffenen in seiner unabänderlichen Dämonie bewußt: das ist eines der traurigsten Schauspiele – vielleicht nie besser beschrieben als in einigen Novellen von E. A. Poe.

DAS GROSSE BABYLON

87

Dem starken Konsum der Kapitalen, die aus der Provinz und aus der Fremde Zuzug erhalten, reicht *ein* Vergnügungsviertel nicht mehr. Es stehen deren einige zur Wahl. Manche sind klassische Ziele der Reisenden geworden wie Montmartre, Sankt Pauli, der Mangue von Rio – andere blühen flüchtig empor, etwa im Zusammenhang mit Ausstellungen oder periodischen Weltfesten. Das Konzil von Konstanz lockte Tausende von Freudenmädchen mit ihrem Anhang in die Stadt.

Obwohl die Orte auf einen Nenner zu bringen sind, wechselt die Ausstattung. Sie paßt sich der Klientel an, ihrem Vermögen, ihrer Kultur, ihren Neigungen. Auf dem Montmartre ist eine ganz andere Ambiance zu spüren als auf dem Montparnasse. Hinter der Bastille wird der kriminelle Einschlag, der überall mit der Lust und dem Rausch verbunden ist, offenkundiger. Wahrscheinlich wird sich auch die Rue de Lappe innerhalb der letzten zwanzig Jahre stark verändert haben; ich war lange nicht dort. Schon Verlaine fühlte sich in jenen Gassen wohl, und nicht ohne Grund.

»Die Avenue Wagram glüht in dem sonst so vornehmen XVI. Arrondissement wie eine Vene, die sich entzündet hat.« Diesen anschaulichen Vergleich verdanke ich Marcel Jouhandeau, der unsere Gänge auf kaleidoskopische Art mit Bildern randete. Solche Entzündungen sind überall möglich, meist zum Mißvergnügen der Anrainer. Unweit der Brücke von Neuilly hatte sich eine Art von Lunapark aufgetan; Betrunkene und Pärchen strahlten von dort in die schlecht beleuchtete Umgebung aus. Die politische Unsicherheit kam hinzu. Auch davon wußte Marcel zu erzählen; er wohnte damals in der Rue du Commandant Marchand, die eine Front zum Boulogner Wald hatte.

88

Die Nähe von Parks und Waldstücken ist solchen Umtrieben günstig; der Rausch kumuliert im Zwielichtigen. In dieser Hinsicht verdanke ich der Leipziger Sternwartenstraße manche Beobachtung. Der Kopf war reputierlich; ihn bildete das Zoologische Institut, in dem damals Meisenheimer seine Studien zur Vererbungslehre trieb. In der Nähe hatte ich ein Zimmer gefunden; ich konnte im weißen Kittel zum Laboratorium gehen.

Die Wirtin, alt und gebrechlich, war kaum noch imstande, das Hauswesen zu versehen, das durch eine kleine Menagerie noch kompliziert wurde. Sie betreute einen Papageien und eine ungewöhnliche Menge Katzen, nach denen es schon im Hausflur roch. Wenn jemand in der Umgebung ein Kätzchen loswerden wollte, setzte er es heimlich nach Kukkucksart vor ihre Tür und brachte die Greisin in Gewissenskonflikte, die damit endeten, daß sie den Findling zu den übrigen nahm.

Das und noch andere Gründe hatten zur Folge, daß die Mieter oft wechselten. Schon die Wahl des Ortes wies darauf hin, daß entweder wenig Heikle oder Irreguläre dort einzogen. Die Alte, der auch die Inflation täglich zusetzte, mußte sich mit den Typen abfinden. Zuweilen war sie auf die unheimliche Art abwesend, in der Greise kaum noch von Gespenstern zu unterscheiden sind. Entsprechend stellte sich das Bezügliche ein. So war kurz vor mir oder nach mir, ich kann mich nicht genau erinnern, ein schon überalterter Referendar eingezogen, ein beleibter Dreißiger mit Glatze und schwarzem Vollbart à la Sudermann. Zu seinen Absonderlichkeiten zählte, daß er nachts, wenn er nicht einschlafen konnte, nackt im Flur auf und ab wandelte. Dieser Flur war nach Art solcher Wohnungen mit allerlei Möbeln bestellt, unter denen die Katzen sich wohlfühlten. Eines Nachts, als die Alte, die gleichfalls nicht schlafen konnte, ihren Kleiderschrank öffnete, wurde sie durch den Anblick des bärtigen Nackten, der dort zu meditieren pflegte, bis zur Ohnmacht erschreckt.

Das Haus war früher eine Herberge gewesen; eine Einfahrt hatte in den Hof zu Remisen und Stallungen für Wagen und Pferde der Messebesucher geführt. Dort waren nun ärmliche Wohnungen. Die Wirtschaft, auch heruntergekommen, hatte sich im Vorderhaus erhalten; sie war polizeikundig. Einmal wollte eine Familie in eine der Hofwohnungen einziehen; die Packer, die ihr Geld nicht bekommen hatten, waren fortgegangen und ließen den Hausrat im Regen zurück. Es wurde dunkel, die Kinder weinten, der Vater kam nach erfolglosen Gängen wieder; er hatte sich betrunken und schlug in sinnlosem Zorn die Möbel entzwei.

Ich weiß nicht, wie es ausging, aber ich weiß wohl, daß hier eine Scharte in meiner Erinnerung geblieben ist, eine der vielen irreparablen Stellen des Lebensweges, an denen wir versagt haben. Gewiß hatte in jenen »goldenen« zwanziger Jahren niemand einen Pfennig übrig, wenigstens in meiner Bekanntschaft, doch hier war es mehr als eine Geldfrage. Das Bild kehrt wieder: wir hören in der sicheren Wohnung den Notruf von der Straße und sind zu bequem oder zu feige, um hinunterzugehen.

Was die Pfennige betrifft, so waren sie in der Tat selten, und zwar im buchstäblichen Sinn, obwohl wir eben noch Millionen in der Tasche gehabt hatten. Einmal sagte mir der Magister, der in der Nähe wohnte, daß ihm einer gefehlt habe. Er pflegte in jener Kneipe während der Dämmerung sein »Bierlein« zu trinken und ging, nachdem er seine Exzerpte, damals aus Hegel, in einer großen Schublade verstaut hatte, in Pantoffeln dorthin. Zwanzig Pfennig kostete das Bierlein; als er zahlen wollte, hatte ihm der letzte gefehlt.

»Ja, was macht man denn da?«

»Neben mir saß ein Arbeiter – den hab ich danach gefragt.«

»Und was hat der gesagt?«

»Gar nichts. Er hat mich erst angesehen, dann hat er ihn aus der Tasche geholt.«

89

Mein Zimmer lag über dem Toreingang. Tagsüber war es in der Straße ruhig, um die Polizeistunde wurde es lebhafter. Zuweilen wurde ich durch Dispute geweckt, stand dann auf und hörte am dunklen Fenster wie in der Proszeniumsloge zu. Die Personen wechselten; die Typen blieben konstant: zwei Freudenmädchen, die ihre Erfahrungen austauschten, das Freudenmädchen und der Freier, zwei Betrunkene, die entweder in Händel gerieten oder sich verbrüderten.

Die Hetärengespräche, wie Lukian oder Aretin sie schildern, sind literarische Verbrämungen eines nüchternen Geschäfts, dessen Umtrieb durch die Heutigen genauer getroffen wird, wenngleich nicht so amüsant. Später einmal wurde ich daran erinnert, als ich auf Island den Fischermädchen zusah, die mit geübten Griffen den Hering schuppten und ausnahmen. So sachlich verlief es auch damals, doch nicht ohne Suggestion. Der Blick des halb Berückten schien im Gaslicht bänglich, als wollte er durch die Schminke wie durch die Tünche eines Hauses hindurchdringen.

Die Üblichen, die dort ihre Netze stellten, waren nüchtern, doch glückte es ihnen besser, wenn ihr Opfer mehr oder weniger, freilich nicht übermäßig, angeheitert war. Die in der Wirtschaft Verkehrenden hatten ihr eigenes Zimmer in der Nähe; eine gefährlichere Sorte, die sich nicht mehr bei Licht blicken lassen konnte, kam aus dem Grünland und paßte die Betrunkenen ab. Das waren halbe Attrappen; eine von ihnen wurde in den Anlagen ermordet – Kokkel, der Gerichtsmediziner, dessen Vorlesungen ich hin und wieder besuchte, hatte sie seziert. Unter anderem wies er zwei Wachspolster vor, die sie, um Wangen vorzutäuschen, sich vor den Nachtgängen einsetzte.

Die Gespräche der Betrunkenen waren endlos – die Partner konnten sich nicht trennen; die Gedanken schafften sich mühsam durch die Gehirne Bahn, bis endlich einer der Anwohner von oben Ruhe gebot. Dennoch kam Wunderliches zutage unter dem, was die Handwerksburschen, die Familienväter, die Zuhälter austauschten. Wenn die Gedanken verschwimmen und abflachen, wird der Wunsch spürbar, der ihr Vater ist. Im Lallen unter dem Monde verrät sich das Unzulängliche, das uns allen gemeinsam ist. Die Anstrengung wird läppisch; das Gewicht ist zu schwer. Wo jede Mühe endet – hier ists zu sehen. Shakespeare muß dem oft gelauscht haben, und nicht ohne Gewinn. Auch das Mitleiden, das Büchners Woyzeck zur tragischen Figur macht, gründet hier.

90

Einblicke in das Treiben um den Berliner Alexanderplatz waren dem vorausgegangen und folgten nach. Die Gänge, zu denen ich mich um 1930 herum, zuweilen von Edmond begleitet, doch meist allein, aufmachte, unterschieden sich von denen, die ich bald nach dem Ersten Weltkrieg mit Zerbino unternahm.

Ich bin auf den Namen verfallen, weil dieser Partner an Figuren aus Goldonis Komödien erinnerte. Grob zugehauenes, animalisches Gesicht, brutale Intelligenz mit klobigem Humor. Arbeitslos oder besser: ohne Arbeit, doch nicht ohne Mittel, deren Herkunft zwielichtig war. Pastorssohn, kriminelle Neigungen. Er schlief in einer Dahlemer Villa mit der Stütze eines alten Ehepaars, das meist auf Reisen war, in dessen Schlafzimmer, hielt auch seine Siesta dort. Eines Nachmittags waren die Alten unerwartet eingetroffen und wollten sich gleich ein wenig ausruhen. Zerbino konnte gerade noch unter das Bett kriechen und mußte sich dort zwei Stunden still halten. Makabre Gedanken streiften ihn dabei.

Melancholische Anwandlungen; gern sann er über seinen Selbstmord nach. Er hatte ihn bis in die Einzelheiten ausgedacht. Niemand sollte ihn finden – nicht nur hinsichtlich dieser Skrupel erinnerte er an den göttlichen Marquis. Er hatte in den heimischen Wäldern einen Fuchsbau mit ungewöhnlich starken Röhren ausgemacht, die man nur etwas zu erweitern brauchte, um in den Kessel kriechen zu können: dort sollte es geschehen.

Wie diese, trugen alle seine Planungen zugleich phantastische und realistische Züge – das ist eine Kombination, die große Treffer möglich macht. Die Zeit war solchen Geistern hold; wir haben Beispiele erlebt. Zuletzt hörte ich von ihm, als er während des Zweiten Krieges in einem Armeestab aufgetaucht war. »Was treibt denn Zerbino?« fragte ich Martin, der dort Personalchef war.

»Arrangiert Frontreisen für Theatergruppen und kauft während des Urlaubs aufgelassene Kiesgruben in der Berliner Bannmeile auf.«

»Und wozu das?«

»Er meint, daß sie sich nach dem Kriege in Goldgruben verwandeln werden, weil die Leute nicht wissen, wo sie mit den Trümmern hinsollen.«

Also eine Art von Totenseelengeschäft. Das war zwanzig Jahre später, kurz bevor ihn die Katastrophe verschlang. Spurlos, wie er es gewünscht hatte, und auch in einem Kessel, wenngleich nicht einem vom Fuchs gegrabenen.

Ehmals erschien er bei mir öfter, als mir lieb war, und wollte mich abholen. Es war die Zeit der Lektüre, außerdem konnte ich nicht ausschlafen wie Zerbino, sondern mußte mich jeden Morgen entweder in der Bendler- oder in der Friedrichstraße auf den Glockenschlag einfinden, um an den Vorschriften zu arbeiten. Das Geschäft war in der Form gemütlich, aber man mußte schon bei der Sache sein. Wir waren zu viert, außer mir noch Hüttmann, Kienitz und Westernhagen; daß der Posten gut aspektiert war, ergab sich schon daraus, daß die drei anderen Generale wurden, Kienitz sogar Kommandierender. Ich sah ihn beim Vormarsch in Frankreich an uns vorbeibrausen; die Marschkolonnen mußten an die Seite rücken, Feldgendarmen auf Motorrädern schufen ihm mit Signalhörnern freie Bahn. Von Westernhagen heißt es, daß er bei der Verteidigung von Berlin durch die Spree geschwommen und dabei russischen Scharfschützen zum Opfer gefallen sei.

91

Wenn Zerbino kam, mußte er mich erst flott machen. Das gelang ihm unfehlbar, denn er hatte eine Überredungsgabe, die einen Vertreter geziert hätte. Einmal, als sich bei mir eine Grippe ankündigte, ging er in eine Apotheke und kam mit Tabletten zurück, die er mich schlucken ließ. Wir fuhren dann bis zur Gedächtniskirche und strichen, zuweilen einkehrend, den Kurfürstendamm bis nach Halensee entlang.

Lieber ging Zerbino zum Alexanderplatz. Er wollte dort »Weiber anquatschen«. Es blieb auch nicht immer dabei. Im allgemeinen sind solche Typen, die nur das Geschäft stören, bei den Professionellen wenig beliebt. Zerbino machte eine Ausnahme. Er zählte keineswegs zu den gut aussehenden Männern wie Kramberg, war vielmehr von ungeschlachter Virilität. Der Scheich, der uns allen Spitznamen gab, hatte ihn den »Neger« getauft. Zuweilen nannte er ihn auch den »Tierischen« in Anbetracht der starken Witterung, die ihn umgab.

Das wirkte; die kriminelle Note kam hinzu. Die große Nase, die starken Lippen, das grobe Kinn und dann der Glanz der Augen – es blieb ein Rätsel, wie das in ein Pastorenhaus gekommen war. Er hätte darauf einen Beruf gründen können wie mancher Filmschauspieler oder besser noch wie die Figuren, die sie darstellen. Einmal hörte ich von einem der grellen Mädchen, das er auf diese Weise angehakt und in ein Gespräch verwickelt hatte: »Da muß einfach ein Bett her« – die Anerkennung einer Berufsmäßigen, auf die knappste Formel gebracht.

92

Ökonomisch gesehen, fielen diese Exkursionen in die Hochblüte der Inflation, stilistisch in eine Zeit, da der Expressionismus auf das Stadtbild übergriff. Die Schäbigkeit der Straßenzüge, der überfüllten Häuser, deren Fassaden abblätterten, der sich umtreibenden Massen, die zum Teil noch in zurechtgeschneiderten Uniformen gingen, wurde durch neue Effekte brutalisiert. Die Leuchtröhren kamen auf – weißes, blaues und rotes Neonlicht, das den Gesichtern eine Leichenfarbe gab. Kirchner hatte das schon 1912 gesehen; auch hier ging die Vision des Künstlers dem Scharfsinn der Techniker voraus. Vor dem Kriege gab der Mordprozeß gegen einen Zuhälter namens Berger einen Einblick in die Nachtseite des übervölkerten Biotops: Wanderungen von Stehbierhalle zu Stehbierhalle mit Milieugesprächen, bis die Lichter kamen, unruhige Nacht, Abrechnung im Wartesaal des Schlesischen Bahnhofs, Schlaf bis in den Nachmittag, trübes Erwachen, als ob ein Dämon zu einer neuen Runde antriebe.

Tresckow wußte davon zu erzählen, der Polizeikommissar. Das Elend war geblieben, es war sogar allgemein geworden, doch zugleich aktiviert. Karikaturen von George Grosz und Dix lösten die Zilleschen ab, die immer noch Gemüt fundiert hatte. Ungern denkt man an diese Krämpfe zurück, die große Veränderungen ankündeten. So ging es wohl vielen; später schrieb mir Rudolf Schlichter, daß Grosz diesen Teil seiner Arbeit gern gelöscht sähe.

Die Spannungen wuchsen; sie erreichten, wieder zehn Jahre später, ihren Höhepunkt, als Nationalsozialisten und Kommunisten rings um den Alexanderplatz zu Tausenden gegeneinander anrückten. Die Kräfte waren ebenbürtig, und es schien fast ein Wunder, daß die Polizei sie in der Waage halten konnte und eine Straßenschlacht verhinderte. Tumulte gab es auch, wiederum ein wenig später, bei der Sperrung der jüdischen Kaufhäuser.

93

Daß ich unter anderem die Aufzeichnungen aus jenen Tagen verbrannt habe, bereue ich immer noch. Sie reichten von der Volksversammlung auf dem Tempelhofer Felde, bei der ein Riesenfeuerwerk abgebrannt wurde, bis über die Proskription des Juni 1934 hinaus. Es sind nicht die Fakten, die mir fehlen; es ist die erste Fassung der Impression. In den Fakten bleibt uns doch nur die Muschelschale – nicht aber die protoplasmatische Bewegung des grauen Wesens, das sie, noch fern von aller Schönheit, aller Logik, bildete.

Als wir über die Jannowitzbrücke fuhren, saß einer mir gegenüber, halb Kesselschmied, halb Landarbeiter; er sagte: »Der Jude will nicht mit dem Hammer arbeiten« – dabei schwang er die Faust hin und her, als ob sie auf einem Stiel säße. Der Autobus, ein Korb voll Menschen, fuhr über die Spree. Es war, als ob ein Stein ins Wasser fiele und Wellen schlüge; ein jeder hörte ihn, doch keiner antwortete. Es war ein neues Schweigen, das hier eintrat und sich ausbreitete: kein höfliches, kein zustimmendes, kein entrüstetes, kein gleichgültiges Schweigen mehr – vielleicht etwas von alledem, doch im Kern ein anderes.

In solchem Augenblick vernehmen wir etwas Neues, das uns überrascht, befremdet, doch das wir zugleich in aller Schärfe erkennen, als ob wir es immer gewußt hätten. So hörte ich 1914 das Flattern der ersten Granate bei Orainville. Das Leben wird auf einen neuen Schlüssel gestimmt.

Oder auf Sylt, 1934, wir lagen im Sande, Sommerfrischler aus Berlin und Hamburg, aus Mittel- und Süddeutschland. Die Sonne schien auf die Strandkörbe. Ein Bild, noch wie aus dem Jahrhundertsommer von 1911 – ein wenig dichter vielleicht, die Trikots von etwas kühnerem Schnitt. Einer kam mit den Morgenzeitungen. Röhm und die Crème der Sturmabteilungen waren über Nacht verhaftet, zum Teil schon exekutiert worden. Ein dänisches Blatt sprach von Hunderten. Eben hatten sie noch die Reichswehr schlucken wollen, nun saßen sie in der Zelle, mußten Giftpillen schlucken oder lagen schon tot auf dem Sand.

Wie lange mag es gedauert haben, bis sich dort zwischen den Strandkörben »die Meinung bildete«? Zwei, drei Minuten vielleicht. Dann kam der Einschuß von Stimmen, hell, energisch, weithin überzeugend wie das Krähen von Hähnen auf dem Hühnerhof. Üble Burschen warens gewesen, und recht war ihnen geschehen. Einer hatte den Berliner Obergruppenführer gekannt und sich vermutlich gestern dessen noch gerühmt. Nun konnte er ihn entlarven, anprangern: als Lustknaben der haute pédérastie, als Liftboy, dessen Aufstieg sich dadurch erklärte, daß er sich im Fahrstuhl vornehmen ließ.

Derartiges wiederholt sich in allen Revolutionen als erstes Abschäumen. Es wirkt ungewöhnlich, doch fällt es in die Regel: es läßt sich voraussagen. Wer damals meinte, daß es der Anfang vom Ende sei, der irrte; er kannte die Macht des vergossenen Blutes nicht.

Der Historiker muß die wiederkehrenden Figuren kennen; nur so kann Geschichte als Wissenschaft respektiert werden. Die Anatomie wird dann stimmen, die Proportion erfaßt werden. Allerdings ist der Historiker mehr Zeichner als Maler, ihn fesseln die Kategorien, in die sich der Plan aufteilt, die großen Linien. Hinsichtlich des Ereignisses ist ihm der gebildete Journalist voraus. Der sah, wie die Augen zu glänzen begannen, wie das Fell sich sträubte, die Krallen fast unmerklich sich vorschoben. Sueton ist unersetzlich, trotz Tacitus. Auch Martial kann nicht entbehrt werden. Wenn wir bei der Lektüre vom einen zum anderen übergehen, ist es, als ob wir am Mikroskop die Optik wechselten. Das Blickfeld schrumpft; die Feinstruktur gewinnt.

94

Ich kehre zum Alexanderplatz zurück, nunmehr in den Anfang der dreißiger Jahre, an dem sich noch viel erhalten hatte, was ihm um die Jahrhundertwende eigentümlich gewesen war. Es gab mehr Kinos, mehr Automobile, noch wenig mechanische Musik. Hut und Schlips gehörten noch zum unvermeidlichen Habit. Verschwunden war die Ballonmütze. Die alten, ausgetretenen Wege wurden begangen seit den Zeiten, in denen der friderizianische Exerzierplatz bebaut worden war. Das alles wurde durch die Bomben mehr oder minder fortgeblasen – das Polizeipräsidium, die großen Kaufhäuser, die Bierpaläste, die Mietskasernen der Gründerzeit mit ihren Fassaden und Hinterhöfen, in die am Sonntag der Mann mit der Drehorgel kam.

Wenn ich den Stadtplan in Baedekers 22. Auflage von 1954 studiere, um die alten Gänge zu wiederholen, komme ich mir vor wie einer, der sich verlaufen hat. Er sucht die Straßenschilder, doch auch sie haben sich verändert; die Landsberger- ist jetzt die Lenin-Allee. Ich finde das Postamt nicht wieder, in dem ich doch täglich zu tun hatte. Wo war der Briefkasten? Wo der Friseur?

Die Häuser, in denen ich hier oder auch in Hannover und Leipzig gewohnt habe, sind fast alle verschwunden – von den Kellern, in denen die Kohlen und Fahrräder, bis zu den Böden, auf denen die ausgedienten Möbel verwahrt wurden. Dort stehen jetzt andere Häuser oder dehnen sich Anlagen und Parkplätze.

Bei solchen Wiedersehen scheint die abgelebte Zeit zu schwinden; die Realität des Hauses beginnt suspekt zu werden – fast wie die einer Architektenskizze, die nicht genügte und bald nach dem Entwurf gelöscht wurde. Doch seltsam: in den Träumen steht das alles wie eh und je – ganz unversehrt, ja unversehrbar fast. Wie sehr uns das Gedächtnis auch im Stich läßt – die *Erinnerung* bleibt uns treu. Ich trete durch die Haustür und steige die ausgetretene Treppe hinauf. Da ist das Fenster mit den Seerosen. Im Flur steht die Hausfrau; sie hörte meinen Schritt. Sie fragt, wo ich so lange geblieben bin.

Das war in der Stralauer Allee gewesen; sie hatte nur eine Front und ließ den Blick auf die weite Fläche des Osthafens frei. Es war ein Fehler, daß wir dann nach Steglitz zogen; im Osten habe ich mich wohler gefühlt. Die Stadt war für mich immer ein Gefängnis; ich fragte mich oft, was ich dort zu tun hätte. Alle Orte sind stellvertretend, doch im Wald spürt man stärker, wofür sie stehen.

Das Erwachen war wenig heiter; nach dem Frühstück schritt ich, um Luft zu schöpfen, zwei, drei Quadrate ab. Die Straßen trugen die Namen preußischer Minister – Beymes,

Gosslers und anderer. Einer von ihnen, der die Finanzen verwaltet hatte, pflegte, wenn er am Morgen ins Amt fuhr, die Kreuzzeitung zu lesen; er fing hinten bei den Todesanzeigen an. War ein General oder ein anderer Würdenträger gestorben, so erfreute ihn das als gutes Omen: der König hatte wieder eine Pension gespart. Diese wie eine Unzahl anderer Anekdoten verdanke ich Martin, den ich zuweilen in Zolchow besuchte; sie schlossen sich, gewissermaßen als Nachträge, an die Lektüre von Vehses »Hofgeschichten« an, die mich lebhaft beschäftigten.

Wie es mir schwer fällt, die Straßen wieder zusammenzusetzen, so geht es mir auch mit der Tageseinteilung. Der Stundenplan weit früherer, aber auch späterer Abschnitte ist mir demgegenüber völlig präsent – ein Tag in den Rehburger Wäldern und Mooren, in den Schützengräben vor Monchy, im Überlinger Weinberghaus. Ich erwähne das als ein weiteres Beispiel für die Macht der Erinnerung; sie ist es, die das Gedächtnis leitet und bestimmt. Mit den Personen geht es mir ähnlich bei der recherche du temps perdu: die Pariser Begegnungen sind schärfer eingezeichnet als die jener Berliner Zeit. Hier wie dort lernte ich die verschiedensten Geister kennen, darunter verflossene, aktuelle und künftige Berühmtheiten. Doch was ist Ruhm in einer Wende, in der die Geschichte selbst die Kontur verliert? »Maggi ist auch berühmt« – das Wort von Wedekind ist nicht so übel; es sind eher die Marken, die sich auf- und einprägen. Wenn man sie ablöst, bleibt wenig zurück.

Ich ging spät zu Bett; auf dem Fluß schwammen noch Lichter vorbei. Wenn man den Tag auf die klassische Weise des Literaten verbracht hat, bleibt ein Rest von Unruhe. Man raucht eine Zigarette, zieht ein Buch aus dem Regal. Gut ist es dann, eine Blume zu betrachten, ein Bild zu besehen. Mit der Entomologie fing es bescheiden an – kleine Ausbeuten aus der Mark, auch von den Balearen, aus Sizilien. Die Leidenschaft wuchs von Jahrzehnt zu Jahrzehnt, bis sie zu der eines alten Chinesen wurde, dessen Gedächtnis Zehntausende von Ideogrammen bewahrt. Im Anblick wird jedes einzelne lebendig, als ob eine bunte Tastatur berührt würde. Heut morgen erst die chinesische Mylabride – sie weckte das Pachtland von Hongkong in seinen Feinstrukturen auf. Zu Legionen kreiste sie dort über Wegwarten und Wandelrosen im Liebesflug.

Als ich nach langer Zeit die Gänge zum Alexanderplatz wieder aufnahm, schlossen sie sich an jene leere Stunde an. Sie führten entweder an der Spree entlang oder über den Schlesischen Bahnhof, in dessen Vorhöfen und Wartesälen sich ein eigentümlich östliches Leben entfaltete. In der Gare de l'Est findet es sich wieder, um einige Längengrade transponiert.

Von Zerbino hatte ich seit langem nichts mehr gehört. Dagegen traf ich mich zuweilen mit Edmond, sei es zufällig, sei es auf Verabredung. Edmond war ein lunarischer Typ, der geborene Nachtmensch, dünnhäutig, empfänglich für unwägbare Eindrücke und Ausstrahlungen, ein Hochsensitiver in Reichenbachs Sinn.

Hinsichtlich der Wahrnehmung, besonders nächtlicher Dinge, hätte er es mit Kubin aufnehmen können, doch fehlte ihm die Gestaltungskraft. Seine Lust beschränkte sich auf die Beobachtung und auf die Kombinationen, die sich daran knüpften. Nachts konnte er lange untätig allein sitzen. Wenn etwas geschah, verwischte er die Spur. Einmal schraubte er das Türschloß heraus, nahm es bis in die kleinsten Teile auseinander und setzte es wieder ein. Ein anderes Mal bohrte er sich mit der Nagelfeile einen Zahn heraus. Obwohl er sich viel mit Büchern und Papieren beschäftigte, war es bei ihm immer bis in das letzte aufgeräumt. Es lag ihm viel daran, jedem Gegenstand bis auf die Stecknadel seinen Platz zuzuweisen, und es beunruhigte ihn, daß das nicht bis auf den I-Punkt möglich war. »Wissen Sie, etwas bleibt immer, wo die Unruhe wieder ansetzen kann – ein unerledigter Brief, ein geliehenes Buch, ein Schlüssel, von dem man nicht weiß, zu welchem Schloß er gehört.«

Dieses »Etwas« intrigierte ihn – so die dunklen Stellen in den Geschichtswerken, vor allem den Memoiren, die er mit

Leidenschaft las, doch auch im persönlichen Verkehr. Er schätzte komplizierte Charaktere, doch die Motive mußten wie Rätsel lösbar sein. In der Astrologie sah er ein wichtiges Hilfsmittel.

Wie ihn das zurückbleibende »Etwas« beim Aufräumen in der Wohnung, bei den Gängen durch die Geschichte und in den Charakteren störte – so auch ein nicht Aufzuhellendes in der Vergangenheit der Menschen, die seinen Weg kreuzten, der Frauen speziell. Immer und selbst bei den jüngsten war etwas gewesen, auch wenn man sich noch so fest einbildete, der Erste zu sein. Wenn man streng genug nachforschte, kam der Cousin in der Gartenlaube zum Vorschein oder der liebe Onkel beim Pfänderspiel.

Das mußte er wissen, wenn ihm ein Täubchen ins Garn gegangen war. Er brachte dann auch, wie den Zahn mit der Nagelfeile, heraus, was ihm verdrießlich war. Er sagte auch: »Es gibt über jeden eine letzte Wahrheit; würde man sie ihm enthüllen, so schnitte man ihm die Sehnen durch.«

Peinliche Sauberkeit gehört zum Bild. Er fühlte sich unbehaglich, wenn er nicht zwei Mal am Tage das Hemd wechselte. Er liebte die heißen, nächtlichen Bäder mit den Meditationen, die sich dann einstellen. Zuweilen suchte er, um sich zu montieren, schon am Vormittag das Türkische Dampfbad in der Friedrichstraße auf, ein Zentrum tyrannischer und fremdartiger Wollüste.

Edmond war weniger anmaßend als Zerbino, doch gefährlicher. Sein halb meditativer, halb lethargischer Zustand wurde von aktiven Phasen unterbrochen, als ob er sich im Dahindämmern einen Sprung überlegt hätte. Er war Fähnrich in einem polnischen Reiterregiment gewesen und desertiert. Einmal hatten sie bei glühender Hitze ein Dorf erobert und dort wie die Dämonen gehaust. Bilder davon erhielten sich mir im Gedächtnis mit den grell abgesetzten Farben östlicher Holzschnitte. So das Grün der Gurken, die sie mit aufgekrempelten Ärmeln aus riesigen Fässern gefischt und mit unglaublicher Lust verschlungen hatten, während einer der Reiter auf beiden Armen eine schreiende Magd in den Holzstall trug. Sie fraßen die Gurken in sich hinein, die sich im ausgedörrten Munde in reinen Saft verwandelten; das rote Kopftuch flatterte.

Soziologisch betrachtet, war Edmond einer der Reiter ohne Pferd, die damals in Menge das Pflaster traten und deren Anteil an den Unruhen, die sich vorbereiteten, zwar anonym, doch bedeutend war. Wenn man etwas nachgräbt, wird man sie überall aufspüren. Sie sattelten dann auf die Maschine um. Bei Edmond kam ein sarmatisches Element hinzu. Reiten war nicht nur ein Herrenvergnügen, sondern auch ein tyrannischer Akt. Das kam in seinem behaviour zum Ausdruck, auch im Erotischen.

Er bevorzugte schüchterne Wesen von einer gewissen Fülle, mit blassem, beinahe weißem Gesicht, in dem die Unterlippe vorgeschoben war. Man findet sie in Arosa oder auf venetianischen Pastellbildern – Täubchen mit glänzenden Augen, rotem Schnabel, schneeweißer Brust. Über die Intelligenz läßt sich wenig sagen, denn sie durften wohl zuhören, aber kaum den Mund auftun. Trotzdem herrschte ein guter Euphon, ein fugenloses Einverständnis, wenn ich mit ihm und einer von ihnen beisammensaß – meist im »Mokka Efti«, einem kleinen Café der Friedrichsstadt. Wenn das Täubchen dann munter wurde und eine Bemerkung wagte, betrachtete er es mit schwimmendem Wohlwollen. »Schau da – du weißt doch, daß du nachher geritten wirst?«

Mir schien, daß es nicht ungern gehört wurde. Unter Männern war das anders; vielen war Edmond vom ersten Anblick an suspekt. Der Blick wurde als unangenehm empfunden; er war abtastend, entkleidend und konnte eine inquisitorische Schärfe annehmen. Indem er im Gespräch einige Glieder der Kausalkette übersprang und dem Partner mehr oder weniger angenehme Schlüsse »auf den Kopf zusagte«, pflegte er zu überraschen; es trug ihm aber auch den Ruf eines Ausspähers ein.

Primitive Gemüter empfanden ihn einfach als Spitzel; und es konnte vorkommen, daß Händler gegen ihn auftraten, wenn er auf einem Markt oder vor einem Schaufenster stand und das Treiben beobachtete. Die Mädchen, die er ansprach – er tat das im Gegensatz zu Zerbino selten – hielten ihn für einen Agenten der Sittenpolizei. Sie drehten ihm den Revers um, hinter dem sie die Marke vermuteten. Damit geschah ihm Unrecht insofern, als, zoologisch gesprochen, zwar die Gattung, nicht aber die Spezies bestimmt wurde. In der Tat lag im Sammeln von Informationen seine Leidenschaft. Seine literarische, gesellige, erotische Existenz war von Kombinationen, Ermittlungen, Entblößungen ausgefüllt. Das befriedigte ihn an sich, als Spiel, als zwecklose Speicherung. Des Genusses wegen hätte er sich kaum aus dem Lehnstuhl zu erheben brauchen, indessen war er wie einer der Helden Dostojewskis rastlos unterwegs.

Übrigens war er auch ein guter Schachspieler. Ich spielte mit ihm ungern, denn wenn ihm der vernichtende Zug geglückt war, konnte er ein Behagen nicht unterdrücken, das mit der Partie nichts mehr zu tun hatte. Aus diesem Grunde war er auch als Vorgesetzter unbeliebt. Seine Anordnungen gingen über die Sache hinaus, oder es war mit ihnen etwas verquickt, das, auch wenn es begründet war, den Betroffenen revoltieren ließ. Selbst wer sonst gern gehorchte, fühlte sich hier verletzt. Ich konnte das beurteilen, weil ich seine Bahn in den verschiedensten Phasen verfolgte – vom arbeitslosen Flaneur und Genießer über den einfühlenden, geschmeidigen Gehilfen bis zum Träger mehr oder minder wichtiger Befugnisse.

Irrig wäre indessen, aus dem Gesagten auf den Radfahrer zu schließen, der nach unten tritt und sich nach oben bückt. Das tun die Dummköpfe. Man bleibt derselbe, wenn die Druckverhältnisse sich ändern, doch man erkennt sie und richtet sich danach ein. Darauf beruht das Überraschende sarmatischer Virtuosität. Von hier aus, nebenbei bemerkt, gewinnt Nietzsches Anspruch, von polnischen Aristokraten abzustammen, einen Schimmer von Glaubwürdigkeit.

95

Mir waren diese Gänge wertvoll, weil Edmond ein fremdes System hatte, vor dessen Hintergrund die eigenen Probleme sich schärfer abhoben. Wir gingen langsam um den Platz und bogen auch in die Zufahrten ab. Einmal, in der Grenadierstraße, rief einer, obwohl wir einfach angezogen waren, »Feine Pinkels« hinter uns her. Gleich danach trat ein junger Mann aus einer Wirtschaft: geschminkte Wangen, ausrasierter Nacken, auf Taille geschnittenes Jackett, Halbschuh mit Einsätzen aus weißem Glacéleder. »Das ist die Eleganz, die man sich hier leisten kann.«

Edmond verbrachte damals die Tage schlafend und lesend, wenn er nicht, um Neuigkeiten zu sammeln, zwischen unseren Bekannten hin und her pendelte. Mit besonderer Leidenschaft war er in Bülaus »Geheime Geschichten und rätselhafte Menschen« vertieft, eine zwölfbändige Fundgrube für kombinierende Geister seiner Art.

Ich traf ihn vor der Telefonzelle, in der er sich bei Edith anmeldete, um zu erfahren, ob die Luft sauber war. Er hatte ihr erzählt, daß er in einem Labor bis tief in die Nacht beschäftigt sei. Sie brauchte nicht zu wissen, wo er die erste Hälfte verbracht hatte. In diesen Mitternachtsgängen verband er das Angenehme mit dem Nützlichen. Sie hatten auch die Bedeutung einer Isolierschicht für ihn. Edith hatte schon ein paar Mal geschnüffelt wie ein Hündchen, das durch eine fremde Witterung beunruhigt wird.

Die Stimmung jener Gespräche ist mir geläufiger als ihre Thematik im einzelnen. Wir gingen entweder Charaktere oder Verhaltensweisen durch. Ich versuchte damals, ein Personenregister zu Dostojewskis Texten aufzuzeichnen – nach Art eines Stammbaums oder besser eines Moleküls der organischen Chemie. Das sollte die Lektüre der großen Romane unterstützen, deren Handlung Edmond bis in die feinsten Züge geläufig war. In solchen Fällen trifft man sich in einem Opus wie in einer zeitlosen Wirklichkeit. Wir waren manchmal weniger auf dem Berliner Pflaster als auf dem

Petersburger Heumarkt oder in der Kaschemme, in der Swidrigailoff seine letzte Nacht zubrachte. Dabei fällt mir ein, daß wir einmal auch den Selbstmord eines Piloten durchsprachen, von dem die Zeitungen berichteten. Er hatte dazu seine Maschine im Sturzflug zerschellen lassen, ohne Rücksicht auf die Passagiere, die er beförderte. Ich wußte, daß Edmond ihn anders beurteilen würde als ich.

Der Platz diente also mehr als Kulisse und das Leben auf ihm als Untermalung, als Fluidum. Damit soll nicht gesagt sein, daß er nicht von sich aus mitwirkte. Die Dekomposition, die an solchen Orten statthat, gefährdet nicht lediglich die Ordnung, sondern sie setzt auch Kräfte frei. Es sind Orte geringerer Resistenz für Eintretendes – nicht nur für Krankheiten.

96

Dabei kann ich nicht umhin, noch einmal Swidrigailoff zu zitieren. Ähnlich wie man bedauert, daß Shakespeare seinen Falstaff nicht noch öfter auftreten ließ, so auch, daß Dostojewski diese, eine seiner wichtigsten Gestalten, nicht näher ausführte. Falstaff und Swidrigailoff haben die durchaus gelungene Entfernung aus der moralischen Rangordnung gemein, von deren Last sie sich auf Kosten ihrer Reputation befreit haben. Daß sie durch den Verlust des Ehrgefühls nicht leiden, sondern noch gewinnen, läßt auf autonome Kraft schließen.

Swidrigailoff also sagt in einem Gespräch mit Raskolnikow über Erscheinungen: »Ich gebe zu, daß Gespenster nur Kranken erscheinen. Aber das beweist doch nur, daß sie von niemand anderem als von Kranken gesehen werden können – jedoch nicht, daß sie an und für sich nicht existieren.«

Gewiß ist, daß mit der Schwäche auch die Empfänglichkeit wächst. Das gilt vor allem dort, wo der Tod näher kommt. Wenn der Kranke beginnt, »seine Toten« zu sehen, sagt man, daß sich der Tod ankündet. Krankheiten bringen auch mit sich, daß die normalen Farben zu stark werden, vor allem das Rot. Das ist nicht lediglich ein Ausfall, sondern ein Vorzeichen.

Ähnlich beim Rausch. Schrecken und Heiterkeit sind Symptome der Befreiung, die eng mit ihm verbunden sind. Es ist bekannt, daß schon die Nähe, die Gesellschaft von Berauschten an der Realität rüttelt. Die großen Feste beweisen es. So stimulierte der Alexanderplatz die Gespräche, gab ihnen Hintergrund.

Heut findet man leichter die vollkommene Geliebte als einen Partner für Gespräche, die historische und literarische Bildung voraussetzen. Die große Zeit dafür war das 19. Jahrhundert, das, wenigstens in dieser Hinsicht, in Frankreich länger vorhielt als bei uns. Edmond, vielen unsympathisch, manchen unheimlich, war ein Glücksfund für mich. Er verfügte über eine kultivierte Wachheit, der keine Anspielung verlorenging. Ich denke oft an diese mit traumhafter Lässigkeit geführten Mitternachtsgespräche inmitten des rauschhaften Umtriebes.

Endlich nahmen wir Abschied, und Edmond wandte sich wieder seinem Harem zu. Vorher ging er noch einmal zur Telefonzelle, um anzuläuten, ohne zu warten, bis Edith den Hörer abnahm. Ein stimulierendes Signal, und dazu gratis: der Obolos fiel in die Muschel zurück.

VERSENGTE FLÜGEL

97

Ich machte noch zwei, drei Runden um den Platz, auf dem das Treiben weiterging. Die Zahl der Betrunkenen hatte zugenommen; sie trugen ihre Händel in den Winkeln aus. In dunklen Gruppen glänzten Polizeihelme. Hinter der Zelle, in der Edmond telefoniert hatte, rechnete ein Zuhälter mit der Seinen ab. Um kein Aufsehen zu erregen, stieß er sie mit dem Knie. Schlagen würde er sie nachher. Es kamen Straßenhändler mit obszönen Bildern und Schlepper, die nach Kunden ausspähten.

Die Eindrücke waren farbloser, doch unmittelbarer, brutaler als auf dem Kurfürstendamm. Dort war das Publikum eleganter; es bewegte sich anders, geschmeidiger. Die Mädchen waren weniger zudringlich; sie ließen sich ansprechen. Wichtig sind auch die topographischen Umstände. Auf einer langen, bunt beleuchteten Straße, auf einem Korso, scheint die Freiheit minder beeinträchtigt. Auf einem Platz hingegen entsteht leicht der Eindruck des Unentrinnbaren. Da ist kein Fortschreiten, sondern das Kreisen um einen Mittelpunkt, an dem der Dämon wacht. Der Rausch hält fester; geschminkte Motten kreisen um das Licht.

Die Großstadt rekrutiert nicht nur für die Kasernen, sondern auch für das Laster; stets neuer Zuzug kommt aus den Provinzen und wird schnell verbraucht. Ich unterhielt mich mit Edmond über das Erwachen, das einen Vorgeschmack der Verdammnis gibt, über die fürchterliche Konfrontation des empirischen mit dem moralischen Menschen, seinem »besseren Ich«, wenn er nach dem Nocturno in den Spiegel blickt. Hogarth hat dieses »von Stufe zu Stufe« in einigen schrecklichen Folgen illustriert. Man kann auch an Mühlensklaven denken; das ist freilich nur eine der möglichen Ansichten. In den Endstadien, dicht vor dem Zusammenbruch, werden die Befunde jenen ähnlich, die man im Mittelalter dämonischen Einwirkungen zugeschrieben hat. So etwa das Gewimmel von Mäusen und Ungeziefer, das zu den Symptomen des Säuferwahns gehört. Der Kokainist wähnt, daß ihm Schaben und Spinnen auf oder unter der Haut sitzen. Er ist nicht zu überzeugen, daß es sich um einen Sinnestrug handelt, sondern fügt sich, um sich zu befreien, mit den Nägeln oder mit Instrumenten Verletzungen zu.

Schauerlich sind die Visionen, die das Delirium begleiten, wahre Selbstvernichtungen. Der Unselige hört im wirren Halbschlaf draußen Tribunale über sich tagen und Zeugen vernehmen, die Gräßliches aussagen. Oder es schwillt das Lärmen einer Menge herein, die sich vor der Wohnung versammelt, weil seine Untaten auf der Stadt lasten.

Man kann das Delir auch als den Umschlag in die Qualität sehen. Ein Schuldgefühl, bei jedem Glase mehr oder minder stark empfunden, hat sich summiert und wirkt nun mit vollem Gewicht.

98

Das gehört zum Thema der Selbstbegegnung – zur Vernichtung des Menschen durch sein Spiegelbild. Oscar Wilde hat das im »Bildnis des Dorian Gray« mit erstaunlicher Schärfe fixiert.

Als ich zum ersten Mal einen Gerichtssaal besuchte – es war in Hannover, ich ging noch zur Schule – wurde gegen einen Mann verhandelt, der etwa sechzig Jahre alt war. Es war ein Betrugsfall, doch bevor die Fakten erörtert wurden, spielte sich ein Intermezzo zwischen dem Richter und dem Beschuldigten ab.

»Wir wollen zunächst die Vorstrafen verlesen.«

»Nein, nicht die Vorstrafen – das ist unnötig.«

So ging es einige Male hin und her, bis es dann zur Verlesung kam. Ein langes Register entrollte sich: der kleine Diebstahl, schon in der Lehrlingszeit, Unterschlagung, Betrug und wiederum Betrug in vielen Fällen, die sich glichen und auch zum gleichen Ergebnis geführt hatten. Der Mann hatte den Großteil des Lebens hinter Gittern verbracht. Bei Beginn der Verhandlung hatte er ausgesehen wie einer der Geschäftsleute, die man in Büros und vor Bankschaltern trifft. Offenbar hatte er immer wieder Vertrauen erweckt; sonst könnte sich das Delikt nicht so oft wiederholt haben.

Als die Verlesung anfing, änderte sich das Gesicht. Es verlor den Ausdruck, als ob ihm der Charakter entzogen würde, es erblich. Der Wille zur Verteidigung, der sich in ihm ausgeprägt hatte, entschwand. Der Kopf sank auf die Brust. Die Stimmung im Saal wurde feindlich: »So einer bist du also.« Das Urteil war fertig, ehe es formuliert wurde.

Hier sollte ich zum ersten Mal erleben, wie der Mensch mit seinem Karma konfrontiert wird; das grenzt ans Totengericht. Im Spiegel taucht hinter dem Alltags- das Schicksalsgesicht auf. »So mußt du sein, dir kannst du nicht entfliehen.«

Der Mensch kann dem Tode trotzen, doch nicht dem eigenen Bild. So ist es zu verstehen, daß der überführte Mörder noch auf dem Schafott seine Unschuld beteuert – hier will er nicht mehr den Kopf retten. Das ist einer der Fakten, die für einen transzendierenden Instinkt zeugen.

Die Herbeiführung dieser Konfrontation ist das stärkste pädagogische Mittel und auch das gefährlichste. Es steht nicht dem Ankläger zu. Das Schicksal selbst kann anpochen. Der »neue Mensch« kann aus dem Zusammenbruch hervorgehen, wie das in den großen Beichten von Augustin bis zu Hamann und Kanne geschildert ist. So auch in Gotthelfs »Hans Berner und seine Söhne«, einer kurzen Erzählung, in der Gerichtsluft weht. »So redete Hans Berner mit seinen Söhnen, und wie tausend Zentner lasteten seine Worte auf ihnen.«

Im Rückblick möchte ich mir übrigens zugute halten, daß ich schon damals, fast noch als Knabe, die Stimmung nicht teilte, die sich im Saal gegen den Angeklagten einte, sondern in ihm die tragische Figur erkannte – zwar nicht bewußt, wohl aber in Form eines Albdrucks, der mich lange und quälend heimsuchte. Immer wieder sah ich den Kopf – oder hier sollte man doch wohl sagen, das Haupt – das sich langsam auf die Brust senkte.

99

Wenn wir die Plätze als große Mühlen betrachten, so ist das einer der möglichen Gesichtspunkte. Hier läßt sich der Gedanke der Auslese nicht abweisen. Zucht kann nicht sein, wo nicht auch Unzucht ist. Man könnte bei der Mühle an Härtegrade denken, und auch die Schwere bietet sich zum Vergleich an: uralt ist das Bild von der Spreu und vom geworfelten Korn.

Hinsichtlich des Rausches stellt sich die Frage, ob er zur Sucht führt oder nicht. Das könnte ein guter Charakterologe wahrscheinlich schon früh beurteilen. Swidrigailoff glaubt in der Nacht vor seinem Selbstmord ein fünfjähriges Mädchen mit dem Gesicht einer Hure zu sehen. Derartiges ist annehmbar, auch wenn man Lombrosos Meßkünsten mißtraut. Wie die innere Form die äußere bildet und ihr zeitlich vorangeht, so auch der Charakter die Physiognomie. Ebenso geht die Neigung der Gewohnheit voran. Das heißt, daß es Typen gibt, die von Anfang an der Droge fernzuhalten sind. Die Neigung ist vorauszusehen und mit ihr die schiefe Ebene.

Die Masse der Patienten, die heute mit dem Morphium Bekanntschaft schließen, stellt zum Morphinismus nur ein geringes Kontingent. Zu ihm wird der Abenteurer nicht beitragen, den überschüssige Kräfte auszeichnen. Eher wird er dem Trunk zum Opfer fallen und auch dann nicht in ihm die stille, narkotische Tröstung suchen, sondern das erregende Stimulans. Das drückt sich auch in seiner Kriminalität aus; sie ist gewalttätig.

Der Trunk schädigt nicht nur chronisch; er kann auch akut fatal werden. Ein einziger Exzeß genügt oft zum Ruin. Es kann etwas freiwerden, an das der Betroffene selbst im Traum nie gedacht hätte. In jedem Amt, bei jeder Firma gibt es einen, der über Nacht verschwindet, und wenn man sich nach ihm erkundigt, heißt es: »Ach, der hat die betrunkene Sache gehabt.«

Im Verkehr entfallen die Umwege; der Unfall entmythisiert.

100

Im Rückblick scheint mir, daß es uns an Aufklärung nicht mangelte. Sie wurde in der Unterprima erteilt, und zwar durch den Ordinarius, und brachte kaum neue Fakten – nichts, was nicht auch in den Pausen verhandelt worden wäre, und zwar gründlicher. Manche waren auch schon über die Theorie hinaus.

Die besten Lehren liegen im Detail. Unbezahlbar ist ein Onkel nach dem Muster von Diderots bourru bienfaisant. »Wasser und Seife verhindern neunzig Prozent der Geschlechtskrankheiten«, sagte der Vater; er ließ das, nicht ohne Absicht, im Gespräch fallen.

Der Ordinarius schilderte, wie der Angetrunkene aus der Wirtschaft kommt und von den Freudenmädchen ergattert wird. Sie lauern auf ihn, und er nimmt vorlieb mit einem Braten, den er sonst nicht anrührte. Das ist schon bedenklich; dazu läßt er die Vorsicht außer acht. Endlich dauert auch der Kontakt viel länger als in der Nüchternheit.

»Wenn man getrunken hat, meint man, man könne alles viel besser – es dauert aber dreimal so lange, und von Genuß kann keine Rede sein.«

Das gab einen Heiterkeitserfolg. Eine Belehrung über die verschiedenen Arten der Infektion schloß sich an.

Inzwischen haben die Geschlechtskrankheiten ihre Schrecken verloren, obwohl man jetzt von den Ärzten hört, daß sie, im Zusammenhang mit der Migration, wieder häufiger auftreten. Allerdings sollen die Mittel von durchschlagender Wirkung sein. Während meiner Dienstzeit beim Pariser Wachtregiment fiel mir auf, daß, um ein Wort von Rabelais zu gebrauchen, die »Venus-Seuchlinge« schon nach drei

Tagen zur Truppe zurückkehrten. Sie kamen freilich nicht ganz ungerupft davon, sondern wanderten »wegen unterlassener Sanierung« für drei Tage ins Loch. 1870 hätte eine Okkupation von solcher Dauer eine Armee vernichtet – will man sich davon ein Bild machen, so lese man »Le lit 29« von Maupassant.

In der amerikanischen Armee sollen solche Mißgeschicke viel stärker geahndet und mit Degradation bestraft werden. Das mögen puritanische Restbestände sein. Überhaupt ist der Verdacht nicht abzuweisen, daß dieses Verschwinden einer »Geißel der Menschheit« mit der Entmachtung der christlichen Moral zusammenhängt. Ich spreche in solchen Fällen nicht von Ursache und Wirkung, sondern von Korrelation. Kein Fortschritt, sondern ein neues Tableau. Nietzsche hat das schon gut gesehen, doch auch er bekam noch einen Treffer ab.

Den venerischen Leiden haftete etwas an, das zum Outcast stempelte. Das steigerte ihre Schrecken, von denen man bald keinen Begriff mehr haben wird. Sie blieben aus guten Gründen auch zum größten Teil unsichtbar. Doch darf man annehmen, daß geheime Schäden des Siebzigerkrieges bis zur Jahrhundertwende nachwirkten. Frankreich wurde immer schon in erster Linie verantwortlich gemacht, nicht erst im »Simplicissimus«. Lues und »die Franzosen« sind synonym. »Mein lieber Seydlitz«, sagte Friedrich zu seinem Reiterführer, »erst hatte er die Franzosen, nun haben die Franzosen ihn.«

In jeder Großfamilie gab es den Onkel, der einging, nachdem er eine Zeitlang im Rollstuhl gefahren worden oder im Irrenhaus gewesen war. Der eine war durch seinen merkwürdigen Gang aufgefallen, der andere hatte durch sein Verhalten Aufsehen erregt.

Von Frau Schwendi, einer Witwe, die ich auf der Fahrt zum Amazonas kennenlernte, erfuhr ich die Leidensgeschichte ihres Mannes, die ebenso ihre eigene gewesen war. Er war ihr weniger durch seine unsinnigen Ausgaben aufgefallen als dadurch, daß er, wenn er auf dem Abtritt saß, die

Tür nicht mehr zumachte. Sie war dann mit ihm in ein Sanatorium gezogen, in dem er gepflegt wurde. Einmal bei Tisch, nach der Suppe, als er das Huhn tranchierte, sah er sie freundlich an: »Ich wollte dir doch schon immer den Hals abschneiden. Ist denn jetzt nicht Gelegenheit dazu?«

»Nein, Arthur – dazu ist das Messer noch nicht scharf genug. Gib her, ich bringe es in die Küche, damit es geschliffen wird.«

Sie ging hinaus und kam mit den Wärtern wieder, die ihn überwältigten.

»Einmal wollte ich ihn noch sehen. Der Arzt sagte: ›Wozu denn?‹, ließ mich aber durch die Tür blicken. Da war ein Schwimmbecken, in dem nackte Männer heulten und Massen von Moos vor sich herschoben, ein Inferno in Grün. Der Arzt sagte: ›Ihr Mann ist jetzt ein Vieh und weiter nichts. Damit müssen Sie sich abfinden.‹«

Auf den Gütern behielt man diese Kranken in eigener Pflege; es war noch nicht vorstellbar geworden, daß man in einer Klinik geboren werden konnte oder starb. Bis zum Ersten Weltkrieg wurden auch die meisten Wege geritten, die man jetzt mit dem Auto fährt. Man übernachtete bei Verwandten oder in Gasthöfen, in denen man schon den Vater und Großvater gekannt hatte. Martin erzählte mir, wie sie auf dem Ritt nach Berlin Onkel Ludolf besucht hatten. Als der Vater nach dem Essen mit dem Onkel eine Zigarre rauchte, streifte der Junge auf dem Hof umher. Er öffnete die Tür eines Nebengebäudes und sah dahinter einen Herrn im Frack. Das war zu Mittag ungewöhnlich – ungewöhnlicher aber noch, daß der Herr nicht stand, sondern sich, als ob er wie ein Hund die Tür bewachte, auf allen Vieren hielt. Er blickte nach oben; sein schwarzer Spitzbart stach vom Frackhemd ab. Hinter ihm tauchte ein Diener auf und machte die Türe zu.

Als sie weiterritten, sie wollten am Abend in der Stadt sein, sagte Martin: »Vater – ich habe Onkel Friedrich gesehen.«

Der Vater ging nicht darauf ein.

101

Vom Herbst 1916, also von der Sommeschlacht an, war für unsere Jahrgänge ein ziemlich regelmäßiger Turnus üblich geworden: Front, Verwundung, Lazarett, Urlaub, Garnison, Rückkehr ins Feld. Das wiederholte sich bis zu dem Augenblick, in dem ein Treffer invalid machte oder tödlich war.

In der Garnison traf man immer dieselben Krippensetzer wieder; die einen waren alt, die anderen unbeweglich wie etwa der Scheich, der an Arthritis deformans litt. Er hielt die Zigarette zwischen Daumen und Zeigefinger in der seltsam gespreizten Hand. Die Krankheit machte langsam Fortschritte; es dauerte noch fünfzehn Jahre, bis er als Amtsrichter in Schlesien starb.

Der Scheich war reaktiviert worden; er hatte als junger Offizier Pech gehabt. Den Spitznamen hatte er sich selbst verliehen; er war einem seiner Lieblingsbücher, den Geschichten des Scheichs Nefzaui, entlehnt. Überhaupt kannte er in erstaunlichem Umfang die erotische Literatur. Er teilte die Früchte seiner Lektüre, aber auch seiner praktischen Erfahrungen mit, während wir entweder im Vorzimmer oder schon an der Wand des Speisesaals standen und auf Wulkow warteten, der sich immer verspätete.

Der Scheich vereinte die ausgedehnte Kenntnis abseitiger Gebiete mit einem systematischen, disponierenden Verstand. Die venerische Infektion etwa betrachtete er weniger von der medizinischen und moralischen als von der kuriosen Seite aus. Er hatte sie in drei Grade eingeteilt: Venus hat gewarnt, Venus hat geschlagen, Venus hat hart geschlagen.

An Beispielen fehlte es ihm nicht. Mit dem gesteigerten Verkehr, den die Kriege mit sich bringen, mehren sich die Übel jeder Art. Ein besonderes Geheimnis wurde von denen, die »Venus geschlagen« hatte, daraus nicht gemacht. Sie tranken Wasser aus Weinflaschen. »Ordonnanz, wenn ich eine Flasche leichten Mosel bestelle, wissen Sie Bescheid.« Allerdings gingen sie nicht zum Stabsarzt, weil sie die Sache nicht gern in den Papieren hatten; sie zogen Krakauer vor, der in der Nähe des Bahnhofs wohnte, wie die meisten Hautärzte. Manche konnten das Trinken nicht lassen; wenn Krakauer das merkte, wurde er unangenehm: »Ich sage Ihnen, wenn Sie jetzt nicht leben wie ein neugeborenes Kind, dann haben Sie in drei Tagen dicke Eier.«

Anders war es, wenn »Venus hart geschlagen« hatte – davon erfuhr man nichts. Das behielten sie lieber für sich. Nur Kieber machte eine Ausnahme. Wenn wir an der Wand standen und auf Wulkow warteten, begann er zu fluchen: »Wann kommt denn der Alte mit dem großen Teller dicke Suppe, ich habe Kater und Kohldampf – und dann meine Syphilis!«

Endlich kam Wulkow im blauen Uniformrock, der viel zu weit geworden war. Vor einem Menschenalter hatte Onkel Hermann in seiner Kompanie gedient. Er ging zu seinem Sessel und ließ sich langsam und ächzend nieder, während er mit den Händen die Lehne umklammerte. Auch er litt an Arthritis, doch nicht wie der Scheich an den Händen, sondern am unteren Knochengerüst. Dann kam der Ruf, den alle erwarteten: »Ordonnanz – bringen Sie mir einen großen Teller dicke Suppe!« Er rief es mit Inbrunst wie ein Schiffbrüchiger auf seinem Floß, denn außer von seiner Arthritis und anderen Leiden war er auch noch von Diabetes geplagt. Es scheint, daß zu den Symptomen dieser Krankheit ein unersättlicher Heißhunger gehören kann; bei ihm war es der Fall. Seine Augen glänzten, wenn der mit Steckrüben, Dörrgemüse, zerstoßenen Bohnen oder sonst was Gutem gefüllte Teller vor ihm auf dem Tische stand. Wenn es Kartoffeln gab, ragte noch eine Insel aus der Mitte hervor. Dann holte Wulkow ein Päckchen Diätzwieback hervor und brockte ihn in die Suppe ein. Ein Trauerspiel, doch für uns, wie ich der Wahrheit gemäß berichte, ein wiederkehrendes Gaudium.

Was Kieber angeht, so war er ein Renommist, aber kein Syphilitiker. Man prahlt ja gern mit dem, was man nicht hat. Petersen, ein blasser Junge, der unten am Tisch saß, sagte kein Wort dazu. Der wußte, warum. Er verschwand einige Tage später und wurde nicht mehr gesehen.

Petersen war ein Schulfreund; ich besuchte ihn, bevor ich zum letzten Mal ins Feld kam, im Lazarett. Sein Mißgeschick verdankte er einer wunderschönen Frau, einem Paradiesvogel, dem er eines Abends im »Tivoli« begegnet war.

Kreppen, der Assistenzarzt, an den er sich endlich gewendet und dem er gebeichtet hatte, fluchte: »Nichts ist schlimmer als diese durchreisenden Prinzessinnen, die in der Dämmerung auftauchen.« Er sagte auch: »Die hat nichts ausgelassen. Die türkische Musik ist dagegen ein Kinderspiel.«

Als ich zu Petersen kam, saß er auf seinem Feldbett, Medizinen standen auf dem Nachttisch neben ihm. Er sah miserabel aus.

»Walter, wie gehts?«

»Ich bin erledigt, ich sollte Leine ziehen.«

»Wird ja auch wieder besser. Und gut, daß du gleich hierher und nicht erst zu Krakauer gegangen bist.«

»Ich war bei Krakauer. Und besser wirds auf keinen Fall. Die finden jeden Tag was Neues an mir.«

Ein Arzt trat ein; er war unfreundlich: »Sie sollen doch tagsüber nicht auf dem Bett sitzen.« Damit ging er wieder hinaus.

Walter war aufgestanden; es war nur ein Stuhl im Zimmer, das er, des Falles wegen, allein hatte.

»Die behandeln mich hier wie einen Aussätzigen, der ich ja auch bin. Besonders die Schwestern – die scheuern sich dreimal die Hände, wenn sie nur an die Klinke gefaßt haben. Besucher sehen sie auch nicht gern. Das ist ein Laden für sich.«

Da hatte er recht. Es war hundertmal besser, verwundet zu sein. Das war die legitime Fahrkarte: der Heimatschuß. Der eine wie der andere Zufall gehörte zwar zu den desastres de la guerra, aber sie wurden verschieden ästimiert. Es mochte Oasen geben, in denen man die Sache mit Humor nahm, falls der Chefarzt ein Zyniker war. Orlando erzählte von einem Lazarett bei Douai, in dem man sich durch burleske Späße die Zeit vertrieb. Ein besonderes Fest war die Aufnahme. Der Neue wurde einem Gremium von Patienten vorgeführt, die sich als Ärzte verkleidet hatten; sie fragten ihn aus, und er mußte berichten, wie es dazu gekommen war, sie ließen sich die Folgen vorzeigen. Dann schlugen sie die Hände über dem Kopf zusammen – ein unglaublicher Fall.

Was Walter betrifft, so gab es nichts zu lachen, weder für ihn noch für andere. Er war Ostfriese, und sein Habitus entsprach ziemlich genau dem des Titelhelden von Poperts »Harringa«. Dieser Roman hat in der Geschichte des Wandervogels und seiner auf Abstinenz gerichteten Erziehung eine Rolle gespielt. Das Werk ist vergessen; in der Beschränkung auf ein Thema und der präzisen Aufteilung von Hell und Dunkel war es ein pädagogisches Meisterstück. Harringa, eine germanische Idealfigur, wird durch die akademischen Zechsitten ruiniert, die ihm im Grunde zuwider sind. Im Anschluß an eine ihm aufgezwungene Trinkerei kommt es zur flüchtigen Begegnung mit einem Straßenmädchen; die Folge ist eine Vergiftung bis ins Mark. Harringa entschließt sich, um mit Walter zu sprechen, »Leine zu ziehen«. Was die Ärzte nicht heilen, heilen die Elemente – er schwimmt ins Meer hinaus bis zur Erschöpfung der Kraft.

Harringa war im Leben wie im Beruf gut aspektiert – intelligent, gesund, glücklich verlobt. Popert wollte einen Modellfall schildern, und es ist ihm gelungen; Walter war ein Beispiel dafür – auch was das vernichtende Schuldgefühl betraf. Als ich mich von ihm verabschiedete, sagte er noch: »Das Schlimmste ist, daß ich nicht mehr mitmachen kann – gerade jetzt, wo uns auch die Amerikaner noch auf den Hals kommen.«

102

Popert hatte von Berufs wegen einen tiefen Einblick in die Verflechtung von Rausch, Krankheit und Verbrechen erworben, da er Richter in Hamburg war. Er gab eine Zeitschrift für Lebensreform »Der Vortrupp« heraus. In Helmut Harringa erscheint die Lichtfigur, die unter verschiedenen Namen wiederkehrt, zuletzt unter dem des Ariers.

Das Wort war damals noch nicht akut geworden; solche Begriffe glimmen wie Funken in einer Zündschnur weiter, bis sie erlöschen oder ein Feuerwerk auslösen. Worte sind nicht an sich gefährlich, sondern dadurch, daß sie zur Waffe gemacht werden. Dann werden sie Stichworte. Popert ist 1932 gestorben, also eben noch rechtzeitig, um nicht erleben zu müssen, wie Worte Mode wurden, die er lanciert hatte. Ehrungen wären ihm freilich erspart geblieben, denn einschlägige Register verzeichneten ihn als »Halbjuden«. »Die können alles«, hieß es in solchem Fall.

103

Walter sah ich erst nach dem Kriege wieder, und zwar an einem Sonntagmorgen in Hannover, an dem er vor dem »Kröpcke« in der Sonne saß. Er rief mich an, als ich vorbeiging, und ich erkannte ihn gleich wieder, obwohl sein Haar gelichtet war. Er hatte auch einen fremden Zug im Gesicht. Ich setzte mich zu ihm und hörte, daß er in Geschäften von Hamburg gekommen war. Er arbeitete dort in einer Exportfirma und stand vor der Abreise nach Brasilien. Nach einigem Hin und Her fragte ich: »Walter, du siehst blaß aus. Wie stehts denn mit der Gesundheit? Hast du nicht einmal eine dumme Geschichte gehabt?«

Er sah mich an: »Tu doch nicht so, als ob du's nicht wüßtest. Seitdem ist keine Stunde vergangen, in der ich nicht daran gedacht hätte.«

Nachdem sein Erbteil halb durch die Inflation, halb bei verschiedenen Ärzten draufgegangen war, hatte der letzte ihn für völlig kuriert erklärt: Restitutio ad integrum. »Geh hin und sündige hinfort nicht mehr.«

Das Bürohaus, in dem er arbeitete, war schlecht geheizt. Sein Schreibtisch stand neben einem Fenster mit Blick auf die Alster; Zugluft kam herein. Erkältungen wechselten einander ab – Schnupfen, Husten, Grippen, rheumatische

Schmerzen aller Art. Bald hatten sie in den Armen gesessen, bald im Nacken, einmal hatte die rechte Gesichtshälfte gestreikt, wenn er gelacht hatte. In dieser Hinsicht war Walter seit der Flandernschlacht anfällig.

»Weißt du – wir haben so einen Witzbold im Büro. Der rief, als ich reinkam: ›Petersen – au Backe, Sie haben wohl Syphilis?‹ Alles lachte, und mir fuhr es wie ein blankes Messer durch den Leib.«

Er bestellte noch einen Kognak – mich wunderte, daß er, der früher so nüchtern gewesen, schon vor dem Essen trank. Dann sagte er mit sorgfältiger Betonung, als ob er mit einem komplizierten Schlüssel ein Schloß aufschlösse: »Phänomenologie«.

Das klang nicht wie ein Selbstgespräch, auch nicht wie eine Mitteilung. Ich fragte: »Willst du dich im Urwald mit Philosophie beschäftigen?«

»Das Wort hat mit Philosophie ebensowenig zu tun wie ›reitende Artilleriebrigade‹ mit Militär.«

»Ja, mit was um Himmels willen sonst?«

»Es sind halt Wörter, schwierige Wörter.«

»Das mußt du mir schon näher ausführen.«

»Es ist doch ganz einfach: Der Arzt, zu dem ich damals gegangen bin, hat mir prophezeit. ›Wenn jemand Aussicht auf Paralyse hat, dann einer wie Sie, dem es schon gleich auf die Nerven gegangen ist.‹ Und woran erkennt man das? – Was sind die ersten Anzeichen? Sprachstörungen. Das fällt zuerst bei solchen Wörtern auf. Auch wenn ein Pferd die Lähme kriegt, stößt es zuerst bei den schwierigen Hindernissen an. Mit den Wörtern mußt du dir das so ähnlich vorstellen. Ich leuchte auch jeden Abend meine Pupillen an.«

»Walter, das solltest du dir aus dem Kopf schlagen.«

»Du hast gut reden. Ich habe dir schon damals gesagt, daß ich erledigt bin.«

Ein Albtraum – der Kamerad, der Wörter wie Tasthaare ins drohende Dunkel vorstreckte. Erschreckend für den, der ihn vorher gekannt hatte. Offenbar setzte ihm die Furcht mehr als die Krankheit zu.

»Ich dachte, daß einen, der an der Somme gestanden hat wie du, nichts mehr erschüttern kann.«

»Das wird wohl stimmen. Aber beim Anmarsch hat man Angst. Ich gehe ins Innere. Will dort auch trinken – Gelbfieber, Malaria, Sümpfe – das gibt *ein* Aufwaschen.«

104

Walter ging gern in die Grenzzone. In dem Bestreben, spurlos zu verschwinden, erinnerte er an Zerbino – der Wunsch ist tief begründet und wahrscheinlich instinktiv. Man findet selten ein totes Tier. Wenn eine meiner Katzen krank wird, sucht sie zum Sterben eine stille Ecke im Holzstall oder in der Scheuer auf. Diese Unruhe ist symbolisch aufzufassen; die Große Reise wirft ihre Schatten voraus. Viele Menschen fassen Reisepläne kurz vor dem Tod.

Die Form der Beängstigung, in der ich den Freund damals antraf, wird von den Ärzten Paralysophobie genannt. Sie bildet eine Krankheit für sich, und mancher von ihr Befallene, der nicht die mindeste Anwartschaft auf Paralyse hatte, hat sich schon ihretwegen umgebracht. Walter freilich hatte einigen Grund für seine Befürchtungen. Vor allem hatte er einen schlechten Arzt gehabt.

Diese Phobie ist eine Untergattung der Angst, wahnsinnig zu werden, die mit Vorliebe intelligente Menschen befällt. Solche Ängste haben wenig oder nichts zu schaffen mit den Krankheiten, die sie umkreisen wie ein Phantom. Die eingebildete Krankheit kann jedoch, weil Phantasie hinzukommt, dem Betroffenen stärker zusetzen als das Leiden selbst. Angst wird besonders während des Anmarsches empfunden – darin hatte Walter recht. Nachher bleibt wenig Zeit dafür – die Realität tritt an die Stelle der Phantasie. So ist die »Angst, wahnsinnig zu werden«, eher ein Indiz für Vernunft. Zwischen dem Wahn und dem Wahnsinn klafft eine tiefe Kluft. Ist sie erst übersprungen, so tritt der Geist in eine neue Landschaft ein. Es ist möglich, daß er sich dann von der

Angst befreit fühlt – jedenfalls gibt es berühmte Euphorien dieser Art. Es kann auch sein, daß er den Rückweg scheut. Bei Hölderlin finden sich Stellen, die darauf hindeuten. Nietzsche nimmt dem Doktor Langbehn, dem »Rembrandtdeutschen«, gegenüber, der ihn »zurückholen« will, eine drohende Haltung an.

105

Die Euphorie darf man als Freipaß ansehen, durch den der Geist von der Natur beurlaubt wird. Stellt ihn der Geist sich selbst aus oder entläßt ihn die Natur aus ihrer Qual? Als die Folterknechte an Damiens ihre Kunst erschöpft hatten, hörte man, daß er zu lachen begann. Hier wird den Tyrannen die Grenze gesetzt.

Sterben ist schwierig, doch es gelingt. Hier wurde noch jeder zum Genie.

BIER UND WEIN II

106

Unmäßigkeit ist keine Frage des Stoffes, sondern des Charakters; die Trunksucht kann sich ebenso auf den Wein richten wie auf Getränke verschiedenster Art.

Schon bei den Griechen wird über das Zu- und Vortrinken bei den Symposien geklagt. In Sparta war es verboten, auch sonst wurde es ungern gesehen. Da man lange beisammen saß, ging mancher mit einem Rausch nach Hause, obwohl der Wein stark verdünnt wurde, wenn man an den »zweiten Tischen«, also nach dem Essen, zu zechen begann. Der eigentliche Sinn des Symposions lag in der freien und heiteren Entfaltung der Persönlichkeit, vor allem im Gespräch, wie uns deren unschätzbare überliefert und so über zwei Jahrtausende hinweg unser Erbe geworden sind. Selbst die Musik galt demgegenüber als störend; so findet sich bei Protagoras eine Stelle, an der er ausführt, daß man in den Häusern von Leuten geringerer Bildung Flötenspielerinnen brauche, weil man dort durch eigene Person und Rede einander Gesellschaft zu leisten nicht imstande sei. Dort also bezahle man mit teurem Gelde fremde Töne, während das Gespräch unter Gebildeten durch die Anwesenheit von Musikantinnen, Tänzerinnen und Schauspielerinnen nur gestört würde. Die Flötenspielerin wurde nach dem Päan, den sie begleitete, entlassen, wenn das eigentliche Zechen begann. Burckhardt vermutet, daß man eher eine ältliche Person als eine junge und schöne gewählt habe. Daß es zumindest Ausnahmen gab, beweist das Bild der charmanten flötenspielenden Sklavin am Ludovisischen Thron. Auch die Symposien vergröberten sich bei den Römern – die Extreme sind zu ermessen am Gastmahl der Sieben Weisen oder des Plato und dem des Trimalchio. Dieser, ein Freigelassener und enorm reicher Kriegsgewinnler, setzt seinen Gästen und Schmarotzern ein Programm vor, das noch das unserer Televisionen übertrifft.

Unvermischt wurde der Wein zu den Libationen getrunken und bei den Dionysien; hier gehörte die hohe Trunkenheit zum Fest. Wir stoßen immer wieder auf den Unterschied von humaner und kultischer Annäherung, dem zwischen reiner Geselligkeit und etwas anderem, das vertiefend oder überhöhend eintritt, zwischen Fest und Feier, deren Grenze sich immer mehr verwischt. Auch der Wein hat seine demotische und seine hieratische Schrift, seine jedem zugängliche Heiterkeit und seinen Hieroglyphenstil mit Überraschungen, vor denen das Lachen erstarrt. Auf unseren frühen Bildern finden wir diesen Ausdruck häufig, als leuchte ein großes Licht in trüben Spiegeln auf. Das scheint von den Heiligen bis zu den Folterknechten und verliert sich mit der gotischen Welt. Die Gesichter gewinnen persönliche Würde, dann Individualität, die wiederum unter einer Art von Kristallisation dahinschwindet, indem sie zugleich konkreter und abstrakter wird. Van Eyck und Mabuse, Holbein und Frans Hals, Renoir und Manet, und dann die Lichtbildner.

Der Schwund oder die Weißung schafft Grund für neue Bilder; die Planierung bereitet Landeplätze vor. Wir fragen uns: Gibt es hier wirklich Neues oder neue Formen der Wiederkehr? Das Lachen erstarrt – das ist richtig, doch es folgt ihm ein anderes Lachen, ein Lachen, das wiedererkennt. Wollen wir dieses im Bild suchen, so müssen wir uns der archaischen Plastik zuwenden und werden es finden – wie etwa im Lächeln des Apoll von Tenea. Es könnte uns aber auch an Orten begegnen, wo wir es noch wenig vermuten, so in Mexiko. Es gibt Formen des Rausches, zu denen der Geist hinabsteigt wie in etruskische Grabkammern.

107

Der Dichter bezeugt die Freiheit in der Dichtung, so wie die Katze sie in ihrem ganzen Wesen bezeugt. Es kann daher nicht wundernehmen, daß beide so oft befreundet sind. Im

Wort gewinnt der Dichter Freiheit; keine Not, kein Zwang erreichen, daß er es beugt oder verletzt. Wenn er das Wort verwaltet, wird selbst sein Schweigen beredt.

Die Katze gehorcht nicht auf Befehl. Sie kommt entweder freiwillig oder nicht. Sie läßt sich nicht zur Zirkusfigur degradieren wie der Hund, der Affe oder das Schwein. In dieser Hinsicht repräsentiert unsere Hauskatze den Familientypus reiner als der Löwe und der Tiger, deren Dressur freilich ein Wagnis bleibt.

Die Katze macht nicht Männchen, sie läßt sich keinen Frack anziehen. Sie läßt sich nicht bändigen, das widerspräche der Würde, für die sie Sinn hat und auf die sie hält. Sie wird sich auch nicht auf Kläffereien und Beißereien einlassen, sondern geht dem aus dem Weg. Wird sie gestellt und findet keinen Ausweg, so kämpft sie bis zum Tod.

Baudelaire ist Freund der Katzen; er hat sie wie auch andere Tiere in ihrer Tiefe erfaßt. Daran erkennt man den Dichter; er spürt mehr als den Reiz impressionistischer Farbflecke. Es versteht sich, daß er auch den Wein verehrte, dem er einen Zyklus herrlicher Gedichte gewidmet hat.

Auch im Wein ist höhere Freiheit verborgen; er hat sein besonderes, eigenes Maß. Er ist ein Geschenk der Götter und verlangt, daß er seinem Rang gemäß behandelt wird. Er paßt nicht in die Nebelländer und würde sich zu wüsten Zechereien nicht hergeben. Das Schauspiel einer Massentrunkenheit, wie Dostojewski es aus London beschreibt und wie es überhaupt noch vor kurzem im Norden an Lohntagen nicht selten war, ist mir, soweit ich mich entsinne, in einem Weinland nur einmal begegnet, und zwar in Genf.

Ich vermute, daß Baudelaire, nach dem Vaterland des Gambrinus gefragt, ohne Bedenken Belgien genannt haben würde, obwohl er kaum wußte, daß dieser Gambrinus, dem man die Erfindung des Bieres zuschreibt, ein flämischer König war. Belgien war das Protestland Baudelaires, ein Hort der groben Unkultur, der schweren Pferde, der großen Hunde und des Biers. Der Hund galt ihm als Wesen, dem übel wird, wenn es erlesene Düfte wittert, doch lechzt, wenn es

Exkremente aufspürt, ja vielleicht verschlingt. Er liebt den Kot; der Name »Köter« entstammt dieser Wahrnehmung.

108

Das Bier wird vorgezogen in Ländern,

> Wo ehrbar-blond der Weizen reift,
> Und stachlicht-keusch die Gerste sticht,
> Wenn man sie noch so leise streift.
>
> (Hebbel)

Im Vergleich mit dem Wein spielt beim Bier die Quantität eine größere Rolle; das bezeugt schon die Art, in der es getrunken wird, und der Umfang der Gefäße, in denen man es kredenzt. Als Ausnahme mögen die schweren, bitteren, dunklen Biere gelten, die eine Kappe von braunem Schaum tragen – serviert im Silberbecher am späten Vormittag beim Gespräch über Sorgen, um die man beneidet wird.

Am Bier wird nicht genippt. In eine Maß könnte man viele Gläser Wein leeren. Im Trinken, selbst wenn wir es als mechanischen Akt betrachten, muß ein besonderer Genuß verborgen sein – behäbige Zecher, die Bildern von Jordaens entstiegen sein könnten, machen beim Trinken den Eindruck, als ob sie Flüssiges einatmeten. Das geht auf Zeiten zurück, in denen man noch nicht Bier aus Krügen, sondern Met aus Hörnern trank.

Trinkfestigkeit zählt zu den Göttertugenden. Odin, der höchste, freilich trinkt bescheiden und besondere Säfte von zauberischer Kraft: den Dichtermet. Er raubt ihn durch List der Tochter des Riesen Suttung, die ihn bewacht. So wird er zum Dichterkönig, doch für den Trunk aus dem Brunnen Mimirs, der Weisheit verleiht, muß er ein Auge hergeben. Dieser seltsame Brunnen im hohen Norden bildet ein Gegenstück zum Baum der Erkenntnis; immer wieder und in mannigfaltigen Bildern schildern Mythos und Märchen den Preis, der für das Wissen gefordert wird. Es verleiht gewaltige, doch einäugig-zyklopische Macht. Wir zweigen nichts aus der Natur ab ohne eigenen Verlust.

109

Thor, nach Odin der zweite und endlich Hauptgott, dem die Germanen am schwersten entsagt haben und dem sie noch lange die Treue hielten, war als gewaltiger Zecher berühmt. Proben davon legt er ab in der Burg des Riesen Utgardloki, in der er mit seinem Gefolge und seinen Böcken die Nacht verbringt. In der Halle wird er zu Wettkämpfen herausgefordert, zu Kraftstücken im Essen und Trinken, im Ringen und im Gewichtheben. Obwohl Thor dort seine Götterstärke einsetzt, ist er dem Spiel nicht voll gewachsen, da er es mit der Titanenmutter, der Erde selbst, aufnimmt, die ihm entgegentritt. Sie ringt als greise Amme, als Frau Elle, in der sich das Alter verkörpert, sie kommt als Katze, hinter der sich die Midgardschlange verbirgt. Thor kann sie nur so weit anheben, daß sich ihr Rücken krümmt, während Kopf und Schweif noch auf dem Grund bleiben. Endlich kommt das Horn, das geleert werden soll. Thor setzt dreimal an, doch als er hineinblickt, scheint es, als ob er nur ein wenig genippt hätte. Trotzdem verrät ihm der Riese, daß das gut getrunken heiße, da das Horn mit der Spitze ins Weltmeer tauche, das durch den ungeheuren Zug weit von den Ufern zurückgewichen sei. Die Ebbe galt als Wiederholung des Wunders in der Zeit.

110

Odins Dichtermet, der sprachgewaltig macht, erinnert an den Nektar, der, »neunmal süßer als Honig«, den Olympiern Unsterblichkeit verlieh. Im allgemeinen sind die Asen gröber zugeschnitten als die Olympier, wiewohl mit ihnen gleichen Ursprungs, in vielem ebenbürtig, in manchem überlegen auch.

Hinsichtlich des Ursprungs kann ich eine kleine Abschweifung nicht unterdrücken, die sich auf die Lektüre des Sueton bezieht. Bei ihm wie bei anderen Autoren findet sich die Notiz, daß auch die Tyrrhener, wie überhaupt die Etrusker, für ihre Götter den Namen »Asen« und »Aeser« gehabt hätten (isländisch: Aesir). Etruskischer Herkunft ist auch die Orakelfindung aus dem Blitzeinschlag. Sueton erwähnt in seiner Biographie des Augustus unter den Vorzeichen, die dessen Tod ankündeten, auch das folgende: In eine ihm zu Ehren errichtete Säule schlug der Blitz und löschte aus dem Namen CAESAR AUGUSTUS das C, so daß nur AESAR übrigblieb. Daraus schloß man, daß Augustus nach Ablauf von hundert (C) Tagen zu den Göttern versetzt würde.

Wie jedes eingetroffene Orakel läßt sich auch dieses auf einen Zufall zurückführen, der so selten, doch nicht merkwürdiger ist als ein Haupttreffer in der Lotterie. Das ändert nichts an der Tiefe des mantischen Einblicks, durch den ein solches Faktum überhaupt erst wahrgenommen wird.

III

In Walhall, dem goldenen Palast der Asen, wird nicht mit Nektar, sondern mit Met gezecht. Dorthin werden auch die gefallenen Krieger, die Einherier, geleitet, die Odin am Tage des Weltuntergangs im Kampf gegen die Riesen beistehen. Deren Anführer ist Surtur, der mit dem Fenriswolf und der Midgardschlange anrückt und dessen Schwert »heller als tausend Sonnen« glänzt. Ohne den Menschen können weder die Asen noch die Olympier bestehen.

An Walhall grenzt der Zauberhain Glasor. Dorthin reiten die Einherier nach dem Frühtrunk und üben sich für den letzten Gang. Die Einherier, die »Einzelkämpfer«, werden an Odins Tisch geladen, Freund und Feind, gleichviel für welche Sache sie auf Erden gefallen sind. Das erinnert an Nietzsches Maxime: Es gilt nicht die gute Sache, sondern der gute Krieg.

Im Hain Glasor wird scharf gefochten; die Hiebe gehen

bis auf den Tod. Aber am Abend schließen sich die Wunden; die Einherier versammeln sich an Odins Tafel; dort wird ihnen in goldenen Bechern Met gereicht.

112

Walhall gehört in dieselbe Kategorie wie das christliche Fegfeuer – es ist dessen Entsprechung in einer heilen, freien, furchtlosen Welt. Auch Walhall ist eine Prüfungs- und Vorkammer. Es ist vergänglich, so wie die Götter und die Einherier sterblich sind. Die Einherier würde man christlich »Seelen« und wahrscheinlich »arme Seelen« nennen; auch sie gehen in den Flammen des Weltbrandes *zugrund.* Nicht einmal Odin, nur Alfadur, von dem wir nichts wissen, wird den Weltbrand überstehen.

Die Götter und die Einherier leben in größeren Hallen und längeren Zeiten als die Menschen, sind unverletzlich auch. Das ist ein ähnliches Verhältnis wie zwischen den Ideen und der Erscheinung oder dem Genus und den Individuen. Aber auch die Ideen und die Genera haben ihre Zeit. Die Wellen sind flüchtig, doch auch das Meer wird einmal nicht mehr sein.

113

In Walhall spiegelt sich die Halle der nordischen Häuptlinge und Großbauern. Man mag es auch umgekehrt nehmen: Die Halle sublimiert sich in Walhall. Der Hausherr thronte auf dem Hochsitz, an Odins Platz. Auf Island war es der Sitz, der vor der Landnahme ins Meer geworfen wurde; man siedelte dort, wo er strandete. Auf diese Weise entstand Reykjavik. Es konnte vorkommen, daß die Halle eine starke Zahl von Männern aufnahm, von Söhnen und Sippenverwandten, von Gefährten und Knechten, besonders in unruhiger Zeit. Viele mußten dann über den Winter unterhalten werden; es war günstig, wenn im Herbst ein Wal gestrandet war. In den

Händeln, die dem Untergang des Thorkel Blundketilssohn folgten, begegneten sich unter den beiden Goden, die sie ausfochten, an siebenhundert Mann auf dem Thing.

Was in der Halle gesprochen und verhandelt wurde, wie man die Taten der Väter und auch die eigenen rühmte, was an Liedern gesungen oder im Stegreif gedichtet wurde, wie man miteinander rang und selbst in blutigen Zorn geriet, das wissen wir genau aus den Sagas, durch deren Sammlung Snorri uns ein unschätzbares Geschenk hinterließ.

Lang sind die Nächte, und lang ist der Winter im Norden, der in eine einzige Nacht zusammenfließt. Man hat den Eindruck, daß sich fast wie in Wehen etwas vorbereitet, daß sich die Tat gebiert. Ein Bauernjunge, der nur ein Schwert und einen Wollkittel besitzt, begibt sich an den Hof des norwegischen Königs, wo er, wie es in diesem Alter vorkommt, in eine Art von Apathie, von Absence verfällt. Er legt sich hinter den Ofen und vergammelt, während die Runde ihn kaum beachtet, falls sie sich nicht über ihn lustig macht. So vergeht der Winter, bis den Träumer der Spott zu kränken beginnt. Er kommt hinter dem Ofen hervor und verschafft sich Ansehen, indem er den stärksten Berserker des Königs zur Strecke bringt.

114

Uns soll in Erinnerung an diese Nächte nur *ein* Umstand berühren, der zum inneren Kreis des Themas gehört: das *Eintretende*.

Die Gelage hatten ihre Rangordnung. Ihr höchstes, das Blot, war insonderheit heilig und den Göttern geweiht. Auch das Bier, das in ungeheuren Kesseln bereitstand, wurde auf besondere Weise geweiht. Das galt später den Christen als Ärgernis. So wie sie zwar das Pferd behielten, doch nur zum Reiten und nicht zum Opfern, so blieben sie auch gewaltige Biertrinker, doch durfte kein Gode die Finger am Bräu gehabt haben. Sonst steckte der Teufel im Bier. Unter anderen Wundertaten wird vom heiligen Columban berichtet, daß er einen Bierkessel zum Bersten brachte, indem er das Kreuz über ihn schlug. Dieses Bier war dem Wodan geweiht gewesen, und um den Kessel saßen die Sueben versammelt – es heißt, daß er in ihrer Sprache »cupa« genannt wurde. Das mag die Latinisierung von Kump oder Kumpf sein, wie man bei ihnen heute noch sagt.

So saßen sie also beisammen, um den Wod oder Wodan zu erwarten, der dann mit seinen Pferden, Hunden und Ebern zum Wilden Jäger wurde, doch noch bis über die Zeiten Karls des Großen hinweg mächtig war. Noch bis vor kurzem ließen die Bauern in Holstein die letzte Garbe »für Wodes Pferd« stehen:

Wode, Wode
hol diene Peerde ehr Fode!

Beim kultischen Rausch wird es eher still geworden sein. Ihm fehlte die Hochstimmung der Festgelage mit den Gesängen, dem Aufsagen, den Wettkämpfen, auch dem Zutrinken und Leeren der Trinkhörner.

Das Horn blieb »das Herz des Gelages«. Es gehörte wie das Schwert zu den Kleinoden. Das Trinken hatte eine tiefere Absicht als die Erinnerung an die Taten der Väter und Vorväter, selbst als die Beschwörung der mythischen Welt. Das alles war abzustreifen, es mußte draußen bleiben mit Hold und Unhold, Heil und Heillos, während sie beisammensaßen und tranken wie im Herzen eines hölzernen Schiffes, in dem es immer stiller und ruhiger wurde, während die innere Bewegung wuchs.

Nun wird auch die äußere Welt mantisch, vorweisend. Geräusche, die von draußen kommen, werden anklopfend, ankündigend. Das Ohr hört hinter die Töne: das Bellen der Hunde, der Schrei der Vögel gewinnen weisende Kraft. Der Blick wird anders; er dringt durch die Wände, auch die des Geschehens, weit in die Zukunft hinaus.

Das Feuer flackert; hin und wieder blickt die Hausfrau herein. Manche war berühmt ob ihrer Kunst, das Blot zu richten; nicht nur vom Brauen, sondern auch von der strengen Reinigung des Hauses und des Hausrats hing die Kraft des Opfers ab. Wir hören in einer der frühen Sagas, daß die Männer, die einen Hof angreifen wollten, schneller ritten, denn wenn die Mutter dort noch Zeit fände, ein Blot auszurichten, würden die Söhne unwiderstehlich sein.

Das Horn »geht um das Feuer«; die Männer saugen Kraft in sich ein, doch nicht jene Kraft, die den unwiderstehlichen Berserkerzorn verleiht. Sie flammt nicht von innen nach außen und in die Schwerter, sie wird nicht lärmend, gewalttätig. Sie ist eher still und friedlich, doch bedrückend auch. Die Zeit dehnt sich auf unerträgliche Art. Das heißt nicht, daß sie lang wird, sondern daß sie sich bis zum Zerreißen spannt. Sie verliert die Dauer und gewinnt Gewicht. Sie wird schneidend und pressend, wird Schicksals-, wird Nornenzeit.

So erklärt sich die Stille, die zuweilen ein Seufzen, ein Stöhnen unterbricht. Hier naht noch Stärkeres als Heer und Waffen, ja selbst als Surturs Lohe: wirkendes Schicksal graut heran. Es sind Geburtswehen.

Nicht plötzlich enden sie. Die Stimmen draußen werden leiser, verstummen gar. Das Feuer, um das das Horn ging, brennt ohne Flackern im friedlichen Leuchten, das sich im Herzen der sengenden Flamme verbarg. Nun sind sie eingetreten; jeder fühlt es, jeder weiß es, gleichviel ob er sie gestalthaft wahrnimmt oder im Glanz, den sie ausstrahlen. Nun ist die Zeit nicht mehr.

Das wirkt noch lange in den Gesichtern, den Haaren, den Waffen und Kleidern nach. Auch in den Augen, die weit in das Kommende sehen.

Das erklärt die Furchtlosigkeit. Wer einmal mit ihnen tafelte, dem bleibt die Heiterkeit erhalten bis in den brennenden Saal. Sie wird durch die Flamme hindurchführen. So ist der Schrecken zu verstehen, der volkreiche Städte lähmte, wenn eine Handvoll Wikinger landete.

115

Etwas wird anders im Gefüge der Welt, wenn sie sich annähern. Die Dinge verschränken sich anders, weil sich die Zeit ändert. In die meßbare Zeit, in den Alltag, auch in die Chronologie der Geschichte, tritt etwas anderes ein.

Das geschieht auch im Kunstwerk, besonders deutlich in der Musik. Die Zeit soll aufgehoben werden, doch hat sie ein furchtbares Gewicht. Um es zu heben, ruft der Mensch »die Arme der Götter« herbei, und zwar durch Opfer – offaron, operari ist »arbeiten«. Schmerz ist dabei, allerdings ein Schmerz und ein Mühen, das spezifisch mit der Zeit als solcher verquickt ist: der Schmerz der Urhebe. Von ihm müssen die Fakire, die Büßer und Knierutscher etwas gehört haben; ihr Verhalten ist das von Kindern, die Wirklichkeit nachahmen.

Die Kinder spielen mit Holzgewehren, doch auch die richtigen Gewehre sind Spielzeuge.

116

Wer gesehen hat, dessen Aura wird sichtbar; wir kennen aus der physischen Welt ähnliche Wirkungen. Impulse lassen Gaswolken aufleuchten, zugleich wird der Stoff durchsichtig. Die Farben strahlen nicht mehr, sie lösen sich ab in sanften Flutungen, sie quellen über den Rand der Dinge, die ihre Gefäße sind.

Anklänge genießen wir schon bei besonderem Wohlbehagen, etwa aus der Sauna in den Schnee hinaustretend, nach langen Fasten, als Rekonvaleszenten, auch bei der intensiven Betrachtung von Kunstwerken. Ein Werk, auch ein Mensch kann zu stark werden; wir müssen die Augen schließen oder uns abwenden.

Als Moses vom Sinai zurückkam, mußte er sein Gesicht verhüllen; der Glanz war für das Volk zu stark. Das sind

Anlichtungen, die sich bald verlieren, doch wirken sie noch lange nach. Existenz in höherem Sinne bedeutet stets wiederholte Annäherung.

117

Kunst sollte, wenn überhaupt »bedeutend«, Existenz in höherem Sinn sein, und Kunstgeschichte läßt sich unter die zentrale Frage stellen, ob und inwiefern Annäherung gelungen ist. Der Künstler weiß es oder vielmehr fühlt es, und er kennt das Bangen, das mit der Schöpfung verquickt ist, die Qual der Urhebe. Sie ist unabdingbar und hat, wie der unsichtbare Kern der Flamme, nicht mit der Leistung, sondern mit ihrem Sinn zu tun. So erklärt sich das Lampenfieber, das die großen Mimen, die Musiker, die Sänger selbst auf dem Gipfel des Ruhmes noch befällt. Sie ahnen, daß sie mehr und anderes zu geben haben als bloße Virtuosität.

ZUM GROBIANISMUS

118

Wenn die Germanen gemeinsam zechten, nachdem die neue Lehre aufgekommen war, dann tranken die Getauften nicht vom Bier, das die Goden geweiht hatten. Das läßt darauf schließen, daß dieser Segen nicht nur vor dem Blot gespendet worden ist. So wurde ja auch noch bis in unsere Zeiten vor jedem Mahl gebetet, nicht nur am »Tisch des Herrn«.

Eine andere Frage ist, ob man bei besonderen Gelegenheiten Zusätze in den Kessel gab. Bis in die Neuzeit hört man immer wieder von solchen, oft bedenklichen und verbotenen, Impfungen. Besonders genannt wird das auch zu den Hexensalben verwandte Bilsenkraut. Über die Bewußtseinsänderungen, die es hervorruft, unterrichtet Heimanns »Die Scopolaminwirkung, vergleichend psychopathologisch-elektrocephalographische Untersuchung«. Unter anderem werden starke Verzerrungen der Zeitwahrnehmung beobachtet.

Zusatz oder nicht – das hat keinen größeren Wert als ein Kommoden- oder ein Hausschlüssel. Das Haus kann offenstehen, dann braucht man den Schlüssel nicht. Huxley hat seine Rolle überschätzt. Andererseits ist jede Modulation des Zeitbewußtseins von pädagogischem Gewicht: die Zeitverkürzung, die im Orgasmus ihr Maximum erreicht, wie die Zeitdehnung in der Folterqual.

119

Getrunken wird in den Nordländern wie eh und je. Die Menge des Stoffes, der aus dem Horn oder aus dem Maßkrug fließt, darf man nicht als beiläufig ansehen. Sie gehört wesentlich dazu. Mit diesem Trinken soll nicht etwa der Durst gelöscht werden, jedenfalls nicht ein Durst gewöhnlicher Art. Der Slogan einer Brauerei, den ich jetzt hin und wieder auf Plakaten sehe, hat den Zusammenhang erfaßt: »Durst wird durch Bier erst schön«.

Nicht so gelungen finde ich das Bild dazu: eine grell besonnte Wüste, über der ein wohlgefülltes und mit Tau beperltes Bierglas als Fata Morgana schwebt. Wie wenig dieser Durst mit trockener Hitze zu tun hat, sieht man, wenn man einen Hirten in der Wüste beim Trinken beobachtet. Der Schluck, den er zuweilen aus seiner Lederflasche nimmt, ist eher zaghaft, mäßig auf jeden Fall. Der schnelle Umsatz großer Mengen, selbst reinen Wassers, würde gefährlich sein. Solche Burschen sind dürr und gegerbt wie die Eidechsen. Mohammed wußte, warum er den Wein verbot, auch abgesehen davon, daß er selbst auf ihn nicht angewiesen war – ebenso wenig wie einer, der in der Schatzkammer sitzt, noch des Schlüssels bedarf.

Maßloses Zechen und Schmausen zeichnet die germanischen Gelage aus. Schon der Mythos kennt Eber und Böcke, deren Fleisch stets nachwächst, wie viel man auch abschneide, und Hörner, die unerschöpflich sind.

Diese Unmäßigkeit hat wie jedes Ding eine andere Seite insofern, als sie nicht nur den Bärenhäuter kennzeichnet, sondern auch jenen, der den Bären erlegt, dessen Haut ihm dann dient. Er jagte ihn auf die gute alte Art mit seinen Hunden und der blanken Waffe im verschneiten Wald. Außerdem geschah noch manches, ohne das die Welt nicht wäre, wie sie besteht. Wo würde sie ohne die Wikinger und Waräger, die Goten und Vandalen, die Angeln und Sachsen, die Franken und Alemannen sein?

In jedem Verhältnis findet sich ein örtliches oder zeitliches Absinken in den groben Genuß, wie ihn Typen vom Schlage des Trimalchio oder des Gargantua bevorzugen. Bei den Germanen wird er insofern noch gesteigert, als das Maßlose zu ihrer Anlage gehört.

Met und Bier sind für das schwere Zechen besser geeignet, dem sich der Wein schon seiner Art nach entzieht. In der Zimmernschen Chronik wird ein Besuch auf dem Schloß eines Rheingrafen geschildert, bei dem das Hinunterschütten köstlicher Weine zu den Heldentaten zählt. Wenn der Gast mit dumpfem Schädel erwacht, steht schon der Hausmeister am Bett und muntert ihn mittels einer hohen Weinkanne auf. Ein alter Besitz wird vom Erben binnen kurzem durch die Gurgel gejagt.

Durch unmäßiges Trinken von Feuerwasser rotteten sich bekanntlich Indianerstämme aus. Während einer Schiffsfahrt im hohen Norden sah ich jeden Morgen drei Gespenster auf das Frühstück starren: den Kapitän mit dem Ingenieur und dem Ersten – bleich, ausgebrannt, vom nächtlichen Exzeß zerstört. Auf Spitzbergen landeten wir in einem Hafen, in dem am Vorabend die Monatsration von schweren Getränken zugeteilt worden war. Es war totenstill zwischen den Häusern, in denen die Einwohner ihren Rausch verdämmerten. In solchen Breiten wird die Prohibition zu einem Akt der Notwehr, des Selbsterhaltungstriebs.

120

Die Trinksitten, wie das »Kreisen des Hornes« in der gebührenden Folge, wurden übernommen von den Gilden und Zünften, von den Kaufleuten in den Bursen, den Landsmannschaften auf den Hochschulen. Zu manchen Zeiten, an manchen Orten, bei Rittern und Mönchen, Studenten, Vaganten und Landsknechten, erschöpfte sich das gesellige Leben in enormer Verrohung, geistloser Völlerei. Schon die Berichte über Zurüstungen für Hochzeiten und andere Feste lassen befürchten, daß nicht viel Raum für feinere Genüsse blieb. Es gab einen rage du nombre, der an Rabelais erinnert, wo etwa zum Frühstück dreitausendsechshundert Hammel verzehrt werden. Dort kämmt man sich nach einer Belagerung die Kanonenkugeln aus dem Haar; der Kamm ist mit Elefantenzähnen besteckt. Überhaupt gewinnt die Völlerei sogleich Lichtseiten, wo ein Autor von Rang sich ihr zuwendet. Ein Musterbeispiel ist Shakespeares Falstaff; selbst Puritaner müssen ihn liebhaben. Die Autorschaft vergoldet, was sie bescheint – zum mindesten mit dem Glanz flämischer Stilleben.

In natura wirken solche Typen gleich weniger anziehend, so etwa der Ritter Hans von Schweinichen (* 1552), der einem verkrachten schlesischen Fürsten aufwartete, und zwar vornehmlich, indem er mit ihm den Humpen schwang. Gleich Falstaff sind sie umringt von wüsten Genossen, die im Barock besonders üppig gedeihen.

Grimmelshausen gibt im »Simplicissimus« ein Bild von der grauenhaften Stagnation, in die der Dreißigjährige Krieg mündete. Das sind Jahre, von denen wir uns nie ganz erholt haben. Das 17. Jahrhundert hat bei uns abgetragen, was es anderen Ländern zutrug, hat vergröbert, was es dort differenzierte und milderte. Die Mitte ist immer in Gefahr, zur Tenne zu werden, auf der nicht nur die Eigenen, sondern auch die Anderen ihr Stroh dreschen.

Der Übergang zur planetarischen Ordnung wird auch daran erkennbar, daß Vor- und Nachteile der geographischen Lage zurücktreten. So hat England die Qualität der Insel verloren, und es könnte sein, daß wir die der Mitte abgeben.

121

Auf Universitäten hat der Grobianismus immer eine Freistatt gefunden und sich mit Vorliebe als akademische Freiheit getarnt. Im Mittelalter war es unmöglich oder zum mindesten lebensgefährlich, sich außerhalb der Landsmannschaften zu halten, die zwar Schutz gewährten, doch auch einen widrigen Einstand forderten. War der Fuchs dann Bursch geworden, trieb er es ebenso.

Auch bei Kadetten und Fürstenschülern war der Pennalismus zu Haus. Ihn auszumerzen gelang selbst im 18. Jahrhundert nur zum Teil. Noch vor dem Ersten Weltkrieg galt in seltsamer Verkehrung der Nicht-Inkorporierte als der »Wilde« – ihm wurden geheime Laster nachgesagt.

Allerdings kam den Studenten die geschlossene Ordnung

zugut. Sie konnten gegen die Bürger und sogar die Landesherren auftreten. Daß der Mann die Waffe trug und sich dadurch als freier auswies, war bis zum Rokoko üblich; seit der Revolution beschränkt sich das auf den Dienst. Wo scharf gezecht wurde und der Degen zur Hand war, konnten blutige Händel nicht ausbleiben. Nicht nur die Romane, auch die Memoiren sind davon erfüllt. Man ging vor die Tür und machte die Sache aus. Im »Simplicissimus« findet sich der Zweikampf zwischen einem Reiter und einem Fußsoldaten, der durch eine Finte gewonnen wird. Über einen unerwarteten Stoß nach einem Scheinangriff verfügte auch Casanova, der dadurch seine Rencontres fast routinemäßig erledigte. Jedenfalls rühmte er sich dessen, wie auch der Tatsache, daß er einen Kölner Journalisten, der von ihm als von dem »berüchtigten« Casanova gesprochen hatte, mit dem spanischen Rohr abstrafte.

Der Stoß, bei dem es nicht so sehr auf die brutale Kraft ankommt, wirkt eleganter als der Hieb. Man sieht das schon in der Natur, so am Kampfläufer, einem Wasservogel, dem Linné den Namen Philomachus pugnax verliehen hat. Während der Balz kommt es wie auf den mittelalterlichen Stechbahnen zu zeremoniellen Scheinkämpfen.

Der Germane ficht lieber auf den Hieb. Die Stoßwaffe steht bei ihm in minderem Ansehen, ähnlich wie die Katze, verglichen mit dem Hunde, der Wein mit dem Bier. Allerdings wurde in Jena noch zu Laukhards Zeiten auf Hieb und Stoß gefochten; es kam dabei zu einer grotesken Springerei. Ein Stoß, der, ohne Knochen zu berühren, durch das Fleisch fuhr, wurde »Anschiß« genannt.

Die Mensur könnte man, ähnlich wie den in Südfrankreich und Portugal unblutig gewordenen Stierkampf, als Übergang eines archaischen Relikts in den Sport betrachten, wenn nicht alte und neue Vorurteile auf unlösbare Art damit verquickt wären. Querelles allemandes: die Partner streiten um Dinge, die es längst nicht mehr gibt.

In der Hauptsache, nämlich als Bewährungsprobe innerhalb von Männerbünden, ist das Fechten antiquiert. Ohne die ständische Tradition wäre es ein Sport unter anderen, weniger gefährlich als das Boxen, der Schilauf, das Fußballspiel. Hinsichtlich des »Charaktertestes« schafft die Fahrbewährung eine zuverlässigere Auslese. Dann kommen der erste Alleinflug, der Sprung von der Schanze und andere Prüfungen innerhalb der dynamischen Welt. Und schließlich kann man sowohl auf dem Paukboden wie in der Raumfahrt seinen Mann gestanden haben und doch »letzthinnig«, wie Schleiermacher sagte, eine Niete sein.

Das ist überhaupt eine, ja vielleicht *die* tragische Figur der Moderne: der Mensch, der den Modus beherrscht und in der Substanz versagt. Perfekt noch im Untergang.

122

Mit der Zitierung Laukhards sind wir wieder in das engere Thema eingemündet, denn wir sind noch »beim Bier«. Damit soll nicht gesagt sein, daß Laukhard (1758–1822), Theologiestudent, Magister, Vagabund, Soldat sowohl bei Friedrich wie bei den Franzosen, abgesetzter Pfarrer und Romanschreiber, sich mit dem Bier begnügt hätte. Er war der würdige Schüler Karl Friedrich Bahrdts, der in Gießen Theologie las, als Generalsuperintendent amtierte und 1792 als Schenkwirt einer berüchtigten Weinkneipe zu Halle das Zeitliche segnete. Sein Beiname war »Bahrdt mit der Eisernen Stirn«.

Bahrdt sympathisierte immerhin mit Salzmann, Basedow und den philanthropinistischen Ideen, die überall aufkamen – mit jener Milderung der Sitten, die Laukhard als »petitmaîtrerei« verunglimpfte. Als Sitze der petits-maîtres galten ihm nicht zu Unrecht Leipzig und Göttingen. Einmal, als er, ich weiß nicht in welcher dieser beiden Städte, mit Studenten zechte, band er sein Schnapsglas mit einem Strick an, um es nicht aus Versehen mit hinunterzuschlucken, wie er der erstaunten Corona erläuterte.

Bei ihm vereinen sich alle Züge der grobianischen Urgemütlichkeit – das Prassen auf Kosten der Philister, die man anpumpt und über die man sich belustigt, die stets zum Raufen, aber auch zum Verbrüdern aufgelegte Laune, das lärmende Zechen bis zum Morgengrauen.

Das Hinunterstürzen gewaltiger Biermengen könnte nicht so lange dauern, wenn stark gebraut würde. So aber wird die Fidelitas verlängert; es kommt erst spät zum vollen Rausch. Manche Bierdörfer sind durch besonders leichte Sorten berühmt, die nur im Sommer gebraut werden. Bei Laukhard bleibt es zuweilen unklar, ob er noch oder schon wieder trinkt. Man sitzt vormittags im Schlafrock und mit der langen Pfeife an herausgestellten Tischen auf dem Marktplatz und läßt sich aufwarten. Es kann auch vorkommen, daß man in diesem Aufzug zur Vorlesung geht.

Auch der Humor ist grobianisch; die beliebte Form ist der »Ulk«, der meist auf fremde Kosten geht. Ein unseliger Pedell namens Eulenkapper wird von Laukhard und seinen Kumpanen fast bis zum Selbstmord verfolgt. Als kapitaler Witz galt die »Generalstallung«. Dazu versammelten sich zwanzig oder mehr Saufbrüder im Kreise, möglichst vor einem Haus, in dem Professoren mit ihren Damen wohnten, und entleerten unter unflätigen Gesprächen ihre Blasen von der im Unmaß konsumierten Flüssigkeit.

Laukhard liebte die Zote; sie machte ein Hauptstück seiner Unterhaltung aus. Auch war er immer auf der Jagd nach einschlägigen Wörtern und Wendungen. Er rühmt sich unter anderem, eine umfangreiche Zotologie verfaßt zu haben – das Werk scheint verlorengegangen zu sein, falls es nicht, wie die »Cent-vingt Jours« des seligen Sade, noch einmal ausgegraben wird. Die Zeit wäre günstig dafür.

Geist ist dabei Laukhard nicht abzusprechen; er beherrschte alte und neue Sprachen, war in der klassischen und zeitgenössischen Literatur belesen und bibelfest. Er hat treffende Urteile. Die Abwässer der Geschichte und der Gesellschaft würden unerforscht stagnieren wie die Sümpfe am Caput Nili, verlören sich nicht zuweilen solche Köpfe hinein. Auch Reuter mit seinem »Schelmuffsky« muß hier genannt werden.

Die Zote gedeiht besonders üppig in enger, unfreier, stikkiger Luft. Man säuft, rauft und zotet, weil es Besseres nicht zu bestellen gibt. Was da an Witz und Kraft verschwendet wird und verkümmert, ahnt man aus Proben obszöner Anthologien wie der »Wirtin an der Lahn«.

Wir berühren hier einen fundamentalen Unterschied zu den klassischen Bärenhäutern; in dieser Hinsicht ging es sauber bei ihnen zu. Schon Tacitus hat es gerühmt. Vor allem kannten sie nicht den Komment. Sie tranken und fochten, wenn sie Lust hatten; das war freilich fast immer der Fall. Zwang hätte sie eher zum Gegenteil bewegt.

Wenn wir uns fragen, warum die Freiheit nicht mehr in jenem Sinn Gemeinfreiheit ist, verfallen wir zunächst auf den Raum. Aber schon damals konnte der Raum knapp werden. Man mußte dann in den Wald gehen und die Freiheit mitnehmen. Und diesen Wald gibt es heute noch, selbst im Zentrum der Weltstädte.

Wichtiger ist eine andere Voraussetzung der Freiheit: es fehlte die Todesfurcht. Und damit ändert sich die Welt. Damals war viel Raum und wenig Furcht. Heute ist immer weniger Raum und immer größere Furcht. Das ändert nichts an der Freiheit, die immer gleich nah und greifbar ist. Montherlant hat das auf eine gute Formel gebracht:

»La liberté existe toujours. Il suffit d'en payer le prix.«

Wer die Freiheit gratis begehrt, verrät, daß er sie nicht verdient.

123

»Bier und Wein« – die Betrachtung ist ein wenig überbordet, hat ins Weite geführt. Als Schlüssel ist das Bier wohl ungefüger, doch der Unterschied schwindet, wenn die Cella geöffnet wird.

Die edlere Natur des Weines stimmt mit dem Trinkzwang schlecht überein. Trotzdem gab es mehr Sklaven in den Weinländern. Das freilich gehört noch zu den Vorhöfen. Wenn die Wogen des Festes schwellen, schmelzen die Unterschiede ein. Die Sklaven wurden Herren in den Lupercalien.

Der Freiheit nähern wir uns – Befreiung spüren, genießen wir im Fest. Daß im Rausch, nicht nur der Liebenden, sondern auch des Bettlers und des Mörders, sich Freiheit verbirgt, hat Baudelaire in seinem Zyklus gezeigt.

Nicht das Vergessen befreit. Es ist vielmehr so, daß das Vergessen die Annäherung der Freiheit ankündet. Die Altersvergeßlichkeit zeigt an, daß sich das Wesen »aus der Welt der Erscheinung zurückzuziehen« beginnt. Vieles wird unwichtig. Zwar ist der Rausch nur ein Gleichnis, doch absolviert er in der Zeit vom bloßen Geschehen, vom Wandel der Tatsachen.

> – Me voilà libre et solitaire!
> Je serai ce soir ivre-mort;
> Alors, sans peur et sans remord,
> Je me coucherai sur la terre.

Das bleiben Gleichnisse. Auch Hölderlin sagte nur: »*Einmal* lebt ich wie Götter« – und nicht mehr.

AUF MAUPASSANTS SPUREN

124

In der Langeweile der Schützengräben unterhielt ich, wie auch mancher der Kameraden, mich zuweilen damit, Geschosse auseinanderzunehmen, die auf dem Boden herumlagen. Ich unterließ das erst, nachdem ich Pech mit dem Blindgänger einer englischen Gewehrgranate gehabt hatte. Eine winzige, mit Knallquecksilber gefüllte Kapsel ging stärker in die Luft, als ich vermutete. Zwar hatte ich sie der Form nach richtig bestimmt, nämlich als Vorzünder, doch ihren Inhalt unterschätzt. Daß es nicht mehr als die Daumenkuppe kostete, war noch ein Glück. Ähnlich erging es mir mit der Messerspitze Haschisch, die ich wenige Jahre später zu mir nahm.

Einige Zwischenfälle aus dem Vorfeld will ich vorwegnehmen. Wie gesagt, wird in den Kriegen viel gelesen, oder es besteht jedenfalls die Möglichkeit dazu für solche, die dem Kartenspiel und dem endlosen Gespräch die Bücher vorziehen. Der spektakuläre Teil des Krieges, der in den Berichten die Hauptrolle spielt, ist winzig, verglichen mit seinen grauen Strähnen, der Langeweile, dem Abwarten. Monatelang harrt man der Dinge, die kommen sollen – im Unterstand, im Bunker, in der Ruhe- oder der Reservestellung, in den Quartieren, am Telefon. Für die Lektüre ist es günstig, mindestens Obergefreiter oder höchstens Hauptmann zu sein, jedenfalls Wachthabender. Am Westwall mußte ich die halbe Nacht im Zeug bleiben, ohne daß eine Meldung kam. Doch hatte ich gute Gesellschaft: den ganzen Tolstoi.

Dabei habe ich noch nicht einmal der Lazarette gedacht. In einem davon, ich glaube in Valenciennes, vertrieb mir unter anderem ein Bändchen Maupassant die Zeit. Von den kurzen Geschichten, die darin vereinigt waren, fielen zwei aus dem Rahmen – einmal der »Horla«, in dem sich der nahende Wahnsinn in erschreckender Weise ankündigt, und dann eine Studie über den Ätherrausch, die mir zu denken gab. Ich habe sie nicht zur Hand, doch entsinne ich mich, daß Maupassant die Wirkung dieses Rausches als akustische Offenbarung empfand. Er schildert sie als das Belauschen eines Zwiegespräches mit dem inneren Ohr. Das Lauschen ist jedoch nicht zu trennen von der tätigen Teilnahme des Hörers, der bald die eine, bald die andere Rolle übernimmt und sich auf diese Weise in zwei Partner aufspaltet. Der Sprechende beginnt sich selbst zu hören und wird durch seine innere Dialektik überrascht. Das erinnert an die »automatische Schrift«. Kaum hat er seine Gründe ausgesprochen, trägt eine zweite Stimme die Gegengründe vor. Sie sind bedeutender. Dann kehrt die erste Stimme wieder und greift noch tiefer hinab. Das nicht in Worten, sondern wie das Murmeln eines Baches, der vorüberfließt. Auch nicht in Sätzen – eher als ein Duett, das aus der Dämmerung des Gartens in die Träume des Schläfers fällt. Klüger und klüger, und dabei tiefer und tiefer; die Gründe gewinnen an Überzeugung, und endlich erreichen sie den Grund. Das muß der Grund sein, auf dem kein Grund mehr gilt. Die Synthesis löst auf.

So würde ich heute diesen Einstieg in den Brunnen der Erkenntnis beurteilen. Damals las ich ihn einfach mit der Passion, mit der man an einer kühnen Volte teilnimmt oder auch am Sprung, mit dem ein feinnerviges, schnelles Wesen, ein Windhund oder ein Araber, über die Hürde setzt. Die Flanken beben, die Nasenflügel zittern von der Erregung nach. Solchen gedopten Typen begegnet man hin und wieder, insbesondere bei Aristokraten; das Rennen ist oft blendend, aber kurz.

Maupassant war Sensitiver, vielleicht sogar Hochsensitiver in Reichenbachs Sinn. Das erklärt seinen Erfolg und seinen Untergang. Bei den Deutschen steht er höher im Kurs als bei seinen Landsleuten; wahrscheinlich wirken seine Effekte dort zu selbstverständlich, zu genuin. Ich unterhielt mich vor Jahren darüber mit Friedrich Sieburg, der meine Passion für diesen Autor teilte, und dann vor kurzem mit Julien Gracq, der darüber nachsichtig lächelte.

125

Damals in Valenciennes war die Lektüre besonders wohltuend. Wetter und Stimmung waren grau. Der Chefarzt mußte wenig Phantasie besitzen, sonst hätte er angeordnet, daß mit dem Trommeln erst außer Hörweite begonnen würde, wenn sie einen Toten hinaustrugen. Da das Lazarett groß war und viele starben, hörte das Getrommel während des ganzen Vormittags nicht auf.

Unser Zimmer war klein. Es faßte vier Betten; in der Mitte stand ein Tisch, an dem Jochen von Stülpnagel mit den beiden anderen Blessierten Skat spielte. Sie unterbrachen ihn nur während der Visite und der Mahlzeiten. Einer von ihnen hatte Beschwerden mit der Blase; alle paar Stunden kam eine Schwester und fädelte ihm den Katheter ein. Zuvor ging sie mit ihm nach draußen, und er mußte versuchen, Wasser zu lassen; sie pfiff dazu ermunternd, wie es die Kutscher mit ihren Pferden tun.

Es muß viel geregnet haben, auch war ein Kanal in der Nähe, auf dessen Treidelweg ich Luft schöpfte. Solange die Laune melancholisch blieb, mochte es angehen; zuweilen wurde sie depressiv. Im Rückblick erscheint es wunderlich, daß man immer wieder flott wurde und nicht in einer dieser trostlosen Lagunen verdämmerte.

Ich könnte in meinen Tagebüchern Einzelheiten dieses Aufenthaltes nachschlagen, doch finde ich es angenehmer, daß er mit denen in anderen Lazaretten zusammenschmilzt. Was Fieber ist, mißt man nicht an der Zackenkurve ab. Es scheint mir, daß ich für Bücher und ihren Inhalt ein genaueres Gedächtnis besitze als für Fakten der täglichen Erfahrung, selbst innerhalb der eigenen Biographie. Die Fakten sind mehr oder minder zufällig. Sie setzen sich an wie die Muscheln und Algen an den Christo sottomarino im Golf von Genua. Zuweilen müssen Taucher hinabsteigen, um die Gestalt zu befreien. Dasselbe verlangt man vom Autor: eine mehr oder minder vom Zufall befreite Welt.

126

Der Umgang mit Äther war mir vertraut, seitdem mir der Vater den »Käferfreund« geschenkt hatte. Der flüchtige, feuergefährliche Stoff gehört zur entomologischen Ausrüstung. Er wirkt tödlich betäubend, doch, wie es scheint, auf angenehme Art. Das läßt sich daraus schließen, daß die kleinen Leichen locker und ihre Glieder beweglich sind – nicht starr wie nach dem Tod durch Zyankalidunst.

Daß sich Wirkungen, wie Maupassant sie schildert, aus dem Stoff hervorzaubern ließen, war mir neu. Der Äther gilt als Inbegriff des Feurig-Freien, fast Substanzlosen. Vermutlich war der Rausch, den das nach ihm benannte Elixier erzeugte, leichter und geistiger als die vulgäre Trunkenheit. Das mußte bei Gelegenheit probiert werden. Maupassant hatte mich auf einen guten Gedanken gebracht.

Die Gelegenheit schien mir gekommen, als ich 1918 einige Tage als Rekonvaleszent in Hannover zubrachte. Auch von den Verwundungen gilt, was ich hinsichtlich der Orte anmerkte: sie schmelzen allmählich in der Erinnerung zusammen wie Pannen, die man kaum noch unterscheiden kann. Jedenfalls wurden sie allmählich schwerer, als ob ein verborgener Schütze sich auf das Herz einschösse. Er begann mit den Beinen, streifte den Kopf und traf dann die Brust – jedes Mal wiederholt und ernsthafter.

Ich trug noch einen leichten Verband, halb unter der Mütze, und ging zum Lazarett, um mich gesundschreiben zu lassen; es wurde spürbar, daß die Sache zu den Triariern kam. Die Möglichkeit, daß der Krieg verlorengehen könnte, kam mir immer noch nicht in den Sinn; sie wurde nicht akzeptiert.

Im Oberstock des Lazaretts war eine Kommission tätig – ein Arzt, ein Offizier, ein Schreiber, hin- und hergehendes Personal. Die Kranken und Blessierten, meist ausgeheilte Fälle, wurden aufgerufen und traten in kleinen Gruppen ein. Im Vorraum wartete unter anderen Kolshorn, der dasselbe hatte wie ich: Kopfstreifschuß oben rechts. Sternzeichen Widder – stark, aber nicht geistig ausgeprägt. Dann kommen schon in der Kindheit diese Schafs- oder Bocksgesichter heraus. Er wollte nicht zum Regiment zurück, weil er dort Ärger gehabt hatte. In Liebesdingen vergaß er Zeit und Raum. So hatte er sich in der Nähe von Tourcoing mit einer vom »vlaamschen Blut« drei Tage lang eingeschlossen, ohne zu ahnen, daß wir längst wieder auf dem Marsch waren. Das ging ihm noch nach; doch schon in der Eisenbahn hatte er wieder ein Mädchen gefunden, eine Friseuse aus Linden; sie wartete unten vor dem Tor.

Wir wurden zusammen aufgerufen; Kolshorn kam vor mir an die Reihe und trug seine Beschwerden vor. Er hatte Kopfschmerzen, konnte den Arm nicht hochheben.

»Auf welcher Seite?« fragte der Stabsarzt, während er das Krankenblatt musterte.

»Rechts – da, wo ich verwundet bin.«

»Nun, das wird bald besser werden – Sie werden sehen. Erholen Sie sich noch vierzehn Tage – dann werden Sie Bäume ausreißen.«

Auch mir hätte er gern eine Erholung zudiktiert, ich war aber geistig schon halb unterwegs. Es war der Doktor Sternheim, Stabsarzt der Reserve, als guter Kinderarzt bekannt. Auch bei uns war er Hausarzt gewesen, sogar in des Wortes engerer Bedeutung, denn wir hatten im gleichen Hause, Bödeker- Ecke Wedekindstraße gewohnt. Die Mutter schätzte ihn sehr; er hatte uns schon von den Masern kuriert. Als Kinderarzt, Reservist und intelligenter Jude war er hier nicht recht am Platz; er ließ gern fünf gerade sein. Das war nicht eben das, was man von ihm erwartete. Er war auch nur in Vertretung hier.

Wir stiegen die ausgetretenen Treppen hinab; es roch nach faden Suppen und Karbol. Unten verabschiedete ich mich von Kolshorn, der mit seiner Friseuse nach Linden ging. Ich sah ihnen nach; er hatte sich eingehakt, was nicht einmal bei der Legitimen zulässig war. Offenbar hatte er gleich beim ersten Griff einen guten Treffer gemacht. Er war überhaupt begabt für schnelle, wechselnde Anknüpfungen. In den nächsten Jahren begegnete ich ihm in der Stadt noch öfter, immer nach Mitternacht auf einsamen Gängen, über deren Woher und Wohin er sich nicht verbreitete.

Ich ging noch zur »Ritterburg«, die in der Nähe lag. Es war der Vormittag, an dem ich Walter besuchte, der dort über Selbstmordplänen brütete. Es ist vielleicht kein Zufall, daß mir gerade damals der Gedanke kam, ich könnte mit dem Äther einen Versuch machen.

127

Wie kam ich darauf? War es Neugier, Langeweile, Übermut? Mir scheint, daß ich mit meiner Lage zufrieden war – weit zufriedener jedenfalls als heute, wenn ich auf sie zurückblicke.

Die Straßen und Plätze der Stadt, in der die Verwundeten ab- und zuströmten, waren schäbig geworden wie ein abgetragenes Kleid. Zu Beginn des Krieges hatte es hier gewimmelt wie in einem Bienenstock vor dem Schwarm. Nun ging es zu Ende; die Reste des Volkes kehrten abgeflogen und ohne Tracht zurück. Die Potenz war verschäumt.

Das alles erscheint mir heute grau und widrig, ebenso wie es mir seltsam vorkommt, daß ich in der Materialschlacht die Laune behielt. Doch die Jugend hat einen anderen Kalender, lebt aus der eigenen Kraft. Für den Abend war ich mit einer Schwester verabredet – das zählte, da würde ich gegenwärtig sein. Sie kam im gestreiften Kittel an den Waldrand: »So kann ich nur kommen, wenn die Sonne untergegangen ist.« Sie wußte also, was ihr blühte; uns konnte die Zeit nichts anhaben. Auch hier ist der Name, selbst der Vorname vergessen – so wird die Erinnerung erst stark, erst umwerfend.

128

Schon als Primaner hatte ich gern in dem Viertel gehaust, das sich etwa zwischen dem Friedrichswall und der Calenberger Straße erstreckt, die Leritzky als die »Calebutzer« bezeichnete, um anzudeuten, daß dort keine Wohngegend sei – wenigstens nicht für Verheiratete. Enge Gassen, schmale Häuser, kleine Leute, aber auch Sonderlinge gab es dort. Jahre hindurch war ich Stammkunde beim alten Lafaire, der mehr über Bücher wußte als jeder der vielen Antiquare, denen ich begegnet bin. Später besuchte ich häufig im Schatten der Kreuzkirche den Maskenschnitzer Groß, der damals seine »schnackschen Vögel« aus dem Holz herausholte. So nannte er Gänse, deren Hals in einen Phallus mündete. Am Waterlooplatz war immer noch eine welfische Unterströmung, die weit zurückführte.

Damals hatte ich mich für einige Tage bei einer rundlichen Wirtin eingemietet; der Mann war als Landstürmer in Belgien. Sie kassierte als Schaffnerin auf der Döhrener Linie und war tagsüber kaum zuhaus. Erst nachmittags kam sie in Uniform und Mütze und räumte das Zimmer auf. Das traf sich günstig, denn meine Absicht setzte Einsamkeit voraus.

Ich ging also dorthin, nachdem ich mich von Walter verabschiedet und in der Nähe des »Schwarzen Bären« ein wenig Äther gekauft hatte. Wie mochte Maupassant sich damit berauscht haben? Ich entsann mich dessen nicht. Aber ich hatte mich inzwischen in der väterlichen Bibliothek über die »Ätheromanen« informiert und erfahren, daß auch sie dem Verhängnis der Droge zum Opfer fallen und durch den Zwang, die Menge ständig zu steigern, schnell zugrunde gehen. Von ihnen wird der Äther getrunken und schließlich in unglaublichen Mengen konsumiert. Zuweilen grassierte der Genuß als Volkslaster, so in Irland und Litauen. Es heißt, daß dort an Markttagen die Luft von Ätherdämpfen geschwängert war.

Mir schien, das Riechen würde wohl genügen, nachdem ich das Fläschlein entkorkt hatte. Ich »exfaustierte«, wie die Provisoren sagen, indem ich das Taschentuch mit einigen kräftigen Spritzern tränkte und an das Gesicht preßte. Zum Überfluß zog ich noch die Bettdecke über den Kopf. Das wirkte unmittelbar.

129

Der Einstieg kann nicht lange gedauert haben, denn als ich erwachte, sah ich, daß noch Zeit war, zum Essen zu gehen. Ich hatte auch Lust dazu, oder es schien mir jedenfalls so. »Offenbar ein Rausch für Leute, die wenig Zeit haben.«

Nachdem ich Geld und Marken eingesteckt hatte, zog ich die Handschuh an, setzte die Mütze auf und machte mich, um noch ein wenig Luft zu schöpfen, über den Friedrichswall zur Innenstadt auf den Weg. Am Waterlooplatz und in seiner Umgebung wimmelte es wie seit Jahrhunderten von Militärs aller Dienstgrade. Ich mußte hier auf das Grüßen achten, also das umfangreiche Zeremoniell der »Ehrenbezeugungen« wahrnehmen. Sie waren teils zu erweisen, teils zu erwidern nach dem Index von Rangabzeichen, die an den Mützen, den Kragen, den Schultern mehr oder minder, doch unübersehbar, leuchteten. Das erinnert an die Fühler von Holzwespenarten; zwei, drei ihrer Glieder sind phosphorisch, und an ihrem Glanz erkennen die Tiere sich weithin auf dem Flug durch den dämmrigen Wald.

Ich fühlte mich dem Spiel gewachsen und hatte sogar den Eindruck, daß es mir besonders glatt von der Hand ging und ich die Passagen mit erstaunlicher Präzision beachtete. Eine Schärfung der Sinne und auch des Intellekts soll übrigens, wie Experten behaupten, nach einem Ätherrausch nicht ungewöhnlich sein. So wird von einem zehnjährigen Knaben berichtet, der sich nach einer leichten Operation an das Einatmen und auch Trinken von Äther gewöhnt hatte und heimlich in den Apotheken steigende Mengen davon einkaufte. Er bestahl die Eltern, um seiner Sucht zu frönen, die unheilbar war. In der Schule zeichnete er sich durch blendende Leistungen aus. Vor allem fiel ihm, wenn er aus dem Rausch erwachte, die Lösung mathematischer Probleme leicht. Er starb als Neunzehnjähriger – wie Lewin meint, an einem Herzfehler. Zuletzt hatte er einen Tageskonsum von einem Liter Äther erreicht. Das erinnert an die phantastischen Mengen, bis zu denen de Quincey sein Opiumquantum steigerte.

130

Mein Weg führte über das Leibnizdenkmal an die Biegung, die vom Waterlooplatz in den Friedrichswall ausmündet. Links ist das Leineschloß mit der Wasserkunst, rechts ein kleines Palais. Dahinter Kasernen, das Zeughaus, ein wenig weiter Schraders Badeanstalt – ein wohlvertrautes Bild, an dem sich seit Generationen wenig geändert hat.

Ich bog nun in den Friedrichswall ein, eine schöne, ruhige Straße, durch die mich schon der Großvater an der Hand geführt hatte. Rechts das »neue« Rathaus, dahinter die Masch, links ein Viertel, in dem noch Reste der alten Stadtmauer stehen. Jetzt war es belebt; während der Mittagspause strömten Uniformierte hin und her. Wie gesagt, machte mir das Gegrüße Spaß. Überhaupt sollte man lästige Dinge hin und wieder wenden und als Spiel treiben. Das überrascht dann die Schulfüchse, die es für Fleiß halten.

Dazu kam der klarsichtige Optimismus, mit dem die Droge nachwirkte. Sie läßt sich dosieren, von der stimulierenden Oberfläche bis zur Tiefe des Vollrausches. Es hat Typen gegeben, die, ein mit Äther besprühtes Taschentuch vor dem Gesicht, in belebten Straßen umhergingen, weil ihre Wirtin den scharfen Dunst in der Wohnung nicht duldete. Ähnlich erging sich auch de Quincey in der Londoner Innenstadt. In solchen Fällen läßt man die Außenwelt mitspielen. Sie beginnt zu gehorchen, wie mit dem Taktstock geführt.

Daß man mit einem leichten Spitz gewohnte und selbst alteingefahrene Dinge flotter verrichtet, läßt sich nicht abstreiten. Man »geht besser ran«. Die alten Füchse pflegten vor dem Schießen einen Schnaps zu trinken – das »Zielwasser«.

Auf dem breiten Gehsteig sah ich die Rangabzeichen kommen und verschwinden wie die Zahlen, Farben und Bilder im Kartenspiel. Bald war ich in Vor- und bald in Nachhand, je nachdem ob große oder kleine Tiere auftauchten. Ich grüßte vorher, nachher und gleichzeitig, mit dienstlichen und kameradschaftlichen Differenzierungen. Ein »Würmchen-Doktor«, das heißt, ein eingezogener Arzt mit dem Äskulapstab, bot kein Problem. Dann kam ein Feldwebel-Leutnant, ein Zwitter preußischer Prägung, mit quasi angeborenen Hemmungen. Um einen Gruß zu schildern, wie er hier am Platz war, müßte man einen Traktat schreiben.

Kaleidoskopisch kamen sie vorbei. Noch galten Form und Regeln, wenngleich mit grauen Rändern und aufgeweicht. Ich sah Bekannte, so meinen späteren Hauswirt, den Regimentsschneider Wodrich, und den Flieger Bittrich, der für Flugzeugwerke Typen einflog und voll Geld steckte. Er führte einen Windhund an der Leine vorbei. Für Wodrich sollte bald die Welt untergehen: als er erfuhr, daß ein Major in der Markthalle eine Blutwurst gestohlen hatte – ein Major. Bittrich, der ohne Halsbruch davonkam, wurde ein ganz hohes Tier.

Salut au monde! Ich war in Schützenfest-Stimmung, fühlte mich wie ein Fisch im Wasser, beherrschte die Spielregeln. Das nebenbei, doch auch genußvoll wie einer, der, zum Stelldichein fahrend, sich an flotten Kurven ergötzt. Ein solches Wohlgefühl überträgt sich – man braucht nicht mehr zu dosieren, wenn man am Feldwebel-Leutnant vorbeikommt, sondern man trifft das Richtige. Die Regel wird nicht verletzt, sie wird beachtet und überspielt. Ein Funke von Sympathie springt über, tieferes Einverständnis im Augen-Blick.

Jetzt kam zur Linken einer mit geflochtenen Achselstükken und den breiten roten Streifen an der Hose: ein Major im Generalstab, offenbar schon wieder auf dem Weg zum Büro. Hier schnitt ich die Kurve zu flott; ich hörte, als ich noch nicht an ihm vorbei war: »He, bleiben Sie mal stehn!« Und dann im Potsdamer Jargon, der scharf durchdringt und keinen Widerstand duldet: »Warum haben Sie den Herrn Kommandierenden General nicht gegrüßt?«

Er sah mich bös an, indem er mit der Hand in die Fahrbahn deutete. In der Tat war da ein ungewohnter Anblick: ein General auf einem Fahrrade. Es war Linde-Suden, der zu seinem Generalkommando fuhr. Ich sah noch über den roten, mit goldenem Eichenlaub bestickten Spiegeln sein Halbprofil.

Schlagfertigkeit gehört sonst nicht zu meinen Vorzügen. Hier half vermutlich der Äther mit: »Ich hatte meine Aufmerksamkeit auf Herrn Major konzentriert.«

Er fixierte mich mit seinem zugleich strengen und schlaffen Gesicht. Falten am Halse, rotgeränderte Augen, subikterisch, übellaunig, garnisondienstfähig, intelligenter Nachtarbeiter mit eiserner Energie.

Offenbar wollte er mich nicht so leichten Kaufes entkommen lassen, denn er fragte, nachdem er mich von oben bis unten gemustert hatte: »Warum gehen Sie ohne Waffe aus?«

Die hatte ich allerdings vergessen; wenigstens hatte ich die Mütze aufgesetzt. Ich sagte also, was zwar nicht stimmte, aber hätte stimmen können: »Der Arzt hat mich davon dispensiert!«

»So, so – wer ist denn Ihr behandelnder Arzt?«

»Stabsarzt Doktor Sternheim, Herr Major.«

»Sternheim? Sternheim? Hat Sie offensichtlich zu früh rausgelassen. Kann man ihm doch sonst nicht nachsagen. Sie riechen ja noch wie'n janzes Lazarett.«

Er musterte mich wieder, mit aufkommendem Wohlwollen.

»Goldenes Verwundetenabzeichen. Läßt nicht auf Stalldrang schließen – im Gegenteil. Sollten sich doch vielleicht noch etwas schonen. Aber besser aufpassen; der Schlendrian wird bald katastrophal.«

»Es soll nicht wieder vorkommen.«

Er hatte recht prophezeit. Ohne Zweifel fühlte sich der Gute immer im Dienst und benutzte die Gänge zwischen Büro und Wohnung, um auf die Disziplin zu achten und Pfeffer auszustreuen. Im Prinzip richtig, denn jeder Umsturz fängt beim Grüßen an. Aber eine Lawine läßt sich nicht aufhalten.

131

Manchmal schlagen unsere Tugenden gegen und unsere Fehler für uns zu Buch. Daß ich nicht voll orientiert war, hatte dazu beigetragen, daß ich noch gut davongekommen war. Immer noch ätherbeschwingt strebte ich nun dem Georgspalast zu. Der Wirt hatte für Nervenpatienten einen Tisch reserviert, an dem fast jeder einen Kopfverband trug. Abnormes Verhalten fiel dort nicht besonders auf. Zobel hatte einen Treffer mitten in die Stirn bekommen, und zwar derart, daß das Geschoß, ohne Schaden anzurichten, zwischen beiden Hirnhälften hindurchgeglitten war. Ein Glück im Unglück, das Große Los in einer makabren Lotterie. Mundt dagegen hatte Substanz verloren; er mußte zählen und rechnen lernen wie ein kleines Kind. Ein alter Kameruner mit einer kleinen Inzision an der Oberlippe bewegte sich in den Anfängen einer überforcierenden Euphorie. Wir nannten ihn »Ohnglaublich«, weil das eines seiner Lieblingsworte war. Zwischen Exkurse, wie sich die Sache an der Marne gewendet hätte, wenn er dort an der Stelle von Hentsch gewesen wäre, schob er konkrete Erinnerungen ein, meist aus seiner Schutztruppenzeit.

»Als ich den Burschen trommeln hörte, nahm ich die Büchse und ging im Pyjama aus dem Zelt.«

Er erzählte dann, wie er auf der mondhellen Lichtung dem Gorilla gegenübergestanden hatte, dessen Gebiß weiß leuchtete. Er drückte auf ihn ab, ohne daß ein Schuß fiel – es war wie im Traum.

»Dann hörte ich hinter mir flüstern: ›cartridge, cartridge‹ – mein Haussa-Mädchen schob mir einen Rahmen Patronen in die Hand. Sie war mir nachgekommen, während die Boys sich vor Angst gegenseitig vollschissen.«

In seinem Marasmus steckte er voll von guten und stark gewürzten Geschichten wie ein Wrack, das aus den Tropen zurückkommt, und war für den Scheich, der ihn auch in eroticisausholte, eine Fundgrube. Er erzählte oft von dem Haussa-Mädchen, das aus dem Grasland stammte und hell gewesen war. Obwohl er sie nur wie ein Hündchen auf der Matte vor seinem Bett geduldet hatte, hing er offenbar noch an ihr.

In diesem Zirkel konnte man, wie gesagt, kaum auffallen. Außerdem war ich eher etwas klarer, luzider als gewöhnlich und nahm die Kurve schärfer, doch war ich noch nicht einmal in der Verfassung, die eintritt, wenn man »gut gefrühstückt« hat. Ein Intermezzo, eingeschoben in den Alltag; ich ging am Abend aufgelockert zum Rendezvous.

132

Der Major hatte, wie gesagt, recht prophezeit: Die Dinge wurden bald katastrophal. Wenn es innerhalb von Katastrophen katastrophal wird, überschlägt sich die Woge, und neue Normen breiten sich aus. So auch hier. Der Kommandierende verschwand bald in der Versenkung, unter wenig rühmlichen Umständen. Mit ihm der Major. Ihre Plätze wurden von Neuen besetzt – so der des Majors von jenem Kleist, für den es fünfundzwanzig Jahr später am Südflügel der Ostfront katastrophal wurde. Ich traf ihn wieder in Woroschilowsk.

Was nun die Begegnung am Friedrichswall betrifft, so würde Frédéric zu mir gesagt haben: »Er reitet auf einem fahlen Pferde« – und das hatte mein Kontrahent auch gleich gewittert, allerdings nicht genau diagnostiziert. Würde ich »gut gefrühstückt« haben, so hätte er es sofort erkannt. Derartiges konnte, etwa an Geburtstagen, vorkommen. Daß ich auf Maupassants Spuren an ihm vorbeiwandelte, lag außerhalb seiner Erwägungen.

Die Falter gaukeln im Dickicht der Phänomene, in deren Schatten der Panther träumt.

133

Soviel zum Äther. Der Betäubung war eine Spanne luzider Erheiterung gefolgt. Der Rausch hatte in einen tiefen Brunnen hinabgeführt – auf ähnliche, doch nicht auf die gleiche Art, die Maupassant schilderte. Ich hörte das eher als hell einsetzendes Orchester, dessen Motiv ein zweites aufgriff und zurückwarf wie ein Echo, das modulierte und verwandelte. Das Echo wurde spiegelbildlich aufgegriffen und vertieft. Nach kurzer Pause setzte wieder das erste Orchester ein. Beide standen zunächst in großer Entfernung voneinander und rückten dann sich allmählich näher, während Instrumente ausfielen. Kurz vor der Betäubung wurden Bild und Spiegelbild identisch und schmolzen mit langwelligem Brausen ineinander ein. Ich hatte das Gespinst gehört. In Saiten, die nicht mehr schwingen, zieht sich der Klang zurück. Der Ton wird müde, wird zu tief für das Gehör.

Hegels Synthese also, harmonisch reduziert und jeder Intelligenz zugänglich. Vereinfachung zu rhythmischen Verknotungen. Auf diese Weise wird deutlich: nicht, *warum* etwas begriffen wird, sondern die Notwendigkeit, die Funktion des Begreifens überhaupt.

Dem Denker also, der nicht innerhalb dieser vorgegebenen Notwendigkeit operiert, wird es nicht gelingen, aufzuweisen, was begriffen werden soll. Wenn in seinem System nicht die harmonia mundi mitschwingt, wird er am Empfänger vorbeireden. Dieser Klang muß mitsprechen. Das wiederum erklärt die Wirkung von Systemen auf Massen, denen sie intellektuell nicht zugänglich sind. Sie wirken nicht nur über Kommentare, sondern auch unmittelbar.

134

Das sind spätere Einsichten: Auslichtungen. Der Äther ist ein leichter Feuerstoff – wer ihn zum Fahrzeug wählt, muß sich vor Phaetons Schicksal in acht nehmen. Wie viele Stimulantien wirkt er auf Männer als geistiges, auf Frauen als erotisierendes Fluidum. Von belgischen Zelluloidfabriken, in denen Ätherdämpfe die Luft schwängerten, mußten die nymphomanisch erregten Arbeiterinnen nach Hause geführt werden. Ähnliches wird von Handschuhnäherinnen berichtet, die mit Benzin reinigten. Dicht am Gespinst verschmelzen Begriff und Gefühl. Der Faden läuft weiter, farblos, fast schon immateriell.

Der Äther ist hin und wieder als Antialkoholicum gerühmt worden und hat als Ersatz für den Branntwein gedient. So in Irland nach 1840, als durch einen gewaltigen Abstinenzprediger, den Pater Matthew, den Bauern der Schnaps verleidet worden war.

Der Gedanke ist zu vertreten, denn ohne Zweifel wirkt der Äther »geistiger« als der Alkohol. Und ein geistiges Bedürfnis liegt jedem Rausch zugrunde, selbst dem des Bettelmanns.

> Du gibst ihm hoffnung liebe jugendkraft
> Und stolz, dies erbteil aller bettlerschaft,
> Der uns zu helden macht und gottverwandt.

Der Versuch wäre also ungefähr jenem der Pädagogen zu vergleichen, »Schundliteratur« durch »gute Bücher« zu verdrängen – und er führt ebenso wenig zum Ziel. Das Maß liegt hier wie dort nicht im Stoff, sondern im Menschen, der genießt. Sonst würde er nicht auf den Gedanken kommen, Äther zu trinken, statt ihn einzuatmen – allein in Memel wurden 1897 Tausende von Litern konsumiert. Wenn ein Wagen im Galopp vorbeiflog, zog eine Ätherfahne hinter ihm her.

Das ist der Abstieg in die Quantität. Mit ihm vergröbern sich die Wahrnehmungen. So hörte ein Bandagist, der sich mit ätherähnlichen Stoffen berauscht hatte, eine »unangenehme Musik von Drehorgeln«, also Maupassants Melodie in billiger Ausgabe.

135

Wir haben die Vorstellung, daß Rauch und Dämpfe feinere, geistigere Kräfte auslösen als flüssige und feste Speisen – Düfte natürlich auch. Das sind zarte Ablösungen der Materie, oft ihre Vorboten, besonders in der Nacht. Viele von ihnen leben erst bei sinkender Sonne auf. Seit jeher gelten sie als günstig für die höhere Annäherung und für das Eintretende. Sie dienen bei den Beschwörungen, Zitationen, Rauch- und Brandopfern.

Um den Duft zu empfangen, bedürfen wir feuchter Membranen – das sind Erinnerungen an frühe Meereszeiten, doch das Luftmeer muß nun den Ozean ersetzen, auch für den feinsten Transport. Damals war der ganze Körper von hochsensitiven Häuten umschlossen und fähig, auf eine Art zu empfangen, die nun wie in Brunnen gesucht werden muß. Dort waren und sind Botschaften die Regel, wie sie der Lufthauch von Blüte zu Blüte trägt.

Das sind Erinnerungen an *eine* Welle und *ein* Meer.

BETÄUBUNGEN

136

Der Krieg war verloren – daß ich noch einige Jahre beim Heer blieb, halte ich für einen Fehler, obwohl solche Urteile aus dem Rückblick müßig sind. Werner von Fritsch, der mich einmal in Hannover besuchte, meinte auch, daß ich in der Armee nicht am Platze sei. Er sagte es zu einem Kameraden, nachdem wir zu dritt ein Gespräch über Rimbaud geführt hatten. Ich erfuhr es erst zwanzig Jahr später, nachdem Fritsch bereits in Polen gefallen war. Ihm hat es freilich kaum gedient, daß er die Stufenleiter bis zur obersten Sprosse spielend bewältigte. Mehr oder minder gilt das für die ganze Generation. Fritsch war damals zur Reitschule kommandiert, doch mit der Zeit der Pferde und der Reiter, geschweige denn der Ritter, war es vorbei. Vor Spritzern kann man sich in acht nehmen, nicht aber vor Schlamm und Asche, wenn der Krakatau ausbricht.

Rimbaud hatte ich um diese Zeit entdeckt und war besessen von ihm. Noch heute halte ich ihn für einen der Kirchenväter der Moderne und kann mir vorstellen, wie die Begegnung mit ihm Verlaine aus den Angeln hob.

Rimbaud,
Tu mérites la prime place en ce mien livre,

Fritsch meinte wohl, daß diese Art von literarischer Begeisterung dem Dienst und damit der Karriere abträglich sei. Das war richtig; Passion ist immer ein Indiz für das, was man treiben, aber auch für das, was man lassen soll. »Leser« ist kein günstiges Prädikat in den Personalbogen.

Dazu kam die Unrast, bei Tag und Nacht ein Dutzend Dinge nebeneinander zu treiben, die miteinander wenig zu tun hatten. Daß sich dabei doch manches rundete, erkläre ich mir unter anderem daraus, daß ich nicht wie der Vater die Passion wechselte. Ich nahm den angesponnenen Faden immer wieder auf. »Er ist nicht treu, aber anhänglich«, wie Martin es einmal einer Freundin gegenüber ausdrückte.

Mit diesem Unterbrechen und Wiederaufnehmen der Fäden verknüpft sich notwendig ein Wechsel in der Beurteilung. Wir nähern uns dem Kern. Das war auch der Fall hinsichtlich des Rausches, der mich zunächst als vitale, dann als geistige Anregung beschäftigte – und endlich als Katapult vor der Zeitmauer.

Maupassant darf ich als Einweiser in die zweite Stufe ansehen. Sein Einfluß hatte auf intellektuelle Weise an das Gespinst herangeführt. Er rühmte dem Rausch die Vermittlung eines absoluten Wissens nach: »Es war, als hätte ich vom Baum der Erkenntnis gezehrt.« Bald darauf erkannte er sich in seinem Spiegelbild nicht mehr.

Der Spiegel ist übrigens ein Prüfstein – gelingt es uns, das Ich in ihn zu projizieren, ist eine bedeutende Ablösung geglückt. So wird nach Todesbegegnungen das Spiegelbild sehr stark.

137

Zum Praktizieren kam ich selten; halbe Jahre konnten verfließen, bis ich mich wieder einmal dem Äther zuwandte oder Zuflucht suchte bei ihm, wenn die reale Welt nicht mehr genügte oder aufzuheizen war. Starke Hitze, etwa der Sauna, kann notabene eine ähnliche Klärung der Sicht auslösen.

Die Experimente mit narkotischen Substanzen mußten schon deshalb rar sein, weil im gedrängten Tageslauf kaum Platz für sie war. Sie ließen sich auch nicht planen, da die Lust dazu unvermutet auftauchte. Es wäre also vorauszusagen gewesen, daß sie ein unerfreuliches Ende finden würden, und so geschah es in der Tat, als ich beim Chloroform angekommen war.

Auch mit dem Chloroform wird wie mit dem Äther und ähnlichen Stoffen Mißbrauch getrieben, doch ist es gefährlicher. Lewin berichtet von Patienten, die er dieser Sucht wegen behandelte, und auch von einem Lehrling, der mit einem chloroformgetränkten Handtuch vor dem Mund in schwerer Betäubung aufgefunden wurde und den ins Leben zurückzurufen nicht gelang.

Der Abend war trüb, und es fiel ein kalter Sprühregen, als ich es probierte; die Stadt war abweisend. Zuvor stellte ich den starken Wecker, der mir um so weniger entbehrlich war, als ich ungern aufstand und meist bis weit in die Nacht entweder bummelte, las oder arbeitete. Oft trieb mich spät noch eine Unruhe aus dem Haus, als ob ich ein Abenteuer versäumt hätte.

Nun verschloß ich die Tür. Der Rausch des Einsamen trägt immer auch magische Züge; er gehört zu den Prozeduren, bei denen man die Überraschung zu vermeiden sucht. Das gilt auch für die Zeugung und den Selbstmord, die beide in seine Tiefen einspielen.

Es gibt eine Über- und eine Unterempfindlichkeit gegen Gifte; das Chloroform macht keine Ausnahme. Auf mich wirkte es als schweres Geschütz, als Axthieb, der das Bewußtsein mit einem Schlage auslöschte. Beim Äther war das anders gewesen – dort hatte die Bogensehne geschwirrt, nicht Furcht erregend, sondern in rauschenden Schwingungen.

Vermutlich gibt es auch eine Homöopathie des Sterbens, Auslichtungen des massiven Waldes; Hypnos leuchtet dem Zwillingsbruder Thanatos voran.

138

Der Wecker mußte schon lange geschellt haben, als ich aufschreckte. Das Erwachen war wüst wie das eines Seekranken nach stürmischer Fahrt. Erbrochenes befleckte das Kopfkissen.

Es war Montagmorgen – die Zeit, da man sich einem ungeschriebenen Gesetz zufolge am wenigsten krank melden kann. Zum Glück war nicht, wie üblich, Unterricht, sondern Frühsport angesetzt. Ich schleppte mich also auf den Waterlooplatz und bewegte mich in unansprechbarer Absence zwischen den übenden Abteilungen. Knoke, der dort eine Gruppe führte und am nächsten Tage nach Rußland fuhr, wo Seeckt unter der Hand Flieger ausbilden ließ, erinnerte sich noch viel später an diesen Vormittag. Er hatte den Eindruck gehabt, daß ich unmittelbar aus einer Nacht käme, in der es von Exzessen gerauscht hätte wie von Wasserkünsten in den Gärten zu Tivoli. Ich ließ ihn in dem Glauben; die Erklärung war immerhin normaler, natürlicher. Es gibt Fälle, in denen man Laster vorschützen muß. Da bleibt man noch in den Spielregeln.

Übrigens hat das Gefühl, den Ansprüchen der Institutionen nicht genügt zu haben, mich immer bedrückt. Gerade an den Rändern des Unvermessenen erkennt man ihren Wert. Da wird es bald unheimlich. Wie könnte die Koralle ohne ihr Gerüst der Brandung standhalten? Das hat mich auf die Länge mit den Preußen befreundet – ihr Ordnungstrieb, nicht Kriegslust hat sie in Verruf gebracht. Was diese angeht, bin ich Bonapartist.

Stirner stellt jedenfalls kein Freibillett für höhere Ränge aus. Die Souveränität ist zwar dem Einzelnen angeboren und ist sein Eigentum. Es zu behaupten, kann nur in dem Maß gelingen, in dem Opfer dafür gebracht werden. Die Freiheit hat ihren Preis.

139

Auch abgesehen davon, daß die schwere Betäubung hochgefährlich war und daß ich das Schicksal des Lehrlings hätte teilen können, ließ sie eine widrige Erinnerung in mir zurück. Es war, wie gesagt, eine Ausschreitung, die man besser hinter den Kulissen eines normalen Exzesses verbarg. Daran fehlte es ja nicht in den Jahren, die man mit einem gängig gewordenen Slogan als den »Nachkrieg« bezeichnete. Die beraubte Natur stellte ihr Gleichgewicht wieder her.

Die üble Erfahrung in einem Hotel zu Halle muß ungefähr gleichzeitig gewesen sein. Ich erwähne sie später, weil ich nicht auf historische Art, sondern über die Stufen der Annäherung in der Welt des Rausches fortschreite. Erfahrung und Wirkung decken sich hier nur ungefähr.

Jedenfalls kam es zur moralischen Einkehr, der keiner entrinnt. Ihr folgt das Bedürfnis nach gründlichem Aufräumen. Der Topos um die Waterloosäule mit den Kasernen, Zeughäusern, Kantinen, Arrestlokalen wurde mir zuwider, samt dem »Calebutzer« Viertel, das sich ihm anschloß: verwohnte Häuser mit ihren Wirten und Mietern, kleine Läden und Destillen, in denen sich die Ausbilder zwischendurch einen genehmigten. Obwohl nun mit Millionen gezahlt wurde, hießen die Gefreiten immer noch »Schnapser« – der fünf Pfennige wegen, mit denen die Preußen ihre Löhnung aufstockten und die eben gerade zu einem Schnaps gereicht hatten.

Dieser Konsum war, mit dem vorigen Jahrhundert verglichen, im Rückschreiten. Schon Moltke hatte dafür gesorgt, daß in den Feldflaschen Kaffee mitgenommen wurde statt des Branntweins, der früher üblich gewesen war. Noch nahmen die Bauern zur Rüben- und Kartoffelernte Köhm mit auf die Felder – stark verdünnten, doch in Menge genossenen Sprit. Es scheint überhaupt, daß gewisse Formen schwerer Arbeit eines solchen Zusatzes bedürfen; so erfuhr ich von Rainer Brambach, dem wir gute Gedichte verdanken und der eine Zeitlang bei den Granitarbeitern sein Brot verdient hatte, daß ein solcher Tag der groben Hämmer nur mit Hilfe großer Mengen von schwerem Rotwein zu bewältigen sei. Ähnliches sah ich in Sardinien.

Das Branntwein-Monopol schlägt zwei Fliegen mit einer Klappe – es steigert den Profit und die Dienstwilligkeit. Monopole müssen sich überhaupt darauf gründen, daß das Angenehme schwerer zu entbehren ist als das Notwendige: Salz, Tabak, Alkohol. Auch das Connubium: nur gültig, wenn Staat und Kirche »die Hand dazwischen gehabt haben«. »Und Häckerling streuen wir ihr vor die Tür.«

Der Branntwein galt auch als Indiz innerhalb der sozialen Rangordnung. »Kerl – drei Schritt vom Leibe, Sie riechen nach Schnaps.« Es gab Typen, die immer im Tran waren und die als komische Figuren in den Volkswitz eingingen: Eckensteher, Kutscher, Dienstmänner, alte Schweden – das waren Potsdamer Unteroffiziere, die noch unter dem Großen Kurfürsten gedient hatten und die, offenbar durch den Sprit konserviert, unglaublich alt wurden.

Die Industriegesellschaft kann sich das nicht leisten, und wenn Hölderlin sagt »Gemeingeist Bacchus«, so gilt das immer weniger für sie. Gewiß kann auch hier die Euphorie nicht entbehrt werden, doch darf sie sich nicht der Kontrolle des Bewußtseins entziehen. Stabilisierende, harmonisierende Elemente sollen herangetragen werden, jedoch nur insoweit, als es das Spielfeld zuläßt, also nicht auf dionysische Art. Die Zone, in welcher der Gott zu wirken beginnt, soll nicht betreten werden; sie wird durch Promille begrenzt.

Hier beginnt die Arbeit der Pharmakologen; die moderne Welt mit ihren Leistungen und Rekorden, aber auch mit ihrem Behagen und ihrer Stimmung ist undenkbar ohne sie. Möglich ist übrigens, daß auch der Tabak durch sie eine Einbuße erfahren und das eigentliche Zeitalter der Raucher einmal sein Ende finden wird.

Der Rausch im Sinne der Annäherung sollte auf Orte und Zeiten beschränkt werden, auf Reservate außerhalb der technischen Welt.

140

Von meinem Fenster aus konnte ich noch Gestalten einer abgelebten Zeit beobachten. Gegenüber war ein Militäreffektengeschäft, das immer schlechter ging und dessen Inhaber, Papa Lüdemann, auch ausschenkte. Dort kehrten sie für einen Augenblick ein. Es kamen auch Kutscher und Schutzleute, die noch vor kurzem jeden Honoratioren gekannt hatten. Sie verschwanden nun bald mit ihren Pferden, ihren langen blauen Röcken und Schleppsäbeln.

In dieser Welt ist wenig Bewegung und ein dumpfes Behagen wie bei den Karpfen und Krebsen in den Lagunen und

Altwässern. Schon in der Antike haben die Komödiendichter hier ihre besten Fischgründe gehabt. Auch da ist Tragik, das hat Büchner gut gesehen. Es ist schade, daß Grabbe, der schon als Kind »am Buddel nippen« durfte, lieber Hannibal und Napoleon anvisierte als die Niederungen, die ihm vertraut waren. »Ein deutscher Shakespeare« zu werden, schwebte ihm vor. Schon das sind Einschränkungen. Das Ziel darf nicht erkannt werden. Die Perle wächst nicht nur im Meere, sondern auch in Teichen – und um Sandkörnchen.

141

Obwohl das Viertel, in dem ich wohnte, in einer Schreckensnacht verbrannte, besuche ich noch häufig in Träumen meine alte Wohnung: Mittelstraße 7a parterre. Ich habe in Hannover in vielen Häusern gewohnt; meine Nachtvisiten beschränken sich jedoch auf dieses und ein zweites in der Krausenstraße, in dem die Großmutter ihre letzten Lebensjahre zubrachte.

Es kann nicht nur die Kraft des Erinnerns sein, die uns als Wiedergänger an solche Orte zwingt. Sie müssen an sich von dichterer Substanz sein – wie soll ich mir sonst erklären, daß ich immer wieder in eine Berliner Vorortwohnung zurückkehre, von der ich nur noch weiß, daß ich dort ein Zimmer mieten wollte, das aber schon vergeben war? Offenbar bewegen wir uns auch am Tage neben unseren Geschäften in einer Traumwelt, die andere Akzente setzt, obwohl wir sie kaum wahrnehmen. Ereignet sich Großes, so ist es eher, als ob es aus dieser Schicht heraufstiege und sich verwirklichte.

Ich blicke mich um in den verwohnten Räumen; hier hatten von jeher Subalterne der am nahen Platz garnisonierenden Bataillone gehaust. Nur selten war das Mobiliar geändert worden; es war immer billig und unpersönlich, auch dieses schon über fünfzig Jahre alt.

Viel zuviel Bücher – das meinten fast alle, die mich hier aufsuchten. Ein Regal hatte ich mit Krampen über dem Sofa befestigt; eines Tages brach es herunter – ich sah die Bescherung, als ich nach Hause kam. Die Englische Geschichte von Hume war zu schwer gewesen; ich habe sie später Valeriu Marcu geschenkt. Es gibt eine Monographie über den Tod von Bibliophilen, bei dem dieser Zufall neben dem Sturz von der Leiter die Hauptrolle spielt. Das »Von-Büchern-erdrückt-Werden« wird hier anschaulich. Ich fühle mich noch heute davon bedroht, wenn ich mich im Haus umblicke.

Ich mußte hier heraus und mich verändern; es gefiel mir nicht mehr. Einige Etagen höher oder tiefer zu steigen, ist mir nie besonders schwer gefallen; man soll die Gesellschaft zwar ernst, aber auch nicht zu ernst nehmen. Mit der Fremdenlegion war ich gleich tief im Keller; was die basse-pègre betrifft, so gab es nur in den Strafbataillonen und auf Cayenne eine zünftigere Auslese.

Daß ich bei den Preußen dennoch etwas bestellte, ist um so bemerkenswerter, als der Ausflug in meinen Papieren stand. Das war nun wieder nett von ihnen, denn der Legionär galt, wie ich es dann auch von Benoit erfuhr, als suspekt und stand unter Beobachtung. Viel später hörte ich in der Zwingburg des Pariser Sicherheitsdienstes während der Okkupation den Vortrag eines Funktionärs über die, zunächst karteimäßige, Erfassung verdächtiger Elemente – neben Rotspaniern und russischen Emigranten wurden auch die Fremdenlegionäre genannt. Das waren den Juden und Kommunisten gegenüber kleine Fische, auf die sich dieser Scherge in der Avenue Foch spezialisiert hatte, doch soviel ist richtig: wer sich bei der Legion engagiert hat, dem darf man allerhand zutrauen.

Jedoch: Exzesse kommen selten aus freier Luft. Sie sind meist Hinweise darauf, daß ein Verhältnis nicht befriedigt, und bringen den Vorteil, daß es abrupt beendet und nicht auf die lange Bank geschoben wird.

WEISSE NÄCHTE

142

Im Augenblick, in dem ich aus dem Zwischenfeld in den Orient überwechseln möchte, entdecke ich eine Lücke, die ich fast übersprungen hätte: das Kokain. Es kommt mir nicht auf einen Katalog der Drogen an – den darf ich den Drogisten überlassen – wohl aber auf die Skizzierung der Zustände, die sie hervorrufen und mit denen zu rechnen ist.

Beim Kokain fällt mir Bodo ein, ein Altersgenosse, den ich nach dem Ersten Weltkrieg kennenlernte und bewunderte. Der Typ, der uns auf der Schulbank und auch noch in den zwanziger Jahren anspricht, ist der des Beliebten, den man überall trifft, wo Menschen sich zur Arbeit oder zum Vergnügen vereinigen. Man wird ihn dort im Mittelpunkt finden: den physisch und physiognomisch angenehmen, geistig regen Jungen, dessen Freundschaft jeder begehrt. Ein guter Turner, Tänzer, Fechter, Reiter, Fahrer, auch freier Redner, in jeder Hinsicht schlagfertig. Er ist gut angezogen, doch ohne Übertreibung; die Dinge gehen ihm schon früh leicht von der Hand. Auf Universitäten fällt ihm die Assistenten-, beim Militär die Adjutantenstelle zu. Von den Kameraden wird er als Sprecher gewählt. Gut aspektiert – man muß allerdings den Übergang zur Autorität abwarten. Da kann es Enttäuschungen geben, denen vergleichbar, die der Stimmbruch mit sich bringt. Das Muster ist etwas leichter und feiner; mir fällt auf, daß ich ihm besonders bei den Fliegern begegnet bin. Eigentlich hatte jeder eine Anlage dazu, eine elementare Verwandtschaft zu den Luftzeichen. Ich denke an Udet, von dem ich beim Frühstück hörte, daß man »besser mit dem Hintern fliegt als mit dem Kopf«, was mir einleuchtete. Das war, als er sich noch als Luftakrobat auszeichnete. Sein Schicksal ist typisch; die Politik besorgte nur die Umstände.

Noch etwas anderes macht in jenen Jahren Eindruck: das

erste literarische Gespräch. Es braucht nicht die Welt der Bücher im engeren Sinn zu berühren, sondern es bringt die Begegnung mit dem Menschen, »der sich Gedanken macht«. Dem folgt die Absonderung mit den stundenlangen Gängen zu zweit, den Diskussionen bis tief in die Nacht. Auch wenn man die Geschichte der Verbrechen verfolgt, wird sie oft auf ein solches Gespräch als auf die Wurzel der Komplizenschaft zurückführen. Das gilt nicht minder für den guten Einfluß; hätte Raskolnikow, anstatt sein Selbstgespräch zu führen, sich Rasumichin eröffnet, so würde es nicht zur Untat gekommen sein.

Bei Bodo vereinte sich beides: er faszinierte in der Gesellschaft wie im vertrauten Gespräch. Ein Glücksfall, der sich in meinem Leben wiederholte und mich durch die Zeit begleitete, deren immer wachsende Durststrecken sonst auch kaum zu überwinden sind.

Als ich nach Berlin kam, also schon früh, verloren wir uns aus den Augen und hörten selten voneinander, begegneten uns auch nur einmal wieder, und zwar in der Pariser Georgsrunde, nach langer Zeit. Ich habe eben, um ihn mir wieder zu zitieren, die Mappe mit seinen Briefen hervorgeholt.

Es scheint, daß ihn im Leben die leichte Hand, über die er verfügte, nicht im Stich gelassen hat, auch nicht während der bösen Passagen, an denen in unserer Zeit kaum einer heil vorbeikommt – sie blieb ihm auch beim letzten Übergang treu.

143

Bei den hier angedeuteten Charakteren fehlt es nicht an Klippen – das Spiel gehört notwendig dazu. Allerdings haben sie auch hier meist eine glückliche Hand.

Mit der Auflösung der ständischen Welt und ihrer Wertungen nach dem Ersten Weltkrieg gab es, wie auf allen Gebieten, auch hier eine Änderung. Wo nach dem Kahlschlag noch etwas übrig bleibt, wird es bald absurd, komisch oder einfach langweilig. So der Zweikampf, die Mensur, das Ehrenwort, der Handkuß, die höfischen Sitten und Kavalierstugenden. Vielleicht erhält sich hier und da ein Ekeby. Dort gibt es auch noch für das noble Spiel Voraussetzungen.

Das Glücksspiel wird natürlich nie aussterben; die Formen ändern sich. Sie nehmen Rhythmus und Automatismus der Arbeitswelt an. In einer Schilderung von Las Vegas (Wolfe: »Das bonbonfarbene tangerinrot-gespritzte stromlinienbaby«, 1968) finde ich den Ort als »das Versailles der Massendemokratie« bezeichnet – ein ungewöhnlich guter Vergleich. Als Zwischenglied wäre Monte Carlo anzuführen, das im 19. Jahrhundert aufblühte und mit ihm den Reiz verlor. Übrigens findet im Roulette bereits ein Übergang zum Automatismus statt – im Vergleich zum Würfel- oder zum Kartenspiel.

144

Hier drängt sich eine Einschränkung auf, die das Verhältnis von Stil und Motiv betrifft. Das Motiv kann tiefer hinabreichen und von der Zeit weniger abhängig sein als der Gemeingeist einer Epoche und ihr Stil. Motive sind nicht nur durchgängig und wiederkehrend (Leitmotive), sondern sie können auch einmal besonders glücklich, besonders gültig gefaßt werden. So »Glück und Unglück« in Form der Roulette.

Bei solchem Gelingen verdichten sich die Motive zu einfachen, sprechenden Mustern, wie hier in Rad und Kugel, den roten und den schwarzen Feldern, den geraden und ungeraden Ziffern, der Null, die nur der Bank zugute kommt. Die alte Idee des Glücksrades ist auf die perfekte Formel gebracht.

Heut ist Monte Carlo museal geworden, und die in aller Welt auf Bauernfang berechneten Kasinos sind ebenso überflüssig wie die Grenzen, in deren Nähe sie errichtet sind. Das Glücksspiel hat andere Formen angenommen, es bedient sich anderer Mittel und bildet Industrien und Monopole innerhalb der Automatenwelt.

145

In Hannover hat das Spiel zu verschiedenen Zeiten günstigen Boden gehabt. Das ist seit jeher so gewesen – jedenfalls seit in Niedersachsen das Pferd gehalten und geehrt wurde. Bis zu Widukinds Tode ist es hier nicht nur geehrt, sondern auch verehrt worden. Wod hatte ursprünglich Pferdegestalt. Wie so manches andere Wesen wechselte das Pferd dann aus dem Totem in das Wappen – das ist einer der Übergänge, mit denen der Schwund beginnt. Noch im Königreich Hannover erscheint das Pferd auf den Siegeln und Briefmarken. Der König Ernst August zu Pferd überstand vor dem Hannoverschen Bahnhof nicht nur das Jahr 1866, sondern auch die Schrecken des Feuersturms der großen Bombennacht.

Immer, wenn ich aus dem Hauptportal hinaustrete, wirkt sein Standbild wie ein Zuspruch auf mich. Das muß vom Roß und nicht vom Reiter kommen; es ist kein legitimistisches, sondern ein Stammesgefühl. Die Welfen sind hier ebensowenig ureingesessen wie die Hohenzollern in der Mark.

146

Auch als das Königreich zur preußischen Provinz Hannover geworden war, spielte das Pferd dort noch eine große Rolle; die Armee unterhielt in der Hauptstadt ihre Reitschule, die auch in der Republik bestehen blieb. Das war kein Zufall; im Wandel der Geschichte und der Verwaltung bewahren Orte ihre eigene Kraft. Daß es indessen mit der Zeit der Reiter und der Pferde vorbei war, ließ sich auch hier nicht übersehen.

Einige Nachwehen gab es immer noch, und zwar im Zusammenhang mit den Herbstrennen. Die Passion für das Pferd und die für das Spiel sind eng verschwistert; sie begegnen sich in der Rennwette, die nicht so ruinös werden kann wie das reine Glücksspiel, weil sie einerseits auf einen Ausgang limitiert ist und andererseits Raum für Erwägungen läßt. Allerdings schaffen die Rennen eine Stimmung, die dem Spiel generell günstig ist. So war es auch hier; Bodo spielte mit einigen Kameraden um diese Zeit entweder bei »Kasten« oder in Herrenhausen, wo ein Buchmacher mit einer Roulette und einem Baccarat-Schlitten eine Gastrolle gab.

Die Spieler finden kein Ende und lieben keine Unterbrechung; berühmt durch diese unermüdliche Seßhaftigkeit ist Lord Sandwich, der auch zum Essen keine Pause machte, sondern belegte Schnitten reichen ließ, die seitdem unter seinem Namen unentbehrlich geworden sind.

Es versteht sich, daß die Nächte zu kurz sind, daher haben die Räume, in denen auf diese Art gespielt wird, dunkle und dichte Vorhänge. Sie sind meist abgelegen – schon deshalb, weil das Glücksspiel verfolgt wird, aber auch, weil kein Geräusch, kein fremder Eintritt es stören soll. Die Luft ist abgestanden, dazu wird stark geraucht. Das Licht ist grell, die Bedienung lautlos und suspekt.

Es sind Orte, die man mit Spannung betritt und zugleich mit einem Gefühl, als ob man gewarnt würde. Vermutlich gibt es Hinterzimmer, die sich der Einsicht entziehen, doch auch, wenn sie fehlen würden: der Dämon ist wach.

Ich war nur einmal draußen in Herrenhausen und ging bald wieder; die Stimmung war unangenehm.

147

Wie jeder Tätigkeit, die Konzentration erfordert, ist auch dem Spiel das Trinken abträglich. Die narkotische Wirkung schwächt die Aufmerksamkeit, und die stimulierende verführt dazu, die Kurve zu schneiden: man läßt die Vorsicht außer acht. Andererseits erschöpft die Spannung in den weißen Nächten; der Spieler muß aufhören oder sich aufpulvern.

Die einem begrenzten Felde zugewandte Aufmerksamkeit soll wach und konstant bleiben, ohne erregende Steigerung und phantastische Einflüsse. Der erwünschte Zustand ist etwa der eines Freiballons, der auf gleicher Höhe gehalten werden soll. Dazu bietet die Chemie vorzügliche Mittel an, bei denen freilich oft schwer zu entscheiden ist, wo die Anregung zum Doping wird. Eine Steigerung der Leistung kann sich auch rein als Verlängerung auswirken. Allerdings muß die Zufuhr an fremder Substanz immer stärker werden, denn die Kraft nimmt nicht konstant, sondern in steiler Kurve ab. Einmal berührt der Ballon die Erde, was man auch anstellen mag. Der Auftrieb ist erschöpft.

Bodo und seine Freunde, darunter ein junger Arzt, hatten herausgefunden, daß kleine Mengen Kokain sie munterer erhielten, als es durch Kaffee und Zigaretten zu schaffen war. Außerdem hielt die Spannung am nächsten Tage noch bis zum Dienstschluß vor. Sie sahen dabei ganz frisch aus; höchstens fiel auf, daß sie an den Lippen kauten und ein wenig schnupperten. Keiner von ihnen gewöhnte sich daran. Sie stiegen alle, soweit ich ihre Bahn verfolgen konnte, zu hohen Rängen auf. Bodo wäre es viel schwerer gefallen, das Rauchen zu unterlassen, wie er ja auch mit der Zigarette in der Hand ad patres gegangen ist.

148

Das Kokain ist während des Ersten Weltkrieges Mode geworden; das janusköpfige Zürich war eine der Residenzen, von denen seine Herrschaft ausstrahlte. Serners Novellensammlung »Zum Blauen Affen« gibt Einblicke in den Biotop, in dem sich die Droge ausbreitete. Es hieß auch, daß Kampfflieger, die »Nerven bekommen« hatten, sich damit ermunterten. Das konnte nicht lange gut gehen.

Lewin ordnet in seinem Standardwerk über die Gifte das Kokain unter die »Euphorica«, den Tabak unter die »Excitantia« ein. Solche Einteilungen haben, ähnlich wie die der Geisteskrankheiten, unscharfe Ränder – sie zielen auf Zustände und Mittel, die sich nicht nur individuell auf mannigfache Weise auswirken, sondern auch in sich verschiedene, ja selbst gegensätzliche Kraft bergen. Dazu kommt noch Paracelsus' »Sola dosis facit venenum«.

Auch in diesem Falle könnte man die Einteilung umkehren und den Tabak den euphorischen, das Kokain den erregenden Drogen zurechnen. Als Arznei wird es zur Betäubung und zur Vereisung verwandt. Die Spieler und Flieger nahmen es, um sich wach zu halten, und auch als eine Art von Treibstoff, als Energeticum.

Das Kokain kommt rein in der Natur nicht vor. Es ist neben anderen Stoffen im Kokablatt enthalten, das im Reich der Inkas zu den Göttergeschenken gezählt wurde. Es spielte daher auch eine Rolle bei den Zeremonien. Den Indianern vertrieb es, wenn sie es kauten, Ermüdung, Hunger und Kummer – sie schätzten es also wegen seiner energetischen und beglückenden Potenz und auch, wie man heute sagen würde, als »Appetit-Zügler«. In der Tat befähigte es sie auf den Märschen im Hochgebirge und bei der Arbeit in den Pflanzungen zu unermüdlichen Leistungen, die schon Humboldt an seinen eingeborenen Führern in den Anden bewunderte. Tschudi, der fünfzig Jahre später Südamerika durchreiste, beobachtete dort Indios, die das Zehnfache der üblichen Dosis kauten und schon früh Bilder eines greisenhaften Verfalls zeigten.

Wir stoßen wieder einmal auf den Zusammenhang von Rausch und Zeit. Hierzu auch das Kuriosum, daß den Indios der Kokabissen, die »Kokada«, als Weg- und Zeitmaß dient. Auf den Bergen hält er weniger lange vor als in der Ebene. Merkwürdig ist auch, daß der Indio den ersten Bissen nach dem Erwachen in Ruhe, also nicht bei der Arbeit, genießen will. Der ist also, wie bei uns die Morgenzigarette, dem reinen Behagen geweiht.

149

Beim Spielen »schnupften« sie also, und zwar mäßig – etwa wie man eine schwarze Brasil raucht oder einen Mokka bestellt. Das sind Galoppstrecken. Man legt dann eine Schrittreprise ein. Es scheint, daß ein mäßiges Koka-Kauen auch nicht viel schädlicher als das Kettenrauchen ist. Die Jesuiten verboten die Stimulierung hin und wieder, vorwiegend aus theologischen Gründen: »weil die Pflanze nur durch Trug des Bösen zu stärken scheint«. Dann pflanzten die Indianer den Strauch irgendwo im Dickicht des Urwaldes an. Ganz ähnlich ziehen heute Marihuana-Raucher den Hanf auf Dächern oder zwischen den Beeten der Stadtgärten.

Wie wir den »Trinker« unterscheiden von jenen, die sich an die üblichen Trinksitten halten, so die Indianer den »Coquero« als den unmäßigen Genießer von dem, der behaglich und beschaulich seinen Bissen kaut. Der Coquero kennt nur eine Gangart, den Galopp. Das führt schnell zum Ruin.

Bei den durch unsere Künste ausgefällten Stoffen wird diese Gefahr zur Regel – die Dosis ist zu stark. Ich nehme daher an, daß Bodo der Droge nur in Spuren zusprach, quasi in Salzkörnchen – und das ist um so eher zu vermuten, als er zwar mit leichter Hand, doch nicht leichtsinnig spielte und meist gewann.

Ich spürte zum Spiel wenig Neigung, war auch nicht begabt dafür. Die Glückshand zählt zu den Naturgeschenken und ist zuweilen unverkennbar; so gibt es beim Lotteriespiel Serien von Gewinnen, die der Wahrscheinlichkeit Hohn sprechen.

Zu erwähnen vergaß ich, daß ich beim Verlassen des Spielzirkels im halbdunklen Flur einem Reiter von hohen Graden begegnet war, einem Nachfolger des »Weltmarschalls«, der auch in Hannover kommandiert hatte. Dieser kam im grauen Cut von 1912, den er wieder aus dem Schrank geholt hatte. Er sah mich im Spiegel, drehte sich um und sagte: »Wenn ick Sie hier nochmal treffe, werde ick unanjenehm.«

Ich rätsele noch heute, was von dieser unverblümten Ansprache zu halten war. Spieler sind heikel; sie glauben, daß manche Gesichter ihnen Pech bringen. Er konnte es auch pädagogisch gemeint haben, indem er mich hier für besonders gefährdet hielt. Bodos Gesellschaft störte ihn offenbar nicht. Damit hätte er, zwar nicht hinsichtlich des Spiels, wohl aber der Droge, gut differenziert gehabt. Ich ging gleich bis an die Grenzmarke.

150

Bodo hatte mir die Luzidität gerühmt, die der Stoff vermittele. Sie führe zu guter Übersicht, klaren Entscheidungen. Ich solle es versuchen; die Feder würde über das Papier fliegen. Das ließ ich mir nicht zwei Mal sagen; sein Freund, der Arzt, der auch zu den Adepten zählte, gab mir ein blaues Schächtelchen vom Umfang eines Fünfmarkstücks und ein Glaslöffelchen dazu. Eines Abends schloß ich mich damit ein.

Ich war vom Ägidientor über den Friedrichswall gekommen; die ersten Blätter fielen schon. Nachdem ich mich im Sessel zurückgesetzt hatte, öffnete ich das Schächtelchen; es war mit einem schimmernden Pulver gefüllt. Die Substanz war weiß wie Schnee, doch aus längeren Kristallen zusammengewoben zu einer Art Watte von seidigem Glanz. Ich tastete sie mit den Augen ab; der Eindruck war nicht gerade angenehm. Er gab ein abstumpfendes Gefühl, als ob ich Talkum zwischen den Fingerspitzen riebe, und im wattigen Glanz war etwas Unechtes, wie von Kunstseide. Vielen Produkten der organischen Chemie haftet dieser sterile Schimmer an. Sie potenzieren durch Reduktion. Nichts war zurückgeblieben vom Grün des Kokablattes, wie ich es später in den Wäldern sah. Ähnlich verbleichen die Morphine gegenüber der dunklen Wucht des Opiums. Dort schlummert der Purpurtraum.

Ich kostete einen Hauch von der Spitze des kleinen Fingers – ein bitteres Konzentrat. Dann zog ich rechts und links eine Prise mit dem Löffelchen ein. Das wirkte fast augenblicklich; die Nase wurde kühl, gefühllos, der Atem tief und langwellig. Die Stimmung wurde optimistisch, als ob sich die Kräfte, die ich an Bilder, Bücher und Gegenstände abgegeben hatte, nun in mir sammelten. Die Wahrnehmung zog sich ins Innere zurück mit einer weichen und doch sicheren Bewegung, so etwa wie das Augenhorn der Schnecke sich einzieht, wenn sie berührt wird oder auch nur ein Schatten auf sie fällt. Der Körper wird massiver, indem er sich kontrahiert. Es gibt molluskoide Kräfte, die nicht hebelartig wirken wie die der Wirbel- und der Gliedertiere, sondern aus dem Schieren heraus. Man wird daran erinnert beim Händedruck gewisser Partner, der weich angreift und doch mit saugender Umschließung, die angenehm und dabei gefährlich wirkt.

Ich nahm die Feder und wollte die Blätter schildern, die ich beim Gang über den Wall auf den Steinplatten gesehen hatte. Sie standen mir noch frisch vor Augen in ihrem metallischen Grün, »auf dem sich der bunte Rost des Herbstes niederschlug«. Ein guter Satz gelang mir, der sich irgendwo erhalten haben muß. Ihm folgten ein paar Impressionen, schon unter Spannung, und dann in seismographischer Flucht unleserliche Schriftzüge.

Bald hörte ich damit auf; es wurde unwichtig. Ich fühlte, wie meine darstellende Kraft wuchs und wie sie im gleichen Maß zur Darstellung unfähig wurde, in dem sie sich steigerte. Ein Paradoxon, für das es jedoch überall in der belebten und der unbelebten Natur Beispiele gibt. Ein Bassin muß einen Abfluß haben, der seiner Fassungskraft entspricht. Ist der Inhalt sehr groß, wird er eher die Wände sprengen als durch eine Röhre abfließen. Auf ähnliche Weise brennt die zu starke Spannung leichter die Sicherung durch, als daß sie den Weg über sie nimmt. Das Hirn befand sich also im Zustand des zu hoch gestauten Beckens oder der bis an die Grenze aufgeladenen Batterie. Es konnte Kraft nicht mehr im Detail abgeben. Mit solchem Strom könnte man eher eine Stadt erleuchten als eine Studierlampe.

Unfähig zur Aktion – doch nicht aus Mangel, sondern aus Überfluß. Unfähig zur Zeugung – doch nicht durch Impotenz gehindert, sondern durch ungestüme Vitalität. Hier ist die Klippe nahe und die Gefahr zu scheitern groß. Der Widerspruch ist zu erfassen – nicht nur beim Studium der Räusche, sondern auch der Pubertät und der sich ihr anschließenden Lebenszeit. Er kehrt in der Geschichte wieder und ist typisch für Wendungen, in denen sich der Titanismus wiederholt. So für die Morgendämmerung des Arbeiters. Bedrohlich wird vor allem die eigene Potenz.

151

Es wurde kälter. Nicht nur die Nüstern wurden gefühllos, der Mund, der Gaumen auch. Zuweilen biß ich auf die Lippen wie ein Pferd, das an der Kandare kaut. Ich ging zum Spiegel; die Pupillen waren groß wie Nachtfalteraugen; dunkel und weit geöffnet vom Alkaloid. Das Gesicht war starr, gefroren wie auf einer Kurierfahrt jenseits des Polarkreises. Dabei illuminiert.

Die Kälte wuchs. Wenn de Quincey wähnte, als Mumie im Innern der Pyramiden Jahrtausende dahinzudämmern, so hat das mit der zehrenden, austrocknenden Wirkung des Opiums zu schaffen, wie man sie an alten Chinesen studieren kann und wie ich sie bei Benoit und anderen Legionären beobachtete. Das braune Pulver mumifiziert. Der »Schnee« vereist. Auch das bringt lange Dauer mit sich oder wenigstens ihr Bewußtsein – und was ist Zeit denn anderes?

Wenn das Gehirn einfriert und sich zu einem Eisblock wandelt, kann es ebenso wenig Gedanken bilden, wie sich am Nordpol Wasser aus einem Eimer gießen oder aus einem Brunnen sprühen läßt. Das große Kraftwerk ruht. Dafür wächst das Bewußtsein geistiger Gegenwart und Macht. Das Hirn denkt nicht mehr dieses oder jenes; es fühlt sich selbst in seiner unbeschränkten Fülle – die kleine Münze, die kursierte, ist in das Gewölbe zurückgeholt. Damit entfällt viel Täuschung, auch Einbeziehung in die Ansprüche der Welt. Der Eisblock wird zum Goldbarren, der Mensch sein Harpagon. Jetzt wäre ihm alles möglich – ebenso wie Geizhals alles kaufen könnte, wenn er nicht die sublime Potenz des Goldes seiner Verzettelung vorzöge. Auch hier steckt Tragik dicht unter der Komödie.

Die Stimmung ist nicht leicht zu fassen – jedenfalls nicht ohne weiteres zu bagatellisieren als sterile Abart der Imagination. Es scheint dem Geist, daß er allmächtig sei und daß der Einsatz, der ihn bislang beschäftigte, sich nicht lohne, nicht zureiche. Abgleichungen im Imaginären und doch lehrreich – so mag es kommen, wenn endlich das Hirn sich vom

Dienst zu dispensieren und die Reserven an sich zu ziehen beginnt. Nicht geminderte, sondern gehortete Macht. Ein Übergang freilich, ein Gleichnis nur.

152

Ich hatte die Larvengesichter mit den Nachtschattenaugen in den Cafés gesehen, nicht nur am Alexanderplatz, sondern auch am Kurfürstendamm. Ein widriger Anblick, obwohl er in jenen Jahren nicht selten war. Wenn etwas nicht in die dynamische Welt gehörte, so war es diese völlige Starre und Ausdruckslosigkeit. Sie findet sich nicht in den Opiumhöhlen und bei den Hanfrauchern. Dort wechselt die Skala durch die Mimik des Glückes und der Leidenschaft. Hier aber verwandelt der Berauschte sich in seine eigene Statue.

Bekannt ist, daß der »Schnee« in der Unterwelt besonderen Anklang gefunden hat. Das kann kein Zufall sein. Hier ist der Unterschied vernichtend, der zwischen der Berufung des Menschen und seinem Handeln klafft. Er sieht sein Bildnis, von Verbrechen und Laster zugerichtet, wie Wilde es im »Dorian Gray« getroffen hat. Demgegenüber genügen die künstlichen Paradiese nicht. Der Geist will wenigstens für Stunden in seine unbegrenzte Fülle, ins unbefleckte Weiß, und sei es eisig, zurückkehren.

Es darf nicht moralisch gefaßt werden, wenn der Mensch seinen intelligiblen Charakter dem empirischen gegenüberstellt. Er will sich nicht in seiner Tugend erkennen, sondern in der ihm verliehenen Eigenart. Will Raskolnikow sich in seinen Träumen ausloten, so nimmt er sich nicht Christus, sondern Napoleon als Maß. Das Straßenmädchen möchte sich nicht als Maria, auch nicht als Magdalena sehen, sondern als Königshure, als Pompadour.

Der Geist baut sich für Stunden sein Standbild auf. Doch kann er in dieser Höhe nicht verharren; er muß ständig Kraft nachschießen. Der Rausch kann näher an das Absolute heranführen, doch nur im Gleichnis: wir erkennen für Augenblicke, was möglich ist. Ein Blick durch die Pforte genügt.

153

Die Nachtschattengesichter glichen Gespenstermasken mit dunklem, in den Stoff geschnittenem Visier. Mein Blick war ähnlich – ich erhob mich hin und wieder, um in den Spiegel zu sehen. Das gehörte dazu. Sonst saß ich im Sessel, die Hände auf der Lehne, während Stunde um Stunde verrann.

Es hieß im alten China, daß, wenn der Kaiser in der rechten Haltung auf dem Thron sitze, das Reich in Ordnung sei. Wie das gemeint ist, sah ich später in vielen Tempeln des Fernen Ostens; erhabene Ruhe geht von den Idolen aus. Der Zustrom, die Erleuchtung, das Durchflossen-Werden von kosmischen Kräften geschieht ohne Anstrengung. Da ist kein Kreuz, kein Grünewald, keine Uhr und Unruhe, kein Grübeln über das Perpetuum mobile. Mehr kann nicht erreicht werden.

Glaubwürdig wird berichtet von tibetanischen Mönchen, die mit nacktem Oberkörper die Nacht über an eisigen Felswänden hocken und dort ein triefnasses Tuch nach dem anderen austrocknen, das man ihnen auf die Schulter legt. Das kann nicht durch eigene, durch stationäre, sondern nur durch zuströmende Wärme geschehen – durch eine Wärme, die der Kosmos dem Bios unmittelbar zuwendet. Auf Umwegen, über »Sicherungen«, zehren wir ja alle von ihr.

Derartige Fakten, wie sie auch Huc während seiner Reise durch die Mongolei beobachtete, pflegen uns zu erstaunen, weil sie nicht in den Rahmen unserer dynamischen Welt passen. Warum beunruhigen sie uns aber auch? Würden wir hören, daß diese Mönche an einen elektrischen Strom gekoppelt seien, so wären wir beruhigt. Seit jeher hat es diesen Strom gegeben, längst bevor wir ihn uns durch eine Reihe von Phänomenen anschaulich und dann nutzbar gemacht haben. Er ist ein Strom unter anderen, bekannten und unbekannten, so wie unsere Welt eine Welt unter anderen.

154

Ich jedenfalls hatte Nachschub nötig und besorgte ihn mir mit dem gläsernen Löffelchen. Eine solche Prise hatte nur das Gewicht eines Stäubchens, doch wirkte sie unmittelbar. Nicht nur Nase, Mund, Stirn und Wangen waren kalt und gefühllos, sondern das ganze System war erstarrt, als ob es in flüssige Luft getaucht wäre – eine Pflanze mit Faserwurzeln und gefiederten Zweigen, bis in die Zellen vereist.

Ein Fluß aus einer reinen, klaren Masse schoß so schnell dahin, daß er wie ein Spiegel zu ruhen schien. Dann aber tauchten Schlieren und Flecken in ihm auf – Erscheinungen, wie sie auch an Seifenblasen kurz vor dem Zerspringen auftreten. Das war nicht angenehm, denn es brachte Zeit in die entrückte Anschauung. Wenn wir Geschwindigkeit und Schwerkraft wahrnehmen, beginnt schon der Verlust.

Die Stimmung begann zu sinken; ich griff häufiger zu dem Löffelchen. Obwohl die Nächte schon lang waren, sickerte Licht durch den Vorhang ein. Die Physis glich einem Renner, der immer deutlicher erlahmt, wie oft und scharf wir auch die Sporen einsetzen. An dieser Grenze versagt die Droge, auch wenn die Dosis sinnlos gesteigert wird. Nur die Giftwirkung bleibt. Sie betäubt, lähmt, vernichtet, läßt den Dämon unverhüllt eintreten. Das sind die Dämmerungen, in denen Dimitri Karamasoff die Schlittenglöckchen klingeln hört. Es könnten auch die des Rettungswagens sein.

155

Das Kokain hat mit dem Morphium und dem Chloroform gemeinsam, daß es den Schmerz betäubt. Es unterscheidet sich von ihnen dadurch, daß es nicht einschläfert, sondern die Wachsamkeit erhält, ja noch erhöht.

Der »Schnee«, falls er auf eine intakte Physis trifft, entrückt den Geist in nüchterne Kälte und überläßt ihn, während er ihm die Wahrnehmung des Körpers abnimmt, einsamem Selbstgenuß. Er kann sich entfalten wie die Seerose eines nächtlichen Weihers, auf die ein Mondstrahl fällt.

Schwere Störungen stellen sich mit der Gewohnheit ein – so Visionen von widerlichem Ungeziefer, das sich auf und unter der Haut einnistet. Es ist nicht zu vertreiben, selbst wenn der Betroffene es mit Messer und Schere herauszuschneiden sucht. Wäre es wirklich, würde ihm leichter beizukommen sein.

Der akute Mißbrauch birgt andere Gefahren – so die Lähmung der Atem-Muskulatur. Sie droht in den Morgenstunden, wenn die Dosis, um die Höhe zu halten, immer wieder gesteigert wird. So verdoppeln, schon ohne Hoffnung, die Glücksspieler. Nach den Kanonen muß auch der Anker über Bord. Doch das Schiff sinkt schneller, die Flut umspült bereits die Brust, die kaum ihre Kälte spürt. Eisberge innen und außen: das Hirn die Kappe, der sichtbare Teil. Das Ohr vernimmt die Takte der Bordkapelle; sie spielt die Lebensmelodie.

156

Unsere Nächte sind zu kurz für solche Fernfahrten. Es wurde heller; die Trompete hatte schon geweckt. Von draußen war der Gleichschritt ablösender Wachen zu hören; auch Reiter kamen vorbei, die ihre Pferde bewegen wollten, solange der Platz noch einsam war. Es war Sonntag, bis zum Kirchgang hatte es noch Zeit. Er war freiwillig, und für die Chargen war nur das Hin- und Zurückführen der Abteilungen Dienst. Die Zwischenzeit verbrachten sie in einer der nahen Wirtschaften. Selbst den Gesprächen, die dort geführt wurden, haftete die Melancholie des puritanischen Sonntags an.

Auch im Hause begann es lebhaft zu werden; der Regimentsschneider war wie die meisten alten Soldaten Frühaufsteher, und die Seinen folgten ihm darin nach. Vor dem Kriege hatten sie bis zum Frühstück schon ein Quantum von Achselklappen mit Nummern bestickt, Stück um Stück für drei Pfennige. Auch drüben hatte dann schon Licht gebrannt.

Dort saß der Leutnant von Einem, der keine Zulage bekam, und schrieb Adressen – tausend Stück für zehn Mark.

Wenn nach einer solchen Nacht der Morgen dämmert, droht Gerichtsstimmung. Die kleinen gewohnten Geräusche, mit denen der Tag beginnt, die noch zarten, herantastenden Bewegungen in Zimmern und Stockwerken, auf Treppen und Fluren gewinnen eine moralische Untertönung, sie werden anklagend. Wir möchten sie negieren, auslöschen. Jedoch sie werden immer stärker wie ein Orchester, das nach gehauchter Ouvertüre den Raum erfüllt, und nicht nur den Raum. Da hilft kein Widerstand.

Der Raub an der Gesellschaft wird nun spürbar, den wir mit solchem Exzeß begehen. »Excedo« – ich gehe hinaus, ich entferne mich, und zwar sowohl aus der eigenen Begrenzung wie aus dem sozialen Geheg. Excessus ist die Ausschreitung. Damit droht früher oder später exclusio, die Ausschließung.

Die Einsamkeit des Genusses kommt erschwerend hinzu. Sie wird um so stärker zum Bedürfnis, je mehr die Droge ihren Namen verdient. Der Student, der in aller Herrgottsfrühe mit einem Mordsrausch randalierend heimkehrt, bekommt von seiner Wirtin eine Standpauke. Er hat Unfug gestiftet; die Nachbarschaft ist halb entrüstet, halb amüsiert. Anders wird das Verhältnis, wenn dieselbe Wirtin, zur gewohnten Stunde mit dem Tablett ins Zimmer tretend, denselben Studenten bleich, unansprechbar, Löcher in die Luft starrend, im Sessel sitzen sieht. Der Mann ist unheimlich.

Unheimlich für den Studenten ist aber auch die Wirtin, die heiter und ausgeschlafen ins Zimmer tritt. Sein Zustand zählt zu jenen, in denen man höchst ungern betroffen wird. Er ist dem Verbrechen verwandt, doch nur dem großen, das in der Einsamkeit begangen wird. Dieses muß Nietzsche vorgeschwebt haben bei den Passagen, die dem Bösen gewidmet sind. Der kleine Verbrecher, der Schuft, Mittäter und Gauner ist ökonomisch auf die Gesellschaft angewiesen und psychisch auf Geselligkeit. Wenn er sich einsam berauscht, so ist das eine Ersatzhandlung.

157

Es scheint jedoch in solchem Morgengrauen mehr und anderes feindlich als nur die Gesellschaft, die geschäftig ihren Tag beginnt. Sie ist und bleibt gefährlich, und man muß auf der Hut sein vor ihr. Da ging das Mädchen die Treppe hinunter, und Papa Lüdemann zog den Fensterladen auf. Zwei Straßenecken weiter war Haarmann mit dem Hackebeil am Werk.

Das sind Begleiterscheinungen, sind Nebengeräusche, wie Kubin sagt. Sie sind verbunden mit dem Abschied von der stillen, feierlichen Nacht. Dort waren wir sicher, waren wir tief eingebettet, nun zieht das Licht mit seinen unbarmherzigen Pfeilen herauf.

Bedeutend mehr Leben, zarteres und feineres, ist unter als über Tag. All diese Keime, Gespinste, Fasern, Myzelien, Eigelege, Nematoden werden erst sichtbar, wenn sie ein Spatenstich ans Licht hebt, das sie schnell zerstört. Und doch bleibt es die Wurzel, die das Blattwerk, der Mythos, der die Geschichte, der Dichter, der den Denker, der Traum, der unsere Tage und Werke nährt.

»Die Nacht ist tief, und tiefer, als der Tag gedacht.« »Mehr Licht« – das hat auch eine Geheimvariante: Dunkelheit. Bei welcher Frau wir auch schlafen – wir wollen in ihr zur Mutter zurückkehren. Ihr, und nicht Aphrodite, gehört der Altar, auf dem wir das Opfer begehen. Aphrodite gibt nur die Form, wie Götter überhaupt die Form geben. Die einen nehmen sie zu ernst, die anderen unterschätzen sie. Darum geht jeder Streit, der den Namen verdient.

158

Eine Wohnung, vor allem das Schlafzimmer, muß immer etwas vom Nest oder von der Höhle behalten; es muß eine Zuflucht sein. Das Wort »Bau« hat unterirdischen Charakter; wir denken an Gänge und Kammern, wie sie die Tiere graben, vor allem an Reinekes Burg Malepartus. An Nestern gefielen mir schon in der Kindheit besonders jene, die auch oben geschlossen sind, wie die der Zwergmaus, des Spechtes, des Zaunkönigs. Es versteht sich, daß mir dagegen die Glashäuser mißfielen, wie ich sie in New York mehr bestaunte als bewunderte. Laboratorien und Observatorien will ich natürlich ausnehmen, doch schon beschränkten Symbiosen, wie sie Büros und Schulen bilden, sind gläserne Wände ungünstig. In einem gläsernen Krankenhaus kann man repariert, doch nicht geheilt werden.

Ich habe immer auf dunkle Vorhänge gehalten; trotzdem rieselte das Licht immer stärker durch sie ein. Es zeichnete die Tapeten, Bücher und Möbel mit blassen Farben und sog an ihrer Wirklichkeit.

Ich saß im Sessel; das blaue Schächtelchen stand auf dem Tisch. Sein Inhalt hatte sich kaum vermindert; ich mochte ein Gramm konsumiert haben. Nach Ansicht der Experten war das freilich für einen Anfänger schon zu viel. Wollte ich die Höhe halten, so mußte ich mich noch einmal mit einem starken Quantum hochreißen. Ich überlegte: die Tür war verschlossen; das Mädchen, das aufräumte, kam sonntags spät. Zu solchen Ausflügen sollte man sich tief in der Materie verbergen können, in den Fels geschnittene Kammern besitzen, zu denen Hunderte von Stufen hinabführen.

Mit der Dosis wuchs das Risiko. Es scheint, daß wir in gefährlichen Lagen eine beobachtende Instanz abspalten. Im Krieg oder bei einem Brande kann sie uns aus der Affäre ziehen. Sie zeigt uns diesen oder jenen Ausweg; wir halten das für Instinkt. Kein Einwand: Instinkt ist ein Wort wie jedes andere. Zuweilen wählt dieser Beobachter, der bald als Beschleuniger, bald als Moderator auftritt, auch die Form des logischen Eingriffs wider Willen – so auch hier.

Fließendes Wasser hatte es in dieser Wohnung nie gegeben; das Mädchen kam, während der Mieter beim Dienst war, zu flüchtigem Aufräumen. Es machte das Bett und füllte den Waschkrug auf. Das Becken mit dem verbrauchten Wasser wurde in den Eimer geleert, ebenso der Aschenbecher und nach guter alter Sitte das Nachtgeschirr.

Wenn irgendwo das Gift verschwinden sollte, war es hier. Der Moderator hieß mich aufstehen und das Schächtelchen in den Eimer ausleeren. Seine Weisung war gründlich, von fast levitischer Subtilität. Ich mußte auch noch das Schächtelchen und seinen Deckel im Spülicht tränken, damit selbst Spuren, die man mit dem Fingernagel hätte aufkratzen können, sich auflösten. »Un soupçon« – so heißt es beim Einschenken.

159

Der Steuermann war eingetreten – er ist immer an Bord, erscheint aber selten auf Deck. Einige Male im Leben kommt es doch vor, daß wir die Wendung unmittelbar wahrnehmen. Früher war man der Meinung, daß sich in individuellen Notfällen nicht gleich die großen Mächte zu bewegen brauchen – man hatte Vermittler, bewährte Patrone, Schutzheilige. Daß die Kulte deren eine ungeheure Anzahl kannten, wahre Reservearmeen von Helfern, ist sinnvoll, denn jeder spürt das Bedürfnis nach besonderer, auf ihn speziell gerichteter Zuwendung. Heut dürften Floskeln wie »mein guter Geist« noch eben haltbar sein.

Die Stellung des Einzelnen im Kosmos ist auch unter Milliarden unwiederholbar wie das Muster der Handlinien. In dieser Hinsicht zum mindesten wissen die Astrologen mehr als die anderen.

In jeder Lage gibt es für jeden auch einen Ausweg, falls er die Zeichen kennt. Beim Fahren muß er Rot und Grün unterscheiden können und für den Notruf die Ziffern der Wählscheibe. Akustisch genommen, hat jeder einen Anruf, der durchdringt, doch muß er das Wort kennen. »Sesam« – dann öffnet die Höhle sich.

160

Ich weiß nicht mehr, ob mir in der Mittelstraße Frühstück gebracht wurde. Diese Lücke in meinem Gedächtnis erscheint mir insofern seltsam, als sie eine jahrelange Gewohnheit betrifft. Dagegen sind mir scheinbar belanglose Einzelheiten noch gegenwärtig, als ob ich sie vor mir auf dem Tisch hätte wie das blaue Schächtelchen. Offenbar haben die Dinge des täglichen Lebens Gewichte, die sich erst in der Erinnerung auspendeln.

An jenem Morgen wurde mir jedenfalls kein Kaffee gebracht. Vermutlich war das auch bei meinen Vorgängern selten gewesen, zu denen übrigens auch der alte Hindenburg zählte, der nach 1866 als Sekonde-Lieutenant im 3. Garderegiment die beiden Zimmer bewohnt hatte.

Ich zog mich um und brachte das Bett in Unordnung, damit es aussah, als ob es benutzt worden sei. Das ist ein alter Trick der Nachtvögel. Dann ging ich zum Baden – nicht in die große Anstalt an der Goseriede, sondern in ein bescheidenes Etablissement ganz in der Nähe, das geöffnet war. Ich ließ mir ein Thermometer in die Zelle mitgeben, denn es war Vorsicht geboten, da die Haut noch gefühllos war. Das heiße Wasser tat gut nach der Verkühlung, die bis ins Mark gedrungen war. Es brachte das thermische Gleichgewicht zurück.

Übrigens merkte ich keine Spur von Müdigkeit. Im Gegenteil – es kam mir vor, als wäre ich ungewöhnlich wach. Ich ging dann durch die Altstadt, um zu frühstücken. Zwar war ich nicht hungrig, doch begierig auf Tee, den ich zwei Mal nachforderte. Um diese Zeit war es im Café friedlich, das sich im Stadtkern wie auf einer Insel erhob. Mit seinen gläsernen Wänden erinnerte es an ein Aquarium. So hatte ich es schon als Fünfjähriger gesehen – oben vom Laboratorium des Vaters aus, das auf der anderen Seite lag. Ein Auto war damals noch eine Sensation.

Ältere Herren waren in ihre Zeitung vertieft. An einem Tische saß der Verleger Stegemann mit Schenzinger, der wie Benn Arzt und Schriftsteller war, und dem Maler Vierthaler. Es kamen Reisende vom Bahnhof, um sich zu erfrischen, und ausgehaltene Mädchen, die sich langweilten und sich durch schlichte Eleganz auszeichneten.

Die Stadt war immer noch ein großes Dorf. Durch die

Drehtür traten Mitschüler, Kameraden aus Kriegs- und Friedenszeiten, Bekannte meines Vaters wie der Rechtsanwalt Edelstein, den, wie ich vermute, Löns in einem seiner Romane porträtiert hatte.

Wir grüßten uns oder wechselten auch einige Worte am Tisch. Es gibt Stimmungen, in denen wir unser Gegenüber als Spiegel benutzen, um zu ermitteln, ob wir auffallen. Kranke, besonders Geisteskranke, auch Süchtige spähen auf diese Art. So fürchtete auch ich, man könne mir meinen Exzeß von der Nase ablesen – doch offenbar brauchte mich das nicht zu beunruhigen.

Dann kam der Kunsthändler Eggers, auch eines der hannöverschen Originale, mit Schlapphut und weißem Vollbart – achtzigjährig und noch immer grün. Sein großes Schaufenster war gegenüber, in bester Lage – Schwitters und andere Maler hätten dort gern ausgestellt. Sie fanden aber keine Gnade vor seinen Augen: »Für Allotria ist bei mir kein Platz.«

Der Alte gönnte Stegemann, der vor kurzem in seinen »Silbergäulen« »Anna Blume« ediert hatte, keinen Blick, sondern setzte sich, um ein wenig auf ihn und seine Clique zu schimpfen, an meinen Tisch. Ich hatte jetzt andere Sorgen als eben die. Nun kam noch Zenker, der einen Polizeiblick besaß. Wenn man aus der Eilenriede kam und ihm im Zentrum begegnete, hieß es: »Waldspaziergang jemacht?« Er mußte das auf besondere Weise wittern; es war zugleich eine Unterstellung dabei, eine Art von Zugriff, durch den er den also Angesprochenen schon halb in der Hand hatte. Dabei war er auch komisch; zwanzig Jahr später wurde er unheilvoll. Kam einer nach drei Wochen vom Urlaub wieder, war Zenker imstande, festzustellen: »Ihr Onkel hat aber einen guten Burgunder im Keller gehabt.«

Für alles Anrüchige hatte er eine erstaunlich feine Witterung. Ob eine »Geld nahm«, erkannte er auf den ersten Blick. Den Strichmädchen war er gewogen, allerdings nur auf ihrem Wechsel; er kannte sie namentlich. Wollte indessen eine Debütantin versuchen, sich zwischen ihren Gängen hier bei einer Tasse Kaffee aufzuwärmen, so winkte er Fritz heran, ein bejahrtes Faktotum, das sich mit asthmatischer Würde im Gehrock durch die Räume bewegte und auf den Service achtete. Zenker sagte dann: »Fritz – ne Söge«, wobei er den Blick auf sein Opfer richtete. Er sagte das nicht eben leise – zwei, drei Auguren hörten mit. Fritz begab sich dann an den Tisch der unbeliebten Kundin, um dort eine Karte zu deponieren: »Sie werden gebeten, unauffällig das Lokal zu verlassen«, stand darauf. Die Auguren verfolgten den Verlauf der Dinge mit dem Behagen, das Deklassierungsakte im Unbetroffenen auslösen. Sie erfreuten sich an Zenkers Leistung wie einst Martial an jener des Aufsehers, der im Zirkus die Ritterbänke säuberte.

161

Ich konnte beruhigt sein: hätte ich einen ungewöhnlichen Eindruck gemacht oder auch nur verkatert ausgesehen, so würde Zenker es sicher gemerkt und mir seine Glosse nicht erspart haben.

Andererseits war es beängstigend, daß dieser Katarakt während einer langen Herbstnacht, ohne eine Spur zu hinterlassen, das Hirn durchströmt hatte. Offen blieb freilich, ob es Bewegung oder Erstarrung gewesen war. Man sieht gefrorene Wasserfälle im Gebiet der Gletscher und in den Eishöhlen.

Dabei hatte der Rausch keine Bilder, keine Träume geschenkt, nur diese abstrakte Selbstbespiegelung des Geistes, die nächtliche Heerschau seiner immensen, doch anonymen Macht. Das mußte großen Aufwand gekostet haben – ich merkte es erst am Tiefschlaf der nächsten Nacht.

162

Zur Wiederholung regte der Versuch nicht an. War es ein Katarakt gewesen, so hatte der Irisbogen über ihm gefehlt, der selbst in Island über den Fällen schimmert, in denen die Lachse emporsteigen.

In Linnés System zählt der Koka-Strauch zur Gattung Erythroxylon, zu den Rothölzern. Im Habitus erinnert er an unseren Schlehbusch, während die Frucht der Kornelkirsche gleicht. Unter den Alkaloiden, die Süd- und Mittelamerika uns geschenkt haben, zeichnet sich das Kokain durch besondere Farblosigkeit aus. Wenn man von der Wirkung des Kaffees, des Tees, des Tabaks das Behagen abstreicht, das sie gewähren, sich dagegen die stimulierende Kraft potenziert denkt in einer Weise, die den Geist eher fesselt als befreit, so kommt man der eigenartigen Kombination von Wachheit und Betäubung nahe, aus der die Medizin so großen Nutzen gezogen hat.

Zu beachten ist allerdings, daß der Abendländer hier auf einem Umweg sich selbst begegnet, und zwar auf dem der Potenzierung durch Extraktion. Dort, wo die Blätter mäßig genossen werden, dürfte der Schaden kaum schwerer sein als jener, den der Tabak anrichtet. Ruinös wird er beim Coquero, dem süchtigen Kauer, der etwa das Dreifache der normalen Dosis konsumiert. Auch das entspräche ungefähr dem Rauchen – wenn man ein Quantum von zwanzig Zigaretten pro die gelten lassen will.

Eine mäßige Schädigung mag hier wie dort die bessere Laune, die gesteigerte Arbeitslust aufwiegen. Der Umgang mit einem Raucher während seiner Karenzzeit ist nicht angenehm. Schließlich lebt man nicht nur, um alt zu werden – das Alter ist eine, oft nicht einmal erfreuliche, Zugabe zur Existenz.

Die Weißen finden wenig Geschmack am Koka-Kauen; die Frauen der Indios nehmen nicht oder nur heimlich daran teil. Die Knaben beginnen damit im frühen Alter; der Vater schiebt ihnen zuweilen einen der von ihm gekauten Bissen in den Mund, ähnlich wie man bei uns die Kinder am Weinglas nippen läßt. Seevögel, Pelikane füttern so die Jungen aus dem Kropf. Geistig betrachtet, ist es ein Zug der Unterweisung unter Männern, paternitäre Initiation.

163

Einweihung. Daß die Pflanzen mehr als Nahrung, mehr auch als Genuß und Heilung spenden, zählt zu den prälogischen Erfahrungen. Ihre Verehrung ist anonymer als die der Tiere; sie sind weniger Repräsentation des Göttlichen als dessen Voraussetzung. Das ist überall zu verfolgen – bis in das Neue Testament hinein – nicht nur im Hinweis auf Brot, Wein und Öl, sondern auch auf die Lilie, das Senfkorn, den Feigenbaum. Wenn wir durch den Wald gehen, erfüllt uns Erwartung; anders wird es, wenn dort der Widder, der Adler, die Schlange auftreten. Das Paradies ist der erste Garten, die Photosynthese die unmittelbare Lichtnahme.

Verehrung wird in den Hochländern der Neuen Welt auch dem Koka-Strauch gezollt. Seine Blätter werden als Opfer gespendet und bei den Festen gekaut. Die kleinen Götter werden mit einer dicken Backe gebildet, auch sie genießen das Wunderkraut. Daß Götter Pflanzen bringen, wie Pallas Athene den Ölbaum, ist Zuschreibung durch Inversion. Treffender scheint, daß sie wie Brahma aus dem Lotos hervorwachsen oder wie Lakschmi, die Göttin des Überflusses, in seiner Blüte dahinsegeln.

Wenn wir uns heute dem Vorgang zuwenden, so beschäftigt uns einerseits sein Chemismus, andererseits dessen psychische Auswirkung. Die Stoffe, von deren Feinbau man früher wenig wußte und deren Kräfte man eher als Tugenden der Pflanze ansprach, wirken nicht lediglich auf unsere Zellen, sondern gehen mit ihren Molekülen neue Verbindungen ein. Sie bilden Ketten und Ringe mit Aberrationen, zu deren Erzeugung der Körper von sich aus nicht imstande ist. Dasselbe gilt für die Wahrnehmung. Sie wird mit Bildern befruchtet, die sonst kein Gedanke und keine Phantasie hervorriefen.

Für unsere Betrachtung ist Chemismus ein Modus der »Übergänge« und Psyche ein Organ für »das Eintretende«.

164

Wie die abendländische Heilkunst vom Mohnsaft die eidetische Wirkung zugunsten der hypnotischen abgespalten hat, so entzog sie dem Kokablatt den beglückenden Zustrom, der den Indios als Göttergeschenk erschien. Die betäubende Wirkung, eine Art Vereisung, wurde isoliert. In dieser neutralen Kälte gibt es keinen Schmerz mehr und keine Lust.

Auch Drogen folgen der Mode; sie bilden substantielle Entsprechungen zu geistigen Wendungen, die vielleicht nur kleine Marken in der Stilgeschichte hinterlassen und sich doch einzeichnen. »Gekokst« wurde in den Jahren nach dem Ersten Weltkriege. Man schnupfte Schnee in geringen Mengen, um sich wachzuhalten und zu konzentrieren, wie ich es von Bodo erfuhr. In dieser Hinsicht hat die Industrie inzwischen wirksamere und weniger schädliche Mittel entwickelt, wie sie während des Zweiten Weltkrieges und auch nachher in großem Umfang gebraucht wurden. Die Schädigung, die der Indio durch ein Jahrzehnte währendes Kauen von Kokablättern erfährt, dürfte etwa der durch Saridon bewirkten vergleichbar sein. Gelbe Pillen – sie sollen vor allem bei subtilen Handarbeiten die Stimmung egalisieren und die Konzentration fördern. Ein Mittel, das »an die Nieren geht«.

Auch dort, wo seine Gefährlichkeit akut wird, neutralisiert der Schnee. Im Maß, in dem das Bewußtsein geistiger Herrlichkeit zuströmt, nimmt die Ohnmacht zu. Der Rausch führt nicht nur zu körperlicher Starre, sondern auch zum Einfrieren der Gedanken und ihrer Mobilität. Das freilich steigert die Bewußtheit geistiger Macht, die statuarische Verachtung des Effekts. Der Feldherr hat die Reserven noch voll in der Hand – Benedek, noch euphorisch, bei Königgrätz: »Ob wir sie loslassen?«

Wie gesagt, ist das kein Vorrecht geistiger Prominenz. Es ist ein reines Spiegelgefühl, bei dem sich Wille und Vorstellung erkennen, ohne daß etwas im Sichtbaren geschieht. Das

Selbst hält beide Arme unbeweglich auf der Lehne des Thronsitzes. Damit wird jeder zum »Lukullus, der bei Lukullus speist«. Nur ist das für Lukullus das Alltägliche.

165

Der Abendländer, der auf dem Mond landet, findet dort die Bestätigung seiner eigenen Wirklichkeit. Längst vorher erfuhr er durch seine Instrumente, daß mit Überraschungen, wie sie fremde Tiere, verlassene Städte oder gar Seleniten bieten könnten, nicht zu rechnen war. Sollte wirklich Fremdartiges dort bestehen, so würde er es wahrzunehmen nicht imstande sein.

Anders verhielt es sich mit der Landung der Conquistadoren in der Neuen Welt, dem großen Abenteuer, mit dem die Moderne beginnt. Prescott erfaßt es als Historiker, Stucken in seiner Trilogie »Die Weißen Götter« in magischer Sicht. Sein Blick war an den alten Kulturen Ägyptens und Assyriens geschult, wie sich überhaupt beobachten läßt, daß die Archäologen heut mehr sehen als die reinen Historiker. Die Zeit erfährt hier wenigstens einen gewissen Umschwung in die Qualität.

Während der Mond im voraus optisch und elektronisch planiert wurde, brauchte es zur Anpassung der Neuen Welt seine Zeit. Sie stellt sich im wesentlichen als ein System der Christianisierung, Technifizierung und Ausbeutung dar, das in den Einzelheiten nicht fugenlos ineinandergriff. Immerhin war es für die Eingeborenen noch günstig, daß dort Süd- und nicht Nordeuropäer landeten.

Im Sinne der schon verschiedentlich erwähnten Ambivalenz wurden die physiologische und die magisch-eidetische Wirkung des Kokablattes getrennt. Die Eingeborenen, die es als Göttergeschenk und Götternahrung, also auf eucharistische Art genossen, kannten diese Unterscheidung nicht. Die christlichen Eroberer trafen sie. Auf dem Zweiten Konzil von Lima wurde der Genuß verboten und, wie einst der des

Pferdefleisches unter Karl dem Großen, zum Kennzeichen des Aberglaubens und der Abgötterei erklärt.

Das allerdings drohte den Nutzen der Plantagen- und Minenbesitzer zu schmälern, die den Indios einen Teil des Lohnes in Kokablättern auszahlten. Abgesehen von ihrer Billigkeit lag der Vorteil dieser Zuweisung darin, daß sie zugleich die Leistung steigerte und den Hunger besänftigte. Ganze Stämme und Inselvölker sollen auf diese Weise aufgerieben worden sein. Ähnliche Formen der Honorierung gab es noch vor hundert Jahren in den Opiumraffinerien zu Singapur (»Reise der Fregatte Novara um die Welt«).

Der Streit endete auf die klassische Art solcher Differenzen: indem Anbau und Nutzung des Koka-Strauches zum Staatsmonopol erklärt wurden. Doch ist der Austausch zwischen der Alten und der Neuen Welt noch nicht beendet, und es sind Überraschungen möglich, die tief unter dem ökonomischen Gerüst auf uns zukommen.

DER ORIENT

166

Die Schwäche hat Licht- und Schattenseiten; sie macht uns für Gutes und Böses anfällig. Wenn wir schwach sind, fallen Menschen und Tiere, Keime und Krankheiten über uns her, auch die Versuchungen. Schwäche ist die Voraussetzung der Sucht und eine Krankheit oft ihre Auslösung. Wird die Sucht als Krankheit behandelt, so richtet sich die Fürsorge nicht auf das Leiden, sondern auf die Symptome; das erklärt die Häufigkeit der Rückfälle. Darüber weiß man bei der Heilsarmee mehr als in den Sanatorien. Manchen erlöst von der Sucht wie vom Crimen erst der Tod.

167

Ich frage mich, warum ich mich nach dem Verlust des Ersten Weltkrieges schwächer, anfälliger fühlte als nach dem des Zweiten, obwohl die Katastrophe noch schwerer war. Wahrscheinlich wurden damals tiefere Schichten getroffen, vor allem durch die Ausstrahlung der Russischen Revolution. Derartiges spürt man nicht so sehr an Fakten als an Veränderungen der Atmosphäre, wie Alexander von Humboldt sie in seiner Schilderung der äquinoktialen Erdbeben beschreibt. Die Luft wird drückend, bevor die Städte wanken, die Kirchen und Paläste einstürzen.

Damals kam etwas Neues, kamen Symptome, die sich wie bei einem chronischen Leiden bald stärker, bald schwächer bemerkbar machten, doch nie völlig ausblieben. Dazu gehörte ein Gefühl der Beengung, des Umschnürtseins, das sich bald als das des Delinquenten, bald als das des Umzingelten darstellte, und auch als das des Bauern, der sich durch raffinierte Advokaten hereingelegt glaubt. Stalingrad war eher eine Bestätigung für mich. So fällt sich der Niederschlag aus einer trüben Lösung aus.

Sodann die nächtliche Nachrechnung, von den Cheruskern über die Franken, Sachsen und Schwaben bis zur Gegenwart – Details der Bauernkriege, der Reformation, der Paulskirche, des Wilhelminismus mit ihrem Für und Wider als nachgespielte Partie. Quisquilien der Tischgespräche: die Streitigkeiten über den Kehlkopf Friedrichs III. zwischen Bergmann und Mackenzie. Wilhelm II. hätte während seiner ersten Mittelmeerreise gern eine Begegnung mit Loubet herbeigeführt. Zu dessen Empfang an Bord eines deutschen Schiffes die Marseillaise spielen zu lassen, »ging gegen seine Grundsätze«. Den Armeemarsch »Sambre et Meuse« hätte er dagegen konzediert. Barrès: Wenn jemand Deutschland eingekreist hat, so war es der Kaiser selbst. Daß Barrès und Wilhelm sich sehr ähnlich waren, beginnt man erst allmählich zu sehen.

Wie wurden die Bauern, die Veziere, die Könige und Damen bewegt? Im Teutoburger Wald waren wir an Armins Seite, an der Beresina beim Marschall Ney. Das geht tief ins Gewebe keltogermanischer, durch romanische Fäden verstärkter Grundmuster zurück. Woher kommt das starke Wiedererkennen beim Einstieg in die etruskischen Gräber, beim nächtlichen Gang auf die Wälle der keltischen Heuneburg? Selten wird Volk sichtbar unter dem immer dichteren Gewebe von Parteien, Interessen, technischer Repräsentation.

Ich frage weiter: Muß sich denn eine so starke Passion damit verbinden, die sich vorwiegend als Schmerz äußert? Wenigstens sollte man das Ephemere abstreifen. Der Verstand fragt: Warum leide ich stärker am Verschwinden des Storches aus unserer Landschaft als an dem der Saurier, das Übergänge von ganz anderer Größenordnung andeutet? Warum kann ich das Schicksal des Bismarckreiches schwerer verwinden als den Untergang der Staufer oder die Teilung des Karolingererbes, die beide verhängnisvoller gewesen sind? Der Verstand antwortet, daß die zeitliche Nähe und die eigene Verflechtung die Dimensionen nach Art einer optischen Täuschung verschieben, und er rät an: Du solltest das durch die Gewinnung von geistigem Abstand, etwa durch philosophische oder musische Bewältigung, wettmachen. Doch so bringt man sich nicht einmal über Zahnschmerzen hinweg. Wir müssen der Zeit Tribut zahlen. Übrigens leben unter uns immer noch Einzelne, die unter der Ermordung Konradins auf unmittelbare und unheilbare Art leiden.

Man fördert sich auch nicht durch Diskussionen, bei denen die einen Zahnschmerzen, die anderen ein künstliches Gebiß haben. Das führt ins Endlose. Überraschend kommt dann ein Dritter und macht reinen Tisch.

168

Auch persönlich stand es nicht gut. Der Lungenschuß hinterließ eine Schwächung, die sich nacheinander an einer Reihe von Organen bemerkbar machte; noch 1929 in Sizilien hatte ich damit zu tun.

Nicht minder wurde die Umschnürung ökonomisch spürbar; das Geld wurde zwar nicht weniger, sondern mehr, doch auf beängstigende Art. Dem Vater ging es zuerst an die Nerven; er war auch in Geldsachen scharfsichtig. Daß wir uns auf dem Lande nicht halten konnten, sah er eher als wir, die an Ort und Haus hingen. Für Gemütsbezeugungen war er nicht zu haben, das widersprach seiner puritanischen Erziehung; die Temperatur durfte nicht zu stark ansteigen. Eher war schon ein Zynismus erlaubt. Eines Morgens kam er zum Frühstück, wie immer guter Laune, und schwenkte ein Bündel der frischgedruckten Fünfzigmarkscheine in der Hand.

»Jetzt ist eine gute Zeit, sich umzubringen – ›er hat das Unglück des Vaterlandes nicht überleben können‹, steht dann in den Nachrufen.«

Er fand aber noch einen guten Wechsel – in solchen Situationen kommt es wie bei den Theaterbränden darauf an, daß man sie schon erkennt, bevor das Gedränge beginnt.

Auch nach den Napoleonischen Kriegen mußte man sparsam leben, doch blieben die Dinge stabiler, weil das Volksvermögen noch vorwiegend in Grund und Boden bestand. Vor allem waren die Gewerbe weniger abstrakt. Eine Inflation war möglich, aber sie konnte nicht solchen Schaden anrichten. Nun wurden gerade die kleinen Vermögen vernichtet, die sich in drei, vier Generationen aufgestockt hatten. Sie sind in ihrer Auffächerung viel wichtiger als die großen, die eher zur Nivellierung beitragen und Ärgernis geben, selbst wenn aus ihnen eine Universität gestiftet wird.

Mit der Bibliothek, dem Musikzimmer, der Italienreise, dem Garten vorm Tore, dem Hausarzt, dem Hauslehrer war es für die meisten vorbei. Die Familien hatten auch immer den einen oder anderen unterhalten, der brotlose Künste trieb. Das waren bescheidene Überreste des Patriziats, das sich an günstigen Orten, wie seit den Tagen des Erasmus in Basel, noch lange in Kraft erhielt.

169

Die Veränderungen im Status, die sich ankündigten, bekümmerten mich wenig; sie fielen nach dem Feuer kaum ins Gewicht und übertrugen sich eher durch die Unruhe des Vaters, der durch das Haus schlich wie einer, der sich dort nicht mehr heimisch fühlte, und über neue Formen der Existenz grübelte wie ein Seidenwurm, der zu spinnen beginnt. Die Söhne werden ungemütlich, wenn es mit dem Vater nicht mehr stimmt.

Damals befreundete ich mich mit dem Opium. Die Bekanntschaft mag einige Monate gewährt haben, jedenfalls führte sie über einen trüben Winter hinweg. Die Wirkung war in geistiger Hinsicht wohltätig, in physischer dagegen abträglich. Vor allem verlor sich der Appetit. Das ist die Wirkung fast aller Drogen und Mephistos »ernähre dich mit ungemischter Speise« ein realer, vom Geisterreich abschließender Rat.

Die Stimmung jener Nächte erkenne ich wieder, wenn ich, was alle paar Jahre und meist durch Zufall geschieht, eine Medizin schlucke, die Opiate enthält. So in Benicasim; ein spanischer Provisor gab mir dort ein Hustenmittel, das eine Familie kuriert hätte.

Dieses Wiedererkennen ist spezifisch und auf keine andere Weise zu erreichen – ungefähr so, als ob im großen Haus des Universums eine Kammer bestünde, die nur durch einen besonders zugefeilten Schlüssel zu öffnen ist. Das ist, chemisch, magisch oder auch erotisch gesprochen, die Formel, die das Kombinationsschloß aufspringen läßt, das »Sesam öffne dich«. Zwei Säfte gehen ineinander ein, der zerebrale und der der Mohnkapsel.

170

Die *Stimmung* kam wieder, also das Einhaken, der Akt des Aufschließens, dagegen nicht der Raum mit seinen Bildern, seiner Einrichtung. Das ist immer meine zentrale Frage gewesen – die nach der Existenz einer von den kolumbianischen Fahrten und Abenteuern der Individuen unabhängigen Neuen Welt. Die Bestätigung, die Kolumbus erfuhr, auf höherer Ebene. Diese Frage hat der Idealismus in der Schwebe gelassen, vielleicht findet der Materialismus neue Antworten.

Immerhin bleibt die Erinnerung an die starke Annäherung, die der Geist durch diese Fahrten gewann, an den Schimmer zeitloser Sicherheit und das mit ihm verbundene Wohlgefühl. »Einmal lebt ich wie Götter« – wenn nicht im transzendenten, so doch im transparenten Licht, das durch die trüben Scheiben fiel.

Eine Spur wurde ausgetreten; sie bleibt als Leitbahn für freie, leichte Gänge zurück. Das kann sich selbst physisch auswirken. In der Legion gehörte Charles zu den Alten Leuten; er hatte schon fünf Jahre in Indochina gedient, einem Lande, nach dem er sich bis an sein Ende zurücksehnte. Ich war Rekrut, war »Blauer« und wurde anders behandelt, als wir ins Loch kamen. Mich holten sie vormittags zum Exerzieren, damit keine Ausbildungszeit verloren ging, während er mit den anderen Arrestanten tagsüber im Gefängnishof bewegt wurde. Das Tempo war lebhaft, den Tornister beschwerten zwei Sandsäcke. Das diente teils als Bestrafung, teils zur Erhaltung der Marschfähigkeit. Als wir uns einmal vor der Salle de police trafen, sah ich ihm die Anstrengung an. Er meinte, daß ihm das nichts ausmache.

»Weißt du, ich denke dann an die Nächte in Indochina – da kommen die Bilder wieder, und die Zeit ist vorbei, ehe ich es gemerkt habe.«

Damals war er, wenn er Opium geraucht hatte, und das mußte außerhalb des Postens geschehen, langsam auf und ab geschritten, bis die Trompete zum Dienst weckte. Der Weg war von Bambus gesäumt, und er war gefährlich, doch in den Nachtwandel kann Gefahr nicht eindringen.

Ich erwähne das als Beispiel dafür, daß nicht nur die Gefahr, sondern auch die Anstrengung, selbst in ihren schwersten Formen, überspielt werden kann. Der Geist setzt den Schmerz außer Kraft, er vernichtet ihn. Die Fakire bezeugen es auf niedere Art.

171

Daß ich Charles Benoit gleich am ersten Abend in jenem Fort begegnete, in dem es von Entlaufenen und Verkrachten jeder Sorte, von Deserteuren, Abenteurern, Verbrechern, Päderasten wimmelte, halte ich nicht für merkwürdig. Es gibt Affinitäten, die auf magnetische Weise wirksam sind. Als Nadel im Heuhaufen sind wir verloren – verbirgt sich dort aber noch eine zweite Nadel, so werden wir angezogen; das ist kein Zufall, sondern ein Gesetz. Das Schicksal des Universums ist nicht der Entropietod, sondern die Verdichtung – Verdichtung auch durch Sympathie.

Merkwürdig erscheint mir, daß ich Charles nach fast vier Jahrzehnten, 1950, wiederbegegnete. Inzwischen waren zwei

Weltkriege und manches mehr vergangen; er hatte Gefechte, Fluchten, Kriegsgerichte, Gefangenschaften durchgemacht. 1921 war es ihm geglückt, die spanische Grenze zu überschreiten, nachdem er dem Reitkamel eines eingeborenen Polizisten, der ihn anhielt, sein Bajonett in den Wanst gerannt hatte. Während des Dritten Reiches hatte er sich regelmäßig bei der Polizei melden müssen: Die alten Legionäre sind suspekt. Nun war er wie die meisten Schwaben dabei, sein »Häusle« zu bauen. Offenbar war ihm die Existenz eines »homme de peine« bestimmt; und sie entsprach seinen Neigungen. Hier hatte er in einer Ziegelei gearbeitet und dann in einem Steinbruch – daran war er schon vom Strafbataillon her gewöhnt. Nun stemmte er in einer Humusfabrik täglich Hunderte von Torfballen.

Wieder fragte ich ihn, ob es nicht zu hart wäre. Und wieder sagte er, daß es ihm nichts ausmache. Der Geruch sei zuerst unangenehm gewesen – aber: »Ha, weißt du, i schmeck's nimmer. Nur wenn's regnet – da schmeck i's noch.«

Es vergingen weitere fünfzehn Jahre, bis er seinen Ruheposten bezog; er wurde Parkwächter. Ich hatte mich schon auf seinen 80. Geburtstag vorbereitet, den auch die Gemeinde festlich begehen wollte, da traf im Mai 1968 die Todesbotschaft ein.

Ich bemerke übrigens, daß mein Vermögen, tote und lebende Freunde zu unterscheiden, nachläßt; ich muß die Tatsache des Todes und meine Einwilligung dazu stets von neuem vollziehen. Auch das gelingt mir nur im hellen Lichte, nicht in den Träumen oder während der Absence.

172

Ich nahm Opiumtropfen, eine braune, bittere Tinktur. Kurz nach dem Einschlafen kam das Gefühl des Umsteigens. Entweder wurde das Fahrzeug gewechselt, oder ein neuer Gang schaltete sich ein. Das war kein Schlaf mehr; es war etwas anderes. Die Zeit lief schneller und zugleich langsamer. Das klingt wie ein Widerspruch; er hat jedoch selbst im technischen Bereich Entsprechungen. Der Pilot in seiner mit Uhren gespickten Kanzel hat die Gewißheit, sehr schnell zu fliegen, doch wenn er den Blick zur Erde richtet, kommt es ihm vor, als ob er schliche, selbst wenn er schneller dahineilt als der Schall. Das gehört zu den Erfahrungen unserer Zeit.

An Bilder, wie ich sie von Charles erfuhr oder wie de Quincey sie beschreibt, fehlt mir die Erinnerung. Wahrscheinlich kamen sie in Fülle, doch sie blieben hinter dem Vorhang, oder ich vergaß die Einzelheiten, sei es sogleich oder nach geraumer Zeit. An Bildern fehlt es mir auch in den normalen Träumen nicht. Auch von ihnen entsinne ich mich nur solcher, die ich bald darauf notiert habe. Die Traum-Materie, das Korn der Bilder, ist lichtempfindlich; und solche Notizen entsprechen der Fixierung von Filmen im Atelier. Immer greift nur ein winziger Bruchteil der Traumwelt auf das Bewußtsein über, und auch er schwindet im Nu, wenn wir nicht zugreifen.

173

Nicht an Bilder also entsinne ich mich wie an jene, die de Quincey beglückt und entsetzt haben. Eher ist mir ihre Plazenta gegenwärtig: der Grund, auf dem sie keimen und emporwachsen. Dem Wechsel der Bilder gehen Veränderungen des Geistes und seiner Empfänglichkeit voraus. Zunächst muß Leere geschaffen werden, ähnlich wie jedes Gemälde, jedes Lichtspiel, jede Handschrift mit dem Anblick einer weißen Fläche beginnt. Die Zeit muß neutralisiert werden. Dieser leichte, unqualifizierte Anlauf war angenehm. Zuweilen unterbrach ihn ein leises Klingeln, als ob es zur Aufmerksamkeit anregte.

Für de Quincey stellte sich das Unqualifizierte als Wasser dar – zunächst als klares Wasser stiller Seen, die sich dann zu Meeren und Ozeanen weiteten. Da plötzlich bricht die Bildflut ein; das Meer zersetzt sich zu unzähligen Gesichtern, die zum Himmel schreien. Myriaden von Generationen müssen sie angeschwemmt haben – Jahrtausende lang.

De Quincey sagt bei dieser Schilderung, daß das Meer mit Gesichtern »gepflastert« gewesen sei. Das Bild scheint einen Widerspruch zu umschließen: Woge und Pflaster sind nicht zu vereinbaren. Und doch ist es eins von den Bildern, die nicht erfunden werden können; es vereint die ungemeine Geschmeidigkeit des Geistes mit der ehernen Starre der Vision. Millionen Sterne funkeln »an der Stirn von Türmen«; der Wasserspeier dort, ein Krokodil, hat tausend Jahre lang auf das Häusermeer geblickt. Jetzt werden sie im Augenblick gerafft.

Diese Geschmeidigkeit ist nicht nur die des flüssigen Elementes, sondern auch jene des Geistes, der nach Luther »mit und in dem Wasser« ist. Das Wasser schmiegt sich nicht nur eng an den Felsen, gegen den es gleitet, sondern es fließt, sich mit ihm einend, durch ihn hindurch; es gibt zwischen ihm und dem Riff keine Grenze mehr. Auch der Fisch, den es mitführt, schwimmt durch den Granit.

174

Die Zeit lief angenehm dahin, obwohl sie sich kaum zu bewegen schien. So gibt es Klimate, die wir als solche nicht wahrnehmen, sondern die sich unmittelbar in Wohlgefühl umsetzen – Temperaturen, wie ich sie nach Sonnenuntergang am Galeerenhafen von Rhodos genoß. Wir fühlen wie in einem wohltemperierten Bade weder Kälte noch Wärme, auch nicht mehr die körperliche Schwere, das eigene Gewicht. Das ist ein Behagen, das den Tieren viel häufiger als den Menschen zuteil wird, vor allem den marinen und den wechselblütigen. »O wüßtest du, wie's Fischlein ist – – –.«

Dann wurde es wärmer, und auch das war angenehm: Es war eine Wärme, die zugleich entschwerte, erleichterte. Der Husten, der mich seit Monaten plagte, schien gebannt. Das war die Wirkung des Codeins.

Der Mond schien in das Zimmer, es war hell. Draußen im schwarzen Rasen leuchteten die gewundenen Sandwege. Robert, der Gärtner, war wiedergekommen und hatte sie geharkt. Es ging noch schwer mit dem zerschossenen Bein. Wir waren nun drei Schwerverwundete im Haus. Alles, was man hier wieder anfing, war provisorisch; es konnte nicht mehr werden, wie es gewesen war.

Ich hatte Durst und wollte, um Wasser zu trinken, ins Badezimmer gehen. Vorher nahm ich noch einen Teelöffel der bitteren Tropfen ein. Dann öffnete ich leise die Tür, um über den Flur zu gehen; in solcher Verfassung begegnet man weder Vater noch Mutter gern. Auch die Mutter hatte Sorgen – nicht nur meinet- und des Bruders wegen, sondern von allen Seiten drang wie durch Risse und Fugen Dunkles, Drohendes ein.

Das persönliche und wirtschaftliche Ungemach spielte sich schließlich nur auf der Oberfläche des Verhängnisses ab. Die Mutter fühlte es tiefer als der Vater: den ungesonderten Zugriff des Schicksals, dem sie aus dem Ungesonderten, aus der Substanz des Volkes heraus antwortete. Es kam vor, daß sie bei Tisch in eine Art von Starre versank und dann einen Satz sagte, der in eine alte Chronik gepaßt hätte, etwa: »Er hatte ein schönes Reich geerbt.«

Ihr wäre ich nicht gern so auf dem Flur begegnet; es hätte ihr Kummer gemacht. Ihr gegenüber half keine Vorspiegelung physischer oder moralischer Gesundheit, sie sah durch jede Maske hindurch. Nicht gänzlich trennen wir uns von den Müttern, auch wenn die Nabelschnur durchschnitten ist. Manchmal, wenn ich fern von ihr weilte, sah sie mich eintreten; es wurde ihr dann, wie sie sagte, warm zumut. Aber auch ich hatte gefühlt, wie es ganz warm und heiter wurde, als sie sich näherte, während ich sterbend auf der Grabensohle lag und die Kämpfer sich über mir töteten. Das war erst Monate her.

175

Der Flur war hell, nordlichthaft aufgeladen von geistiger Substanz. Im Bad ließ ich ein hohes Glas voll Wasser laufen, während die Zeit sich ausdehnte. Ich hörte die Melodie. Wenn Gläser, Krüge oder andere Gefäße sich unter der Leitung füllen, so überhören wir gemeinhin die wohlabgewogene Klangfigur, mit der das Feste dem Flüssigen antwortet. Der Wasserstrahl wirkt wie der Geigenbogen auf die Saite oder der Atem des Bläsers auf das Metall. Ihm antwortet das Glas als schwingende Substanz. Der Ton wird heller im Maß, in dem der Wasserspiegel steigt. Das sind nicht beliebige Geräusche, sondern komponierte Abläufe; wir könnten sie in Kurven festlegen. Es sind Aussagen der Materie, die dorther kommen, wo der Raster aufliegt und vibriert. Wir hören besser, was aus dem Schweigen herauftönt, wenn die Zeit sich dehnt. Den Anfang kann keine Explosion bezeichnet haben, denn da war Dunkelheit.

Ich hörte, wie mein Glas sich füllte, als ob ich Stufen emporstiege. Die feinsten zeitlichen Kadenzen und räumlichen Strukturen schwangen mit. In solchen Augenblicken kann alles zum Instrument werden, doch keines ist wie das andere. Auch keine Stunde ist wie die andere; jede hat ihre eigene Resonanz. Dieselbe Melodie klingt uns um zwei Uhr morgens anders als um Mitternacht.

Gemeinhin entgehen uns Unterschiede, die dicht am Raster liegen; die Wahrnehmung beginnt erst bei recht grobem Korn.

176

Ich stehe immer noch im Badezimmer und höre, wie das Glas sich füllt, das ich in der Hand halte. Diese Absencen sind typisch; sie könnten auf endlose Schleifen hinausführen. Die Schleife ist das Zeichen für das Unendliche – wohlgemerkt die Schleife, die sich nicht knotet; das gehört zu den Finessen der Mathematik.

Ich hörte den Einklang des bewegten mit dem unbewegten Element; durchsichtig waren beide – das fließende Wasser und der Quarzkristall. Das Ohr saugte sich auf polypenhafte Weise der Rundung des Glases an und stieg im Maße, in dem es sich füllte, an ihm empor. Nun glitt es ins Innere, in den Strudel hinein. *Ich* war es ja, der dort sein Lied spielte. Oder geschah es anders: War nicht ich dort im Inneren der Materie, sondern stellten sich Hand, Glas und Wasser in *mein* Inneres wie in eine magische Kammer hinein? Gleichviel, hier galt nach jeder Richtung hin der Vers des Bruders:

Und *eins* sind Melodie und Instrument.

Bei der Begegnung von Wohl- und Einklang, die wir Fügung nennen dürfen, spielt die Zeit keine Rolle mehr. Doch es gibt kein Verweilen im Genusse, sonst würde die Kunst aufhören.

Nun kam ein Ruck, ein jähes Stolpern auf der Stufenleiter der Visionen: das Wasser strömte über den Rand des Glases herab. Schon hörte ich es in den Abguß fließen und aus ihm, in ihm, das saugende Schmatzen der Unterwelt. Dort ging es spiralig hinab ins Chaos; es drohte Gefahr – ich mußte mich freimachen. Ich zog mich zurück, doch nicht ins Erwachen; der Traum war vielschichtig. Es war ein Absprung gegen die Fahrtrichtung.

177

Ich nahm das Wasser, trank es; es war köstlich und leuchtete, wie auch das Glas in meiner Hand. So leuchtet das Meer in Nächten, in denen Noctiluca mit ihrer Geißel an die Oberfläche aufsteigt, und phosphorisch rinnt der Leuchtstoff am Fangnetz hinab. Ich sah in den Spiegel; mein Bild war mächtig – mächtiger als ich.

Nun ging ich leise, daß es die Mutter nicht hören konnte, über den Flur zurück. Ich trat ins Zimmer und fand mich dort schlafend; ich weckte mich.

Dem folgte ein Wiedererkennen, das sowohl erschreckte

als auch auf eine Art beglückte, die keiner anderen glich. Ein Abglanz dieses Glückes mag sich auf den alten Idolen erhalten haben, deren Lächeln uns bestürzt. Es spiegelt ein Staunen, das Kulturen und Rassen übergreift. Das ist mehr als theologisch: selbst Götter staunen so.

Ich sah nach der Uhr; es mochten zwei, auch drei Minuten vergangen sein. Noch viele Male weckte ich mich in diesen Nächten, wenn ich von langer Abwesenheit zurückkehrte. Und immer war unerschöpfliches Glück in dieser Erwekkung, durch die der Gebliebene wieder belebt wurde und der Wanderer seine Heimat wieder erkannte, nachdem er sich aus den Grenzen der Zeit entfernt hatte.

178

Wo blieb das Wesen während dieser Abwesenheiten, deren Dauer ebensowenig wie ihr Inhalt abzuschätzen war? Was ist dieses »wesen« überhaupt? Längst bevor es Philosophen gab, wurde der Kosmos durch eine Handvoll indogermanischer Hilfsverben aufgeteilt.

Wenn wir sagen: »Er ist abwesend«, so kann das einen Zustand meinen, in dem »Er« zugleich auch anwesend ist; wesen soll also mehr eine Tätigkeit als einen Zustand ausdrükken. Das An- und das Abwesende sind Aufspaltungen des Seins. Das Wesen hat zeitliche, das Sein überzeitliche Macht. Sprechen wir von einer Pflanze, einem Tier, einem Menschen, einem Staat als »Wesen«, so schließt das Wort Verwesendes ein.

Das Licht ist im Schatten, das Wort im Schweigen, die Frau im Mann abwesend. Doch das Abwesende grenzt an das Wesen und ist insofern zugleich »anwesend«. Löst es sich von ihm, so droht die Katastrophe des »Mannes, der seinen Schatten verlor«.

»Wesen« ist auch mit Vesta, der Göttin der Heimat, urverwandt. Wenn der Herr, der abwesend war, sein Anwesen wieder betritt, ist es vollbracht.

179

Nicht nur Erkennen, sondern auch Wiedererkennen muß de Quincey zu seinem Lobgesang des Opiums beflügelt haben, wenigstens zu Stellen wie dieser:

»Du baust aus dem Herzen der Dunkelheit, aus den phantastischen Bildwerken des Hirnes Städte und Tempel, die weit über die Kunst des Phidias und Praxiteles, über die Pracht Babylons und Hekatompylos' erhaben sind; und aus der Anarchie träumenden Schlafes rufst du Begrabene, süßvertraute Gesichter, unberührt von den Schäden des Grabes, wieder ans Sonnenlicht. Nur du weißt zu schenken, nur du hast die Schlüssel des Paradieses, o gerechtes, erfinderisches und mächtiges Opium!«

Dem schließt sich unmittelbar die »Überleitung zu den Leiden des Opiums« an. Es ist kein Zufall, daß bei diesen Schrecken das Eingeschlossen-, das Gefangensein die Hauptrolle spielt. Die »Carceri« des Piranesi, die er einst zusammen mit Coleridge betrachtet hatte, wirkten mächtig in seinen Visionen nach. Allerdings stellen diese mit Maschinen vollgestopften Kerker, in denen spiralige Treppen ins Endlose hinauf- und hinabzuführen scheinen, ein barockes Muster des Labyrinthes dar. Solche Werke setzen eine geometrische Faszination, ein Auftauchen tieferer Schichten der Zahlenwelt voraus, das die Formen erstarren läßt. Es kehrt in der Kunst seit den Anfängen wieder – einmal zuerst wurde das Auge gezwungen, die sanften Windungen eines Flusses als Mäander zu sehen, und stets von neuem kehrt das Linienwerk zurück. Ein Namenloser erkannte hinter dem geographischen Zufall die geometrische Notwendigkeit. Das haftet durch die Jahrtausende. Ein Äderchen der alten Schlange ist gebannt. Den Zwang erleidet nicht nur der Künstler; er überträgt ihn auf den Betrachter, als ob er eine Zauberformel ausspräche. Unter den Zeitgenossen ist hier vor allem Maurits Cornelis Escher (1898–1972) zu nennen, ein Meister phantastischer Perspektiven, die mit objektiver Schärfe zugleich erstaunen und verwirren. Ein rarer Vogel in unserer

Mitwelt – ein Maler, der zugleich sehen kann und sein Handwerk versteht. Er selber ist sich dessen wohl bewußt:

»– – – So objektiv, so unpersönlich wie auch meine Stoffe in der Mehrzahl erscheinen, habe ich doch eigentlich keinen unter meinen Mitmenschen gefunden, der in der gleichen Weise von den Dingen gepackt wird, die uns umgeben« (1960).

180

Beängstigender noch als die Gefangenschaft in den Kerkern ist für den Autor der »Confessions« das Eingemauertsein in das Innere der Pyramiden, in denen sich der unerbittliche, der unentrinnbare Triumph der Zeit versteinerte. Dort lauern Echsen mit scharfem Zahn als ewige Wächter, vor allem das schauerliche Krokodil. Es ist dort immer; sein plötzliches Erscheinen, sein Sichtbarwerden, erinnert an die Berichte von Reisenden, die es aus eingetrocknetem Nilschlamm unvermutet hervorbrechen sahen.

Diese Schrecken sind in den berühmten Stellen der »Bekenntnisse« verdichtet, die Generationen von Lesern fasziniert haben. Das war ein mäandrischer Guß: »Plötzlich kam ich zu Isis und Osiris. Sie sagten, ich habe eine Tat begangen, über die Isis und das Krokodil erschauderten. Ich wurde für Jahrtausende mit Mumien und Sphinxen in Steinsärgen, in engen Kammern in den Eingeweiden ewiger Pyramiden beigesetzt. Ich lag unter unaussprechlich häßlichen, weichen Massen zwischen Urschilf im Schlamm des Nils. Krokodile küßten mich mit ewigen Küssen. Dies Tier besonders, dies verfluchte, verursachte mir mehr Qualen als alles andere. Man zwang mich, in seiner Gemeinschaft zu leben und, wie es in meinen Träumen stets der Fall war, gleich für Jahrhunderte. Manchmal gelang es mir zu entfliehen, und ich fand mich in chinesischen Häusern wieder, mit Bambustischen und -bänken. Die Füße dieser Tische und Bänke begannen dann plötzlich zu leben. Der scheußliche Kopf des Krokodils, seine schielenden Augen starrten mich in tausendfachen Wiederholungen an. Und ich stand ekelerfüllt, wie gebannt.«

181

Diese Bilder führen dem Automatismus von Bewegung und Starre nahe, der den Opiumtraum kennzeichnet. Obwohl sich Unendliches ereignet, geht es nicht voran in der Zeit. Zuweilen wird der Träumer dessen inne und in den Fundamenten seiner Wahrnehmung erschüttert, als würde er aus lichtgeschwindem Flug gebremst. Das Mühlrad, von dem die Bilder tropften, hat sich nicht in der Zeit bewegt.

Damals war die Paläontologie noch kaum geboren, sonst hätte de Quincey im Heerzug schauerlicher Echsen wohl auch den Saurier bemerkt – als Urechse, die, Millionen Jahre in Kalk und Schiefer eingezwingert, nun hervorträte. Bei solchen Akzelerationen ist der Rückschlag außerordentlich. Auch die Droste, die als Hochsensitive dazu kein Opium brauchte, hat ihn gespürt. So in der »Mergelgrube«:

Ha, auf der Schieferplatte hier Medusen –
Noch schienen ihre Strahlen sie zu zücken,
Als sie geschleudert von des Meeres Busen,
Und das Gebirge sank, sie zu zerdrücken.
Es ist gewiß, die alte Welt ist hin,
Ich Petrefakt, ein Mammutsknochen drin!
– – –
Und anders ward mein Träumen nun gewandet,
Zu einer Mumie ward ich versandet,
Mein Linnen Staub, fahlgrau mein Angesicht,
Und auch der Skarabäus fehlte nicht.

De Quincey (1785–1859) ist vor der Westfälin (1797 bis 1848) geboren und hat sie überlebt. Dennoch entstand die »Mergelgrube« zwanzig Jahre später als die »Confessions«, und in dieser Zeit hatte die Paläontologie die Kinderschuhe abgestreift. Wenn ich wiederhole, daß unter anderem die

Saurier ihr zumindest eine Teilauferstehung verdanken, so sei das nicht obenhin gesagt.

182

Wissen ist mehr als Wissenschaft. Wissen wird durch die Disziplinen in Form gebracht. Nehmen wir nun den Faden von An- und Abwesenheit wieder auf. Wenn der Hammer des Geologen den Ichthyosaurus aus dem Schiefer befreit, so ist das Tier oder seine Mumie oder wenigstens sein Abdruck anwesend. Diese Anwesenheit war immer möglich, auch schon zu Scheuchzers Zeiten, in denen man solche Funde als Relikte der Sintflut deutete.

Nun kommt ein Neues, das der Wissenschaft und selbst dem Wissen vorausgeht: anschauender Eros, der die Zeit vernichtet, indem er sie durchdringt. Er beschwört zum Anwesenden Abwesendes herbei. Diese Abwesenheit ist nicht durch die Zeit entstanden, wie lange sie auch gewährt haben mag. Die Zeit ist nicht mehr als eine Form der Abwesenheit.

Die Erinnerung an diese Wesen war für Millionen von Jahren ausgelöscht. Der Eros hat eine Auferstehung bewirkt – oder wenigstens ihren wichtigsten, ihren platonischen Teil. Würde unabhängig von diesem Vor-Gang ein Saurier lebend angetroffen, etwa in einem Urwald oder auf dem Mars, so wäre das ein simples Kuriosum im Vergleich zur geistigen Wiedergeburt.

Eine Teilauferstehung also, eine Beschwörung in die große Arena der Vorstellung. Und doch nur ein flüchtiges Abbild, ein Gleichnis des Mysteriums. Eine Annäherung nur.

183

Ein Abbild, ein Gleichnis sind auch die Pyramiden, in deren Innerem de Quincey ohne Aussicht auf Erlösung als Mumie die Qual der Zeit erlitt. Dort mußte es sein, im Schatten eines

Reiches, in dem das Problem der Auferstehung den Geist am stärksten beschäftigte.

Im Schlaf tief eingebettet erwartet der Tote durch Jahrtausende hindurch die Ergänzung durch das Abwesende. Sie soll nicht allein neues, sondern auch höheres Leben bringen, denn dieses wurde auch vom Lebenden, obwohl nur flüchtig und gleichnishaft, erahnt. So in der Umarmung, so im Gebet.

Das Problem der anderen Seite begleitet uns seit Anbeginn. Es ist kein Monopol der Priester und ihres Wissens; es bestand vor ihnen und wird nach ihnen sein. Der Materialismus wird es auf seine Weise lösen; demgegenüber bleibt, ähnlich wie die Ausstattung der Königsgräber, seine technische Apparatur in den Vorkammern.

Auch heute, wenn der Einzelne im Innern seiner Pyramide nachsinnt, denkt er nicht an Motoren, Raumfahrt, die Atombombe. Ihn nötigt das Problem, das Milliarden von Jahren nicht einholen, denn es führt vor Zeugung und Ursprung zurück.

Die Ärzte, die so viele sterben sehen, wissen wenig vom Tod.

184

De Quincey muß, so wie die Droste, keltisches Blut in den Adern gehabt haben. Für beide war die Zwischenzeit, also jene Spanne zwischen dem An- und dem Abwesenden, vorwiegend schmerzlich – hier mögen bei der Droste christliche, bei de Quincey klassische Elemente einspielen. Im Fegfeuer herrscht wie im Hades unbestimmte Zeit. Für Novalis ist die Zwischenzeit ein kurzes Wallen, dem Ergänzung folgt:

> Hinüber wall ich,
> Und jede Pein
> Wird einst ein Stachel
> Der Wollust sein.

Vom Jäger, dem man Pfeil und Bogen in seinen Hügel mitgab, wurde offenbar vermutet, daß er drüben die Zeit auf angenehme Weise zubrächte. Die ägyptische Grabkammer wurde fürstlich ausgestattet, ebenso das germanische Totenschiff. Wunderbar heiter sind die Gelage und Liebesspiele der Unterirdischen zu Tarquinia. Noch immer spenden sie Lebensmut. Die Etrusker leben wie Lyder und Kelten im Märchen nach. Die Totenverbrennung wurde und wird als flüchtige Passage angesehen. »Mit feurigen Armen zum Himmel empor.« Demgegenüber ist der Weg durch das Fegfeuer qualvoll und langwierig.

185

Eine Teilfrage des Problems ist jene, ob der Große Übergang, das heißt die Zeitvernichtung durch Ergänzung unter allen »Umständen«, also aus jedem Umstand heraus, gelingen oder ob auch sein Scheitern möglich wird und damit das furchtbare Verharren in der Zeit. Die Religionen beantworten sie verschieden hinsichtlich der Methodik, nicht aber der Bestimmtheit ihrer Ansprüche.

Daß sich unmittelbare Vorstellungen über Transzendenz bilden, liegt nicht im Sinn der Priesterschaft. Solche Vorstellungen können gewonnen werden durch Einweihung und Meditation. Mysten, Ekstatiker, Visionäre, freie Denker waren den Kirchen, obwohl die ihnen viel zu verdanken haben, immer suspekt. Was dort zuströmt, muß in langwierigen Prozessen gedämpft und gefiltert werden, es muß durch die Vermittlung hindurchgehen. Endlich kondensiert sich unter Umständen ein Heiligenschein. Mit den Denkern gab es, von Heraklit bis zu Nietzsche, kaum je einen Vertrag.

Demeter und Dionysos sind auf Vermittlung nicht angewiesen; sie nahen unmittelbar. Wohl finden sich dort Traum- und Totenführer, doch sie wirken nicht durch Belehrung, sondern wie Aphrodite durch Berührung oder wie Orpheus durch Gedicht und Gesang. Dort leuchtet die Unterwelt mit ihren Schätzen und großen Verwandlungen. Ihr Licht ergänzt auch das des Tages, das, so verwandelt, zum eleusinischen wird.

Das sind Wandlungen, die sich ankünden, nicht nur unter den technischen Gerüsten, sondern auch in sie eindringend. In Eleusis erhebt sich heute eine Zementfabrik. Das hätte vielleicht gestört bei den kleinen Mysterien, die im Frühling, doch nicht bei den großen, die im Herbst stattfanden. Beton und Marmor werden Oberflächen, wenn man »Persephoneias Schoß« erkennt. Da gibt es keine Unterschiede mehr.

186

Der Name des Krokodils führt sich auf »kroko-dilos«, der »Stein-Wurm«, zurück. Er naht sich dem Opium-Esser mit Küssen »wie von Krebsscheren«. Die Zeit wird zum Albdruck; sie lastet mit dem Gewicht der Pyramide auf dem Schläfer, der, eingeschnürt in Mumienbinden, unentrinnbar ihren Schrecken ausgeliefert ist.

Baudelaire sieht in diesen Ängsten eine Art von Strafe, die dem langen Mißbrauch der Droge folgt. Daran ist Richtiges; jeder Rausch muß bezahlt werden. Doch über den Preis läßt sich reden, wenn man bedenkt, daß de Quincey auf wenigen Seiten ein großartiger Aspekt der Zeit gelungen ist, in deren Wirbeln wir treiben wie Schiffbrüchige im nächtlichen Meer. Wir müssen weit Umschau halten, um diese Größenordnung wiederzufinden, vielleicht bis zu den Korintherbriefen oder den Bildern von Hieronymus Bosch.

187

Die Zeit fordert jedoch nicht nur ein Soll, sie gewährt auch ein Haben; und Zeit ist wertvoller als jeder andere Besitz.

Als ich aus dem Bade zurückkam und mich dem Wachtraum entwand, beglückte mich nicht nur die Wiedervereinigung nach endloser Abwesenheit. Ich sah auf der Uhr mit Erstaunen, daß sie nur Minuten gewährt hatte. Also verfügte ich noch über einen unermeßlichen Vorrat an Zeit und würde die köstliche Nacht grenzenlos ausdehnen. Ich tropfte mir noch einmal Laudanum in das Glas.

Die Nacht war ein Mantel, der Wärme und Sicherheit gab, ich zog ihn enger an den Leib. Die Zeit wurde Raum, ganz dicht wie eine schmale Kammer, die nicht mehr im Innern der Pyramide, sondern tief unter ihr lag. Da war kein Geschehen mehr, nur friedliche Stille, unangreifbare Einsamkeit. Dort oben mochten sie sich im Kampf und Wettlauf messen, mochten sich feiern oder töten – ich hatte so wenig damit zu schaffen wie die Gefallenen. Dort oben waren Not und Hunger, Brände und Exekutionen, war das Gericht. Dort wob die Zeit ihr irres Gewebe mit Stricken und Stacheldraht. Hier unten wurde es fein wie Seide, ohne Farbe und Muster, und endlich glitt der Faden unmerklich durch die Hand. Da war kein Knoten, kein Stachel mehr. Vaterland auch.

188

Das war die Nähe am Raster; das Fadenzupfen zählt zu den hippokratischen Kennzeichen. Ich möchte das Kapitel mit der Erwähnung eines weiteren Phänomens abschließen.

Das Erwachen, ich meine das alltägliche Erwachen, begleitet jedesmal eine orientierende Anstrengung. Das gilt besonders für das brüske Erwachen; der Kompaß erlitt eine totale Deviation. Wenn wir nachts aufschrecken, fällt es uns schwer, uns nach der Symmetrieachse zu orientieren; jeder kennt diese merkwürdige Anstrengung. Oft kann es lange dauern, ehe die Lage des Körpers im Schlafzimmer geortet worden ist.

Die Alten liebten es, Schlaf und Tod zu vergleichen, auch meinten sie, daß wir in den Träumen wie die Götter leben; darüber kann man verschiedener Meinung sein. Jedenfalls haben wir das Gefühl, daß uns der Tag beraubt; er zwingt uns zurück in die Zeit.

»Einmal lebt ich wie Götter« – manche Träumer kehren nie mehr zurück oder verharren, wie Scardanelli, noch Jahre im Zwischenreich. Viele erwachen heiter, viele auch traurig, aber immer fehlt, ob wir es wissen oder nicht wissen, die ergänzende Macht.

189

»Nichts mit der Sache zu tun haben« – das ist mehr als ein angenehmes Gefühl. Es ist auch mehr als ein zeitlicher Dispens; es ist der Dispens von der Zeit, ist die Absolution, die sich der Einzelne erteilt. Sie stärkt ihn noch auf dem Wege zur Hinrichtung. Er wohnt ihr bei wie einer »Hängerei in einer anderen Welt« (des Réaux). Und einer Welt, die nicht die seine ist.

Dieses Gefühl ist eines der Geschenke, die der Rausch gewährt. Er ist eine Vorübung. Der Mohn, seit altersher ein Synonym des Schlafes und des Vergessens, hat zudem die Eigenschaft, die Zeit fast endlos auszudehnen – nicht etwa die Uhrzeit mit ihrem allmächtigen Weltzwang, sondern die Zeit, die ganz und gar Wohnung und Eigentum des zugleich An- und Abwesenden ist. Das ist der größte Luxus: seine eigene Zeit haben. Er wurde daher auch stets als Unzucht aufgefaßt. Luxus, luxuria. Das gilt besonders heute, wo wir von Uhren beherrscht werden. Wer seine eigene Zeit hat, ist suspekt. Wald bleibt indessen, auch wenn der Kahlschlag vollendet ist. Dort ist andere Zeit, wie im Walde des Mönches von Heisterbach.

»Was zum Teufel habe ich auf dieser Galeere zu tun?« sagt mit Molières Géronte der Träumer, wenn er erwacht, vor allem in grauer, sinnloser Zeit. Synchronisierung, Gleichschaltung aller, selbst ganz entlegener Gebiete, mit der Normalzeit ist die Hauptaufgabe der Clerks. Über deren Notwendigkeit wurde an anderen Stellen im Zusammenhang mit der »Weißung« Näheres ausgeführt. Ein Gefühl des Katzenjammers ist unvermeidlich, wo die Synchronisierung mit der Normalzeit auf Gebiete übergreift, die ihrer Natur nach bestimmt sind, daraus zu entfernen, wie die Musik. Hier wird das Abwesende unmittelbar bewußt.

ADNOTEN ZUM OPIUM

190

Zum Raster. Wir schreiben heute den 1. November 1969; ich kehrte nach kurzer Unterbrechung der Handschrift aus Agadir zurück. Dort vor der goldenen Düne, der dune d'or, ist der Sand so feinkörnig, wie ich ihn bislang an keinem anderen Strande traf. Jede der lang ausrollenden Wogen hinterläßt Spuren auf diesem Gürtel – zarte Geflechte, Linien von Jahresringen alter Bäume, Gefältel von Lebenslinien, Wahrzeichen in Rautenmustern, Kometenschweifen, die sich angespülten Steinchen und Muscheln anheften. Der Sand stellt den Raster, dessen sich die Woge kunstvoll bedient. Seine außerordentliche Feinheit bewirkt, daß die ungesonderte Kraft der Materie durch zarteste Gitter fällt. Sand und Woge, Erde und Wasser, Neptun und Gäa, Zeit und Raum verknüpfen sich im Licht der afrikanischen Sonne zu einer Kette kosmischer Vorweisungen. Das ist auch ein Fernsehen. Jede Woge löscht die alten Muster und läßt neue zurück.

Nicht als ob es hier an Objekten mangelte. Ich beschäftigte mich während dieser zwei Wochen mit verhältnismäßig kleinen, sah aber auch große im Anspülicht – so einen riesigen Rochen, ein Delphingerippe, einen Palmbaum, ein gestrandetes Boot.

Eine zentrale Frage der Kunstkritik, wahrscheinlich die wichtigste überhaupt, ist diese: Wie nah darf der Künstler an den Raster herangehen? Ich habe vor mir das schöne Bild des Rochens von Bernard Buffet (* 1928); der Fisch liegt auf einem Grund von Ziegelsteinen: Da scheint der Raster grob.

Es ist das Verdienst von Gaston Bachelard, in seiner kurzen, doch profunden Betrachtung »La Flamme d'une Chandelle« (1964) eine Bemerkung von George Sand ausgegraben zu haben, die unserer Frage nahekommt. Sie beschäftigt sich in »Consuelo« mit dem Problem, wie Rembrandt auf einem seiner Bilder durch wolkige Abstufungen eines helleren und eines dunkleren Braun räumliche Wirkungen hervorbringen kann, und zwar derart, daß die Bedeutung dargestellter Gegenstände durch diese unbestimmten Lichter gewandelt wird, als wären sie ins Ungesonderte versenkt worden und kehrten nun mit einem neuen Glanz aus der Tiefe zurück.

Die Stelle ist zugleich hinsichtlich der Bedeutung oder auch Bedeutungslosigkeit der Gegenstände aufschlußreich. Es kommt natürlich nicht auf das Was, sondern auf das Wie der Kunst an; das Motiv als solches ist unwichtig. Wenn sich ein Stil verhärtet und die technischen Bezüge zunehmen, wird man eine Umkehr zum Ungesonderten beobachten, die nicht weiter als bis zum Raster führen kann. Das sind weniger Vorstöße als Rückzüge aus der Erscheinungswelt; sie gipfeln in tragischen Konflikten, wenn sie mit Phasen zusammenfallen, in denen hier Meisterschaft erreicht wurde. Fröste im Spätherbst, Medusen, die aus der Tiefsee in den Schatten der Kordilleren aufsteigen.

Der Einfluß des Rasters ist eher zu spüren als nachzuweisen – er verlangt in der materiellen Welt eine ähnliche Feinheit der Wahrnehmung wie das Erkennen von metaphysischen Elementen in der geistigen. Unsichtbare Strukturen können durch Übersetzung in einen anderen Schlüssel sichtbar werden wie der Feinbau von Atomen im mannshohen Bergkristall. Sie können sich auch im Diffusen offenbaren, wie es George Sand durch Rembrandts Kunst erfuhr. Schließlich sind auch die Galaxien aus Sternen gebildet – das ist zu fühlen, selbst wo die Trennschärfe versagt.

Viel dürfen wir in dieser Hinsicht von der Entwicklung der Fotografie erwarten, wenn sie aus der veralteten Antithese von Kunst und Technik befreit sein wird. Auch hier kann Synthesis ein Neues schaffen: Zauberei.

191

Zweite Adnote: zum Einfluß der Stunden auf den Ton. In diesen Wochen las ich unter anderem: »Journal d'un Interprète en Chine« (1886) von d'Hérisson. Der Autor begleitete vor rund hundert Jahren als junger Soldat den General Montauban bei den Operationen, die sich dem Tai-Ping-Aufstand anschlossen. Er ist ein guter Beobachter, und sein Buch ist schon deshalb lesenswert, weil es Einzelheiten über eine der größten Plünderungen der Weltgeschichte mitteilt: der des kaiserlichen Sommerpalastes zu Peking, einer mit unerhörten Schätzen gefüllten Residenz. Die Ausraubung glich einem wochenlangen Jahrmarkt, der mit dem Brande des Palastes endete.

In solchen Aufzügen kehrt wieder der Einbruch in eine alte, zumindest der Lebenshaltung und dem Raffinement nach überlegene Kultur. Die brennenden Paläste zählen zum Dekor, so der des Darius zu Persepolis und der des Montezuma in Mexiko.

Hinsichtlich des Verhältnisses von Ton und Stunde entsinne ich mich der Schilderung einer Wassermelone, die d'Hérisson den italienischen und selbst den spanischen als unvergleichlich überlegen rühmt. Er hörte von den Chinesen, daß sie vollkommen wäre, wenn sie zur Nachtzeit geerntet würde, bevor der Tau fiele. Das Einsammeln müsse unter striktem Schweigen geschehen, da gerade die zartesten Früchte, wenn nur ein leiser Ton sie träfe, aufplatzten. Zu den Ränken eines bösen Nachbarn gehöre, daß er um diese Stunde im Nebengarten den Gong schlage und so großen Schaden anrichte.

Es versteht sich, daß diese Feinheiten der Gartenkunst und der damit verbundenen Genüsse unmöglich geworden sind. Ein Düsenjäger würde die Ernte einer Provinz zunichtmachen. Uns drohen mit dem Weinbau ähnliche Erfahrungen. Wie in glücklichen Zeiten alles Musik und Melodie wird, so kann auch alles Genuß werden: das liebevolle Walten des Winzers an der Rebe nicht minder als das lustvolle Behagen des Kenners an der Kreszenz. Herren und Diener begegnen sich im Duett.

D'Hérisson berichtet ferner, daß sie in jene köstlichen Früchte ein Spundloch schnitten und sie mit Madeira oder gar mit Kirsch füllten; er rühmt sich dessen noch. Überhaupt zeichnen sich diese China-Feldzüge europäischer Staaten, die sich durch das ganze 19. Jahrhundert hinzogen, durch eine Mischung von Anmaßung, Brutalität und Dummheit aus. Barbareneinfälle in ein Reich, das sich der ältesten und höchsten Kultur rühmen durfte, die auf dem Planeten bestand.

POLNISCHER KARPFEN

192

Die widrige Erfahrung mit dem Chloroform hatte offenbar nicht genügt, mich von den Exkursionen im Zwischenfeld zu kurieren; es mußte noch »ein dicker Hund« hinzukommen.

Als nach dem Kriege die Kinder herangewachsen waren und die Dinge halbwegs ins Lot kamen, konnte die Mutter öfter verreisen; sie liebte das sehr. Wenn die böhmischen Wälder sich färbten, fuhr sie für drei Wochen nach Karlsbad, und im frühen Sommer für eine Weile nach Weimar; beide Orte waren leicht zu erreichen – der eine tat ihrer physischen, der andere ihrer geistigen Gesundheit wohl.

In Weimar wohnte sie im »Elephanten« und akkordierte mit einem Kutscher, der sie nach Belvedere, Tiefurt und Ettersburg fuhr. Sie kannte den Faust auswendig und konnte ein Gespräch mit Zitaten bestreiten – was damals nicht selten war. Das Zitieren gehörte zu den Schwächen des 19. Jahrhunderts; Georg Büchmann († 1884) hat dreizehn Auflagen seiner »Geflügelten Worte« erlebt. Das ist inzwischen aus der Mode gekommen, wie zuvor schon die Bibelfestigkeit. Beides setzt eine homogene Bildungsschicht voraus.

An beide Orte habe ich die Mutter nur einmal begleitet, obwohl ich gern mit ihr reiste – vor allem jenseits der Alpen, aber auch schon der Mainlinie. Die Mutter wurde dort heiterer; ihre Natur trieb hervor. Auf altem Römerboden fühlte sie sich wohl. Sie hätte in ein Bild von Feuerbach gepaßt. In unserem Norden kam es selten zu jenem leichten, fast ätherischen Brausen, das kein Bodensatz trübt. An Sorgen konnte es ihr nicht fehlen, bei fünf Kindern ist fast immer ein Grund dazu. Dabei fürchtete sie, wie sie mir später einmal sagte, »daß einer einmal etwas anrichtet, das ich nicht wieder gutmachen kann«. Auch dann wäre auf sie Verlaß gewesen, gerade dann.

Diesseits oder jenseits der Alpen mit ihr beim offenen Wein zu sitzen, war angenehm; es wärmt noch in der Erinnerung nach. In ihrer Münchner Heimat tranken wir Bier, besonders gern bei Schneider im Tal. In Innsbruck saßen wir im Goldenen Dachl, in Garmisch in der Post. Sie bestellte dann Nord- oder Südtiroler Wein, gern auch Kastanien dazu. Kaum noch entsinne ich mich der Gegenstände der Unterhaltung, doch genau der Stimmung, die sie belebte – das ist ein gutes Zeichen; die Texte verwehen eher als die Melodie. Wenn wir uns der Mutter annähern wollen, ist so der Weg.

Diese Fahrten begannen im Anno Santo 1925, in dem die Mutter mich nach Neapel begleitete. Seitdem ist mir unter den römischen Kirchen Santa Maria Maggiore besonders ans Herz gewachsen; wir waren dort zusammen, während der Kardinal einen Umgang hielt. Die Sonne fiel schräg durch das Oberlicht über den Mosaiken; in den Beichtstühlen saßen Priester, die zuweilen einen Gläubigen mit einer Art von Angelrute berührten – das war ein sehr altes Bild. Übrigens hörte ich die Mutter das Wort Maria nur einmal aussprechen, in einem mir fremden Gebet, als der kleine Bruder Felix gestorben war. Das mußte aus der frühen Kindheit kommen, denn schon als junges Mädchen hatte sie, wenn die Großeltern sonntags von Kirche zu Kirche zogen, dagegen revoltiert. Sie las damals Ibsen, hatte auch einmal mit dem Bruder zusammen den Dichter angesprochen, als er vor dem Café Luitpold in der Sonne saß. Revoltierende Frauen dieser Generation waren nach ihrem Herzen; gern las sie in späteren Jahren Lily Brauns »Memoiren einer Sozialistin« und die Tagebücher der Reventlow. Als sie hörte, daß eine der ersten Suffragetten, ich glaube, Lady Pankhurst, im Britischen Museum ein Meisterwerk demoliert hatte, war das eine frohe Botschaft für sie. Es gab ein Bild, auf dem diese Dame durch einen Polizisten abgeschleppt wurde; sie trug einen Rock, der bis über die Fußspitzen hing.

Die Münchner Großmutter kam hin und wieder, meist zu den Kindbetten. Sie betete fast ununterbrochen; jedenfalls ist sie mir in Erinnerung als kleine Graue, die lautlos die Lippen bewegt. Daß die Mutter einen Ketzer genommen hatte, war natürlich ein Unglück, vielleicht sogar eine Katastrophe für sie. Ich durfte sie auf den Markt begleiten, wo sie, nachdem sie lange die Stände erkundet hatte, am billigsten noch einen Pfennig abhandelte. Dabei führte sie Mahlzeiten ein, die wir sonst nicht kannten, etwa ein zweites Frühstück um elf Uhr. Diese bescheidene Behäbigkeit war den Münchner Klein- und Kleinstbürgern eigentümlich; sie bewohnten eine zugleich reiche und billige Stadt, der es auch sonst an Gegensätzen nicht mangelte. Hier waren die »Kinder der Welt und auch die Frommen« zu Haus.

Die Reise, die hier zu Buch steht, war kurz; sie führte von Sachsen nach Hannover, wo wir beide zu tun hatten – ich vermutlich nach Abschluß eines Urlaubs und die Mutter in Geschäften, die sich an den Umzug anschlossen. Sie muß also in die ersten zwanziger Jahre gefallen sein. Politisch war es unruhig; uns überraschte auf der Strecke ein Eisenbahnerstreik.

Der Vater hatte uns an den Zug gebracht; er war, wie morgens fast immer, glänzender Laune, ein matinaler Geist. Früh hörte man ihn auf der Treppe, nicht als Sarastro, sondern als Papageno, wie es seiner Stimme und Stimmung entsprach. Er sang oder pfiff, wenn er herunterkam; aufwärts nahm er die Stufen im Sprung. Nun hatte er auch die Geldsorgen hinter sich. Die Inflation hatte ihn berührt wie eine Welle, die man unterschwimmt, ehe sie kulminiert.

In Leipzig hatten wir einige Stunden Aufenthalt, Zeit genug, um in Ruhe zu Mittag zu essen und dann in die Stadt zu gehen. Es muß damals, auch wenn die Teuerung erst anlief, die Rationierung sich schon gelockert gehabt haben; ich schließe das daraus, daß es im Speisesaal des riesigen Bahnhofs auf der Karte Auswahl gab. In einem kleineren Raum war das Angebot fast luxuriös. Er lag ein halbes Stockwerk höher, wie in den meisten der großen Bahnhöfe, die offenbar nach einem gemeinsamen Modell gebaut wurden. Wir stiegen also hinauf und setzten uns an einen der kleinen Tische; ein Ober legte uns die Karte vor.

»Sieh hier«, sagte ich, nachdem ich sie studiert hatte, »da ist etwas, auf das ich schon lange neugierig bin.«

»Wahrscheinlich wieder was Ausgefallenes. Wie nennt es sich denn?«

»Karpfen auf polnische Art.«

»Hoffentlich sind deine Wünsche alle so leicht zu befriedigen. Na, dann bestell ihn beim Ober, damit du heut nacht nicht davon träumst.«

Also tat ich, um wieder einmal zu erfahren, daß bei solchen Gelüsten die Phantasie die Hauptrolle spielt. Nicht umsonst tauchen auf den Speisekarten für stets die gleichen Gerichte immer neue, verlockende Namen auf. Ich hätte es mir sagen können, denn Süßwasserfische einschließlich der berühmten Forelle habe ich von jeher lieber an der Angel als auf der Tafel gehabt – mit Ausnahme jener, die zwar in den Strömen gefangen werden, doch wie der Lachs und der Aal aus dem Meer in sie hinaufsteigen. Die Fische, die in den Teichen und Altwassern träumend dahindämmern, setzen keine Muskeln an.

Den Polnischen Karpfen trifft man in den Haushaltungen selten; die Zubereitung ist kompliziert und lohnt sich nur für einen größeren Kreis. Viele und seltene Gewürze, Weiß- und Braunbier, Zwiebeln und Champignons, geschmolzener Zukker und Syrup, zerbröckelter Pfefferkuchen und mehr noch sind unentbehrlich – nicht zu vergessen das Blut des Fisches, durch einen Stich gewonnen, der die Galle nicht verletzen darf. Auf einem Sockel von geröstetem Weißbrot thronend, ist er ein Prunkstück östlicher Tafeln, ein Festschmaus bei jüdischen Hochzeiten – nicht zu verwechseln freilich mit dem Lothringer »carpe à la juive«, der in Gelee als Vorspeise genossen wird. So ungefähr habe ich es im Gedächtnis; hier aber wurde in kleinen Portionen serviert, und die Enttäuschung konnte nicht ausbleiben. Manches behagt uns besser, wenn wir es in den Kochbüchern lesen oder auch in Casanovas Memoiren oder es auf einem Stilleben sehen. Neun Zehntel muß der Geist zuschießen, und es ist ein altes Problem, ob sich nicht auch das fehlende Zehntel noch sparen ließe, auf übersinnlichen Hochzeiten. Da sind wir beim Thema: Antonius transformiert in der Wüste den Hunger in nie zu bewältigenden Überfluß.

Nachdem ich zur Genüge in dem lappigen Fisch und dem mit Braunbier getränkten Pfefferkuchen herumgestochert hatte, war ich froh, als wir aufbrachen. Obwohl ich vorgab, daß es vorzüglich schmeckte, hatte die Mutter mir ironisch zugesehen.

Auf dem Brühl waren schon wieder Pelze ausgestellt. Es fehlte nicht an Geld, nur war es jetzt anders verteilt. Einmal, bei einem Kaiserbesuch, waren hier beide Häuserreihen wie die Flanken eines ungeheuren Tieres ganz mit Fellen geschmückt gewesen; die Mutter erwähnte es. Ich verweilte lieber vor den Auslagen der Antiquare und Buchhändler. Leipzig ist eine Stadt der Händler und der Bücher, das ist eine gute Komposition. Wir schlugen einen Bogen um das Rathaus und Auerbachs Keller und erreichten, nachdem wir bei Felsche noch Kaffee getrunken hatten, bequem den Zug. Allerdings kamen wir nur bis Halle, dort standen die Räder still. Die Eisenbahner streikten; die Bahnsteige waren von schimpfenden, mehr oder minder verzweifelten Reisenden erfüllt. Wir mußten aussteigen.

Ich nehme an, daß es sich um eine regionale Einstellung handelte. Sie währte auch nur bis zum nächsten Vormittag. Inzwischen zerstreute sich die Menge teils in die Wartesäle, teils in die Hotels. Auch uns gelang es, in der Nähe des Bahnhofs zwei Zimmer aufzutreiben; das Foyer war erfüllt von Fremden, die gestikulierten oder auf ihrem Gepäck saßen. Der eine hatte eine Hochzeit, der andere eine Beerdigung verfehlt, der dritte zählte sein Geld, das für die Übernachtung nicht ausreichte.

»Das hat uns grad noch gefehlt«, sagte die Mutter, »und in Halle dazu!« Sie hatte ein Vorurteil gegen die Stadt, ich weiß nicht auf Grund welcher Erfahrungen. Es sollte sich wieder bestätigen. Draußen begann es zu nieseln; es war November – falls nicht im Kalender, so der Stimmung nach. Wahrscheinlich aber war es spät im Winter, denn draußen lag schmutziger Schnee. Immerhin war es günstig, daß wir ein Obdach gefunden hatten; wir sagten uns Gute Nacht und gingen früh zur Ruh. Die Zimmer hatten eine Verbindungstür.

193

Nachdem ich den Kulturbeutel ausgepackt hatte, den man damals noch »das Necessaire« nannte, machte ich es mir im Pyjama bequem. Zum Inventar gehörte ein Sessel, der bessere Tage gesehen hatte; ich setzte mich in ihm zurecht, streckte die Beine auf einen Stuhl und wickelte sie in die Bettdecke ein. Es kam die Stunde der Lektüre, die ich kaum je versäumt habe.

Damals in Halle führte ich ein Bändchen von Tausend und einer Nacht mit. Als ich es aus dem Koffer nahm, fiel mein Blick auf ein spannenhohes Porzellangefäß, das in einem Oval die Aufschrift »Extr. Cannabis« trug. Richtig – das konnte ich an diesem öden Platz mit absolvieren; ich war ohnehin gewöhnt, drei, vier Dinge gleichzeitig zu tun. So können wir lesen, Tee trinken, Pfeife rauchen, die Katze streicheln und dazu an diese oder jene Annehmlichkeit denken – das alles wird gut harmonieren, falls die Stimmung es eint.

Das Porzellangefäß war so geformt, daß man zwanzig Zigaretten darin hätte aufstellen können, es trug ein Deckelchen mit einer Eichel als Knauf. Es zeigte die Nüchternheit, die um die Wende des 18. Jahrhunderts aufkommt, zunächst als Reduktion der Oberfläche, die noch nicht das Maß angreift. Sie läßt sich überall beobachten, vorzüglich am Silbergeschirr. Das Inventar der Apotheken macht keine Ausnahme. Die Reduktion wird deutlich, wenn man spätbarocke Offizinen, wie sie sich in Salzburg oder Mergentheim erhielten, mit den heutigen vergleicht. In Oslo zeigt die Schwanen-Apotheke, was das Empire noch zu leisten vermochte, nicht nur im Handwerk, sondern auch in der symphonischen Darstellung.

Was die Gefäße betrifft, so pflegen sie entweder allmählich zu Bruch zu gehen, oder sie werden pensioniert, wenn ein Besitzer sich zur Neueinrichtung entschließt. In der Leisniger Löwen-Apotheke mußte es deren schon eine Reihe gegeben haben, seitdem sie privilegiert worden war. Und das war durch August den Starken geschehen. In der Urkunde waren noch absonderliche Rechte verzeichnet – unter anderem das, auf offenem Markte Theriak zu brauen.

Das überflüssige Inventar fand, so weit es nicht zerstört wurde, auf dem Boden des Lagerhauses Platz. Dort waren früher die Kräuter verwahrt worden. Davon war kaum noch eine Spur geblieben, denn die Pflanzen haben sich seit langem aus den Offizinen zurückgezogen und mit ihnen die prächtigen Botaniker von Parkinsons Schlag (Autor des »Paradisus Terrestris«, London, † 1629). Man verabreicht heute nicht mehr Blätter, Blüten, Wurzeln oder Rinden, sondern Wirkstoffe.

Seit langem wurde oben nur noch Gerümpel abgestellt. Ich stöberte dort gern und durfte mir nach Belieben davon aussuchen. Zwar waren die alten, buntgeätzten Vierkantgläser längst verschwunden, doch diese Porzellandosen waren offenbar noch nicht in die museale Stufe aufgerückt. Es standen dort über hundert; sie mußten Anno Tobak mit einem Schlage ausgemustert worden sein. Ich wählte einige davon nach den mehr oder minder seltsamen Titeln aus.

Vor etwa sechzig Jahren mochte der Satz in einer Manufaktur entstanden und dreißig oder vierzig Jahre später ausrangiert worden sein. Die Töpfchen hatten Salben enthalten, doch kam es immer seltener vor, daß der Apotheker mit dem Spachtel tätig war. Der wurde, ähnlich wie der Mörser und selbst die Waage, allmählich außer Dienst gestellt.

Zudem verwiesen die eingebrannten Namen zum Teil auf Stoffe, die, obsolet geworden, auf den Rezepten nicht mehr vorkamen. Extractum Cannabis zum Beispiel hat in den abendländischen Offizinen nur eine Gastrolle gegeben, während es im Orient immer noch als heilkräftig gilt. Es wird gewonnen, indem man die Hanfblätter auf Teppichen rollt und die Rückstände abkratzt, oder auch dadurch, daß Männer die blühenden Hanffelder durchschreiten, und zwar mit Lederschürzen, an denen das harzige Exsudat des Krautes haften bleibt. Bei uns waren Hanfpastillen und -tinkturen als wirksam gegen Schlaflosigkeit, Melancholie und Depressionen offizinell; sie wurden neben dem Opium als Psychopharmaka verwandt.

In jeder Apotheke gab es eine Art von Hausgnom, ein Faktotum, das neben den Botengängen die grobe Arbeit verrichtete. Ein solcher hatte vermutlich seinerzeit die Gefäße nach oben getragen und sich die Mühe erspart, sie zuvor noch zu reinigen. Die Inhalte waren im Lauf der Jahre wie in einer Mumienkammer vertrocknet, versteinert, kristallisiert. Manche hatten erstaunlich lange ihre Konsistenz bewahrt, darunter auch der Hanfextrakt. Den Boden deckte eine Harzschicht, die wie tiefgrünes Flaschenglas gefärbt war – wie es die Lehrbücher vorschreiben. Nach ihnen freilich sollte der Stoff im Lauf der Zeit grau werden und an Wirkung einbüßen.

Jedenfalls konnte eine Probe nichts schaden; eine Spur mochte immerhin noch in der Paste sein. Ich hatte einen typischen Fall von Kompetenzüberschreitung begangen, indem ich nicht nur die Dose, sondern auch den Inhalt an mich nahm. Das war gewiß nicht im Sinn des Vaters, doch hatte ich noch ganz andere Geheimnisse vor ihm.

Dem Vater war der Rausch unangenehm. Wie konnte die Passion für Mozarts Musik mit der rationalen Auffassung der Umwelt und ihrer Probleme unter einen Hut kommen? wie mit dem scharfen, ja schneidenden Intellekt? Das habe ich mich oft gefragt. Jedenfalls mußte der Nenner tief liegen. Das sprach für Mozart, und für den Vater auch. Ich hatte ihn zwei- oder dreimal angeheitert gesehen, unmerklich fast. Er zündete sich dann eine Zigarette an und rauchte einige Züge davon. Er liebte schwierige Probleme, doch mußten sie wie beim Schachspiel lösbar sein. Das Eindringen irrationaler Elemente und Ideen war ihm unheimlich, Exzesse waren ihm zuwider wie das Unberechenbare überhaupt. Aus großen Beständen nahm er die mathematischen Details heraus, um sich mit ihnen abzugeben – so aus den Operationen des Ersten Weltkrieges, die ihm verworren schienen, allein die Skagerrakschlacht. Wie alle Apotheker hatte er mit Morphinisten widrige Erfahrungen gemacht. Das war kein Thema zwischen uns.

Die Paste hatte, wie gesagt, ein tiefes Grün, ähnlich dem von Tannenzweigen im verschneiten Wald. Ich hatte keinen Spachtel, auch kein Messer bei mir, so nahm ich denn die Zahnbürste und fuhr mit ihr in die Masse hinein, mit dem Zelluloidgriff vom durchsichtigen Rosa eines Kinderbonbons. Ein Zupf Harz blieb daran haften, zähe Substanz, die ich mit den Zähnen herunterzog. Vielleicht war sie doch nicht vor so langer Zeit abgestellt worden, wie ich gemeint hatte.

Nun konnte ich umsteigen, mich vom Boden abheben. Der Tageslauf schien oftmals so, als ob man durch Scherben schritte – grau, schneidend, von Dissonanzen erfüllt. Doch war immer noch Hoffnung, daß sich daraus etwas fügte, rundete, zusammenschmolz – weniger durch Anstrengung als durch Anschauung. Die Lektüre gab ein Beispiel dafür.

Ich weiß nicht mehr, welche der Geschichten des großen Buches ich damals begann oder fortsetzte – der Titel ist mir entfallen, während ich mich des Motivs noch erinnere. Es prägt sich hin und wieder, mehr oder minder deutlich, in Erzählungen aus, in denen die fast unbegrenzte Dehnbarkeit der Zeit anschaulich wird. Gern bezeugen Magier so ihre Macht in der Art, wie sie noch in unseren Tagen das »Wunder des Mangobaums« vorführen. Auf Filmen sieht man sie, ohne daß sie die Hände rühren, dabeisitzen. Im Märchen genügt ihnen ein Wasserbottich; sie lassen den Sultan, bei dem sie zu Gast sind, den Kopf hineintauchen. Dieser hört dann ein Brausen, als ob er in ein Meer versänke, auf dessen Grund er eine Wanderung beginnt, die ihn an eine ferne Küste führt. Dort steigt er als Bettler zu einer Stadt empor. Er sucht die Moschee auf, und es trifft sich, daß vor ihr eine Dame auf den ersten wartet, der dort eintritt – denn diesen, so verpflichtet sie ein Gesetz oder ein Gelübde, soll sie heiraten. Der Fremdling wird also in das Bad und dann in reicher Kleidung zum Hochzeitsmahl geführt. Er beginnt mit dem Vermögen der Dame Handel zu treiben, zeugt mit ihr Kinder, erwirbt Häuser, Gärten, Sklaven und steigt im Verlauf der Jahre in Ämter und Würden auf. Indessen ist sein Glück nicht beständig; er wird in gefährliche Händel verwikkelt, ins Gefängnis geworfen und soll des Lebens beraubt werden. Man führt ihn zum Richtplatz; der Henker steckt ihm den Hals in die Schlinge und zieht ihn empor. Er hört es brausen wie eine Brandung, dann zieht ihn der Strick aus den Wirbeln heraus. Es ist nicht das Wasser des Meeres, aus dem er den Kopf hebt, sondern das des Bottichs, in den er nicht länger als einen Augenblick eintauchte.

Die großen Herren sind nicht durchweg von diesen Traumwelten erbaut. Einer von ihnen, ich glaube, ein Sultan von Ägypten, erzürnt sich sogar derart über seine imaginären Qualen, daß er dem Zauberer den Kopf abschlagen läßt. Er hat also wie de Quincey vor allem den »Zahn der Zeit« verspürt.

Übrigens ist Undankbarkeit fast immer des Magiers Lohn. Man kann das bei den Vorführungen der Hypnotiseure beobachten – wenn die von ihnen Entrückten aus der Trance erwachen, starren sie sie mit bösen Blicken an. So auch die gefoppten Studenten in Auerbachs Keller: »Stoßt zu! der Kerl ist vogelfrei!«

194

Ich streckte mich aus und öffnete das Buch. Der holprige Teil des Tages war nun vorbei. Wie mochte man ihn ertragen haben, als es noch keine Bücher gab? Der Sultan senkte sein Haupt in die Schüssel – ich sah den Magier lächeln, sah das blöde Staunen der Trabanten, die im Kreis standen. Sie hatten die Hand am Schwertgriff bis auf den einen, der den Turban des Sultans hielt. Dann hörte ich das Meer brausen und trat auf seinem Grunde die Wanderung an.

Die Bilder waren stark und unmittelbar: unreflektiert. Bislang hatten sie geleuchtet wie das Licht in einem Spiegel – nun sah ich das Licht selbst und ganz nah. Ich hatte den Text gelesen wie eine gute Übersetzung, nun hörte ich ihn in der Ursprache. Das war kein Lesen mehr. Das Märchen offenbarte eine Tiefe, die ich nicht geahnt hatte. Es öffnete Zugang zum Meer und seiner rauschenden Monotonie. Wer sie hörte, wer von ihr durchdrungen wurde, der brauchte den Text, brauchte die Buchstaben nicht mehr.

Ich legte das Buch beiseite; der Atem ging schneller, lustvoller. Jeder Atemzug ist ein Genuß; hier wurde ich mir dessen bewußt. Ich spürte es als leise Berührung des Zwerchfelles. Diese Berührung war rhythmisch, war die eines Pendels, das ganz zart streifte, streichelte und sich dann in weit ausholendem Schwunge verlor. Es kam zurück und streifte dann wieder, ein wenig tiefer und zärtlicher. Ich fuhr fort, auf dem Grund zu wandern, und hörte es rauschen; das war lustvoll, war angenehm. Das Pendel schwang und kehrte wieder; seine Wucht verstärkte sich. Nun fuhr *ich* mit ihm in die Höhe; die Physis zweigte einen Exponenten ab. Ich stieg in das Pendelgewicht wie in die Gondel einer Schiffsschaukel, sie hatte die Form einer Mondsichel. Der Kiel war scharf geschliffen, er berührte kaum die Haut. Es war der Luftzug, der sie streichelte. Die Empfindlichkeit wuchs, wenn die Schaukel anfuhr – ganz oben kam Schwindel hinzu. Er zwang zum Lachen, dann ging es pfeifend hinab. Die Bewegung war nicht mehr aufzuhalten, auch nicht mehr zu kontrollieren; sie hatte einen Grad erreicht, bei dem Sturz drohte.

Der Heiterkeit war starke Lust gefolgt, nun kamen Bedenken und dann Angst, fast ohne Übergang. Das Pendel schwang, nachdem es den höchsten Punkt erreicht hatte, im Gegensinn. So spielen Kinder mit einem Feuerchen und freuen sich an der Flamme, bis sie heulend und krachend in die Baumwipfel fährt. Dann rennen sie auf und davon. Das kann im Augenblick geschehen.

Unsere Empfindung ist begrenzt. Wenn wir die Skala überschreiten, kann die Wahrnehmung paradox werden, so wie die Berührung tief gekühlter Objekte Brandblasen erzeugt. Extreme Schmerzen können in Lust umschlagen, wie bei Damiens' Hinrichtung. Ebenso kann die Lust zu stark werden. Dann erscheint sie als Raub, der an der Natur begangen wird; das Blättchen wendet sich, und zwar im Augenblick.

Das Mißbehagen kam nicht allmählich; es setzte in voller Stärke ein. Der Schwung der Gondel blieb unvermindert, doch sie bewegte sich, als ob sie umgekuppelt wäre, im Gegensinn. Ich sprang auf, sah in den Spiegel und kannte mich nicht mehr. Das bleiche, im Lachen verzerrte Gesicht dort war stärker als das meine und mir feindlich gesinnt. Der plante Unheil; ich durfte ihn nicht loslassen.

Ich mußte eine viel zu starke Dosis geschluckt haben. Sie konnte tödlich sein. Vor allem Ruhe, damit die Mutter nicht aufwachte. Das Zeug mußte verschwinden; die Dose stand noch auf dem Tisch. Ich riß das Fenster auf und warf sie hinaus; sie versank in einem der Schneehaufen. Nun möglichst viel Wasser hinunterschlucken – bis zum Erbrechen; die Tollheit darf nicht überhand nehmen.

Aber die Angst wuchs; ich hielt es im Zimmer nicht mehr aus. Der Flur war schwach erleuchtet; ich riß die Türen auf, so weit sie sich öffneten. In einem Zimmer saßen zwei Männer, die Stöße von Geld zählten und erschreckt aufsprangen. Im nächsten hockte eine Dame auf dem Bidet; ihr Mann nahm eine drohende Haltung an. Unten in der Rezeption war noch Gedränge; ich lief barfuß im offenen Pyjama durch die Gruppen, stieß Leute an und warf Koffer um.

»Das können Sie hier doch nicht machen, mein Herr«, rief der junge Portier; ich hörte es, während ich schon wieder die Treppen hinaufstürzte. Von oben kamen wütende Gäste herunter, die ich erschreckt hatte.

Es half nichts; ich mußte die Mutter wecken, ich konnte die Dinge nicht mehr bändigen. Sie war noch wach, hatte auch gelesen, wie es von Kind auf ihre Gewohnheit war. Viel habe ich ihr zugemutet; dies war eines der stärksten Stücke – sie starrte mich an wie im Traum, mein Zustand, mein Gesicht spiegelten sich im ihrigen. Nun kam der Portier herein; ich hörte sie murmeln »ganz plötzlich erkrankt, Aufregung, telefonieren, Arzt rufen«. Sie blieb dann bei mir, während ich mich mit wachsender Angst auf dem Bett wälzte.

Der Arzt kam nach Minuten; er wohnte wahrscheinlich ganz in der Nähe und hatte hier oft zu tun. Die Hotels sind kleine Modelle der Gesellschaft, sind Stationen des Lebensweges und seiner Unbilden. Zudem ist die Gesundheit auf Reisen stärker bedroht. Jeder Fall, von der Magenverstimmung bis zum Selbstmord, ist hier dringend, und der Hotelier ist auf einen Hausarzt angewiesen, der unverzüglich erscheint. Dieser hier hatte den sechzigsten Geburtstag entweder schon begangen oder sah ihm entgegen; er war beleibt, ein wenig schwammig; das Licht fiel auf eine Stirnglatze. Er kam ohne Mantel, war entweder so über die Straße gegangen oder hatte ihn unten abgelegt. Er schnaufte, wohl wegen der Treppenstufen, denn abgesehen davon, ging Ruhe von ihm aus, während der Portier, der hinter ihm durch die Tür blickte, ein halb neugieriges, halb erschrecktes Gesicht machte. Ich sah den weißen Schädel sich im Lichte nähern, darunter zwei dunkle Brillengläser; sie mußten fast kugelig geschliffen sein.

»Der will dich hereinlegen – du mußt jetzt aufpassen, daß er nicht hinter deine Schliche kommt. Das würde verhängnisvoll.«

Ja, was sollte denn verhängnisvoll sein? – So frage ich mich heut. Es war wohl das Nahen der Ordnungsmacht mit ihrem Ethos, ihrer Ratio. In dieser Hinsicht ist Feindschaft mehr oder minder in jeder Begegnung von Krankem und Arzt verborgen, und in Fällen wie diesem wird sie offenbar. Das sind Begegnungen an der Grenzlinie.

Der weiße Schädel mit den dunklen Augen kam langsam näher, dann beugte er sich herab. Neben dem Bett stand eine Nachttischlampe; der Doktor ergriff sie und leuchtete mir ins Gesicht. Das war unangenehm. Ich sah, wie der Portier den Mund aufriß. Dann kamen Fragen: »Haben Sie etwas eingenommen? Medizin – oder etwas anderes?«

Dabei spähte er aufmerksam im Zimmer herum. Aber die Dose mit der grünen Paste lag draußen im Schnee. Ich mußte die Jacke ausziehen; die Mutter half mir dabei. Er sah sich die Arme an, legte mir die Hand auf die Brust. Drückte den Bauch. »Haben Sie etwas getrunken – gegessen vielleicht?«

Bei dieser Frage fiel mir der Leipziger Bahnhof, der Polnische Karpfen ein. Das war der Sündenbock – ich würde die Sache auf den Fisch schieben. Ein guter Gedanke – und besser noch, wenn er nicht von mir käme. Ich begnügte mich also mit einem: »Seit heut mittag nichts mehr.« Damit war der Mutter das Stichwort gegeben; ihr kam die Erleuchtung: »Das kann nur der Karpfen gemacht haben.« Der Arzt wiegte den Schädel – wenn er vielleicht nicht überzeugt war, so nahm er es doch als Hypothese an. Obwohl ich es unterdrükken wollte, konnte ich ein Lachen nicht zurückhalten. Er tat nun ein dunkles Pulver in ein Glas und ordnete an, daß starker Kaffee gebracht würde. Der Portier verschwand in der Küche und kam bald mit einem Tablett wieder herauf.

Der Arzt hatte genau das Rechte getroffen; schon der erste Schluck war wie ein Balsam, der Sanftmut verbreitete. Die Spannung ließ ebenso plötzlich nach, wie sie gekommen war, und mit ihr die fremdartige Mischung von Wildheit und Angst. Statt dessen zog Heiterkeit auf. Das war mehr als wohltätig – ein tiefes Behagen der Existenz. Das wahre Glück ist grundlos; es kommt wie eine Welle, die uns überrascht. Wir kennen die Ursache nicht. Vielleicht stürzte in der Ferne ein Meteor ins Meer. Vielleicht standen auch nur die Gestirne günstig; es ist die Art Glück, die immer seltener wird.

Die Mutter konnte aufatmen; sie hatte ihren Augen nicht getraut. Das Unheil war vorübergezogen wie in einem Traum, dessen Bedeutung man erst nach dem Erwachen erfaßt. Auch der Arzt war zufrieden; der Fall hatte ihm weniger Scherereien gebracht, als zu vermuten gewesen war. Er machte kein Brimborium draus.

Außerdem standen im Zimmer Gäste, die einfach hereingekommen waren – Neugierige, die nun an der Heiterkeit teilnahmen. Auch der Mann, der die drohende Haltung eingenommen hatte, war dabei, ein kleiner Dicker in Hemdsärmeln. Er sagte zur Mutter: »Ist es ein Wunder, wenn man die Nerven verliert – bei den Zuständen?«

Ein guter Umstand; ich sah nur freundliche Gesichter in der Gruppe, die sich flüchtig in dem öden Zimmer versammelt hatte und wieder verlief. Ich selbst war glücklich; es muß etwas in uns sein, das unmittelbar auf den Umstand wirkt, der dann zum Echo, zum Spiegelbild wird. Das gilt im Guten und Schlimmen, für Höhen und Tiefen der Lebenswoge – nur auf die Mutter ist immer Verlaß.

195

Zu Weihnachten und Neujahr pflegte ich nach Haus zu fahren, wenn es irgend ging. Am Sylvesterabend wurde ein Karpfen aufgetragen, wie es in vielen Familien Sitte ist. Das Tier steigt seit uralten Zeiten als Glücksbringer zum Jahreswechsel aus der Lebenswoge auf. Hier erschien es als »Karpfen blau« mit einem Strauß Petersilie im runden Maule und mit gelben Zitronenscheiben umlegt. Ein farbiges Bild – der rote Rogen, geschmolzene Butter, Meerrettich mit Sahne trugen dazu bei.

Dieser Fisch aus den böhmischen Teichen wurde mit den Jahren größer, und der Tisch wurde ausgezogen, als Enkel dazukamen. Friedrich Georg, der seit jeher dem Vater gegenübergesessen hatte, rückte immer weiter davon. Der Alte sah sich die lange Tafel mit Wohlgefallen an. Als ausgesprochener Positivist hielt er nicht viel vom Jenseits, doch er meinte, »daß wir in den Kindern fortleben«.

Während der Fisch noch die Augen erfreute, ermahnte uns die Mutter, auf die Gräten zu achten, auch verfehlte sie nicht zu sagen, daß er noch am Morgen gelebt habe. »Denn«, so fügte sie hinzu, »was eine Fischvergiftung ist, das habe ich damals in Halle gesehen. Ernst kann ein Lied davon singen, nicht wahr?«

»Ja, das war eine üble Sache«, sagte ich und fühlte, daß ich rot wurde.

196

Mitleid geerntet, wo ich es am wenigsten verdient hatte. Hier möchte ich den erstaunlichen Aufwand an List wenigstens streifen, dessen wir fähig sind, während im Dachstuhl schon große Unordnung herrscht. Offenbar ist diese List tiefer in uns verwurzelt als der Intellekt. Sie kann wirken, indem sie ihn in Dienst stellt oder auf instinktive Weise überspielt – etwa nach Art des Chamäleons. Dieses seltsame Tier wählt seine Trugfarbe nicht wie ein Maler, sondern es antwortet dem Licht unmittelbar. Seine Haut verbirgt einen Raster von der Empfindlichkeit eines feinkörnigen Films. Aber sie übertrifft den Film insofern, als auch List in ihr verborgen ist. Hinter jedem Automatismus ist diese List lebendig, die ihn unglaublich verfeinern, doch auch entbehren kann.

FÜGEN UND RICHTEN

197

Wie kommt es, daß ein Versagen, ein Fehler, eine Schuld uns so lange nachhängt und daß die vollkommene Tilgung nicht gelingt? Noch immer fühle ich, daß ich von Halle her in der Schuld der Mutter bin. Diese Unruhe ist spezifisch und fast tantalischer Natur. Mit einem Unglücksfall werden wir wieder fertig und auch mit einem Unrecht, selbst einem schweren, das uns angetan wurde – das heilt die Zeit. Aber warum schmerzt die Erinnerung an ein Unrecht, das »im Eigenen« geschah, so lange und auf so unheilvolle Art? Das sind keine Narben; es sind offene Wundränder, und die Erinnerung geht mit, sie greift bis auf das erste Schuljahr zurück.

Es scheint, daß wir einen Richter in uns haben; ja, wir haben einen Richter »in uns«. Diese Instanz hat nichts mit Moral zu schaffen, auch nichts mit Recht und Gesetz – das würde zu einfach sein. Auch nicht um Sühne geht es – in diese Bereiche haben die Kirchenväter viel Zwielicht gebracht. Ginge es um Sühne, so müßte dieser Richter schweigen, wenn »die Schuld verbüßt« ist – aber das ist nicht der Fall. Wir können nach zehn, nach zwanzig Jahren aus dem Gefängnis, dem Zuchthaus kommen und doch immer wieder zitiert werden vor dieses innere Gericht. Wir können selbst glauben, daß die Menschen uns zu Unrecht verurteilt haben – das ändert wenig oder nichts.

Nicht der in der Robe spricht das Schlußwort – der Mensch selbst steht sich im Licht. Unter den großen Kriminalfällen unseres Jahrhunderts verdeutlicht das besonders der des Rechtsanwalts Hau, der sich nach der Entlassung aus dem Zuchthaus umbrachte. Auch das hartnäckige Leugnen bis ans Ende ist weniger an die Welt gerichtet als an das Ebenbild, das unbarmherzig schweigt. »So mußt du sein, dir kannst du nicht entfliehen.« Hier gibt es keinen Justizirrtum. Wir betreten das Feld, auf dem die Dinge ernst werden und man ihnen, wie auch dem Tode, nicht ausweichen kann. Die Justiz bleibt draußen, wenn es nun ganz still wird – so war es schon zu Sokrates' Zeiten, und so ist es heute, wo sie sich immer deutlicher nach dem Verkehrsrecht ausrichtet.

Was hat es nun mit diesem inneren Richter auf sich, der mit »Schuld und Sühne« so wenig zu schaffen hat? Übrigens wäre auch Raskolnikow dem Staatsanwalt spielend gewachsen gewesen, doch er kam über sich selbst nicht hinweg. Raskolnikow unterlag nicht einem Denkfehler, sondern einem Riß in der Substanz. Diesem entsprang auch die widrige Art der Tat »mit dem Beile«, denn ein Napoleon, den er nachzuahmen wähnte, hätte nicht im Traum daran gedacht.

Die Schwere der Tat fällt vor diesem Forum nicht ins Gewicht. Es ist erstaunlich, wie mühelos Machthaber, die einen starken Konsum verursacht haben, damit fertig werden; Napoleon hatte, als er auf dem Sterbebett das »tête l'armée« murmelte, dabei kein Schuldgefühl. Und doch leidet der disponierende Geist gewiß so stark oder stärker als alle anderen. Nur wird ihm das Versagen auf andere Art bewußt.

Dieses Richten muß einfacher und ungesonderter, es muß als ein »Fügen« betrachtet werden, dessen Tragik sich darin begreift, daß es die Fügung nicht ändern kann. Biologisch gesprochen, suchen wir die Phänomene zu ändern, und das kann mehr oder weniger gelingen, während der Genotypus unangreifbar im Wesen verharrt. Es gibt keine Vergebung; jede Absolution, jede Strafe ist nur ein symbolischer Akt.

Wozu also nun diese Unruhe, diese Beängstigung, die so tief und so nagend keine Kritik, kein Urteil zu erregen vermag? Wir werden es nicht schaffen, wir können das Bild nicht wiederherstellen. Aber was heißt »wiederherstellen«? Es hat nie bestanden – es wurde mit seinen Rissen und Sprüngen uns zugefügt. Wir bringen es nicht in Deckung, das »so mußt« und das »so müßtest« du sein. Als Musterschüler weichen wir am meisten davon ab. Und auf ihn wird die Welt zunehmend angelegt.

Trotzdem bleibt der innere Richter, der keine Vergebung kennt. Er erkennt weder die Reue noch das gute Gewissen an.

Das Kennzeichen der großen Probleme ist ihre Unlösbarkeit. Ihr Wert liegt in der unablässigen Frage, die vergeblich Antwort heischt, und in der unstillbaren Unruhe. Ich sah im Norden Massen von Schlagholz den Strom hinuntergleiten, ein Gewirr von Baumstämmen. Sie trieben zunächst träge und dann schneller, weil ein Katarakt nahte. Zugleich bewegten sie sich um ihre Achse und begannen, sich der Strömung anzupassen, als ob ein Magnet sie richtete. An manchen Stellen half auch ein Flößer nach.

Das wiederholt sich im Geflecht der Zweige und der Wurzeln des Lebensbaumes, in den Handlinien, den Chromosomen der Zellkerne, dem Schicksal des Einzelnen. Was sich nicht fügt, wird gefügt werden.

ZUM HASCHISCH

198

Die Lagebeurteilung sollte vor der Aktion stattfinden. Das raten viele, zum Teil ehrwürdige Sprichwörter. Andererseits gilt auch das gute alte: »Durch Schaden wird man klug«. Wenn wir mit einem blauen Auge davonkommen, haben wir gelernt – für uns und vielleicht für andere.

Wenngleich vor *jeder* Droge gewarnt werden muß, so scheint dem Haschisch gegenüber noch besondere Vorsicht geboten, weil er unberechenbare und zum Teil gewalttätige Reaktionen erzeugt. Zwei bis drei Gramm des Extrakts sollen nach Lewin genügen, um den Rausch zu erzeugen; bei guten Präparaten sogar ein Bruchteil davon. Ausdrücklich erwähnt er Mokkaaufgüsse als Gegengift.

Was geschieht, wenn man eine zu starke Ladung eingenommen hat, ist nicht vorherzusagen; jedenfalls hat man sich auf ein Wagnis eingelassen, das ein übles Ende nehmen kann.

Der Name der Pflanze »Cannabis« hat Ursprünge und Verwandtschaften in sehr alten Sprachen wie der assyrischen; »Konabos« war ein griechisches Wort für Lärm. Es deutet auf die teils heiteren, teils aggressiv-erregten Ausbrüche hin, in denen sich der Hanfrausch zu äußern pflegt. Beispiele dafür finden sich in Tausend und einer Nacht. Wenn der Kalif mit dem Vezier spät seinen Rundgang macht, hört er aus einer Hütte Gelächter, Befehle, Drohungen. Sie treten ein und finden dort einen Haschischesser, der sich einsam vergnügt und mit dem sie sich ihren Spaß machen. Ein zweiter wird in einem öffentlichen Bade von Sinnestäuschungen befallen, die teils erschrecken, teils belustigen.

Andererseits schreibt die Erzählung der Droge, die unter dem Namen Bangh oder Bandsch erwähnt wird, auch rein narkotische Wirkungen zu. Sie dient zur Betäubung von Opfern, die man verschwinden lassen will. So läßt in dem Märchen von dem durch Liebe verzauberten Sklaven Ghanem die Herrin Subeida einer Sklavin, die ihre Nebenbuhlerin zu werden droht, Bangh oder »Bendsch« eingeben, wie es in der Übersetzung heißt, die ich zur Hand habe. Das war, wie der Erzähler sagt, »ein Stück von kretischem Bendsch, so groß, daß ein Elefant, wenn er nur daran gerochen hätte, von einer Nacht bis zur anderen hätte schlafen müssen«.

Die rapide Betäubung dürfte also durch die Dosis bewirkt werden, die es zur Unruhe nicht erst kommen läßt. Wiederum wird die Droge die Temperamente auf verschiedene Weise ansprechen und hier Erregung, dort Schläfrigkeit hervorrufen. Das steigt wie Dorn und Rose aus derselben Wurzel und läßt sich am Benehmen jeder zechenden Gesellschaft beobachten. Auch abgesehen davon kann ein und dieselbe Gabe heute beschwingen, während sie morgen deprimiert. Der Ausgang ist ungewiß, und das Risiko wächst, wenn die Dosis gesteigert wird. Daher geht dem Rausch, der wie das Blot Beschwörung beabsichtigt, eine Phase der Erwartung, der Angst und Bedrückung voran, die sich bis zu Vernichtungsgefühlen steigern kann.

Es mag in der Natur des Haschischs liegen, daß er stoßweise vordringt und von einer Region Besitz ergreift. Die Geschichte der orientalischen Länder ist reich an Berichten, die solche Einbrüche schildern, auch von drakonischen Strafen, mit denen der Staat sie abzudämmen sucht. Daß seit kurzem in Nordamerika und Europa Hanf in steigendem Maß konsumiert, und zwar vor allem geraucht wird, ist bekannt. Dem folgt eine besondere Art der Geselligkeit und auch der Kriminalität. Umfang und Bedeutung dieser Erscheinung sind noch nicht abzusehen.

Demgegenüber hinterließen die Einstiege, die vor über hundert Jahren Pariser Literaten unternahmen, kaum eine Spur. Sie haben über die Stufe des Experiments nicht hinausgeführt und wären wie andere Moden der Vergessenheit anheimgefallen, hätte nicht Baudelaire ihnen in den »Künstlichen Paradiesen« ein Denkmal gesetzt. Freilich tritt in jeder Mode eine Tiefenströmung zutage, die, oft schwer erkennbar, den Alltag aufkräuselt. Hier verbirgt sich übrigens eine

Erklärung dafür, daß Moden so oft komisch wirken – das ist nicht nur ein Effekt des Ungewohnten, sondern auch der einer Ankündigung, die aus der Tiefe kommt. Daher wird das Modische nach einem Augenblick der Verblüffung gierig erfaßt.

Der Haschisch entsprach der Kulturkritik und dem Kulturekel des Dandysmus besser als das Opium. Er führt, metaphysisch gesehen, weniger tief hinab; auch trennt er nicht von der Gesellschaft, obwohl er von ihr entfernt.

Die Habitués des Hôtel Pimodan pflegten sich weniger zu berauschen als in Stimmung zu versetzen; dazu genügte ein Löffelchen Konfekt. Sie konnten sich in diesem Zustand auf der Straße bewegen, soupieren, ins Theater gehen. Man könnte an die Wirkung eines intensiven Rauchens denken, die allerdings bald so stark wurde, daß sie den Genießenden in Bann schlug – der Raucher bekam, wie Baudelaire sagt, das Gefühl, »daß er von der Pfeife geraucht wurde«. An solchen Wendungen von bizarrer Treffsicherheit, mit denen er die wachsende Intensität schildert, ist seine Untersuchung reich. Die Musik wird als arithmetische Operation begriffen, bei der sich die Noten in Zahlen umsetzen, während ihr sinnlich-wollüstiger Charakter erhalten bleibt. Ähnliches geschieht in der Grammatik: Das Substantiv schreitet durch den Satz als König, den das Adjektiv mit einem durchsichtigen Gewand bekleidet, das Verbum tritt als geflügelter Engel auf.

Im Theater erscheint die Bühne mit ihren Personen und ihrer Handlung unendlich klein; alles ist ferner, doch schärfer konturiert und zugleich ein Sprungbrett für den Aufschwung in Traumreiche, ohne daß dadurch der Zusammenhang und die Logik des Stückes beeinträchtigt würden – im Gegenteil, die Absencen tragen neue Feinheiten hinein.

Der Pariser Dandysmus ist kultivierter als der Brummels, der sich auf artistische und insbesondere literarische Bestände nicht angewiesen fühlt. Gemeinsam ist die Absetzung von der Umwelt, und diese harmoniert mit Stimmungen, wie sie der Haschisch erzeugt. Ein eigentümliches Gefühl der Kälte wird durch viele Stimulantien, die auch den Kreislauf ändern, hervorgerufen und als lästig empfunden – Baudelaire aber wird von der Idee ergriffen, daß er des Vorrechtes, im Sommer im Theater Kühle zu genießen, teilhaftig sei. Er sieht dort die Schauspieler und die Besucher winzig, als ob er sie durch ein umgekehrtes Riesenteleskop betrachtete.

Die Wahrnehmung und die Empfindsamkeit schärfen sich auf eine Weise, die beängstigend wird. Einer der Conviven wird durch die Macht der Schönheit zunächst entzückt, dann aber erschreckt durch die Frage, was aus seiner Intelligenz und seinen Organen werden würde, wenn seine Nerven sich weiterhin verfeinerten. Doch kann er diese Verfeinerung nicht aufhalten; der Rausch trägt ihn davon wie ein Pferd, das dem Abgrund entgegenrast. Bei der Gelegenheit erwähnt Baudelaire, daß der Haschisch zuweilen ohne ersichtliche Ursache heftiger wirken kann als sonst. Bei all dem gewinnt man den Eindruck, daß keine Annäherung gelingt. Der Rausch bleibt eine der Stationen auf dem Weg zum Nullpunkt, eine flüchtige Herberge, ein buntes Zelt, das für eine einzige Nacht aufgeschlagen wird.

Die Umwelt ist schon sehr öd geworden, ihren Erfindungen wohnt die niederträchtige Absicht inne, »die menschliche Willensfreiheit und den Schmerz zu vermindern« – diese Bemerkung knüpft sich an eine Erwähnung des Chloroforms.

199

Das Stückchen Paste gleicht dem Zelt, das Peri Banu dem Prinzen Achmed schenkt. Es ist in eine Walnuß eingefaltet, doch kann man ein Heer in ihm bewirten, wenn es aufgeschlagen wird. Das ist gewebte Luft. Die kleinen Pariser Zirkel geben sich dort teils bizarren, teils ästhetischen Genüssen hin. Läuft der Rausch günstig, so leuchten die Dinge wie mit einem feinen Lack bezogen; sie sind mit Schönheit imprägniert. Vorausgesetzt wird eine geistige Potenz, die diese Schönheit an die Umwelt heranzutragen weiß. Ein Ochsenhändler, so ungefähr heißt es in den »Künstlichen Paradiesen«, würde nur Herden von Schlachtvieh sehen.

Die Erscheinungen werden also auf Steigerung und Verfeinerung der Imagination zurückgeführt, nicht auf Eintretendes. Das deutet schon der Titel des Werkes an. Baudelaire schließt es, teils aus Überzeugung, teils wohl auch aus gebotener Vorsicht, mit dem Haupteinwand ab, der gegen die Droge erhoben wird: daß es ein Irrweg des Menschen sei, den Pharmazeuten und Zauberern zu vertrauen, wenn er den Himmel gewinnen will. Als echte und ehrenhafte Wege nennt er Fasten, Gebet und Arbeit, auch den »edlen Tanz«. Das sind dieselben Mittel, die Goethe im »Schatzgräber« anführt, nachdem er die Warnung vor »müßiger Beschwörung« ausgesprochen hat. Das Gedicht ist herrlich bis zu dem »grabe hier nicht mehr vergebens« – dort schließt der große Augur. Die Nutzanwendung gefiel mir wenig, schon als ich die Verse zum ersten Male hörte – die Mutter las sie mir vor. Graben ist nie vergebens, wenn es tief genug führt. Jeder Punkt hat die gleiche Entfernung zur Mitte, wo wir den Spaten auch ansetzen. Jeder Schritt führt näher zum Ziel; das gilt auch für Rückschritte.

200

Inzwischen hat sich viel verändert – nicht nur in der sichtbaren Welt. Die Veränderung der sichtbaren Dinge folgt den Gedanken, die unsichtbar sind. Und auch die Gedanken sind nicht ohne Vorgang – »sie entspringen im Herzen«, wie Vauvenargues sagt.

Von den klassischen Mitteln, die zur Erringung eines Anteils an geistigen Welten empfohlen werden, ist eigentlich nur die Arbeit geblieben – das Gebet dringt immer weniger durch, und der »edle Tanz«, das heißt, das musische Gelingen, glückt immer seltener.

Nach Nietzsches Verdikt kann man sich, wenn man von Paradiesen spricht, nur noch als Hinterweltler suspekt machen. Nach ihm sollte der Priester im 20. Jahrhundert »noch unter dem Paria« rangieren – Ansätze deuten sich an.

Der Anspruch auf Glauben nimmt immer mehr die Form von Klimmzügen an, falls er sich nicht überhaupt par terre fallen läßt. Das sind Diskussionen in Häusern, deren Eckpfeiler brüchig geworden sind. Dann schon lieber in den Keller hinab.

Wenn die Zugänge zum Paradies künstlich werden oder sich ganz verschließen – dann verliert auch das Wort von den »künstlichen« Paradiesen seinen Sinn. Sie werden echter als die überlieferten – das heißt: die Materie wird stärker als die Idee. Das ist ein logischer Schluß und nicht ohne praktische Konsequenz. Hier wird mehr als der bloße Anspruch geboten; auch wo der Spaten nur schürft, wird er nicht ohne Ergebnis bleiben – vielleicht sogar nicht ohne Gewinn.

Insofern hat sich die Ausgangslage seit Baudelaires Zeit geändert: Hinter der geistigen Neugier und einer Langeweile, die freilich selbst schon ein Indiz ist, kündet sich ein starkes Bedürfnis an – ein Hunger, dem Brot allein nicht genügt und der sich hinter vielen Erscheinungen der heutigen Unruhe, auch ihren Exzessen, verbirgt.

Diesseits und jenseits des Nullpunkts, den Nietzsches Verdikt bestimmte, müssen die Akzente neu gesetzt werden. Das ändert nur die Verteilung der Gewichte, ihr Auf- und Abschwingen. Was an Ideen sich verflüchtigt, kommt der Materie zugut. Die Sprache kann dem nur nachfolgen. Erwägung kann nicht Gewicht schaffen; sie stellt nur die Verteilung fest.

Die Worte folgen mit Verzögerung den Konstellationen; das gilt auch für die Tatsachen. Gibt es keinen Krieg mehr, dann auch keinen Frieden im alten Sinne; und ebenso keine »künstlichen Paradiese«, wo das Paradies illusorisch geworden ist. Einer der besten Beurteiler unserer Welt, Aldous Huxley, hat das erkannt und dafür Widerspruch und Heiterkeit erfahren, wie das nicht ausbleiben kann. Ich weiß nicht, ob und wie weit ich im Folgenden auf seine Thesen und ihre

Haltbarkeit eingehen kann. Das ist auch so wichtig nicht. Betont sei ihr symptomatischer Wert. Seine Betrachtung und die von Baudelaire sind dem gleichen Thema gewidmet, doch geschieht die Erwägung diesseits und jenseits der Linie. Artisten sind beide, doch ist die Verteilung der musischen und der rationalen Gewichte auf eine Weise verschieden, die sich bei jeder Begegnung ihrer Epochen erkennen läßt. Der Nullpunkt ist auch Gefrierpunkt, und obwohl die Atome ihr Gewicht behalten, ändert sich ihre Anordnung. Damit kann sich auch ändern, was als schön erkannt wird – das »Innre der Natur« bleibt davon unberührt. Die Schönheit ist nur ein Zeichen der Annäherung, ein Signal. Das erklärt den Stilwandel.

ÜBERGÄNGE

201

Die Angst in der Weltöde, die Einsamkeit in der Weltkälte. Die Weißung, die Auslöschung, die Monotonie, das Absterben. Das ist die Verlassenheit schlechthin.

Alles muß dahingehen, es darf kein Ansatz sein, keine Geschichte, keine Stilfolge. Der Klang der Schamanentrommel, das Lauschen in sehr große Ferne über den Sirius hinaus, die Monotonie. Gleich muß der Umkreis werden, wenn er *zugleich*, wenn alles in Einem ergriffen werden soll. Die Fahrt führt auf das Ungesonderte hinab.

Die Monotonie, auch die unseres Zeitalters mit seiner Technik und den ihr konformen egalisierenden Theorien, bereitet die Annäherung vor. Das muß sich zunächst als Entfernung, dann als Qual und Erwartung darstellen.

Es ist oft schwer, ja fast unmöglich, zu unterscheiden, was aufsteigt, was versinkt. Das wird besonders spürbar in der Nähe des Nullpunkts, bei der Beurteilung des Formenkreises dies- und jenseits der Linie, die der Nihilismus zieht. Einen Formenkreis sehen, heißt nicht, Qualitäten gegeneinander ausspielen. Mit Werten wird nicht begonnen, sie schließen ab. Das Schicksal ist namen- und farblos, ist graues Gespinst.

Stilwandel: das heißt Veränderung innerhalb der Werte, der Qualität. Das Bild wandelt durch Vorbilder. Ein Meister löst den anderen ab und eine Schule die andere. Das führt im Lauf der Jahrhunderte zu großem Wechsel, doch immer wird die Genese nachzuweisen sein.

Es muß sich aber, wie Schicksal in der Geschichte, in der Kunst noch etwas anderes verbergen, das sich nicht auf »Können« gründet, sondern auf Seinsverschiebungen. Es ist nur sich selbst vergleichbar, so wie Vulkane, zwar anderen Bergen ähnlich, doch eine Kategorie bilden.

202

Ich muß das näher ausführen. Ein kleiner Vulkan, selbst eine Solfatara, ist mit seinesgleichen durch anderen Zusammenhang verbunden als mit den übrigen Bergen und Gebirgszügen. Das heißt aber nicht, daß vulkanische Kräfte nicht auch dort gearbeitet hätten oder vielleicht wieder einmal aufträten. Wir sehen dort nur mittelbar, was wir noch heut unmittelbar an den Vulkanen beobachten.

Ähnliche Unterschiede walten im Geschehen. Wenn Moses aus der Stiftshütte tritt oder wenn Paulus auf dem Wege nach Damaskus geblendet wird, so fällt das nicht in die Geschichte, ja nicht einmal in die Zeit. Trotzdem ist etwas geschehen, das in der Zeit mit- und weiterwirken wird. Wie das Erdfeuer überall und nicht nur in den Vulkanen ist, so ist in der Zeit ein Zeitloses. Ihm gilt ein Begehren eigener Art – eine Sehnsucht gerade heute, wo alles in Zeit verwandelt werden soll.

Auch die Kunst hat ihre Geschichte und insofern ihre Zeit. Es ist jedoch noch etwas anderes, Vulkanisches, in ihr verborgen, ein Urstoff, der unter der Gestaltung wirkt. Er lebt in jeder Kunst, so wie das Erdfeuer, mehr oder weniger erhalten, an den Gebirgen wirkt. Seine unmittelbaren Emanationen aber stehen unter anderem Gesetz. Sie kommen, wie die letzten Tagen von Pompeji, unerwartet; ihr Rhythmus ist unbekannt.

Wo derartiges eintritt, muß die Gestaltung leiden; es kann nicht anders sein. Von hier aus erklären sich Händel, die in unserer Wende an Umfang und Schärfe zunehmen. Beim üblichen Salon- oder Theaterskandal geht es darum, daß die Dekoration gewechselt oder ein neuer Flügel angebaut werden soll. Anders ist es, wenn das Haus zu wanken beginnt und in den Grundfesten bebt. Hier drängen sich nicht mehr neue Formen zur Erscheinung, sondern die formlose Macht schafft sich Bahn. Die nun entstehende Unruhe greift weit über den Bereich der Kunst hinaus. Ihr Umfang, also die Ausdehnung auf soziale, politische, ethische Bestände, ist ebenso offensichtlich, wie die Tiefe des Herdes schwer zu beurteilen ist. Wir nähern uns eben Schichten, in denen auch die Voraussetzungen der Urteilsbildung einschmelzen. So hoch und niedrig, oben und unten, rechts und links, alt und neu. Damit geraten auch die Normen in Bewegung – gut und böse, recht und unrecht, schön und häßlich, im priesterlichen, juristischen, musischen Bereich. Die Ansprüche gelten noch eine Weile, obwohl die Deckung fehlt. Die Kruste wird dünner, die vom Magma trennt. Das hat Nietzsche schon früh gesehen: »Wo ich noch gehe, wird bald niemand mehr gehen.«

Ein Vulkanismus läßt sich nicht übersehen. Schwer zu erfassen sind dagegen die Vorzeichen, die Wehen, die ihn ankünden. Wie unterscheiden sich die vulkanischen Vorzeichen von den normalen geologischen Bewegungen? Sicher gibt es hier Übergänge, Grenzfälle, ganz abgesehen von jenen Phasen, in denen die Zeit an sich wirkt oder »der Tau auf das Gras fällt, wenn die Nacht am tiefsten ist«. Auch gewinnen im Rückblick Dinge mantische Bedeutung, die innerhalb ihrer Zeit normal schienen. Den Stern von Bethlehem sahen nur die Drei Könige in seinem wahren Glanz.

Wie unterscheiden wir also den Eintritt in ein neues Dezennium oder auch ein neues Jahrhundert von dem in ein neues Sternzeichen, ein neues Haus im astrologischen Sinn? Es geht da nicht mehr um Ablösung von Qualitäten und Stilfolgen. Neue Bezugsfelder tauchen auf – nicht mehr innerhalb von Systemen, sondern systembildend. Der Imperator wird einem Bischof den Fuß küssen.

Das alles kommt, wie gesagt, nicht durchaus eruptiv. Vulkanische Substanzen verbergen sich nach Art der radioaktiven in Sand und Gesteinen; die Stoffe haben das gleiche Aussehen, doch verschiedene Wirkungen. Besonders während der Dämmerungen, die Auf- und Untergänge trennen, wird alles zwielichtig.

Das ist einer der Gründe dafür, daß der Historiker sich die archivarische Arbeit nicht ersparen kann. Er muß die mikroskopischen Brennpunkte gesehen, muß die Stellen geprüft haben, an denen es zu knistern begann. Diese Kenntnis ist unentbehrlich, auch wenn das Detail im Werk nicht erscheint. Dort muß die Zeit gerafft werden. So kann der Geologe aus einem Handstück auf die Bewegung von Gebirgen schließen – aus einer Probe, die er dann verwirft.

Es scheint, daß es, verglichen mit der naturwissenschaftlichen Methodik, hier am Handwerkszeug fehlt. Ein Knistern kann daher kommen, daß sich das Gebälk zu senken beginnt. Ein Knistern kann einen Brand ankünden; das bleibt im Rahmen der Wahrscheinlichkeit. Es kann auch, als Knistern einer Zündschnur, einer Explosion vorausgehen. Auch das bleibt im System. Unheimlich aber ist das Knistern, das mehr als einen Wechsel durch Alter oder Feuer offenbart. Nun reißt der Vorhang, der die Lohe verhüllt. Es geht nun nicht mehr um dieses oder jenes, auch nicht mehr um die nackte Existenz. Ein Sein ist bedroht, das Leben *und* Tod *umfaßt*. Die Sterne erkalten; es droht Weltangst in kosmischer Einöde.

203

Am 26. September 1783 wurde in Gennevilliers die »Hochzeit des Figaro« gespielt. Es war eine Privataufführung vor dreihundert Personen, der Blüte des Ancien régime, die, wie Sainte-Beuve sagt, versammelt war, »um dem Beifall zu klatschen, was sie zugrunde richtete«.

Die Aufregung war nicht zu überbieten; Beaumarchais lief halb wahnsinnig umher und schlug, als man über die Hitze klagte, mit seinem Stock die Fenster ein, statt zu warten, bis man sie öffnete. Am 27. April 1784, nach der Aufhebung des Verbots, platzte die Bombe; das Stück wurde in Paris aufgeführt. Nicht alle billigten das. La Harpe, der sich später der Revolution begeistert anschloß, bis Robespierre ihn einsperren ließ, kritisierte: »Man kann leicht das Vergnügen und die Freude eines Publikums verstehen, das entzückt ist, sich auf Kosten der Obrigkeit zu unterhalten, die selbst die Erlaubnis gibt, daß man sich auf den Brettern über sie lustig macht.«

Und Napoleon sagte später über den »Figaro«, daß er »die bereits auf dem Marsche befindliche Revolution« gewesen sei.

Wir haben hier das Muster eines Theaterskandals. Die Gattung geht auf frühe Zeiten zurück. Ein Modell der Gesellschaft wird vorgeführt. Sie soll sich im Spiegel sehen. Es sind eher die Vögel des Aristophanes, die hier leichtgefiedert ihr Wesen treiben, als der Hahn des Sokrates. Dessen Stimme hält länger vor. Die »scharfe Geißel des Witzes« zieht nur eine Weile lang. Dann werden die Pointen stumpf, die wie ein Feuerwerk zündeten. Man fragt sich, woher die Kraft kam, mit der sie umwarfen. Die Luft war von Schießpulver erfüllt. Da wird es schon witzig, wenn einer den Finger hebt. Zuletzt braucht das Lachen überhaupt keinen Anlaß mehr. Es wird zum Rausch, wird wie der Veitstanz ansteckend. Als sardonisches Lachen bezeichneten die alten Ärzte »ein Lachen, dem keine angemessene Stimmung zugrunde liegt«. Das ist richtig; die Stimmung kann sogar konträr sein, Unheimliches ankünden. Unangemessene Heiterkeit geht, unbemerkt von den schmausenden Freiern, im Saal des Odysseus dem Blutbad voran. Sie durchwebt den XX. und XXI. Gesang. Der große Heimkehrer, von einem der Zecher mit einem Knochen beworfen, weicht mit dem Kopf aus:

> Und siehe, mit schrecklichem Lächeln
> Barg er den Zorn, und das Bein fuhr gegen die zierliche Mauer.

Und dann, während der Bogen nachlässig wie eine Laute gespannt wird:

> Lieblich erklang ihm die Senn und hell wie die Stimme der Schwalbe.
> Aber die Freier umher durchdrang Schmerz, aller Gestalt auch
> Wandelte sich. Zeus aber erdonnerte, Zeichen gewährend.

Homer wird kaum noch gelesen, geschweige denn adäquat erfaßt. Es gibt allerdings Ausnahmen – so möchte ich glauben, daß Marcks und Beckmann sich intensiv mit ihm beschäftigt haben. Jedenfalls braucht man in diesem, unter

Mitwirkung der Philologen versteinerten Gebirge nur anzuklopfen, und hellstes Wasser springt hervor.

Das Lachen hat wie das Licht auch seine Schattenseiten; man lacht nicht ungestraft. Hin und wieder bestätigt die Geschichte die Warnung des Ekklesiasten: »Narre nicht, daß du nicht sterbest zur Unzeit.« Chamfort bietet ein Beispiel, und auch Beaumarchais kam nicht ungerupft davon. Der Lacher und der Verlachte sind sich ähnlich; sie ergänzen sich in einer quasi erotischen Beziehung, die sie verflicht. Wenn ein Monarch stirbt, ist das ein Unglück auch für jene, die auf seine Kosten gelacht haben. Sichtbar wird das erst aus einiger Entfernung: wenn die Epoche als solche ins Blickfeld kommt. Um etwas komisch zu finden, bedarf man der Relation. Es ist kein Zufall, daß von allen Tieren der Affe auf den Menschen besonders komisch wirkt.

Bei solchen Betrachtungen tun wir gut, vom Lachen und nicht vom Lächerlichen auszugehen. Der Affe, durch ein Käfiggitter vom Menschen, der ihn verlacht, geschieden – er ist an sich nicht lächerlich. Das Lachen, mit dem sich scharfsinnige Köpfe beschäftigt haben, hat mit der Sonderung zu tun. Es hebt die Objekte, wie die Welle Boote und Schiffe hebt, oft streichelt es sie nur. Wie die Welle im Sturm, so kann sich das Gelächter zum Rausch steigern. Der Spaß hat dann aufgehört. Die Schiffe versinken, das Objekt wird zerstört. Der Bäcker und die Bäckerin kehren mit dem kleinen Bäckerjungen von Varennes zurück.

204

Die Aufführung von »Figaros Hochzeit« markiert einen Kleinen Übergang. Ein neuer Stand beginnt sich zu entfalten, die Gesellschaft gibt sich eine neue Form. Das heißt, sie bleibt im Kern dieselbe; die Änderung, zwar groß und schmerzhaft, vollzieht sich im System. Ein Kleiner Übergang in diesem Sinne ist jeder Wechsel, der *innerhalb* der Geschichte stattfindet, also auch die Französische und überhaupt jede Revolution.

Es hat natürlich nie an Geistern gefehlt, die in die Geschichte etwas anderes hineinsehen wollen, besonders in apokalyptischer Zeit. Wenn Jung-Stilling erwägt, ob die Nationalkokarde das »Auge des Tieres« sei, das aus der Tiefe auftaucht, so entspricht das seinem metaphysischen Bedürfnis, das leicht, wie auch in seiner Betrachtung des Geisterreiches, zu Kurzschlüssen führt. Für den Historiker sind solche Aspekte überflüssig, störend sogar. Er arbeitet am besten, wenn er wie der Schuster bei seinem Leisten bleibt. Der Historiker ist kein Augur, kein Sterndeuter, kein Prophet. In dieser Hinsicht gehört bereits Spengler nicht zur Zunft, obwohl sein Auftritt gerade in dieser Wende nicht zufällig ist. Das Feld des Historikers bleibt auf die Zeit und damit auf die Kleinen Übergänge beschränkt. Sein Acker ist die Zeit. Was darüber hinausführt, etwa in metaphysische oder theologische Spekulationen, kann sein Werk eher schädigen. Nietzsche kann bei Burckhardt in die Schule gehen, doch nicht umgekehrt.

205

Andererseits ist zu erkennen, daß wir aus dem Rahmen, den wir seit Herodot als »Geschichte« bezeichnen, heraustreten. Wir können daher die Lagebeurteilung nicht innerhalb des uns überlieferten Geschichtsbildes fortsetzen. Wir können uns auch nicht mehr auf Mittel und Formen verlassen, an deren Gültigkeit Jahrtausende hindurch kein Zweifel waltete. Daß Krieg, Grenzen, Eigentum, Materie verschwimmen, daß die Macht des Vaters schwindet – dahinter wirkt ein Zusammenhang, der nicht mehr als »historisch« im überkommenen Sinn bezeichnet werden kann. Es findet etwas Neues innerhalb und außerhalb der Geschichte statt. Das Knistern ist nicht mehr das eines baufälligen Hauses, auch nicht das eines Brandes oder Großbrandes, wie ihn die Völker schon oft erlebt haben. Es muß etwas anderes dahinter stecken als ein Feuer, das auf die klassische Weise zu nutzen und zu löschen ist.

206

Ein Irrtum ist zu vermeiden – nämlich der, daß durch eine symbolische Darstellung der Gang der Dinge zu ändern sei. Der Untergang der »Titanic« gibt bis in den Namen und zahllose Einzelheiten eine Entsprechung, ein Bild, ein Symbol eines bestimmten technisch-sozialökonomischen Zustandes. Ähnlich verhält es sich mit den großen Affären, dem Dreyfus-, dem Halsbandprozeß, dem Hauptmann von Köpenick. Das alles sind Symbole, Modelle, Raffungen. Sie können veranschaulichen, auch beschleunigen, doch nur innerhalb des Systems und seiner Notwendigkeit. Wären sie nicht geschehen, so würde das Notwendige dennoch eingetreten sein. Es sind Bilder, die Wirkungen nach sich ziehen können, doch weniger als Ursache denn als Auslösung. Zuweilen hat man den Eindruck, daß Klio mit Taschenspielertricks arbeitet. So hatte die Königin nichts mit der Halsbandgeschichte zu schaffen, die sie entscheidend belastete. Auch der Reichstagsbrand ist zwielichtig. Die Flut kommt mit oder ohne Sturmzeichen. Auf das Symbolon beschränkt sich der Astrolog, der ein Ereignis mit einer Konstellation zusammenbringt. Das sind Bilder für die Betrachtung, nicht für den Willen, es sind Kunstwerke.

Astrale Substanz ist in den Dingen, auch wenn die Zuordnung verborgen bleibt. Sie ist im Lamm, im Stall und in der Krippe; und gerade daher ist der Stern mehr als ein Richtzeichen. Er wirkt notwendig; ob er gesehen wird, mag vom Zufall, vom Zug der Wolken abhängen.

In diesem Sinn kann die Raumfahrt das Wissen vermehren, doch nur in den Grenzen, die auch die Erde in ihren Sublimierungen gewährt.

207

Da die Geschichte Regeln besitzt, kann es auch Fakten geben, die nicht hineinpassen. Wenn etwa, wie die Bibel berichtet, der König einer belagerten Stadt in der höchsten Not auf der Mauer erscheint und seinen Sohn schlachtet, worauf die Belagerer abziehen, so gehört das, auch wenn es chronologisch in die Zeit nach Herodot fallen sollte, nicht ins System. Auch in dieser Hinsicht ist das Alte Testament eine Fundgrube. Goldberg bringt in seiner »Kritik der jüdischen Glaubenslehre« darüber Erstaunliches bei.

Chronologisch läßt sich ein solches Ereignis unter Umständen einordnen. Allerdings zählt die Chronologie zum gröbsten historischen Handwerkszeug. »Steinzeit« reicht an entlegenen Stellen bis in unser Jahrhundert herein, und sogar an weniger entlegenen mit ihrer Geistigkeit.

208

Wie nun in der Geschichte ihr nicht konforme Stoffe sich verbergen, so auch in der Kunst – Stoffe, die mit der Gesetzmäßigkeit sowohl der Geschichte wie der Kunst nichts zu tun haben, ja beide vielleicht sogar schädigen.

Die Kunst bewegt sich im Rahmen der Geschichte, die, so betrachtet, als Kulturgeschichte erscheint. Handlung und Gegenstände erfahren durch sie eine andere Beleuchtung, werden in ein leichteres Medium projiziert. Sie erscheinen nun typisch, generell, abstrakt, in konzentrierter Weise gegenständlich, ideal, romantisch oder wie immer man es nennen mag. Auch wo die Kunst übergreift, etwa in die Politik, die Ethik, die Religion, bleibt sie im System. Ihre Einheit ist unverkennbar, räumlich in weit voneinander entfernten Ländern, zeitlich in der Stilfolge. Ihre Abschnitte gleichen den Segmenten eines Tieres, die untereinander verschieden sein können, doch an deren organischem Zusammenhang kein Zweifel besteht.

In diesem Rahmen also bezeichnet die Premiere von »Figaros Hochzeit« einen Kleinen Übergang. Darüber darf auch die enorme Erregung nicht hinwegtäuschen. Sie ist normal in dem Sinne, in dem große Schwärme, Springfluten, Finsternisse normal sind – wiederkehrend in gewissen, vielleicht sogar berechenbaren Umläufen. Die Erregung ist ein Indiz gerade dafür, daß ein Modell durchaus und allgemein begriffen wird. Revolutionen und Reformationen gehören notwendig zum Ablauf der Kultur.

209

Wie aber nun, wenn die Bewegung aus der Umlaufbahn führt und nicht nur ein Abschnitt der Geschichte, sondern Geschichte selbst fragwürdig wird? Dann kann ebensowenig, wie die Politik mit den klassischen Mitteln auskommt, die Kunst ein glaubwürdiges Modell schaffen. Mit dem Göttersturz fallen die Statuen.

Das Stürzen braucht niemand mehr zu besorgen; das erledigt sich von selbst. Bakunin sprang aus dem Wagen und zog den Frack aus, um beim Abbruch eines Hauses mitzumachen, an dem er Arbeiter beschäftigt sah. Léon Bloy ließ sich Visitenkarten mit dem Titel »Abbruch-Unternehmer« drucken. Nietzsche sandte der »Götzen-Dämmerung« die Maxime »Der Hammer redet« voraus.

Das ist heut ein Geschäft für die Briganten der Schuttplätze. Die Leichenfledderei ist zu einem kollektiven Erwerbszweig geworden; man muß mit der Laterne suchen, die hier nicht teilnehmen. Matthäus 8, 22 gibt da ein tröstendes Wort.

Immerhin muß der Einsturz vorausgehen. Doch ist es ein Unterschied, ob man nach Nietzsches Rezept das stößt, was fallen will, oder ob man das Gefallene stößt. Nietzsches Totemtier war der Adler und nicht der Aasgeier. Allerdings sind auch diese letzten Abräumer unentbehrlich; das mußten selbst die Brahmanen zugeben. Aber man erkennt an der Witterung deutlich, wer zur Kaste der vidangeurs gehört. Das siedelt sich an den Schinderhütten an. Un vautour: se nourrissant plutôt de chair morte et de vidange que de chair vivante (Buffon, Oiseaux I, 248).

Aber es geht auch über das Bedürfnis hinaus. Dazu Montaigne: »Vous voyez souvent des hommes sains faire un grand vuidange d'excrements sans besoin aulcun precedent.«

210

Nun gut, das Knistern im Gebälk ist gehört, wenngleich unscharf gedeutet worden: in Deutschland, in Rußland, Frankreich, England, auch in Amerika – überall, wo die planetarische Spannung wuchs. Nietzsche, Dostojewski, Bloy, Joseph Conrad, früh schon E. A. Poe und dann Melville, speziell im »Benito Cereno« – da wird es unheimlich neben und unter dem Optimismus, der sich gewaltig ausbreitet: Zola, Walt Whitman, »Salut au monde«, die ersten Radiosignale, die Weltausstellung, der Eiffelturm.

Wir müssen jetzt etwas schärfer hinhören. Das Unterschwellige braucht noch nicht außerhalb des Systems zu liegen; in alten Häusern ist es sogar normal. Auch Geister und Gespenster können domestiziert und sogar rationalisiert werden, wie es die Spiritisten versucht haben und die Parapsychologen noch tun. Das Unterschwellige gehört zur Gemütlichkeit. Unter dem Eiffelturm wird man vergeblich danach forschen, daher ist der Gedanke reizlos, sich an seinem Umsturz zu beteiligen. Die Bombardements haben die alten Viertel fortgewischt und mit ihnen mancherlei Geister, zugunsten der technischen Anlagen.

In solchen Landschaften kann man den Hammer beiseite lassen – vorausgesetzt, daß man ihn nicht zum Prospektieren verwenden will. Das Weitere ist Sache der Abräumer. Was hier noch knistert, kündet anderes, kündet mehr als Umstürze. Uns sind nun die ersten, unsicheren Schritte über die Schwelle der Strahlungszeit geglückt. Sie fordert ein neues Instrumentarium – auch im Geistigen.

211

Noch eine Randnote: Hier könnte der Eindruck entstehen, daß der technische Prozeß auf die Erwägungen einwirkte. So wurde schon vom »Zarathustra« vermutet, der Darwinismus habe auf ihn abgefärbt. Das heißt, das Pferd vom Schwanz her aufzäumen; im Anfang ist das Wort. Nach ihm richten sich die Fortschritte, gleichviel ob mit Muskel- oder mit Dampfkraft, mit Elektrizität oder Strahlen gearbeitet wird. Demgegenüber ist die Welt der Dinge fiktiv; sie würde sich, wenn sie nicht immer wieder auf das Wort und auf die Dichtung zurückgeführt würde, in Rauch auflösen. Der Zurückführung auf das Wort, dem Ausloten von Schichten, in denen es magmatisch wird, gelten auch heute bedeutende Anstrengungen.

Das Atom zum Beispiel hat Wirkung, doch keine Wirklichkeit. Darin spiegelt sich die allgemeine Wahrheit: daß die Abstraktionen nicht an das Absolute heranreichen. Der Babylonische Turm ist auf Fiktion erbaut. Davon wird man keinen überzeugen, der nicht einsieht, daß sein eigentliches Fundament, die Zahlenreihe, selbst die gewaltigste Abstraktion darstellt, einen Universalschlüssel, an dem alle Kulturen gefeilt haben. Aber ein Schlüssel nur.

212

Doch zurück zur Premiere des »Figaro«. Sie soll also einen »Kleinen Übergang« ankünden. Immerhin, als Beaumarchais die Scheiben einschlug, kam frischer Zug in den Saal. Dort war noch gedrängt, auf der Brust lastend, was sich dann auffächerte: die Bastille, die Guillotine, die Brücke von Arcole, die Pyramiden, der Brand von Moskau, Waterloo. Nicht jedes Jahrhundert begann mit solchem Elan.

Die Weltgeschichte ist noch sehr jung, verglichen mit erdgeschichtlichen und kosmischen Abläufen. Der Einfluß der Sternzeichen, ihr makrokosmischer Stil wird besonders überzeugend in den großen Umläufen. Aber wir haben nur von wenigen eine Vorstellung, die allerdings um so zwingender wird, je mehr wir uns in sie vertiefen – Stier, Widder, Fische und nun der Wassermann, der sich andeutet. Das sind singuläre Erfahrungen – wir kennen nur einen Teil der Zeichen, und noch keines hat sich wiederholt.

Wir kennen freilich den Ablauf kleiner und eigentlich humaner Einheiten, die wir Kulturen nennen und die von Spengler zu einem System geordnet worden sind. Aus vielen Gründen verstärkt sich indessen der Verdacht, daß gerade die unsere sich nicht dem Schema fügen wird, indem sie die zyklische Umlaufbahn verläßt. Das könnte auch eine Folge tausendjähriger Beschleunigung sein.

Damit ist nicht gesagt, daß die Bewegung, die uns zugleich begeistert und erschreckt, überhaupt keinem Zyklus unterworfen ist und in geradlinigem Progreß ins Unbekannte zielt. Vermutlich gibt es im Universum keine Bewegung, die nicht um einen Mittelpunkt kreist. Das war die theologische Überzeugung, mit der auch mechanische und astronomische, dynamische und statische Weltmodelle in Einklang zu bringen sind. Ein linearer Fortschritt ist dagegen fragwürdig.

Wenn wir nun auf eine neue Umlaufbahn übergehen oder, anders ausgedrückt, eine Veränderung erleiden, für die uns welt- und kulturgeschichtliche Vorgänge fehlen – so findet sie offenbar außerhalb unseres Bewußtseins statt. In gleichem Maße, in dem sich dieses Bewußtsein »im Inneren der Kabine« präzisiert, wird die Fahrt ungewiß, unsicher, zweifelhaft.

Außerhalb des Bewußtseins – das heißt noch nicht, daß die Bewegung auch außerhalb der Erfahrung liegt. Die innere Erfahrung verhält sich zum Bewußtsein wie die Masse eines Eisberges zu seinem sichtbaren Teil. Wir können mit dem Bewußtsein jedoch in seine Masse eindringen. In dieser Hinsicht sind in unserem Jahrhundert Entdeckungsreisen gelungen, die denen in der Tiefsee ebenbürtig sind.

Der Mensch ist das Maß der Dinge – das Wort gewinnt mit der Ausdehnung des Wissens eine größere Reichweite. Inneres Wissen ging durch die Amöbe, die Schlange, den Saurier hindurch; es war auf dem Monde zuhaus, längst bevor ein Raumschiff auf ihm landete. Hier ruht die Erfahrung nicht nur welt-, sondern auch erdgeschichtlicher Abläufe, nicht nur zeitlicher, sondern auch außerzeitlicher Ausflüge. Vieles von dem, was in den Religionen und auch den

Mythen sich bildete, konnte nur auf diese Weise »gewußt« werden.

Diese Erfahrung zu aktivieren, ist heute die wichtigste Aufgabe.

DER FALL WAGNER

213

Wenn wir nun die Premiere des »Figaro« für das Modell eines Kleinen, also eines säkularen Überganges halten, so erhebt sich die Frage, wie sich denn ein Großer Übergang, der Eintritt in ein neues »Haus«, ankündigt. Eintritt bedeutet immer zugleich Eintretendes.

Wir wollen zunächst von Nebenerwägungen absehen – wie der, daß uns vielleicht noch ein besonders scharfer Akzent gesetzt wird insofern, als wir zum ersten Mal, seitdem von Weltgeschichte die Rede sein kann, nicht in ein Tierzeichen einrücken. Damit verknüpfen sich andere Fragen – so jene, ob die Vergeistigung hinreicht, damit wir vom Eintritt von Göttern verschont bleiben.

Vorsicht ist also geboten – und im Folgenden sollen keine Fragen Antwort finden, sondern es soll nur die Methodik angedeutet werden, in der Fragen gestellt werden.

Wie etwa unterscheidet sich der Fall Wagner von der Premiere des »Figaro«? Auf den ersten Blick durch seine Dauer, insofern als er schon über hundert Jahre akut geblieben ist. Ihm fehlt das Explosive, obwohl es an Skandalen nicht gemangelt hat. Ihm fehlt auch das eigentlich Politische, obwohl das Werk immer wieder in die Politik hineingezogen wird. Bei Beaumarchais ist das Feuer in Rauch aufgegangen, während es durch Wagner immer neue Nahrung erfährt. Es ist überhaupt kein Feuer im politischen oder sozialen Sinn. Und wo es zerstört, dringt ein feineres Knistern auch durch das Rauschen der Flammen hindurch.

Baudelaire muß es gehört haben. Er fand hier gerade das, was er auch im Haschisch gesucht hatte: »Der Geist wird sofort in jenen träumerischen Zustand versetzt, in dem er bald bis zu dem völligen Hellsehen gelangen soll, wo er dann einen neuen Zusammenhang der Phänomene der Welt gewahrt, und zwar einen solchen, den er mit dem Auge des gewöhnlichen Wachens nicht gewahren kann – – –«.

Dies in dem einzigen Essay, den Baudelaire einem musikalischen Thema gewidmet hat und in dem er nach der Pariser Premiere des »Tannhäuser« (1861) Wagner gegen die »Trottel des Feuilletons« verteidigte.

Schon das Wagnerkonzert in der »Salle des Italiens« hatte in Baudelaire eine Art von Süchtigkeit erzeugt. Er lief in alle Kaffeehäuser und Bierkonzerte, wo auch immer ein Stück des Meisters auf dem Zettel stand.

Mit ähnlicher oder noch stärkerer Gewalt muß es Nietzsche bewegt haben. Der »Fall Wagner« ist mit Kritik zu lesen, wie es im Grunde jede Polemik verlangt. Er ist in der Turiner Zeit geschrieben, im Schicksalsjahr 1888, kurz vor dem Zusammenbruch. Bei solcher Lektüre muß man sich an die Lichtpunkte halten, an das Aufflammen von kleinsten Kristallen, wie man es auf Schneeflächen bei tiefem Sonnenstand sieht.

»Anarchie der Atome – – – Feindschaft und Chaos, immer mehr in die Augen springend, in je höhere Formen der Organisation man aufsteigt – – – unser größter Miniaturist der Musik – – – hat das Sprachvermögen der Musik ins Unermeßliche vermehrt – – – elementarisch gemachte Musik – – – der Erbe Hegels – – – emanzipiert die Erda, das älteste Weib der Welt.«

Dazwischen Wendungen und Sentenzen, wie sie nur Nietzsche gelingen: »Welt als christliches Schimpfwort – – – die Wagnerschen Kapellmeister insonderheit eines Zeitalters würdig, das die Nachwelt einmal mit scheuer Ehrfurcht das klassische Zeitalter des Krieges nennen wird«, und endlich das Wagnerzitat: »Bekämpfen wir unsern Ehrgeiz, welcher Religionen stiften möchte. Aber niemand darf zweifeln, daß wir ihn erlösen, daß unsre Musik allein erlöst – – –« (Wagner im Aufsatz »Religion und Kunst«).

Da muß schon etwas vor sich gegangen sein. Nietzsches Haupteinwand gegen Wagner, »décadence«, erstaunlich gerade aus seinem Munde, trifft nicht unseren Zusammenhang.

Im Gegenteil, gerade in solchen Übergängen streckt der Décadent die Fühler am weitesten vor. Sein Ort ist dort, wo der Bios plasmatisch wird. Es ist sogar möglich, daß der Name zum Schimpfwort für den besonders Tüchtigen, besonders Trächtigen wird. Er ist der Entartete. Wenn aber die Art selbst ihren Rang, ihren Wert, ihre Potenz verliert, ist er vielleicht der einzige, der noch einen Weg findet, indem er sich durch die fast schon immateriellen Fugen des erstarrten Gebäudes zwängt – der letzte, der noch spermatische Kraft besitzt.

Wir wollen jedoch nicht im bloßen Gelingen oder darin, daß »die Kontinuität der Geschichte gewahrt bleibt«, bereits einen Wert suchen. Auch wo der Typus nicht durchdringt, und das ist sein übliches Schicksal, hat er »an sich« gewirkt. Ein Beispiel ist Echnaton, in dem sich die Figur des Décadent durch die des Ketzers potenziert. Sein Name ist ins Buch geschrieben, auch wenn er nicht die zeitliche Auferstehung erfahren hätte, die ihm durch die Arbeit der Archäologen zuteil wurde. Daß es gerade für uns geschah, ist kein Zufall, denn es gibt starke Verwandtschaften seiner geistigen Position mit der unseren: im Versuch, die Naturformen, wie sie in Heliopolis entwickelt waren, als reine Strahlung zu verehren und sie mit Hilfe der Kunst zu vergeistigen.

214

Der Fall Wagner wird länger andauern, als Nietzsche vermutete. Erschöpfung und Krisen gehören zum Bild. Immerhin bezeugt sich die vorzügliche Lagebeurteilung Nietzsches in Prophezeiungen wie dieser: »Das Zeitalter der nationalen Kriege – – – dieser ganze Zwischenaktscharakter, der den Zuständen Europas jetzt eignet, mag in der Tat einer solchen Kunst wie der Wagners zu einer plötzlichen Glorie verhelfen, ohne ihr damit Zukunft zu verbürgen – – –.«

Er fügt abschließend hinzu: »Die Deutschen selber haben keine Zukunft.«

In beidem dürfte er sich geirrt haben. Außerdem: Was ist schon Zukunft, wenn man sich in solche Dimensionen begibt? Als Terminus beliebt, vor allem bei Geistern, denen die Gegenwart fehlt. Man könnte einen Katalog von Wörtern aufstellen, die in diesem Sinne zelebriert werden – Berufung auf nichts weiter als auf Jugend, Alter, Tradition, Jenseits, Idee, Revolution, Demokratie, Metaphysik. Alles au fond vertretbar, doch nur au fond, also wenn die nötige Potenz es bezeugt. Sonst werden es Schimpfworte. Daß Spengler dem »Arbeiter« die Zukunft absprach, schien mir erstaunlich von einem Denker, für den das ganze Abendland nur noch Antiquitätswert besaß.

Wer an den vollen Tafeln des Lebens zu Gast ist, der Zeugende, der Schaffende, der Genießende, spricht nicht von Zukunft in diesem Sinn. Das wußte Nietzsche natürlich auch. Wie hätte er sonst den hohen Mittag, die Oase, die stillste Stunde, den Honig, die Schlange, die Heimkehr verehrt? Das Mittelmeer und auch die Mitternacht?

215

Über den Wagner betreffenden Teil der Prophezeiung machte ich mir vor zwölf Jahren in New York Gedanken, nach einem langen Fluge stark übermüdet, während einer Aufführung der »Götterdämmerung« in der Metropolitan Opera. Das Publikum war vorwiegend jüdisch; ein Wotan im Schlußbild trat in Gewand und Haltung des Hohenpriesters Aaron auf.

Wagners Zukunft schien mehr als verbürgt.

Nietzsche zitiert Goethes Definition des Romantikerverhängnisses: »Am Wiederkäuen sittlicher und religiöser Absurditäten zu ersticken« – und fügt hinzu: »Kürzer: Parsifal«. »Der Christ will von sich loskommen – – – aber vielleicht will auch der Germane von sich loskommen – – –. Nach der Herrenmoral hinschielen (die isländische Saga ist deren wichtigste Urkunde) und dabei die Gegenlehre, die vom ›Evangelium der Niedrigen‹ im Munde führen – – – wir kennen alle den unästhetischen Begriff des christlichen Junkers – – – der moderne Mensch stellt, biologisch, einen Widerspruch der Werte dar, er sitzt zwischen zwei Stühlen, er sagt in einem Atem Ja und Nein.«

216

Inzwischen hat, was hier aus der lustvollen Qual der Ahnung heraus den philosophischen Ausdruck sucht, im Wechsel der Zeit Gestaltung gewonnen, in unerhörten Ballungen und grauenhafter Aufweichung.

Auch in der Premiere des »Figaro« kündet sich ein Gewitter an. Auch dort die schwüle, die schwangere Luft. Aber auch abgesehen davon, daß dort das romanische Entweder-oder waltet und hier das germanische Sowohl-als-auch, so scheint es, daß die Gewitter sich nicht nur im Umfang der Zerstörung unterscheiden, sondern auch an Qualität.

Beaumarchais' Tat läßt sich auf einen Nenner bringen: Der dritte Stand pocht an. Wer oder was aber ist hier auf dem Marsche und klopft an das Tor?

Wagner hatte zunächst die Absicht, den »Ring« mit einem Lied zu Ehren der »freien Liebe« zu beschließen und mit dem Ausblick auf eine Utopie, in der »alles gut wird«, wie Nietzsche sagt. Wagner hat sie verworfen – Beaumarchais hätte sie gewählt.

217

Die Macht eines Überganges von der Thematik her zu beurteilen, ist a priori verfehlt. Das Mittelmaß sucht sich zu steigern, indem es »große Stoffe« wählt. Wenn das Genie sich ihnen zuwendet, etwa im historischen Roman, wie Flaubert in »Salammbô«, so nimmt es eher eine zusätzliche Last auf sich. Es wird auch immer frei damit verfahren, wie es von jeher in den großen Dramen geschah. Die Kunst ist souverän, auch gegenüber der Historie.

Wenn Nietzsche sich speziell gegen den »Parsifal« wendet, so ist das nur zum Teil thematisch zu verstehen. Der Erlösungsgedanke, der ihn besonders befremdet, steht nicht in, sondern hinter dem Thema; er braucht, um sich auszuspinnen, keine christlichen Vorwände. Jedenfalls kam Schopenhauer, dessen Hauptwerk, laut Nietzsche, Wagner in Verse gebracht hat, ohne christliche Hilfsmittel aus.

Das Unbehagen ließe sich eher ausdehnen. Wozu überhaupt Götter, wozu Namen, die mehr oder weniger abgetragen sind? Nietzsche meint auch nicht die Figuren des Schattenspiels, die sich nach mehr oder minder vorgeformten Ideen und Idealen bewegen, sondern sein Witz zielt auf den Schattenspieler im Hintergrund. Ihn kann er nicht zwingen, so wie auch Schopenhauer Hegel nicht bezwang.

218

Hierzu noch etwas Wichtiges: die Fäden oder auch die Drähte, mit denen die Figuren bewegt werden. Wir wollen sie *Gespinst* nennen. Hier wird der Vorgang schon ziemlich gleichförmig.

Eingewandt könnte werden, daß seine Mannigfaltigkeit im Schauspieler wohne und von ihm projiziert werde. Gut, aber dessen Nervenfasern sind auch Gespinst. Und das führt über die graue Masse, den Raster, ins Ungesonderte zurück.

Gehen wir zu *unseren* Schattenspielen über: den durch Türme und Satelliten ausgestrahlten Bildfluten. Auf den Schirmen erscheint das Mannigfaltige. Man könnte es auch das Ephemere oder das Belanglose nennen im Vergleich mit dem, was nicht etwa in den Ateliers, sondern hinter den Schirmen geschieht. Dort ist der Raster, dort kommt das Gespinst an; nun sind die Fäden Wellen, die sich in Licht, Farbe und Ton umsetzen. Sie gehen durch die Mauern hindurch, auch durch die Zuschauer, bevor sie an der Differenzierung teilnehmen. Sie passieren die Körper von Menschen und Tieren, nicht wahrgenommen, doch auch dort nicht ohne Konsequenz.

Das Spiel wird einheitlicher, farbloser und tiefer; es nähert sich dem bloßen Weben, wie es die Mythen den Parzen und Nornen zuschreiben. Sein Thema ist Erdvergeistigung.

Das Thema, aber nicht das Ziel.

219

Der Schirm, der das Gespinst von der Wahrnehmung trennt, hat seinen Sinn auch als Abschirmung. Wie uns die kosmische Strahlung verderblich würde ohne den atmosphärischen Schild, so auch dieses Gespinst, der Urstoff der Tragödie, ohne die solide Epidermis, die »Stumpfheit der Sinne«, die uns schützt.

Allerdings lehrt die Wissenschaft, daß Teile der kosmischen Strahlung durchdringen. So ist es auch mit der tellurischen. Auch davon darf nicht zuviel aufsteigen.

Die Kunst, soll sie Form und Wesen behalten, darf nicht zu dicht werden. Der menschliche Geist war immer bemüht, hier die Grenze zu ziehen; das ist ein Akt der Selbstverteidigung. Hinsichtlich der Frage, was Kunst sei, hat Blüher zu Beginn seines Hauptwerkes einen Vergleich gezogen zwischen dem Lied, das aus der menschlichen Kehle dringt, und dem Schlag der Nachtigall. Zum ersten: »Das ist Musik!« und zum andern: »Das sind Naturlaute« wie das Röhren der Hirsche; »es steckt nichts dahinter außer den wohlbekannten Kräften des Gattungstriebes.« Und ferner: »Musik ist *von Grund auf* Kunst und arbeitet mit Instrumenten; sie hat mit dem Nachtigallenschlag nur den Schall gemein.«

In der Grenzziehung läßt sich dem zustimmen. Doch auch in den Wertungen? Ist Musik wirklich »von Grund auf« Kunst oder nicht noch etwas mehr und anderes? Was bedeutet der Hochmut, mit dem Blüher den Nachtigallenschlag in dieselbe Kategorie wie das »Jaulen des brünstigen Rüden«

verweist? Ist dieser Hochmut nicht vielleicht zu sehr eben der des denkenden Künstlers, mit dem auch Nietzsche sich Wagner gegenüber zu differenzieren sucht – – – des denkenden Künstlers gegenüber dem Künstler von Geblüt?

Ad notam: Moderne Ornithologen haben nachgewiesen, daß das Lied der Singvögel am schönsten klingt, wenn sie ganz »ohne Absicht« singen – also außerhalb der Brunstzeit und jenseits der Grenzkämpfe.

220

Inzwischen mag deutlicher geworden sein, was unter einem »Großen Übergang« verstanden wird. Er verrät sich in der Anreicherung von Kräften, die zwar immer in Kunst und Geschichte mitwirken, doch nicht rein auftreten. Kosmische Strahlung verdichtet sich, tellurisches Gespinst webt herauf. Das kann mit und ohne Aufsehen geschehen; wahrscheinlich verlaufen gerade die entscheidenden Phasen unbemerkt. Plötzlich ist die Schlange im Haus. Vielleicht hat sie schon immer dort gewohnt.

Es geht nun nicht mehr um den Rang der Kunstwerke, sondern um die Definition und das Schicksal der Kunst überhaupt. Was Kunst ist, wird fragwürdig; die Grenze verschwimmt.

Hin und wieder muß offenbar der Begriff neu konzipiert werden. Nach Jena sagten preußische Generale, so zu siegen sei keine Kunst (nämlich in aufgelöster Ordnung). Aber den Sieg konnten sie nicht abstreiten. Andererseits Blücher nach der Schlacht an der Katzbach: »Die hätten wir gewonnen – nun soll mich man verlangen, wie wirs anfangen werden, es den Leuten begreiflich zu machen, wie wir alles so klug angestellt haben.«

221

Ob die von Nietzsche über den Fall Wagner angestellten Betrachtungen »stimmen«, ist hier irrelevant. Sie haben als Denkmodelle hohen Ranges Wert an sich. Dazu folgendes:

Wenn ein Mathematiker mit Kreide Figuren an eine Tafel zeichnet – Kreise, Dreiecke, Parallelen –, so sind das »Typen, die in der Natur nicht vorkommen«. Streng genommen, kommen sie auch in der Architektur nicht vor. Und endlich werden sie auch auf der Tafel nur in der Annäherung erreicht. Es sind Vorweisungen. Der Punkt, aus dem Unausgedehnten herbeibeschworen, erscheint als Kreidefleck.

Dennoch darf man nicht sagen, es sei nichts geschehen, wenn die Zeichnungen gelöscht werden. Es ist sogar mehr geschehen als ein simples Vergleichen und Demonstrieren; es wurden geistige Mächte vor die Anschauung zitiert. Das zahlt sich dann auch als angewandte Meßkunst in Zeit und Raum aus, im physischen Machtbereich.

Das Auge hat über das Relais von Figuren aus dem Unausgedehnten Kraft gezogen, und ähnliche Relais oder Transformatoren gibt es für das Ungesonderte. Es beginnt sich als Geflecht zu regen, es bewegt sich als Nornengespinst. Ist es einmal gesehen, dann können die Figuren gelöscht werden.

222

Die Zuordnung fällt um so schwerer, je mehr sich die Qualität verwischt. Im Ungesonderten gibt es immense Kräfte, doch keine Qualität. Speziell geraten wir bei der Wertung in den Teufelskreis von »Entartung« und neuer, aus dem Grund heraus formender Kraft.

Nietzsches Hauptvorwurf gegen Wagner ist der der Krankheit, der Décadence. Das kommt aus der eigenen Krankheit heraus, die allerdings hellsichtig macht. Nietzsche hat nicht nur die Krankheit, er hat auch das Gespinst sich regen gesehen, weil beides in ihm selbst lebendig war. Aus beiden war sein Genie gebildet, und er hat beides auf geniale Weise verneint und bejaht.

Die Schwierigkeit ist unauflösbar; sie liegt im Klima, nicht in den Individuen. Wir wollen es durch ein Bild andeuten. Ein festgefrorener See ist gangbar; das ist eines von Nietzsches Gleichnissen. Eis bildet die Decke, formierter Kristall.

Kommt nun der Tauwind, so wird das Eis brüchig, ungangbar zuletzt. Die große Form, also die tragende, wird mürbe und trügerisch. Das hat auch mikroklimatisch, bis in die Kristalle, bis in die Atome hinein, seine Entsprechungen. In einem Glas Wasser, an der Linie, um den Nullpunkt herum, formieren und deformieren sich die Kristalle, minimalen Schwankungen folgend, auf verwirrende Art. Es gibt eine Grenze, an der wir nicht mehr entscheiden können, ob dieser oder jener im Schmelzen oder im Sublimieren begriffen, ob er moribund oder in statu nascendi ist.

Wir haben das Gespinst gesehen, nunmehr in kristallographischer Version. Hier schmelzen und verschmelzen die Qualitäten, die Zeiten – Tod und Leben auch. Nun heißt es abwarten.

OPTISCHE MODELLE

223

Die Wertung ist also schwierig geworden, wenn nicht unmöglich gar. Sie wird sich, soweit sie nicht museal ist, nicht auf die Form, sondern auf die Dynamik beziehen. Ein Blick auf unser Leben, auf unsere Welt bestätigt es.

Was bis in die jüngste Vergangenheit ein Bild »wert« ist, wissen wir genau. Wir wissen es sogar zu gut. Solange wir uns innerhalb der Kunstgeschichte bewegen, sind wir informiert. Wenn wir jedoch mit diesen Informationen Objekte zu bewältigen suchen, die sich ihnen zum Teil oder auch ganz entziehen, sind wir im Niemandsland. Die Brücken sind abgebrochen, jetzt heißt es schwimmen; hier hilft keine Meßkunst mehr.

224

Ich erinnere hinsichtlich der Wertung an die Kristallisation rings um den Nullpunkt und hinsichtlich der Methodik an die Kreide und den Schwamm.

Gehört Vincent van Gogh zur Kunstgeschichte? Doch ohne Zweifel, obwohl sich sein Opus auch unter anderen Gesichtspunkten betrachten läßt, so unter klinischen. Er gehört zur Kunstgeschichte wie Mabuse, Altdorfer, Hokusai, Poussin oder auch die namenlosen Maler der Grotte von Lascaux. Sein Opus mitsamt den Farben, Kurven, Wellenlinien ist mit Informationen auszuloten, wenn nicht mit Hilfe von Computern, so doch mit der des Großen Punktamts zu Heliopolis.

Einschränkend ist zu sagen, daß ein Kunstwerk immer einen Rest birgt, den keine Methodik erfaßt. Einem großen Bilde wohnt außer der ästhetischen Wirkung noch eine ganz andere inne – eine magische. Sie war ursprünglich mächtig, ja dominierend, und trat im Verhältnis zurück, in dem die

Kunst Gesetz und Regel gewann. Das muß örtlich schon früh geschehen sein – schon vor Lascaux.

Immerhin reicht dieser magische Anteil bis in unsere Jahre hinein. Er ist schwer zu definieren, weil er nicht zum Kunstwerk gehört und doch sich in ihm verbirgt. Ein Vergleich mag die Erklärung abkürzen: der mit dem Wein und seinem Bodensatz. Das läßt sich nach verschiedenen Richtungen hin ausführen.

Wie wenig die Magie oder der Zauber eines Werkes mit Kunst zu schaffen haben, sehen wir am »wundertätigen Bild«. Das wird nur selten ein Kunstwerk sein, denn je mehr der Künstler »kann«, desto dichter wird die Trennwand zu jener Schicht. Indessen würde »nur noch Kunst«, also Artistik, zurückbleiben, wenn sich der Bodensatz ganz herausfilterte. Daher wohnt jedem Kunstwerk nicht nur »ästhetischer Zauber« inne, sondern unmittelbare magische Kraft. Das führt auf ein weites Feld. Der leider zu früh gestorbene Kunsthistoriker Erhard Göpel entwickelte dazu, vor allem im Gespräch, Einsichten, die sowohl über die Grenzen der Kunst wie der Historie hinausreichten.

225

Wenn Vincent ohne Zweifel in die Kunstgeschichte gehört, so sind doch Bewegungen in seinem Œuvre, die außerhalb der Kunst unmittelbar auf die Linie zuführen. Sie sind zu unterscheiden von dem, was er an Auflösungstechnik von den Pointillisten übernommen hat (Portrait du Père Tanguy).

Der letzte Farbenrausch beginnt 1888 in Nietzsches Turiner Schicksalsjahr. Nun wird es gefährlich; die magmatische Kraft leuchtet auf in Massen von glühendem, flüssigem Gold. Hier Danaes Goldregen, dort das goldene Kornfeld, über dem die Krähen als Todesboten stehen. Wenige Tage später ging er, »um Krähen zu jagen«, mit dem Revolver dorthin. Nun wird der Überfluß gewaltig, nicht nur für den Künstler, auch für die Ephemeride, die sich die Flügel verbrennt.

Wehe dir, Zarathustra!
Du siehst aus wie einer,
der Gold verschluckt hat:
man wird dir noch den Bauch aufschlitzen!

Lang hat der Gedanke geglüht, wie der Funke in der Zündschnur, ehe er ein großes Licht entfesselte. Größe erreicht man nicht, schrieb Vincent, »wenn man sich nur seinen Impulsen hingibt, sondern indem man geduldig die stählerne Mauer abfeilt, die das, was man fühlt, trennt von dem, was man vermag«.

Gewiß, und die Gefahr wird um so größer, als mit dieser Feilung eine zunehmende physische Schwächung verbunden ist. So war es in Arles und in Turin. Das Bild ist gut – es ist prognostisch im höchsten Sinn, es führt weit über die ephemere Existenz von Kunst und Künstler hinaus.

Die Kunst formiert die Oberfläche – Schmetterlingsaugen, geschecktes Fell von Leoparden, doch Muster der Tiefe kräuseln darin auf.

226

Die Kenner haben darüber gestritten, was in Vincents Werk »bewußt gestaltet« oder psychopathisch sei. Ähnliche Streitgespräche lassen sich über viele Künstler der Epoche führen, über Utrillo, Gauguin, Toulouse-Lautrec; schließlich ist kein Künstler normal. Der Streit ist irrelevant und soll uns nicht weiter aufhalten, denn, um ein bekanntes Wort abzuwandeln, es kommt nicht darauf an, ob einer gesund oder krank ist, sondern darauf, was er mit seiner Gesundheit oder Krankheit erreicht.

Uns beschäftigen nicht die klinischen Symptome, sondern Mikrokristalle, Gespinste, Raster, Strahlungseffekte – Zeichen des Großen Überganges mit einem Wort. Läuft die Faser auf die Grenzlinie zu, um dort zu erlöschen – oder sind bereits, wie vom Gipfel des Nebo, topographische Details, Lineaturen der Anderen Seite zu sehen?

Dabei ist, wie gesagt, zu bedenken, daß das Gespinst hüben und drüben ähnlich wird. Längst kann, wie von jeder Qualität, von Gesundheit und Krankheit nicht mehr die Rede sein. Es versagt auch die Orientierung – wie im windstillen Kern, dem Auge des Taifuns, die Magnetnadel. Ob die Welle ausläuft, zurückrollt, von oben oder unten kommt, ist in den Partikeln nicht nachweisbar.

227

Ein Bild wie »Tannenwald« (Rijksmuseum) ist schon recht merkwürdig. Es wirkt jedoch noch vertraut – vertraut in dem Sinn, in dem man ein vielleicht schon entlegenes, doch zum Haus gehörendes Zimmer betritt. Durchs Fenster blickt man auf eine Landschaft, die der Mistral kämmt. Der Kamm strählt bis zum Himmel seine Linien; dort werden sie deutlicher als im Geflecht der Baumrinden. Komposition: der Zügel bleibt in der Hand.

Jugendstilanklänge. Bei Munch findet sich ähnliches. Psychische Substanz ist nicht mehr in der Situation und in den Figuren; sie ist, wie aufgelöst und wieder aufgetragen, über das Bild verteilt. Sie ist nicht weniger aus den Gesichtern zu lesen als aus den Zweigen der Bäume und den Linien der Hand. Ein Erschrecken ist nicht zu leugnen, doch Gespenster gehören ins Haus. Manche Bilder dieser Epoche erinnern an spiritistische Séancen und ihre Materialisationen; das wird im Norden kundbarer (Munch »Der Schrei« und Whistler »Das Atelier«).

Historisch betrachtet, reiht sich van Gogh mit diesem »Tannenwald« den Meistern an, die uns berühmte Bilder von Wald und Bäumen überlieferten. Wenn wir uns ein Museum denken, das diesen Themen gewidmet wäre, so könnten wir, etwa bei Fra Filippo Lippi und Altdorfer beginnend, eine Folge von Kabinetten durchschreiten und endlich auch zu jenem kommen, durch dessen Fenster wir auf die gestrählte Landschaft sehen.

Wir treten ein. Nicht durchaus Fremdes kommt auf uns zu. Gibt es denn überhaupt »durchaus« Fremdes für uns? Wohl kaum, auch auf dem Sirius nicht. Nur das Erschrecken wird stärker, wenn Mächte aus dem Sehr-Alten oder Sehr-Fernen bei uns eintreten. Dieses Erschrecken selbst ist ein Indiz des Wiedererkennens, ein Zeichen dafür, daß wir sie gekannt haben.

228

Wenn nun hier eine Bewegung ausläuft, die seit langem Kunst und Künstler beschäftigte – vielleicht seit der Renaissance, vielleicht seit der Gotik, je nachdem, wie wir den Rahmen spannen wollen – so fragt sich, ob jenseits der haarfeinen Linie neue Elemente auftauchen.

Die Malerei ist schließlich nur ein Beispiel, ein Modell höherer Optik – und diese wiederum ein Modell von Wandlungen, die sich außerhalb der Optik abspielen. Ein neuer Stil ist eine Aussage. Er ist zugleich eine Antwort auf Vorhergegangenes, sei sie ablehnend oder zustimmend. Man kann das als Fortschritt, man kann das dialektisch, zyklisch, rhythmisch sehen.

229

Die mechanistische Betrachtung des Fortschritts ist die einfachste, daher hat sie sich auch am stärksten durchgesetzt – so etwa Darwin gegen Cuvier und Lamarck. Es gibt aber keinen Fortschritt, der nicht mit einem Rückschritt verkoppelt ist. Kürzer gesagt: Die Summe der Kräfte im Universum bleibt konstant.

Man kann sich die Entwicklung auch ungefähr so vorstellen, als ob sich aus der Substanz ein Teppich vorschöbe. Das ist eine Ausgabe. Sie wird wettgemacht, indem von der Anderen Seite neue Kräfte heranströmen, eintreten. Durch den Dekor, etwa der wissenschaftlichen Finessen oder der künstlerischen Palette, darf man sich nicht irremachen lassen –

das Gespinst des Teppichs ist farb- und qualitätslos hier wie dort, schon stark enteignet durch die Nähe des Dings an sich.

230

Um ein Beispiel aus der physikalischen Optik zu nehmen: Röntgenstrahlen und Kristallometrie sind letzte Verfeinerungen der klassischen Sehschärfe. Das ist noch 19. Jahrhundert; die Atomphysik die Antwort des 20. Jahrhunderts darauf. Röntgen und Rutherford sind typologisch verschieden; das Elektronenmikroskop stellt keine Entwicklung des Lichtmikroskops, sondern einen neuen Anschluß an den Kosmos dar.

Das neue Jahrhundert hat sich scharf profiliert. Schärfer noch in den Formen als in den Köpfen, denn rational gesehen, scheint es nur weniger Schritte zu bedürfen, damit der Prozeß perfekt wird und zum Abschluß kommt.

Wir können bereits mit einiger Sicherheit trennen, was diesseits und was jenseits der Linie einzuordnen ist. »Diesseits« soll (wenigstens an dieser Stelle) heißen: unsere Seite, und »jenseits«: die Vergangenheit.

Dagegen, daß bei Vincent die Welle ausläuft, während sie bei den Kubisten ansetzt, gibt es bei den Fachleuten kaum noch einen Widerspruch. Unmittelbar vor dem Ersten Weltkrieg muß in Paris, in La Roche-Guyon und an anderen Orten der Welt etwas vor sich gegangen sein, das dem Riß durch den Vorhang vergleichbar ist. Kein Stilwechsel mehr, ein größerer Übergang.

Halten wir Vincents »Tannenwald« (etwa 1888) und August Mackes »Zwei Mädchen im Wald« (Frühjahr 1914) nebeneinander und nehmen wir als Vergleichspunkt den Wald auf Altdorfers Bild vom Heiligen Georg (1510), so werden wir ohne besondere Mühe den Weg von Vincent zu Altdorfer zurückfinden – nicht aber den von Macke, einer unserer großen Hoffnungen, zu Altdorfer.

Mackes Bild bietet gute Aufschlüsse, weil es sowohl thematisch wie im Ausdruck übersichtlich ist. Die Farbe scheint um den Nullpunkt herum geschmolzen zu sein und sich dann wieder kristallisiert zu haben, und zwar großflächig.

Wir müssen uns überhaupt von dem Gedanken freimachen, daß etwas nur im Ganz-Kleinen, etwa in den Atomen, geschieht. Das ist *auch* der Fall; aber ein Großer Übergang spielt sich in allen Dimensionen und in der Wissenschaft in allen Disziplinen ab. Das wirft Licht auf die Ähnlichkeit nicht nur von Apparaturen, die ganz verschiedenen Zwecken dienen, wie etwa Fernrohre und Mikroskope, sondern auch auf die von ihnen erschlossenen Bildwelten. Sie ist weniger an sich gegeben, als eine Stilfrage, Gestaltung eines mächtigen Willens im makro- wie im mikrokosmischen Bereich.

231

Ein solcher Übergang verrät sich also im Großen wie im Kleinen – auch kann er mit einer gegenständlichen, abstrakten oder ungegenständlichen Thematik eintreten. Das sind Fragen der Technik und als solche für die Kunstgeschichte von Belang. Uns beschäftigen jedoch weniger die Formen und ihre Unterschiede, als Kräfte, die die Formen in ihrer Gesamtheit anheben. Das geschieht außerhalb der Kunst und unabhängig von ihr.

Der Begriff »Kubismus« ist wie der des »Barock« oder ähnliche zufällig entstanden, und zwar im Anschluß an die erste Ausstellung von Georges Braque (Paris 1908). Bald wurde erkennbar, daß hier »die letzten Brücken zum Materialismus abgebrochen würden«, was, wie gesagt, von van Gogh oder auch von den Fauves, die hart an der Linie standen, nicht behauptet werden kann. Dort noch die Schmelze, hier Kristallisation.

Wenn einer der Kubisten sagte, er wolle sich dem »Ding an sich« annähern, so drückt sein Wunsch dasselbe aus wie jener Vincents, die Mauer zu durchfeilen, die ihn vom Gefühl trenne. Das ist einunddasselbe Ziel, freilich von zwei entgegengesetzten Punkten her angestrebt.

Die Grenze kann Individuen (»Junge« und »Alte«) trennen, sie kann auch im Individuum passiert werden. Der Übergang vom Fauvismus zum Kubismus gehört hierher. Ein Abstand, wie er Braques Bild »Der Hafen« (1906) vom »Guitarristen« (1914) trennt, ist kaum zu überbrücken; hier muß innerhalb der reinen Zeitfolge etwas anderes eingetreten sein.

Daß Künstler am Werk sind, ist für die Betrachtung eher störend, deren Schwerpunkt im Namenlosen liegt. Sollte man also Modelle aus anderen Gebieten wählen, etwa aus der Physik, wo der Übergang besonders augenscheinlich wird? Das trägt wiederum die Gefahr ein, daß die Aufmerksamkeit durch die Phänomene gefesselt wird, und zwar auf Kosten der Gestalt. Ich bin hier durch das Schicksal des »Arbeiters« gewarnt.

232

Bei der Betrachtung von Bildern wie Braques »Huldigung für J. S. Bach« (1912), von Juan Gris' »Die Schottin« (1918) oder auch von Windhams etwas später zu datierender »Übergabe von Barcelona« fällt sowohl die starke Gemeinsamkeit zueinander wie auch die völlige Fremdheit zu unmittelbar vorangegangenen oder auch gleichzeitigen Kunstwerken auf. Das ist bestürzend; aus Konfettiwolken tauchen Gesichte auf. Sie haben wenig mit Kunst zu schaffen; es scheint eher, daß das Feld der Kunst verlassen oder gar gefährdet wird.

Winckelmann, der »Wahrer edler Einfalt und stiller Größe«, sah die sardischen Bronzetten als barbarisches Machwerk an. Uns sprechen sie heute zwar nicht durch edle, wohl aber durch schlichte Größe an. Das ist nicht zufällig.

Für Goethe, von dem man sagen könnte, daß er bis zum Orient, doch nicht nach Mexiko mitgeht, waren die Götter dieses Landes ein ausgemachter Greuel, die Gegenmacht der

Schönheit schlechthin. So sind die Verse aus dem Nachlaß zu begreifen:

> Denn ein Vitzliputzli würde
> Talisman an *Deinem* Herzen.

233

Daß gerade solche Bilder, solche Verwandtschaften sich vorstellen, ist, wie gesagt, kein Zufall – es sind Figurationen, die unmittelbar hinter dem Gespinst auf die leere Fläche hinaustreten. Sie gehören weniger einer zeitlichen als einer räumlichen, jederzeit wieder befahrbaren Tiefe an. In diesem Sinne liegen sie noch unter der Grotte von Lascaux.

Montezuma wartete auf Cortez; die Landung der Weißen Götter war prophezeit worden. Das erklärt viel von ihren Erfolgen, die nur zum Teil in die Geschichte, zum anderen ins Märchenreich fallen, wie Stucken es gut gesehen hat.

Eine Gegenbewegung ist zu vermuten; Mexiko dämmert gegen uns heran. Im gleichen Maße blüht es in uns auf. Die Zeichen beginnen sich zu beleben; noch warten sie auf ihren Champollion.

Wie Goethe einen sicheren Instinkt hatte gegen alles, was die alte Kultur schädigen konnte, so auch hier. Er fühlte das Nicht-Konforme jener Welt. Verwandtes konnte in ihr erst geahnt werden, nachdem die Endstationen passiert waren.

Im 21. Jahrhundert wird Mexiko in der Archäologie, und nicht nur in ihr, eine stärkere Rolle spielen, als sie bisher Ägypten zuteil wurde. Sie wird über die Wissenschaft hinausführen. Demgegenüber hat die Ägyptologie sich ziemlich akkurat auf ihr Fach beschränkt. Was möglich gewesen wäre, deutet die »Zauberflöte« an. Mir drängte sich das mächtig bei einem Gang durch das nächtliche Karnak auf.

Auch Flauberts »Versuchung des Heiligen Antonius« sollte erwähnt werden. Dort beginnt es sich im Schlagschatten der Tempel zu regen – in den Schatten der Aufklärung.

234

Wenn in den Wenden Archaisches herantritt oder gar eintritt – griechische, germanische, ägyptische, mexikanische Götter – so ist das nicht Wiederholung, sondern Wiederkehr.

Eine Wiederholung findet etwa in Napoleon III. statt. Die Zeit hat inzwischen die Potenz geschwächt. Wiederkehr meint die Gewinnung der Ausgangsstellung außerhalb der Zeit. Ob das geschehen ist, wird meist erst viel später erkannt – nämlich am Ergebnis dessen, was nach der Entmythisierung übrig bleibt. Hier wirkt der advocatus diaboli der Moderne – und seine Arbeit ist nicht schwierig in einer Zeit, in der die handelnden Figuren keine Mythen, ja nicht einmal Anekdoten mehr ansetzen, obwohl ihr Lob mit Posaunen verkündet wird. Kein Gesicht mehr, sondern ein Image, an dem besoldete Fuchsgeister arbeiten. Kolosse mit tönernen Füßen; dem Sturz folgt statt der Gesänge eine verwehende Staubwolke.

235

Die Wiederholung bestätigt die Ordnung stabiler, klassischer Zeiten und ihre Sicherheit. Dort wird geerbt und besessen, ein Monarch folgt dem anderen, ein Stil löst harmonisch den anderen ab.

In der Wiederkehr geht die Kunst *zu Grunde* – sie erreicht Gebiete, die ihr nicht mehr unterstehen. Sie verliert an gestaltender, sie gewinnt an beschwörender Kraft. Wenn nun archaische Mächte eintreten, wenn sie plötzlich erschrekkend oder auch erheiternd und beglückend neben uns stehen, so sind sie nicht das, was erreicht werden soll. Sie sind vielmehr Zeugen dafür, daß etwas bevorsteht, erreicht werden wird. Nun ist Schweigen geboten, auch in der Musik. Das Namenlose darf tönen, doch nicht benannt werden.

Wenn wir sie nun mit ihren Namen anreden würden, so hätten wir die Wiederkehr gegen bloße Wiederholung eingetauscht. Sie sind jedoch nur Zeugen – Säulen des Herakles. Das Namenlose, das Ungemünzte lädt zu anderen Fahrten ein. Nicht Götter kehren zurück, sondern das Zeitlose, in dem sie gezeugt wurden. Das muß mit neuen Namen gefaßt werden.

Von hier aus ist der Vorwurf des »Schauspielers« zu begreifen, in den Nietzsche den Angriff auf Wagner zusammenfaßt. Seine Kunst wird als Indiz des Großen Übergangs verstanden und zugleich als Beispiel dafür, wie er verfehlt, verraten werden kann. Sie hat sich mit einer Maske begnügt. Wir dürfen darüber anders urteilen.

236

Ehe Figuren eintreten, muß im Ungesonderten etwas vorgegangen sein. Am Nullpunkt sind die Teilchen, die Kristalle gebildet haben, jenen, die Kristalle bilden werden, nicht nur ähnlich, sondern gleich. Das Gespinst durchwebt in der Halbzeit einen Abschnitt, in dem die Faser qualitätslos ist. Dann setzt es zu neuen Mustern an.

Wo das Gespinst qualitätslos wird, schmilzt nicht nur der Unterschied der Stoffe, sondern auch der Richtungen ein – der von oben und unten, hoch und niedrig, rechts und links – auch der von Leben und Tod.

Wenn aber die Faser ansetzt, treten Richtungsunterschiede auf – zunächst als Entwindungen. So entstehen die Flechtmuster, die Spiralen, die Gewebe mit den Verknotungen. Die Wissenschaft kommt darauf zu, im Kleinen wie im Großen, in den Atomen und Molekülen wie in der Kosmographie – in ihren Konzeptionen der anorganischen und der organischen Welt. Das geht als Muster von den Spiralnebeln bis zum Geflecht der Gene und tiefer hinab. Längst bevor sich ein Kristall bildet, gehen solche Bewegungen voraus.

Ähnliche *Vorgänge* sind zu vermuten innerhalb der Genese der Kunstwerke. Vieles davon mag nicht zur Gestaltung kommen und im Bereich der Konzeption oder der Intuition bleiben. Anderes wird überraschend hervortreten.

237

Wenn sich in der organischen Welt ein Wesen einrollt, sei es in Form des Bischofstabes, des Schneckenhauses, der Kaiserwinde, so wiederholt es eine Bewegung, die dicht am Raster liegt. Das vermögen »niedere« Organismen wie die Foraminiferen, doch auch hochentwickelte. In der Evolution der Ammoniten geht das, als ob Einrollung immer wieder nötig wäre, hin und her.

Solche Bewegungen gehen durch den Bestand hindurch. Sie sind zu vermuten, wo der Stil sich stark vereinfacht, können aber auch in reiche Bestände eindringen und barocke Welten hervorbringen. Der Blick auf eine halbierte Nautilusschale fällt auf ein Wunderwerk. Ähnliches geht auch in unsere technische Landschaft ein.

238

In diesem Zusammenhang stellt sich unter anderem die Frage: ob das Magmatische die Form und insbesondere die Hochform unter allen Umständen zerstört, oder ob es sie auch verändern, vielleicht sogar befruchten kann. Das Vulkanische sollte überhaupt nicht lediglich als durchaus fremde, sondern auch als mitwirkende Macht gefaßt werden. So tritt es im großen Haushalt der Erde auf; es bezeugt ihr Gespinst. Daß sie die rote Farbe vorweist, ist, ähnlich wie der Zyklus der Feste im Kalender, hin und wieder notwendig.

239

Es ist für uns wichtig, daß wir zuweilen hart an die Grenzen des Humanen herangeführt werden, wie es ursprünglich der Sinn des Festes gewesen ist. Dessen Geschichte läßt sich in zwei große Erwartungen einteilen: in den Wunsch, mit dem Tier identisch zu werden, und in die Hoffnung, daß Götter eintreten.

Die Voraussetzung solcher Annäherungen ist, daß der Mensch sich offen hält. Daß er das heute weniger vermag und auch wohl weniger beabsichtigt als je in seiner Geschichte, dagegen die Welt völlig zu humanisieren und mit humaner Substanz zu durchtränken beabsichtigt, ist bekannt.

Ist nun anzunehmen, daß die Antennen, die sonst vorhanden waren, langsam verkümmern und absterben? Das ist die Ansicht Huxleys in »Brave New World«.

Oder ist es gerade die völlige Aus- und Abräumung der durch die Zeit vernutzten metaphysischen Reste, die Unerhörtes erwarten läßt? Nietzsche, der reinen Tisch macht, indem er mit den Göttern auch den Menschen abschreibt, hegt offenbar große Hoffnungen. Aber er äußert sich unbestimmt. Wie Zarathustra konnte und kann der Weise zu jeder Zeit leben.

Doch was heißt leben ohne Berührung jener Grenzen, hinter denen nicht nur die Menschen, sondern auch Götter und Tiere zurückbleiben? Immer hat das den Menschen beunruhigt und geängstigt, wie es auch heut noch die geheimste seiner Sorgen ist.

240

Zarathustra liebte die Schlange; sie war ihm das klügste Tier. Er kann damit nicht die empirische Schlange gemeint haben, nicht das Tier, wie es von den Anatomen und Biologen gekannt und geschildert wird. Er muß eine andere Klugheit gewittert haben und ein anderes Wesen, als es in der Natur erscheint.

In der Schlange lebt freilich die List und Klugheit der Mutter Erde, doch nicht stärker als in jedem anderen Geschöpf. Das erklärt nicht Furcht und Verehrung, die ihr im Orient und Okzident zuteil werden – den Rang, der sie noch über die Häupter von Göttern und Königen erhebt oder an den Fuß des Kreuzes verweist. Es erklärt auch nicht das Entsetzen des Wanderers – er kann noch so klug sein und noch so mutig – vor dessen Fuß das Tier sich entrollt.

Hier muß etwas anderes und Stärkeres wirken, das als offenbartes Geheimnis bis in unsere Zeit seine unmittelbare Überraschung bewahrt und erhalten hat.

Wenn wir diese Überraschung dem Effekt eines Kunstwerks vergleichen, so wirkt sie durch Reduktion auf die Grundform, wie wir sie als Gespinst bezeichneten. Es ist nicht die ursprüngliche, sondern eine durch Evolution zurückstilisierte Potenz, die fasziniert und erschreckt. Längst hatten sich Gliedmaßen ausgefächert – sie wurden wieder eingezogen; nur Spuren blieben in der Anatomie zurück. Im Sinn der Entwicklung sind eine Flagellate, ein Pfeilwurm, ein Neunauge ursprünglicher. Manche dieser Wesen, wie die Spirochäte, sind auch ungleich gefährlicher.

Wir haben also in der Schlange eine Maske vor uns, und zwar eine vorzüglich gelungene. Das bezeugt die Wertung, die man ihr seit jeher zugebilligt hat. Sie ist das Tier der Todesgötter und auch das des Asklep – ein Wesen, in dem das Gift seine beiden Potenzen, die tödliche und die heilende, vereint. In ihr wird bei weit voneinander durch Zeit und Raum getrennten Völkern die Erde als Urmacht verehrt. Mit ihr beginnen und schließen die Wandlungen.

241

Die Maske im Raum: uns erschreckt und beglückt, was wir hindurchahnen. Wir lauschen; personat – es klingt hindurch. Jedes Kunstwerk muß etwas von diesem Charakter tragen; was es darstellt, ist Vorstellung. Bringt es nicht etwas mehr als Darstellung, nicht etwas Hindurchtönendes, Hindurchleuchtendes – dann bleibt es leeres Schauspiel, bloße Maske: das ist der Grundeinwand gegen den Realismus, auch gegen den in der Zoologie, wie sie heute betrieben wird.

Die Maske in der Zeit: Wenn die Schlange sich vor unseren Augen ein- und entrollt, so ist das mehr als eine episodische Begegnung, die bald ausgestanden ist. In diesem Sinne ist das historische Ereignis dem Kunstwerk ähnlich – es wirkt noch anderes mit als Ephemeres, als Recht und Unrecht, Tat und Leiden in seiner zeitlichen Darstellung. Der Täter und der Betroffene sehen es oft am wenigsten. Tolstoi: Napoleon kam im russischen Winter das geringste Maß an Willensfreiheit zu. Clemenceau: Der Mensch, der am wenigsten von der Affäre wußte, war Dreyfus selbst. Er sah also nur die Episode, die mit der Rehabilitierung ausgestanden war. Hierher gehört auch die Abrechnung mit Typen, die ungeheuren Schaden anrichteten. Daß man sie umbringt, ist in Ordnung, stellt aber die Ordnung nicht wieder her. Schon die Bezifferung des Schadens bringt eine Art von Denkstörung hervor.

Nicht darauf, daß etwas geschieht, sondern auf den Eindruck, »als ob etwas geschähe«, gründet sich die Macht der Taten und Kunstwerke. Sie sollen uns über Zeit und Raum hinausführen. Darauf geht jede Annäherung aus. Das Freudenmädchen, das sich im Fenster einer Hafenstadt zur Schau stellt, weiß und möchte, daß etwas geschehen wird. Sie muß aber, und sei es auf noch so dürftige Weise, den Eindruck erwecken, »als ob« etwas geschähe dabei. Es bleibt indessen bei der Maske, der bloßen Darstellung, dem realistischen Akt. Soll hier noch etwas mehr geschehen, so muß es der Freier einbringen.

Das Mädchen arbeitet als Schlangenfängerin, will aber nichts von der Schlange hergeben.

242

An der Schlange erschrecken nicht so sehr das Gift, die Starre, die Gliedlosigkeit. Es scheint vielmehr, als ob sich für einen Augenblick das Gespinst regte. Leben und Tod verwirren sich, der Grund wird unsicher. In jeder zufälligen Gefährdung verbirgt sich die große, die einzige Gefahr.

In diesem Sinne ist die Schlange ein Grenzzeichen – doch längst nicht das einzige. Ihr Anblick weckt eine Urerinnerung an die Nähe des Gespinstes, in dem wie alle Unterschiede auch die von Tod und Leben einschmelzen. Der Schleier wird dünner, farbloser. Die alten Ärzte erkannten als ein sicheres Vorzeichen des Todes, daß der Sterbende »Wolle zu zupfen« begann.

Wenn sich von einem sagen läßt, daß er ein »sicherer Kunde« ist, der etwas ein- und mitbringt, so ist es der Sterbende. Hier gibt es kein Ausweichen mehr, die Bahn wird eingleisig. Das »finstere Tal« ist zu durchwandern, auch wenn die Sinne ihren Dienst einstellen. Der Weg geht weiter, selbst wenn sich weder Hand und Fuß rühren, noch die Brust sich hebt.

Ob es hier noch Unterschiede gibt – etwa der Ein- und Ausstiege – das ist die Frage, die den Menschen von Anfang an und oft fast ausschließlich beschäftigte. Wer geneigt ist, sie zu bejahen oder auch nur in Erwägung zu ziehen, dem stellt sich sogleich die nächste Frage: ob es möglich ist, an der Richtung bereits im Leben mitzuwirken – sei es durch Meditation, durch Lebensführung oder durch symbolische Begehung der Todesbahn.

Sich so zu verhalten, »als ob« etwas geschähe – das ist der Sinn der soldatischen Exerzitien und der Mysterien. Es gibt Soldaten, die nie im Feuer standen, obwohl sie ihr Leben lang geübt haben. Doch hinter dem Feind steht der Tod, und diese Begegnung wird keinem erspart bleiben.

243

Wie sich Strähnen in erkaltendem Magma fixieren, kann sich das Gespinst fast ohne Übergang zu hoher Vollkommenheit ausbilden. Es ist anzunehmen, daß in den großen Zeichnern, deren Werk durch seine märchenhafte Fülle erstaunt, sich ein Fundus von diesem unmittelbaren Bildungstrieb erhalten hat. Obwohl er auf vegetative Weise in die Kunst hineinwuchert, dürfen wir ihn ihr nicht zurechnen. Das Kunstwerk steht im Raum, sei es als Palast oder als bescheidene Hütte, doch es steht. Hier aber zieht sich noch etwas anderes hindurch – ein Zug von pantomimischen Bewegungen, dem Künstler selbst nicht bewußt, vielleicht unlieb sogar.

Wir finden diese in statu nascendi erstarrte Bewegung nicht in Lascaux und Altamira – dort sind schon Kunstwerke – wohl aber in Mexiko. Es handelt sich, wie immer wieder betont, nicht um Datierungen innerhalb der Zeit, sondern um Erfahrungen an ihren Grenzen, die zu jeder Zeit möglich sind – auch, und gerade wieder, in der unseren.

Hier ist das keltogermanische Flechtwerk nicht zu vergessen – es findet sich auch in Ländern, in denen kaum je eine Schlange gesehen wird. Ich entnehme meinen Tagebüchern eine Notiz über das Osebergschiff, das in Oslo verwahrt wird – ein Totenschiff mit reichen Beigaben:

»Wie bei den Kelten spielt auch hier das Flechtmuster eine große Rolle; das Holz ist vielfach von ihm überwebt. Kaum können diese Figuren reinem Erfindungsgeist entsprungen sein. Eher scheint hier ein Linienwerk gebannt, das flüssig aus dem Ungesonderten hervorquoll und, artistisch gesehen, unausdenkbar ist, ja selbst der Formel sich entzieht. Das Schlingenwerk verbirgt weit stärkere Kräfte als nur ästhetische. Es ist ganz dichtes, noch unaufgeteiltes Schicksalsgarn. All diese Schmiede, Weber, Schiffs- und Wagenbauer waren zugleich Zauberer. Was die Hand schuf, war belebt; der Vers war Zauberspruch. So muß man das Langboot mit seinen Männern sehen: als mächtigen Drachen, der die Flut durchschneidet und seines Zieles sicher ist.«

244

Historikern wie Walter F. Otto (1874–1958) und Wilhelm Grönbech (1873–1948) ist gelungen, was Jacob Burckhardt versagt war oder was er sich vielleicht versagt hat: der Schritt über die kulturgeschichtliche Betrachtung hinaus in die unmittelbare Wirklichkeit – dort der Griechen, hier der Germanen und ihrer Welt.

Daß die Christen nur einen Gott verehren, der keine anderen Götter neben sich duldet, hat die Welt schwer büßen müssen – nicht nur durch Ausrottung von Menschen und Völkern, sondern auch durch planmäßige Vernichtung von Urkunden. Sie erschwert den Zutritt nicht nur zu den mexikanischen Hochkulturen, sondern auch zu den eigenen Vorfahren. In dieser Hinsicht bedeutet die Existenz Snorris einen einzigartigen Glücksfall für uns.

Trotzdem mußte Grönbech noch viel ertasten und aus christlicher Umdeutung zurückdeuten. So den Sinn des Blots als einer sakralen Beschwörung; dem läßt sich noch einiges hinzufügen.

Grönbech nennt das Blot »das schöpferische Fest«. Gemeint ist ein Fest mit besonderer Absicht, nämlich der Götterbeschwörung und Göttergeburt. Man könnte es auch als Feier bezeichnen, denn sicher war die Stimmung mehr als festlich – sie war feierlich.

Das Fest ist seinem Wesen nach an bestimmte Tage gebunden, an Turnus und Wiederkehr. Das mag für das Blot auch gegolten haben, doch nur zum Teil, denn es konnte unabhängig vom Turnus aus unmittelbarem Anlaß stattfinden – so zur Befragung der Ahnen und Götter vor schweren Entscheidungen. Daher muß man sich den Kreis der Versammelten kleiner und einheitlicher vorstellen als den der in der weiten Halle der Großbauern oder Gaufürsten Zechenden.

Getrunken, und zwar in großen Mengen, wurde hier wie dort. Der Unterschied war ungefähr der, den man früher zwischen dem »Essen« und dem »Mahl« machte. Beim Blot erschienen keine Speisen auf dem Tisch, auch wurde gewiß nicht gelacht. Die Stimmung war ernst und eher ängstlich, erwartungsvoll. Auch kann der Sänger, der Skalde, nicht aufgetreten sein. Wohl fielen Wahrsprüche. In der großen Halle dagegen herrschte Fröhlichkeit bis zum Exzeß.

Fest und Feier werden sich an den Rändern berührt und durchdrungen haben; ihre Trennung ist ein Akt eher geistiger als historischer Anatomie. Wir müssen Grönbech darin beistimmen, daß das germanische Ritual im wesentlichen verloren gegangen ist und »wir nie imstande sein werden, den Kult in seinem Verlauf zu rekonstruieren«.

Das Festgelage versammelt die Männer in der großen Halle räumlich; das Blot versetzt sie in eine andere Zeit. Geschichte und Schicksal spalten sich auf. Hier trifft sich der Mensch mit seinesgleichen im Gewebe, und dort versammelt er sich am Gespinst.

Das ist kein Unterschied der Zeitfolge, sondern der Zeitordnung. In der Festfreude wird der Vergangenheit und der Zukunft gedacht. Die Taten der Väter und auch die eigenen werden gerühmt. Man hört Sänger, auch solche, deren Namen nach Jahrhunderten noch gekannt werden. »Die lieben Waffen glänzen«; der Mut, die Tatkraft wächst. Leicht werden die eigenen Grenzen überschätzt. Die Phäaken beschließen, dem Odysseus ein Schiff zu rüsten; preußische Garden wetzen die Säbel an den Stufen der französischen Botschaft vor 1806.

Beim Blot waltet eine andere Zeit*ordnung*. Wenn Götter beschworen werden, so nicht aus der Vergangenheit, den »Oldtiden«. Es soll auch nicht Orakel vernommen, nicht Zukunft erforscht werden. Wo die Goden sich darauf zurückziehen, sind sie schon schwach. Vergangenheit und Zukunft werden vielmehr in die ungeheure Spannung des Augenblicks konzentriert. Er bildet die Brücke, unten fließt die Zeit. Hier ist die innerste Kammer, hier ruht der Schatz, von dem die Werke und Taten da draußen nur kärgliche Darlehen sind. Dort ist gelebtes Schicksal, hier seine Anschauung.

245

Die Versuchung liegt nahe, dieser Begegnung den Sinn eines Orakels zu geben, wie es immer wieder geschehen ist und geschehen wird. Dem Blick soll die Zukunft erschlossen oder sie soll gar bestimmt werden – davon lebten zu allen Zeiten die Priester, die Magier, die Sterndeuter.

Im Wunsch nach Zukunftsdeutung erschöpft sich die vulgäre Auffassung der Astrologie. Auf Zukunftsbestimmung richtet sich die allgemeine Verkennung und Unterschätzung des Gebets.

Der Große Übergang führt aus der Zeit als solcher und damit auch aus der Zukunft hinaus. Sie schmilzt mit der Vergangenheit in der Glut des Augenblicks dahin. Diesen Augenblick hat Nietzsche mit dem »Glück des hohen Mittags« gemeint. Die Uhr steht still. Dazu auch, was Schopenhauer über die feierliche Macht der Todesstunde sagt. Hier an der Zollstation, im bangen Warten, klingt noch einmal das Leitmotiv des Lebens auf.

246

Die Götter werden nicht eigentlich beschworen, sondern geboren – das hat Grönbech gut geschildert, und auch Angelus Silesius war es geläufig, wie einige seiner kühnsten Verse bestätigen.

Die Götter sind also in statu nascendi, fast qualitätslos, noch nicht durch Kult und Glauben abgebraucht – sie »stimmen« mehr als daß sie wirken, wie auch aus manchen ihrer Namen noch zu ahnen ist (Frei, Freia, Fro, auch den mit Jo, Ju, Jul beginnenden).

Sie treffen sich nicht in den Wurzeln, nicht in der Krone, sondern am Fuß der Esche, wo Oben und Unten spiegelbildlich ausstrahlen. Dort ist das Gespinst noch farblos, ohne Qualität. Von dort kam die Furchtlosigkeit, die auf Wissen gegründete, Meere und Länder bezwingende Macht.

Der Ort, an dem ein »großes« Blot gehalten worden war, galt als heilige Erde; dort wurde ein Denkstein gesetzt. Dem ist wohl zu entnehmen, daß die Begegnung nicht immer gelang.

247

Wenn wir uns in der Vergangenheit der Völker und Kulte, also historisch, oder in ihrer Gegenwart, also ethnographisch, nach dem Absoluten erkundigen, so gewinnen wir dabei nicht mehr als Modelle, im besten Fall auch Maßstäbe. Das Maß müssen wir uns selbst geben. Namen, auch die von Göttern, sind Schall und Rauch. Wer sich darauf, und zwar im Sinne bloßer Wiederholung, einläßt, hat bald verspielt.

Dabei kommt mir ein Nachtgespräch mit dem seit langem verstorbenen Schriftsteller Ernst Wiechert in den Sinn. Es war in der Leipziger Sternwarte; er erzählte von den Primanern, die er unterrichtete.

»Und einen habe ich dabei, der besonders hochfliegende Pläne hat. Der Junge will Napoleon werden – das ist das Ziel, auf das er sein Tun und Lassen einrichtet.«

»Nicht übel – und wie richtet er es ein?«

»Er lebt asketisch, beschäftigt sich vor allem mit Mathematik und Taktik und will nach dem Abitur in ein Artillerie-Regiment eintreten.«

Dazu ein Dritter, ich glaube, es war der Verleger Naumann: »Hoffentlich bringt ers dabei bis zum Feldwebel.«

Das war wohl richtig geurteilt hinsichtlich der Methodik, doch zu hart hinsichtlich des Jungen selbst. Dem fehlte nur ein Schuß Phantasie. Für ihn war die Welt noch in Namen aufgeteilt wie ein Garten in Beete; auf einem davon wollte er gedeihen. Er wußte nicht, daß wir, falls wir einen solchen Rang erreichen, aus dem Namenlosen aufsteigen. Die Grenadiere haben das besser gefühlt; für sie war der große Mann »le petit caporal«.

Der Mangel an Phantasie ist verzeihlich, notwendig sogar. Wenn die Phantasie überhand nähme, gliche die Welt bald einem Urwald oder einem Irrenhaus. Sie ist aber weniger auf die Großen angewiesen als auf die kleinen Leute und deren Nüchternheit. In dieser Hinsicht gleicht sie einem Haushalt, für den es wichtiger ist, daß der Briefträger und der Kaminfeger wiederkommen als Friedrich oder Napoleon.

248

Die Welt lebt also eher von den Kleinen und sogar von den ganz kleinen Übergängen als von den Großen – darüber sind wir einig, doch schließt das die Lagebeurteilung nicht aus.

Was uns betrifft, so sind wir ohne Zweifel in einem Großen Übergang begriffen und haben davon schon einige Takte gespürt. Auch sind die Zurüstungen enorm.

Wenn in einer Dynastie ein Monarch dem anderen folgt bis zum letzten Karl, Friedrich oder Ludwig, so wiederholt sich die Herrschaft durch Erbfolge. Es folgen sich kleine und große Personen, von denen die großen das Volk meist teuerer zu stehen kommen als die unbedeutenden. Es gibt Kriege und innere Unruhen. Für den König zu fechten, sei es nach außen oder innen, ist hier normal.

Beim Großen Übergang dagegen fehlt die Folge, es fehlen die Leitlinien. Es geht nicht mehr um Personen, Grenzen, Ideen, nicht einmal um Götter wie in den Religionskriegen. Es geht nun darum, ob die Bilder, die sich vorstellen, dem absoluten Anspruch der Großen Wiederkehr entsprechen – das wird selbst in den Spitzen nur geahnt.

Hier muß ich noch einmal auf den Fall Wagner zurückgreifen. Was Nietzsche ihm im Grunde vorwirft, erklärt sich nicht aus Wagners »Krankheit«, »Décadence«, »Schauspielertum«. Das sind Vorwände. Dahinter verbirgt sich eine Beschuldigung, die nur unter Titanen möglich ist: daß Wagner die Wiederkunft verfälscht!

Das ist gemeint und gerade dort zu erraten, wo nicht scharf formuliert wurde. Unscharf wirkt auch Nietzsches zentraler Gedanke der »Ewigen Wiederkehr«. Wenn mächtige Anflutungen das Herz bedrängen, ist es besser, daß sie im Unausgesprochenen bleiben, als daß sie kategorisch gefaßt werden.

249

Was kehrt denn überhaupt wieder bei solchem Übergang? Nicht Dynastien, nicht Tier- und Götterbilder, nicht großartige Konzeptionen der Welt. Es kehrt überhaupt nichts Sicht- und Nennbares wieder – und das ist eine große Sache –

denn es kehrt wieder das Nichts. Das heißt also: nicht Bilder und Konzeptionen, sondern das leere Konzept, die absolute Unbefangenheit. Für einen Augenblick öffnet sich lautlos die Tür. Nun erscheint alles möglich – daher die Angst, die Erwartung, die Hoffnungen.

Die großen Säuberungen tragen dazu bei, die Weißungen. Die Dynastien fallen wie alte Bäume, wie Überhalter im Wald. Das sind Begleiterscheinungen; die Gleichzeitigkeit weist darauf hin. Hier gilt kein Wechsel; die Zeit der Fürsten ist vorbei. Auch mit den Kulten geht es zu Ende – planetarisch, nicht nur im Abendland. Es sind Zeiten der Väterentmachtung, der Umstürze, der Entmythisierungen.

Die Säuberung gehört zum Fest und seiner Vorbereitung – ein altes Weltbild muß versinken, bevor ein neues aufsteigen kann. Es sind auch Zeiten der Kesselheizer, der Machthaber ohne Würde und Güte, doch von ungeheurer und gnadenloser Energie. Kolosse mit eisernen Stirnen werden bald als Unholde gefürchtet, bald als Götter verehrt. Das sind Fehlschlüsse. Nicht ihre tönernen Füße erschüttern die Welt.

250

Wie ist nun die Stille, die Leere der Konzeption oder der Erwartung zu vereinen mit dem Zeitensturm und der mit jedem Jahrtausend wiederkehrenden gnostischen Angst, daß die Welt zugrunde gehe? Sie geht auch zu Grunde – das heißt, sie sinkt für einen Augenblick ins Zeitlose ab.

Zunächst ist zu erwidern, daß, wo sich Vergangenheit und Zukunft im Augenblick konzentrieren, im Umkreis vor sich gehen mag, was *will*. Archimedes zieht seine Kreise im brennenden Syrakus.

Ein großes Gleichnis ist das von Patmos – aus dem Schoß apokalyptischer Wetter erhebt sich die Ewige Stadt. »Ewig« ist nur ein Synonym für diesen Augenblick.

Wenn die Woge der Zeit zurückrollt, so ist das einem großen *Ausatmen* vergleichbar – das Wort umfaßt sowohl zeitliche Befreiung als auch Befreiung von der Zeit. Nun wird der Fruchtboden frei, das heißt: die Voraussetzung für die Wiederkehr des Namenlosen, das Wort werden will.

Diese Bewegung muß auslaufen. Wird sie zu früh durch eine neue Welle aufgefangen, so kommt es zu einer lustlosen Vermischung der Namen und Bilder, zum »neuen Wein in alten Schläuchen« – zu dem, was in der politischen Welt als Restauration bezeichnet wird. Das eben wäre verfälschte Wiederkunft.

251

Theologisches soll uns hier weiter nicht beschäftigen. Trotzdem eine Adnote: auch in Schubarts Prophezeiung eines dritten, des »johanneischen«, Christentums verbirgt sich die Gefahr verfälschter Wiederkunft.

Entmythisierung kommt dem Priester ebensowenig wie Landesverrat dem Soldaten zu. Es gibt ein Positivum: wachsende Liebeskraft. Auch hier verglühen Namen und Daten, während die reine Ader des Geschehens zutage tritt. Das bringt dann auch zeitlichen Gewinn. Abräumung ist das eine, Annäherung das andere.

DER SURREALISTISCHE VORSTOSS

252

Daß die Großen Übergänge mit Formenvernichtung verknüpft sind, wurde erwähnt. Sie unterscheiden sich darin von den Revolutionen, in denen sich das Bestehende wendet; das Sein wird tiefer als in den sich wandelnden Schichten berührt. Vom Grunde wird Ungeformtes und Ungesondertes herausgehoben und in seiner Urkraft wirksam; das wird in unserer Wende selbst hinsichtlich der Materie offenbar.

Erwähnt wurde auch die mit der Übernahme geformter Substanz verbundene Gefahr. Das gilt nicht für die Revolutionen, denn hier wirkt Überliefertes als retardierendes Moment, wie immer wieder das Christentum. Bei den Großen Übergängen und ihren freiwerdenden Energiemassen ist der Aufprall und damit die Zerstörung stärker; *begründeter* ist freilich auch die Erwartung von überraschenden und völlig neuartigen Erscheinungen. Eben deshalb darf sich die politische und die musische Potenz nicht zu früh auf letzte Formulierungen einlassen.

An solchen Wenden ist vom Künstler mehr zu erwarten, als daß er befriedigt; er darf sich, wenn der Kosmos transparent wird, bei den Namen von Sternbildern nicht aufhalten. Hier berühren wir wieder den eigentlichen Kern des Falles Wagner – – nach Nietzsche zitiert Wagner das älteste Weib der Erde, die Erda, herauf, und läßt sie dann abtreten, weil er ihrer Gegenwart nicht gewachsen ist.

Das kommt immer wieder; auch Djudar, der Fischer, kann in die innerste Kammer, die Kammer des Ringes, erst eintreten, nachdem er der Mutter, die sich ihm vor-stellt, geboten hat, sich auszuziehen.

253

Merkwürdig berührt die Besorgnis, mit der auch die Spitzen der Gesellschaft sich von der Transparenz abschließen. Die Spitzen – das sind heute nicht mehr Fürsten, Helden und Priester, sondern die großen Naturwissenschaftler und die ihrem Geist Folgenden. Offenbar halten sie Transparenz, wie es freilich auch Baader und zum Teil noch Nietzsche taten, für etwas »Jenseitiges«.

Inzwischen ist die Materie mächtiger geworden und längst nicht ausgelotet; sie wird transparent, wo immer dem Geist die Annäherung an die ihr innewohnende Potenz gelingt. Transparenz zum Beispiel kann aufleuchten bei einer Meditation über die thermodynamische Tatsache, daß Schmelz- und Gefrierpunkt identisch sind.

Im Wissen ist Annäherung verborgen – es führt, ohne es je zu erreichen, an das Wunder heran und über das Nennbare hinaus. Dehnt sich wie in unserer Zeit das Wissen zu einer Riesenkugel aus, so vermindern sich nicht, sondern vermehren sich die Rätsel: die Zahl der Bezugspunkte wächst, die dem Unerklärlichen, dem Wunder, anliegen.

254

Die Griechen hätten vermutlich in der Experimentalphysik Bedeutendes leisten können, und wenn sie darauf verzichtet haben, so nicht aus Unvermögen, sondern weil sie diese Art der Hervorbringung der Banausenarbeit zurechneten.

An der Physik beschäftigte sie, was sich »im Sitzen« bewältigen ließ, vor allem die mathematische Reflexion und die astronomische Beobachtung innerhalb einer begrenzten und geordneten Welt. Auch hier noch regiert musische Anschauung. Die Gestirne bewegen sich nach dem Klang der Sphären, und in den Zahlen verbirgt sich göttliche Macht.

Groß und den Heutigen besonders fern ist der Gedanke, daß die Sterne an sich nicht existieren, sondern Emanationen des kosmischen Lichtes darstellen, das wie durch Poren oder Augen durch das Gewölbe fällt und in der Fülle für uns zu stark wäre. Wir würden in ihm verbrennen, wie es Phaeton geschah. Es gibt noch einen Ort, an dem die überlegene Wirklichkeit dieses Weltbildes sich uns mitteilt: das Pantheon in Rom. Hoffentlich wird es einmal von den christlichen Zutaten befreit werden.

255

Hephäst, der römische Vulkan, zählt zu den niederen Göttern; er wurde seiner Mißgestalt wegen vom Olymp herabgestürzt. Daß er dabei den Fuß brach, geht über das Episodische hinaus. Es ist eine der hell- oder erdsichtigen Zuordnungen, durch die sich der Mythos auszeichnet. Das Hinken ist unter anderem ein Stigma der Schmiede, die halb noch zu den Unterirdischen zählen und in ihren rußigen Höhlen Waffen und Werkzeuge von erstaunlicher Art und Mannigfaltigkeit hervorbringen. Sie sind auch Zauberer und können wie Dädalus und Wieland auf Fittichen die Luft bezwingen, doch werden ihre Werke im apollinischen Licht fragwürdig, wie überall, wo man zwischen Kunst und Kunststücken zu unterscheiden weiß.

Die Macht der Automatenwelt ist freilich nicht zu unterschätzen; die Lust an ihr erinnert an primitive Tänze in ihrer naiven Freude und geistigen Selbstbefriedigung.

Dem Hinken entspricht die zyklopische Einäugigkeit, die eine besondere Schärfe der Sicht nicht ausschließt, obwohl sie den Tiefenblick beschränkt. Die Zyklopen sehen, denken und handeln eingleisig und sind trotz gutem Willen unbeholfen in Fragen des Rechtes und der Moral. Das wird in ihren Händeln spürbar, die, obwohl die Lösung oft auf der Hand liegt, sich endlos ausdehnen.

Das Hinken kam mir vor kurzem wieder in den Sinn, und zwar vorm Bildschirm während der zweiten Mondlandung. Bekanntlich stolperte einer der beiden Astronauten bei einem Sprung, der vom Computer nicht vorgeschrieben war. Da lagen verwandte Kombinationen nah. Sie pflegen sich gerade bei Pannen einzustellen, als ob sich Hohlräume für Pseudomorphosen auftäten. Der mythische Urstoff ist ausgewittert, doch erhielt sich seine Form. Der Untergang der »Titanic« bleibt das Modell.

Wie erklärt sich übrigens das Gefühl der Irrealität, mit dem man während solcher Ausstrahlungen mehr ab- als anwesend ist? Die Aktualität ist nicht mehr zu überbieten, und eben deshalb zehrt sie an der Wirklichkeit. Bei langen Abschnitten mußte ich mich zur Sache rufen wie jemand, der an einer spiritistischen Séance teilnimmt, obwohl er lieber ein Buch läse.

Das Phantasmagorische solcher Aspekte wird noch durch ihre ungemeine Häßlichkeit verstärkt. Diese Häßlichkeit wohnt nicht in der Natur, nicht auf dem Monde, auch nicht im Universum, sondern in der Vision. Nicht die Wüste ist häßlich, sondern jener, »der Wüsten birgt«.

256

Die Schönheit der Wüste ist in unserem Jahrhundert von vielen erkannt worden, besonders von den französischen Troupiers, die dort einen Teil ihres Lebens verbracht haben und von ihr geformt wurden.

Diese Schönheit spiegelt oder projiziert noch ziemlich scharf den Raster – das heißt die Konstellation der kleinsten Teile, die dem Ungesonderten aufliegen. Hier sind es die Sandkörnchen. Der Wind wirkt an ihnen als Künstler, der ein Relief bildet. In ungeheuren Vergrößerungen treten ihre Geheimnisse hervor. Daß der Raster das Maß gibt, ist die Voraussetzung für die Ästhetik überhaupt. Die Welle ist einunddieselbe im Lichtstrahl wie in der Woge, die der Krakatau aussendet. Dem kann sich keine Darstellung entziehen.

Schönheit und Ratio sind noch eng verbunden; die Bildungen sind streng, ja mathematisch oft. Dasselbe gilt für die

Wüstenvölker, für ihre Art zu denken, sich zu bewegen, für ihre Waffen, ihr Gerät, auch für die Brunnen, die sie mühsam tief in den Grund bohren.

Wie kommt es, daß die neuen Brunnen sich nicht einfügen, deren Gerüste jetzt dort in Menge aufragen? Die Welt der Gestänge, der stählernen Rippen und leeren Konservendosen mit ihren Lichtern, Gerüchen, Tönen ist der Wüste fremd.

In der Werkstättenlandschaft ist der Raster schief projiziert. Daher rühren die ununterbrochenen Insulte, die in alle Bereiche ausstrahlen, besonders in die der höheren Anschauung. Ohne Zweifel wird sich, mit oder ohne menschliches Zutun, das Feld wieder einschwingen. Die Wissenschaft, nach der sich auch die Theologie ausrichtet, ist dazu unfähig.

Es bleibt allein der Künstler, dem noch die Schaffung oder besser Schöpfung von Grund auf gültiger Modelle zuzutrauen ist. Im Dichter strömt die Natur noch aus dem Ungesonderten in die Fülle, während die Wissenschaft sich an die Fülle anlegt und von ihr zehrt. Das sind Entfernungen.

257

Ein besonderes Problem stellt die Einfügung fixierter technischer Substanz in das Kunstwerk dar, die Bezwingung der rationalen Struktur durch den musischen Geist. Theoretisch wäre das nicht unmöglich, da die Kunst sich aus tieferen Quellen nährt.

Auflösung, beginnende Vernichtung, doch auch andersartige Belebung technischer Phänomene geschieht schon dort, wo unter ihrem Nutz- und Komfortwert das Unheimliche aufzublinken beginnt. Die Flasche wird entsiegelt; der Dämon steigt als Rauchwolke zum Firmament. In meinen Korrespondenzen verwahre ich eine Zeichnung von Magritte – die einer Landschaft, über der Atompilze geysieren – blaßgrau gewölkte Titanengehirne in majestätischer Einsamkeit.

In dieser Hinsicht bieten der Magische und der Surrealismus überhaupt eine Fundgrube. Wenn Chirico Werke seiner pittura metafisica zu vernichten sucht, dann richtet sich das nicht gegen die eigene Potenz. So erinnert man sich ungern an ein Liebesabenteuer, das fast Kopf und Kragen kostete. Der Elan wurde voreilig fixiert. Zu viel wurde auf eine Karte gesetzt. Hier droht die Transparenz der Technik – ein neues Jahrtausend tiefgekühlter, unveränderlicher Urbanisation. Dagegen ist Mexiko gut, wie es sich im weiten Gang durch den Bildersaal ankündet.

Bei den Surrealisten wird es bald unheimlich. Das gilt schon für ihre Kirchenväter: Poe, Lautréamont, Kleist, Emily Brontë, Sade. Eine Übersicht geben die Jahrgänge von »Le Minotaure«. Würden solche Geister das Gesetz geben, so wäre es mit der Evolution vorbei. Die Künstler erkannten das früh; es zeichnet sich auch in den Schicksalen ab.

Das soll nicht abwerten – im Gegenteil. Der Surrealismus gibt ein Beispiel für die Annäherung, die freilich zu früh zur Kristallisation führte. Er ist ein erster Versuch des musischen Menschen, die technische Welt und ihre Häßlichkeit durch Geist zu bändigen – ein Versuch, bei dem die Werkstättenlandschaft nicht ausgeschlossen wurde, um Idylle zu bewahren, sondern der ihre Bauten, ihre Physiognomik, ihre Gefahren einbezog. Die Kraft des Unternehmens ist schon daran zu erkennen, daß sie fixierte Stücke dieser Welt mit dem Geist des Bildes aufzuladen und (nicht nur farbig) einzufangen vermag. So die Montagen von Max Ernst (1891 bis 1976). Die Kunstgeschichte meint zu seinem Werk, daß in ihm »Naturformen und Zivilisationsrequisiten irrationale Verbindungen eingehen«. Das läßt sich auch einfacher ausdrücken.

Der Bohrturm in der Sahara, sein Gerippe, sein Gestänge oder, nach Heidegger, sein »Gestell«, können bewältigt werden, und zwar durch Anschauung, falls sie die nötige Dichte und Souveränität gewinnt. Sie geht den Phänomenen voraus, führt ihren Reigen an. Nicht umsonst haben die Surrealisten von Anfang an dem Rausch und dem Traum so große Aufmerksamkeit geschenkt. Dort erreicht der Geist die Grenze, an der die Zeit mehrschichtig wird und zu wanken beginnt. So wird sie verdächtig und damit fündig: der Auflösung der Bilder, also dem Stilwechsel, gehen solche Wahrnehmungen voraus. Die innere Uhr schwingt jetzt auf eine andere Art. Daher sind auch nicht Bilder – Bilder im Sinn von Kunstwerken – die ersten Phänomene, die auffallen. Es ist vielmehr die alte und ewig neue Art, in der das Leben Zeit und Zeitliches darstellt und auf die es sich beschränken könnte, ohne daß ein Verlust entstünde: der Tanz. Auch heute gibt es nichts, was so tief beunruhigt und so flach begriffen wird. Bei wachsender Monotonie wird es schwierig, dem Schwung des Herzens zu folgen; daher nehmen die Unfälle, die Infarkte und die Psychosen zu.

Das droht nun wieder, weit hinauszuführen; ich will nur noch eine Notiz zum Opus von Max Ernst nachtragen. Um die Zeit ins Wanken zu bringen, genügt es, zwei beliebige Schichten, die nicht konform sind, zum Bilde zu vereinigen. Das erzeugt einen antichronistischen Strom. So erklärt sich die Wirkung alter und zum Teil absurder Holzschnitte in den papiers collés.

Diese Wirkung ist ganz allgemeiner und primitiver Natur. Sie überrascht überall, wo die Welt sich zu verkehren beginnt – im Zwielicht vorm Einschlafen und beim Wechsel der Jahreszeiten, besonders dort, wo man das Scheiden des Winters und den nahenden Frühling mit Maskenaufzügen begeht. Das Sein maskiert sich mit Zeit und Zeiten, doch wir kommen nicht dahinter, denn wenn wir es entlarven, bleibt uns die Maske in der Hand. Schon täuscht, schon blendet eine neue Mode, ein neues Gesicht.

Dies aber: sich in den Stand zu setzen, den Ort zu gewinnen, an dem, wenn auch nicht das sich Wandelnde, wohl aber seine Wandlungen eingesehen werden – das ist Annäherung. Hier trennen sich die Wege: der eine betrauert oder verhöhnt die abgefallene Maske, während der andere sich von der neuen faszinieren läßt. Es gibt indessen, wie zwischen den Etruskergräbern, noch eine dritte Perspektive: heiteren Einblick in das Vergängliche.

Was heute mit Modeworten wie »Entmythisierung« umkreist wird, ist freilich aktuell in hohem Maße, doch auch nur insofern, als sich darin das Problem der Zeit als solches darstellt – die Sphinx, die gestern und heute wie morgen und übermorgen ihre Fragen gestellt hat und stellen wird. Hier gibt es keine Pläne und Programme, keine Versicherungen und Rezepte; einmal in feierlicher Stunde, wenn das Sein die Maske abnimmt, tritt diese Frage an den Einzelnen heran. Ihm kann es nicht schaden, wenn er hin und wieder in den Vorzimmern horcht.

258

Die Bezwingung der Zeit durch geistige Macht, ihre Verweisung in den Vordergrund, ist eine nie endende Aufgabe. Bei jedem Anspruch ist zu prüfen, inwiefern der Durchbruch und damit die Annäherung gelungen ist. Eine Kunstgeschichte, die davon absieht, führt im besten Fall zu ästhetischen Differenzierungen.

Es ist freilich nicht so, daß die hinter den Zeitfragen und den Moden verborgene Potenz nicht bemerkt würde, auch wenn das Vermögen, sie zu orten, fehlt. Der Künstler selbst ist ihrer oft kaum bewußt. Doch es spricht sich herum, daß »etwas los ist« mit ihm. Dieses »Etwas« mag hier befremden und dort begeistern, es kann auch als geheime Botschaft von Mund zu Mund gehen.

Wo ist dieses »Etwas«, das tief unter den Sonderungen sich bewegt und mit dem uns selbst der Feind Bewunderung abzwingt? Jedenfalls muß es stärker als die Zeit sein – dafür spricht schon, daß es wie ein Salz, das nicht taub wird, die Dauer der Kunstwerke bestimmt. Das hat nicht immer – und hier nähern wir uns wieder dem Unbestimmten und Ungewissen – mit dem Rang des Werkes zu tun. Es kann bewirken, daß ein einziges Bild, ein einziges Gedicht, und vielleicht nicht einmal das beste, überlebt. Es kann in Bruchstükken, an Fehlstellen aufleuchten als Erinnerung an Augenblikke, in denen das Universum sich bestätigte. Es kann auch im

Unsichtbaren bleiben: in den Träumen, der Sehnsucht, dem Scheitern, und doch wirken – gerade dort. Genie kann sich in Individuen anreichern und konzentrieren, doch ist es in Spuren auf alle verteilt. Im Gelingen wirkt Gnade, kein Verdienst.

Natürlich wird auch jedes Kunstwerk früher oder später untergehen. Doch unvergänglich dauert jenes, das lautlos durch Wort und Bild hindurchging wie durch die Gräber von Tarquinia. Das rührt uns an. Vergänglich ist, was wir unsterblich nennen, und doch ein Abglanz des Unsterblichen.

Wenn wir über den Schnee gehen und die Sonne scheint wie heute, am 1. Februar 1970, dann sehen wir zuweilen einen der Kristalle als Diamanten aufleuchten. In einem von Billionen ahnen wir die Glutreserven, die im Ewigen Eis schlummern.

259

Der surrealistische Vorstoß ist lehrreich; Maler und Dichter vermögen viel. Wenn es einem Maler wie Chirico gelänge, ein beliebiges Haus am Mittelmeer vollkommen zu entleeren, es durch Weißung seiner Bedeutung zu entkleiden, es nicht nur zu entmythisieren, sondern auch zu enthumanisieren, es bis auf die Atome zu entflechten und dann wieder aufzuladen – so würde er damit zugleich ein magisches Netz über die Skyline von New York werfen. Er wäre dann auf den Raster zurückgegangen und hätte etwa einen Lastzug von Kalk und Ziegeln gegen ein Atom Farbe getauscht. Das bleibt ein Modell auf Papier oder Leinen, doch dahinter geht es um mehr als um Städte und Kunstwerke.

MEXIKO

Von Europa und dem Orient nach Mexiko – der Sprung ist nicht nur räumlich und zeitlich beträchtlich; auch biographisch sind dreißig Jahre zu überbrücken – so viel macht die Spanne von der Beendigung der Experimente bis zu ihrer Wiederaufnahme aus.

Dreißig Jahre ließ ich die Hand vom heißen Eisen, an dem ich mich verbrannt hatte. In jedem Leben gibt es diese Klippen, an denen man mehr oder minder heftig aufsetzt und wieder flott wird; sie geben einen Vorgeschmack des »Zugrunde-Gehens«. Man wirft dann überflüssigen Ballast ab und »geht in sich« wie Hamann nach dem Schiffbruch in seiner Londoner Zeit. Auch moralisch gibt es die »maladie de relais«. Wir segeln mit frischem Winde fort.

Der Hallenser Exzeß führte hart an der Katastrophe vorbei und damit an einen der heilsamen Tiefpunkte. Glückliche Umstände wirkten mit. So war es, um eine Einzelheit zu nennen, günstig, daß bei einer Fischvergiftung starker Kaffee als Gegenmittel verordnet wird. Solche Vergiftungen sind lebensgefährlich und um so tückischer, als sich die schärfsten Toxine schon entwickeln, wenn der Fisch noch nicht anrüchig geworden ist.

Daß Kaffee auch bei Hanfvergiftung indiziert ist, erfuhr ich praktisch zwar augenblicklich, doch theoretisch erst aus den Lehrbüchern. Da Mittel und Gegenmittel aufregen, wäre eher zu vermuten, daß sich die Wirkung auf unheilvolle Art summiert. Wahrscheinlich erklärt sich das Paradoxon dadurch, daß unter der Oberfläche solcher Räusche depressive Strömungen mitspielen.

Günstig war ferner, daß an jenem Abend auch unter den Gästen eine teils erregte, teils betrübte Stimmung herrschte und damit eine Art von soziologischer Tarnung das Ungehörige milderte, es weniger suspekt machte. Als Unbeteiligter hatte ich solchen Auftritten schon einige Male beigewohnt und war davon wenig erbaut worden.

Wenn man von den Ansichten der Gesellschaft und ihrem behaviour abweicht, behält man das besser für sich. Das ist bei der Planung eines Bankraubes leicht zu befolgen – schwierig aber bei gewollten oder ungewollten Ausflügen in geistige Grenzreiche. Die kollektive Ablehnung ist zwar milder, doch auch konsequenter als gegenüber den Rechtsbrüchen. Der Einzelne wird scharf beobachtet, und seine Laufbahn ist eng begrenzt. Es genügt eine geringe Überschreitung, um ihn verdächtig zu machen oder zu erledigen.

261

Diese Erfahrung wird jeder bestätigen, der Jahre oder Jahrzehnte in einer Zentrale Dienst tat und dort einem Kreis von intelligenten Mitarbeitern eingemeindet war. Die Schicksale gliedern sich auf wie beim Auslaufen einer Flotte, das sich in guter Ordnung vollzieht. Die Schiffe sind ja schon geprüft und ausgewählt. Dann aber schert dieses oder jenes aus der Linie, um nicht mehr aufzuholen, andere verschwinden auf Nimmerwiedersehen. Bei jeder Weihnachtsfeier fehlen von den Alten zwei oder drei. Krankheiten, Verkehrsunfälle, Liebes- und Ehekonflikte, plötzliches oder chronisches Versagen – schließlich geht jeder an sich selbst zugrunde, wenn auch auf eigene Art.

In dem Zusammenhang ist des Abteilungsleiters zu gedenken, der die Kognakflasche im linken Schreibtischfach hegt und der es bis zur Pensionierung bringen kann. Im Lauf der Jahre verschwimmen Ideen und Gesichtszüge. Vieles schafft er gemütlich; Operationen darf er sich nicht zutrauen. Schneller wird der nervöse Assistent untragbar, der mittags durch seine Ideen blendet und am Abend verlöscht. Er pflegt dann für einen Augenblick zu verschwinden und kehrt illuminiert zurück. Das läßt sich nicht lange durchhalten. Daß man wie mein Freund, der Doktor Zerner, mit seiner Schizophrenie bis in die siebziger Jahre auskommt und sie noch aufheizt, ist eine Ausnahme.

Wann und wo getrunken werden darf, wußte man genau, längst bevor die Volkswagen aufkamen. Das Wieviel galt demgegenüber als unerheblich – »der kann einen Stiebel vertragen« war eher anerkennend gemeint. Daß beim Trinken der Charakter, und zwar der »eigentliche« Charakter, erscheint, daß also der Typus aus dem Phänotyp hervortritt, läßt sich nicht abstreiten.

Das Trinken zur unrechten Zeit und am unrechten Ort galt immer als Delikt. »Der ist betrunken zum Dienst gekommen« – das mochte vielleicht einmal gut gehen. Johann Christian Günther verscherzte auf diese Art sein Amt als Hofdichter.

»Der war gar nicht betrunken – der ist übergeschnappt.« Auch das kommt vor. Wer inmitten des alltäglichen Betriebes für Augenblicke zeitlich und räumlich nicht orientiert ist oder durch unsinnige Handlungen befremdet, verschwindet fast immer auf Nimmerwiedersehen oder kehrt auf höchst unangenehme Weise ins Allgemeinbewußtsein zurück. Auch in dieser Hinsicht ist das zweite Kapitel der »Dämonen« lesenswert: »– – – Plötzlich streckte das Tier seine Krallen aus.«

262

Die Typen mit den großen Pupillen erregen bald Mißtrauen. Am Abend, wenn die anderen »gemütlich« zusammenkommen, werden sie selten gesehen. Ihr Auftreten befremdet; Unfälle stoßen ihnen häufiger zu als den übrigen. Sie werden ungünstig beurteilt, vermehren die Verlustquote innerhalb der sozialen, ökonomischen und technischen Welt.

Daß sie trotzdem im Universum eine Rolle spielen, ist zu vermuten – sie fehlen in keinem Biotop, in keiner der großen Tier- und Pflanzenfamilien. Unter den Steinen, in Grotten und Höhlen, im Humus der Wälder und in der Tiefsee sind sie zu Hause, in Dämmerungen, mit großen, dunklen

Augen – und augenlos, doch mit feinstem Gespür, wenn die Dunkelheit wächst. Sie haben ihr besonderes Arsenal – Tasthaare schon bei den Katzen, lautlos-samtene Schwingen der Schwärmer und Fledermäuse, phantastisch ausgeformte Fühler und Antennen, die bleiche Epidermis, die schon ein Sonnenstrahl zerstört, Gehör für schwächste Töne, feinste Witterung, Organe, die für den Nachtflug geschaffen sind. Hier wird die Nacht genossen wie ein Fest.

Es kommt vor, daß die Fühler ein Drittel des Körpergewichts ausmachen. Im humanen Bereich zählt der Nokturne zu den Grenzfällen. Er wagt sich erst in der Dämmerung hervor, sucht seinesgleichen, seine Gespielen und Spielplätze.

So fühlt sich Maurice de Guérin von Novalis angezogen und Baudelaire von de Quincey und Edgar Allan Poe. Doch auch im hellsten Licht, im Großen Mittag, übt der Nokturne seine Anziehung. So Byron auf Goethe; er spricht die Schattenseite an.

Die Nacht ist dem Geist des Menschen unentbehrlich wie seinem Körper der Schlaf. Es gibt auch genetisch eine Dunkelziffer, sie wirkt entscheidend an unserem Bild, an unserem Schicksal mit. Insofern mag der kleine Exkurs nicht überflüssig gewesen sein: als Abgrenzung vom moralischen Vorurteil, das allerdings bei der Auslichtung des sozialen Bestandes unentbehrlich ist. Anders wird es, wenn wir die Eigenart, des Menschen Dämon, als *Bild* ansehen. Dort wird gerade die Abweichung wertvoll – obwohl wir nicht zur Abgleichung kommen: das spiegelt sich in Glanz und Elend der poètes maudits. Gehen wir noch einen Schritt weiter, so wird alles zur Schicksalsfigur: der betrunkene Verlaine im Luxembourg-Park, den jetzt seine Bildsäule ziert, und die Straßenjungen hinter ihm. Einen Punkt gibt es, von dem aus gesehen alles zum Dienst wird, Taten und Untaten. Freibriefe lassen sich darauf freilich nicht ausstellen.

SURROGATE

263

Die mexikanische Diversion gedenke ich nicht chronologisch zu behandeln, und zwar schon deshalb nicht, weil die Erfahrungen noch unabgeschlossen sind. Zudem soll Mexiko, dessen Boden so unerhörte Früchte erzeugt, hier eher als geistige denn als geographische Einheit gefaßt werden.

Der Wissenschaft gegenüber soll man sich nicht verschließen, wohl aber absichern. Gerade beim Grenzgang sind hin und wieder ihre speziellen Fakten heranzuziehen, was ich hinsichtlich des Haschisch versäumt hatte.

In diesem Fall ergab sich das Bedenken, ob für die drei Stoffe, das Meskalin, das Psilozybin und das LSD, die verwandte (halluzinogene und psychotrope) Wirkungen hervorbringen, die Bezeichnung »mexikanisch« haltbar sei. Aus Mexiko stammen zwar die Kaktee Lophophora und der Pilz Psilozybe, dagegen aus Europa das Mutterkorn, aus dem Albert Hofmann das LSD entwickelte. Offenbar war die Stunde dafür gekommen – wir haben hier ein Beispiel für das blitzartige und weltweite Übergreifen eines Laboratoriumsversuchs auf den Konsum.

Wenn jemand hier Auskunft geben konnte, so Albert Hofmann selbst, der sowohl im Reich der Träume wie in dem der Moleküle bewandert ist. Ich rief ihn also vorhin in seiner Rittimatte an und wurde von ihm beruhigt, indem ich erfuhr, daß wir hier unterscheiden müssen zwischen der Lysergsäure, mit welchem Namen das LSD oft fälschlich bezeichnet wird, und dem von Hofmann entwickelten Lysergsäure-diäthylamid. Der Lysergsäure selbst kommt keine halluzinogene Wirkung zu. Die Diäthylamidgruppe muß dazu im Molekül enthalten sein.

Nah verwandt dagegen, auch in der Wirkung, ist das LSD dem Lysergsäure-amid, dem Hauptwirkstoff der mexikanischen Zauberdroge Ololiuqui; sie wird von Europäern schon im 19. Jahrhundert erwähnt. Der Franziskanerpater Bernardino de Sahagún schreibt in seiner berühmten Chronik der neuspanischen Reiche: »Es gibt ein Kraut, genannt coatl xoxouhqui (die grüne Schlange), das einen Samen erzeugt, der Ololiuqui heißt. Dieser Same verwirrt und betäubt die Sinne; man gibt ihn als Zaubertrank.«

Der recht genauen Beschreibung des Krautes ist eine Abbildung beigegeben; es scheint, daß der Pater die Blüten nur eingerollt gesehen hat. Es währte daher bis in unsere Tage, ehe man sie als einer Winde zugehörig bestimmen konnte: der Ipomoea violacea. Verwandte von ihr werden auch in unseren Gärten gehegt, so die Kaiserwinde, die bella del giorno der Italiener, die nur für Stunden blüht. Ich ziehe sie hier in Wilflingen alljährlich an einem verrotteten Zaun.

Für die einzige Domäne der Lysergsäure-Alkaloide hatte man niedere Pilze gehalten – besonders das Mutterkorn. Daß sie vor kurzem auch in der Zauberdroge und damit in den Säften einer höheren Pflanze entdeckt wurden, war eine Überraschung für die Phytochemiker – jene hochgezüchteten Nachfahren der alten Medizinmänner und Zauberer, denen sich die Kräfte und Tugenden der Pflanzen teils durch Erfahrung, teils durch hellsichtige Einblicke eröffneten.

264

Diese Hellsicht führt auf Kentaurenzeiten zurück – vor allem auf Chiron, den Lehrmeister der Götter, der den Asklep in der Heilkunst unterwies und dem Hölderlin ein großes, kaum ausgelotetes Gedicht gewidmet hat.

Sonst nämlich folgt ich Kräutern des Walds und lauscht
Ein waiches Wild am Hügel; und nie umsonst.
– – –
– – – Und von Krokus und Thymian
Und Korn gab mir die Erde den ersten Straus.
Und bei der Sterne Kühle lernt ich,
Aber das Nennbare nur. – – –

Doch nun:
– – – sitz ich still allein, – – –
Weil Gift ist zwischen uns, mein Gedanke nun

Also nur das Nennbare ist zu erlernen und der Gedanke vergiftet – damit müssen wir uns abfinden in Zeiten, in denen auch das Nennbare nur noch insofern gilt, als es durch das Zählbare ersetzt werden kann.

Hölderlin hat sich dem früh widersetzt. Ihn zu zitieren, ist Mode geworden, doch was man über ihn hört, trifft kaum mehr als ein Geraune in Vorzimmern. »Quelle clarté« – das bleibt atmosphärisch, und jetzt soll er gar politisiert werden.

Er gibt uns das Beispiel einer Annäherung, wie sie im 19. Jahrhundert, selbst unter Deutschen, nie wieder gelang. Sie führt nicht zurück zu den olympischen Göttern, sondern beschwört sie zum Fest als Eideshelfer – das eben ist es, was Wagner mit den Asen mißlang. Die blieben selbständig; das Wort führt nicht hindurch und nicht vorüber, sondern verharrt in ihrem Bann. Dort ist die Quelle des Übels, nicht beim Lemuren-Volk.

265

Damals sprach die Natur unmittelbar zu den Sinnen, nicht weil sie schärfer, sondern weil sie weniger differenziert waren und so das Ungesonderte der Erde mit dem Ungesonderten im Menschen sich vereinigte – unreflektiert, gedankenlos. So erklärt sich unter anderem, daß die großen Arzneipflanzen schon früh bekannt waren.

Noch im Mittelalter kam es zu dieser unmittelbaren Ansprache. Sie ist zu allen Zeiten möglich, in denen Annäherung gelingt. Während der großen Seuchen wurden die Namen von Heilpflanzen geträumt, oder Vögel trugen sie den Menschen zu.

Heut sieht das anders aus. Dort leuchtete der Raster im dunklen Walde – hier, im hellen Lichte des Bewußtseins, müssen *wir* uns ihm annähern, obwohl die Überraschung dieselbe bleibt. Die Welt bleibt wunderbar.

Als Albert Hofmann begonnen hatte, sich mit dem Mutterkorn zu beschäftigen, hatte er ein Kreislaufmittel entwikkeln wollen; der Pilz war ja seit langem sowohl der offiziellen wie der Volksmedizin bekannt. Die Entdeckung des Psychopharmakons war ungewollt und überraschend, als ob sich eine Tür zu absonderlichem Einblick öffnete. Mit einer schweren Vergiftung mußte der Eintritt bezahlt werden.

266

Für die Einweisung des LSD in den »mexikanischen« Teil der Annäherungen sprechen also chemische und botanische Verwandtschaften. Diese Zuordnung folgt dem Verhalten der großen Pflanzenfamilien, die sowohl bodentreu wie kosmopolitisch sind.

So gibt es auch Räusche, die einem sehr fernen Lande zugehören und sich verbreiten – fast als ob ihre Samen von dort herwehten. Die chemische Zuordnung ist durchdachter, doch auch gröber; sie folgt, ohne es zu erreichen, dem Raffinement der Pflanzenwelt.

Man könnte auch sagen, daß die Chemie zu grobmaschig aus dem Raster herauskristallisiert. Die Waben ihrer Formeln begrenzen die Materie zu scharf. Es muß daher auch an den Rändern fortwährend nachgeflickt werden. So sind bereits über tausend teils stabile, teils instabile Isotope »bekannt«. Für den exakten Geist des 19. Jahrhunderts sind solche Aberrationen, wie sie auch in die Zoologie eindringen, ärgerlich. Verändern die Bausteine Maß und Gewicht, so ist es mit der gewohnten Sicherheit vorbei. Das Haus beginnt seit 1898 nicht nur zu glimmen, sondern auch abzubröckeln; die seismographische Empfindlichkeit wächst. Allerdings werden dadurch Kräfte freigesetzt – vermutlich sogar weit über Bedarf.

267

Mit »mexikanisch« ist also die chemische, botanische oder geographische Verwandtschaft nur am Rande gemeint. Im Zentrum steht die Eigenart des Rausches, der Entfernung aus der meßbaren und zählbaren Welt, und damit die Annäherung.

Der Schlüssel kann mehr oder minder kunstvoll gefeilt, er kann auch grob sein; es genügt, daß er das Schloß und die Tür öffnet. Dann läßt man ihn stecken oder wirft ihn hinter sich. Es könnte auch ein Wort wie vor der Höhle Sesam ausreichen. Heut öffnen sich Türen, wenn man einen Lichtstrahl unterbricht. Der Körper schritt hindurch. Auch er gehört zum »Nennbaren«.

Bediene ich mich eines Pferdes, um zur Schatzgrotte zu gelangen, so muß ich doch vor dem Eintritt absitzen. Das Pferd bleibt draußen; es wird mir dienen, wenn ich mit dem Raub zurückkomme.

Worte wie »Pferd« und »absitzen« sind, wie ich weiß, veraltet – solche Worte sind also cum grano salis zu lesen: man kann dafür Beliebiges und möglichst Geliebtes einsetzen, wie etwa »die gesamte Apparatur«. Wenn es ernst wird, müssen wir aussteigen, nicht nur aus Autos, Flugzeugen, Raketen, nicht nur aus Staat, Gesellschaft und Familie, sondern auch aus der eigenen Montur. Das ist die Grenze, an der alles, was sich überhaupt mit Namen fassen läßt, also das »Nennbare«, abständig wird.

268

Die Frage nach der Zugehörigkeit des LSD zu Mexiko betrifft also den Schlüssel und seine Ausfeilung. Eine andere Frage ist die nach der Zulässigkeit. Das Wort ist hier nicht im juristischen oder moralischen Sinne gemeint, sondern es betrifft das innere Forum, die eigene Gerichtsbarkeit des seiner Verantwortung bewußten Einzelnen.

Der Vorwurf, daß man sich mit Surrogaten beschäftige, liegt auf der Hand. Die Gegenfrage: Was ist denn auf Erden kein Surrogat? »Surrogare« hieß bei den Römern: jemanden an Stelle eines anderen wählen oder wählen lassen; es war ein politischer Begriff. Die Welt ist unvollkommen – das ist einer der wenigen Gemeinplätze, die von allen geteilt werden. Es muß also eine Idee der Vollkommenheit bestehen. Sie entzieht sich dem Nennbaren.

Der Gefangene in seiner Zelle verspürt die Unvollkommenheit im besonderen Maße; seine Lage kann als Modell dienen. Zum Beispiel die des Eldridge Cleaver im Staatsgefängnis von Kalifornien (1954); er ist schwarz, achtzehn Jahr alt und sitzt, weil man Marihuana bei ihm gefunden hat. Natürlich entbehrt er die Geliebte und hängt dafür das Bild eines pin-up-girls an die Wand. Das ist die Wahl der einen an Stelle einer anderen: ein Surrogat, ein Fetisch, ein Ersatz. »Aus den Innenseiten des ›Esquire‹ heiratete ich eine wollüstige Braut.« War dieses Bild nun ein Surrogat für die Geliebte oder für die Filmdiva, die es darstellte? Durfte er denn, um sich der schwarzen Geliebten anzunähern, das Bild einer Weißen an die Wand hängen? Würden nicht so die Weiße und die Schwarze mitsamt dem Bilde zum Ersatz? In solcher Lage geben sich Realismus, Materialismus, Idealismus ein Rendezvous. Daß hier etwas nicht stimmt, sieht auch der Kerkermeister; er reißt das Bild von der Wand und wirft es in den Scheißkübel. Ein Beitrag zum Ikonoklastenstreit.

Ich entnahm dieses Detail einer Biographie (»Seele auf Eis«, 1969), in der ich am heutigen Sylvester des gleichen Jahres blätterte. Der Autor ist eigenständig in den Urteilen. Als Marihuanaraucher wird er eingezwingert von den »Herrschern des Landes«, die er für Sauflöcher hält. »Ich konnte nicht begreifen, warum sie zum Saufen mehr berechtigt sein sollten als ich zum Qualmen – ich war mit dem Eifer eines Kreuzfahrers überzeugt, daß Marihuana besser sei als jedes Gesöff.«

Auch von den Typen, die statt der Surrogate das Echte preisen, hält er nicht viel. »Solche Männer Gottes sind die überzeugendsten Argumente zur Rechtfertigung der Gottlosigkeit.« Der Bursche weiß, was Kauf und Schlag ist, und läßt sich mit Slogans, wie sie die moderne Theologie ausheckt (»Gott ist das Gute«), nicht abspeisen.

Verzweifelt dabei, weil es ihm so dreckig geht, daß er »am liebsten an den verwelkten Titten seiner Großmutter saugen möchte« – ein gutes Bild übrigens für schief gelaufene Annäherungen, bei denen die alte Gäa ausgemergelt scheint.

Soviel zu den Surrogaten – das sind Abhebungen im Niemandsland. Schließlich wird alles stellvertretend für ein anderes. Auch durch Vater und Mutter müssen wir hindurchschreiten, wenn sich die Tür öffnen soll.

Der »echte Ring« ist unauffindbar, und »im Grunde« oder »letzthinnig« auch er ein Surrogat.

269

Was ist »das Echte«? Es ist zugleich das Unzulängliche – das, was die Zeit bringt und wieder einziehen wird. Auch das »Letzthinnige« (Schleiermacher) ist noch ein Hinweisendes.

Dazu ein Bild aus der Ballistik: Der Mensch in seiner Unruhe, seiner unbestimmten Sehnsucht ist der Visierende. Er sucht Erfüllung im Namenlosen – dort ist sein Ziel. Um es recht anzuvisieren, braucht er, was dem Schützen sein »Korn« ist – Nennbares in Sicht. Das ist der Lichtpunkt, über den hin das Namenlose seiner Sehnsucht mit dem Namenlosen im Universum sich vereinen wird. »Nennbares« als Surrogat kann nicht entbehrt werden.

270

Da Namenloses in dieses Zielen einspielt, wird Qualität unwichtig. Hier schwinden die Unterschiede – etwa zwischen der Statue eines Michelangelo und einer Gipsfigur. Wir können über den Mailänder Dom oder die Pyramide von Gizeh mit dem gleichen Glück visieren wie über den Eiskristall im Winterwald, der unter unserem Hauch zerschmilzt. Dulcinea von Toboso wird nicht weniger gewähren als die göttliche Helena, und der Traurige Ritter war vielleicht dichter am Ziel als Playboy Paris – er war dem Namenlosen nah.

Das sind Modifikationen – der Diamant zeigt auch nur, was der Kohlenstoff aus seiner Wunderkraft heraus vermag. Dergleichen findet man in der Wüste und nimmt es als Fetisch mit. *Im Grunde* wohnt in jedem Kiesel die gleiche Schönheit, dieselbe Kraft.

Wir sind beim Thema; den Menschen in die rechte Position zum Universum bringen – das ist wichtiger, als daß sich sein Wissen vermehrt. Die Bildungsprogramme, wie eben jetzt die Pläne zur Universitätsreform, eröffnen Ausblicke auf eine Scheinwelt, in der die Automaten, die Langeweile und die Selbstmorde zunehmen werden – um das vorauszusagen, braucht man nicht Prophet zu sein. Das ist der Stil von intelligenten und selbstzufriedenen Güterbahnhofsdirektoren, die Wissen wie Stückgut hin- und herschieben. Immerhin gibt es noch solche, die mit dem vorgekauten Futter und mit der Welt der Gleise und Stellwerke nicht auskommen. Die Geister scheiden sich.

CHINESISCHE GÄRTEN

271

Dem LSD bin ich noch nicht gerecht geworden – ich sagte zu Albert Hofmann: »Es ist doch nur eine Hauskatze, verglichen mit dem Königstiger Meskalin, im besten Fall ein Leopard.«

Das war nach unserem Einstieg, den wir unternommen hatten, lange bevor die Droge in Ruf und Verruf gekommen war. Offenbar hatte sie mehr die Sammetpfötchen als die Krallen gezeigt und eher geschnurrt als gebrüllt. Die Dosis war zu schwach gewesen; ich hatte für die Aufführung gehalten, was nur ein Ständchen im Foyer gewesen war. Wir wollten daher die Befahrung mit hinreichender Ladung wiederholen; das sollte geschehen, bevor ich das Manuskript abschließe.

Es muß Frühling gewesen sein, denn auf den Wiesen von Bottmingen blühten schon die Anemonen, doch der Winter war noch nicht fern, denn Frau Anita war mit den Kindern in die Berge zum Schilauf gefahren – wir hatten also das Reich für uns: Albert Hofmann, der Hausherr, Heribert Konzett, der Pharmakologe, damals noch nicht in Innsbruck, und ich, der, in chemischen Finessen unbewandert, vom nahen Binningen herübergekommen war.

Daß exakte Wissenschaft am Platz war, ließ schon die Vorbereitung ahnen: ein hohes, mit destilliertem Wasser gefülltes Meßglas stand auf dem Tisch. Der Hausherr als Symposiarch ließ Spuren einer farblosen Flüssigkeit hineintropfen, die sich sofort auflöste.

Auch bei den Alten wurde, schon deshalb, weil das Gelage lange dauern sollte, der Wein stark mit Wasser verdünnt. Ihre Mischkrüge zierten Kränze von Reben und Lorbeerblättern und vor allem mythische Szenen, die jedem vertraut waren. Dem unseren war nur eine Skala eingeritzt.

Jeder bekam nun aus dem Standglas ein Becherchen, kaum größer als ein Likörglas, eingefüllt. Wir stießen an und wünschten einander gute Fahrt. Der Raum war stark geheizt; wir machten es uns in den Sesseln bequem. Auf der Straße, dicht vor den Fenstern, fuhren Personen- und Lastwagen vorbei. Der Lärm war zunächst störend, doch dann verebbte er. Die Farben wurden lebhafter, als ob nubische Sonne zu scheinen begänne oder als ob die Materie stärker abstrahlte. Mir war, als ob ich bisher nur Schatten des Lichtes wahrgenommen hätte; nun wurde es wesentlich. Es leuchtete, auch wenn ich die Augen schloß.

Es war nun warm und friedlich, auch still geworden bis auf das starke, lustvolle Ausatmen.

»Ich vergesse jetzt meine Geschäfte.«

»Meine Sorgen.«

»Meine Arbeit.«

»Meine Familie.«

»Ich gehe auch aus mir selbst heraus.«

»Wir lassen das hinter uns.«

»Auch die Atome – das ist unwichtig.«

Wir hatten die Schuhe ausgezogen; es war ein Ausflug, zu dem man weder Stab noch Stiefel, weder Rad noch Flügel braucht. Der Hausherr brannte ein Räucherstäbchen an. Der Rauch stieg auf, ein Seidenfaden, dessen Grau sich in ein feinstes Blau verwandelte. Zunächst erhob er sich senkrecht in der fast unbewegten Luft. Doch dann begann er zu zittern, sich zu drehen und zu kräuseln zum schwerelosen Figurenspiel. Er wollte zeigen, was der Tanz bedeutet und was er bieten kann. Hier waren Stoff und Bewegung, Kleid und Körper noch kaum getrennt. Sein und Ereignis deckten sich fast absolut, und damit auch Schau und Phänomen. Wurden die Augen hier durch den Gegenstand gebannt, oder waren sie es, die ihn verzauberten? Das war nicht zu unterscheiden; es war auch unwichtig. Darüber zu spekulieren, hieße Spiegelfechterei.

Ein Reigen, ein Vortanz ist vielleicht allem vorausgegangen – was sich zu Anbeginn getrennt hat, bewegt sich in großen Symmetrien aufeinander zu: Oben und Unten, Tal und Welle, Lingam und Yoni, Vater und Mutter, Macht und Geist. Wie kunstvoll verschlungen und wie gefährlich auch die Figuren – sie führt Erinnerung und Sehnsucht, die frühe Einheit wieder zu vollziehen.

Ein Rauchopfer. Seine Deutung zählte von jeher zum Augurenamt. Ich habe den Faden in einem anderen Zusammenhang beschrieben und will nachher darauf zurückkommen.

Die Asche bröselte herunter, während wir das Spiel verfolgten und hin und wieder auf eine Wendung wiesen, die besonders gelungen schien. Wir waren in high spirits: aufgeräumt.

»Aufgeräumt« – das ist ein Zustand, der den Raum intensiviert. Er ist nicht auf »mehr Raum«, sondern auf »nur Raum« gegründet; das heißt: die Leere wächst. Nicht nur das Unwichtige wird beiseite geschafft, sondern auch fast alles von dem, was uns wichtig schien. Aufgeräumt, grundlos heiter tanzen wir am Morgen die Treppen hinunter – nach tiefem Schlaf, der die Sonderungen auslöschte. Aufgeräumt wird der Saal, bevor der Tanz beginnt. Nur eine dünne Wand, ein Häutchen trennt uns noch von der wirklichen Welt.

Wir traten an das der Straße abgewandte Fenster und blickten auf die Wiese, die sich dort ausdehnte. Sie hatte inzwischen Glanz gewonnen, als hätten chinesische Gärtner dort gewirkt. Sie hatten nicht nur ein großes Bild geschaffen, sondern waren auch ins unwägbare Detail gegangen; vielleicht hatten sie Heere von Ameisen zum Dienst an den Grashalmen und Staubkörnern delegiert. Und das war Grobwerk, verglichen mit dem mächtigen Walten des Lichtes, das unaufhörlich zuströmte.

Nun ruhte alles; es ist der beste Gärtner, dessen Arbeit man nicht sieht. Er will, daß die Welt Bild werde. Dann ruht auch die Zeit. Längst hörten wir draußen die Straße nicht mehr.

272

Wir müssen diese Wiese lange betrachtet und ihre Stille genossen haben, bis wir müde wurden und uns zu kurzem Tiefschlaf ausstreckten. Dann kam Burgunder, den der Hausherr in der Küche chambriert hatte. Wir waren gelandet; die Heiterkeit blieb.

Es war eine kurze Fahrt gewesen, von der doch etwas mehr heimgeholt wurde als die Erinnerung an eine flüchtige Vision. Das ist nicht unwichtig. In diesem Falle war es die erhöhte Empfindsamkeit, die für Wochen und Monate, vielleicht sogar auf die Dauer anhielt und mit der sich die Schärfung der Urteilskraft verband. Sie kam mir beim Betrachten von Bildern und Architekturen zugute – also vor allem in Stilfragen. Das ist, ähnlich wie das »absolute Gehör«, nicht durchaus wohltätig.

»Räumlich« betrachtet erklärt sich das dadurch, daß wir uns dem Raster näherten und damit auch hinsichtlich seiner Projektionen, etwa im Kunstwerk, gegen Abweichungen empfindlicher geworden sind. Daß mathematische Figuren uns in dieser Weise nicht kränken können, beruht darauf, daß sich in ihnen der Raster schärfer projiziert – so etwa der Punkt im Kreis oder der Feinbau der Materie im Kristall. Das liegt außerhalb der ästhetischen Rangordnung, hat nichts zu schaffen mit ihr. So wird sich der Maler hüten, in seine Bilder Figuren einzufügen, die, geometrisch gesehen, einwandfrei sind. Der Rahmen macht eine Ausnahme. Hier wird exaktes Maß sogar verlangt.

An jedem Bilde ist genau zu unterscheiden, was die Technik zu ihm beitragen kann und was sich ihr entzieht – was sie nicht leisten kann.

Die Frage ist auch an jedes Haus, an jede Architektur zu stellen, und sie verweist auf frühe Abzweigung. Sonst würden Schneckenhäuser, ja selbst Globigerinen ganz anders aussehen. Das Ungesonderte spielt in die Formen ein.

273

Nun zum Persönlichen. Die kritische Stimmung wächst, wenn wir in mindere oder verschobene Schichten der Realität eintreten. Die Fahrt über die Linie genossen wir in einem Luxusschiff. Die Bedienung war so vorzüglich, daß wir sie kaum wahrnahmen. Fünf Stewards lasen uns die Wünsche von den Augen; ein Chef de service überwachte, harmonisierte ihre Tätigkeit.

Am Wendekreis mußten wir in ein anderes Schiff umsteigen. Auch hier ließ sich an der Art, in der wir umsorgt wurden, nichts aussetzen. Sie war indessen der vorigen nicht zu vergleichen; wir hatten dort ein Optimum erkannt.

Das sind Stilfragen. Die Art, in der wir uns von unseren fünf Sinnen und dem Bewußtsein aufwarten lassen, führt über Annäherungen nicht hinaus, wobei die Nähe weniger bedeutet als die Geradlinigkeit der Hinsicht, die man früher als »den Glauben« bezeichnete. Schief werden kann es auf jeder Ebene.

Das Bild des Luxusschiffes könnte den Irrtum aufkommen lassen, daß Annäherung durch Aufsteigen in der Rangordnung oder durch Verfeinerung zu erreichen sei. Eher ist noch das Gegenteil der Fall. Auf höheren Ebenen, entfernt vom Raster, wächst auch die Gefahr des Schiefliegens und damit die Schwierigkeit, die Gerade zu halten – die Balance erfordert eine Geschicklichkeit wie beim Seiltanzen. Sie ist schwer zu erlernen, zuweilen nur in Generationen – durch Erbfolge.

Das Rechte zu treffen, gerecht zu handeln, das Urteil zu finden, wird im Anstieg mühsamer. Hierzu Matthäus 19, 23: »Wahrlich, ich sage euch: ein Reicher kommt schwer ins Himmelreich.« Das Kapitel ist überhaupt lehrreich hinsichtlich der Zurückführung ethischer Fragen auf reine Strukturformen. Vers 8: »Im Anbeginn aber ists nicht also gewesen« – da gab es auch abgezweigten Reichtum nicht. Jedes Bestreben, Macht und Gerechtigkeit, Macht und Geist zu verknüpfen, zielt daher auf Wiederherstellung.

Markfasern aus dem Ungesonderten ziehen sich durch das Mannigfaltige hindurch. »Das Brot« gibt dem Mahl der Reichen und der Armen seinen Sinn, wird synonym mit jeder Gabe, wird Sakrament sogar. So geht auch »das Wort« durch die Sprachen hindurch.

274

Wenn ich nun vom LSD, als Fahrzeug betrachtet, den Eindruck gewonnen hatte, daß es über, allerdings höchst geschmackvoll ausgestattete, Vorhöfe nicht hinausführte, dann mußte ich wohl über Erfahrungen verfügen, die das begründeten. So war es; ich begann diesen mexikanischen Teil mit dem Gefälligsten. Das sei kein Einwand gegen die Schärfung der ästhetischen Urteilskraft, obwohl sie den Aufenthalt in einer rein ökonomisch-dynamisch ausgerichteten Gesellschaft nicht angenehmer macht. Hier kommt man mit einer groben Hornhaut besser voran.

Wahrscheinlich hatte Albert Hofmann darin recht, daß die Dosis zu schwach gewesen war. Wir verabredeten uns mehrfach zu einem zweiten Gange, zuletzt jetzt im Dezember – zwei Mal kam die Grippe dazwischen, dann Glatteis und ein angestoßenes Auto: kleine Indizien dafür, daß die Zeit noch nicht günstig war.

Immerhin war auch der erste Versuch lehrreich gewesen – vor allem insofern, als er die Qualitäten stärker voneinander abgesetzt und belebt hatte. Es ist ja ein Unterschied, ob man bloße Eigenschaften oder Qualitäten wahrnimmt – im zweiten Falle sehe ich nicht nur den Gegenstand, sondern auch seine »Aufladung«. Die Welt bleibt die gleiche, und doch kann diese Wahrnehmung darüber entscheiden, ob einer zum Maler geboren ist oder zum Anstreicher. Da hilft kein Unterricht. Doch Initiierung könnte ihm vielleicht Ehrfurcht vor dem Geheimnis des Lichtes und der Farben einflößen.

Gegenstände, die sich von den gewohnten Eigenschaften

befreit und Qualität gewonnen haben, sehen wir auch im Traum. Die Welt wird zwielichtig. Die Dinge haben zwar noch ungefähr den bekannten Umriß, doch kaum mehr Rang und Namen; zugleich werden sie kräftiger. Die Nacht lädt sie auf. Wenn sie noch stärker wird, verlassen wir das Reich der Träume und dringen zu neuen Wirklichkeiten vor.

Das ist der Gewinn einer mittleren Annäherung: daß die Welt vom Sein her stärker angeflutet wird. Gehen wir weiter über die Qualitäten, die Träume, die Helden und Götter hinaus, so wächst die Gefahr. Der Gewinn kann unaussprechlich werden – das heißt aber auch, daß er nicht mitteilbar ist. Und doch kann »einmal dort gewesen sein« den Menschen in einer Weise ändern, die ihm selbst verborgen bleibt, nicht ins Bewußt-Sein dringt.

Das gilt für schwere Erkrankungen, sehr tiefe Räusche, epileptische Anfälle, denen ein Auferstehungsschimmer folgen kann. Beim Künstler ein Stilwandel. Es gibt nicht nur einen Orgasmus der Zeugung, sondern der Schöpfung auch. Hier naht die ungeteilte Welt. So kehren die großen Stifter wieder – aus der Höhle zu Mekka, dem Schatten des Feigenbaumes, der Wüste, vom Sinai.

PSYCHONAUTEN

275

Ich will noch einmal auf den blauen Faden zurückkommen. Ihn zu schildern, habe ich, wie gesagt, schon früher versucht – und zwar in einer kurzen Erzählung »Besuch auf Godenholm«. Hier ein Zitat zum Gegenstand:

»Schwarzenberg brannte, wie er es manchmal tat, um die Luft zu klären, ein Räucherstäbchen an. Ein blauer Faden stieg vom Leuchterrand empor. Moltner betrachtete ihn erst mit Erstaunen, dann mit Entzücken, als ob ihm eine neue Kraft der Augen zuteil geworden sei. In ihr enthüllten sich die Spiele dieses duftenden Rauches, der sich auf schlankem Stiel erhob und dann in zarter Krone verästelte. Es war, als ob ihn seine Einbildung geschaffen hätte – ein blasses Seeliliengespinst in Tiefen, die kaum vom Schlag der Brandung zitterten. Die Zeit war in dem Gebilde wirkend; sie hatte es gerieft, gewirbelt und geringelt, als ob sich erdachte Münzen schnell aufeinander schichteten. Die Vielfalt des Raumes enthüllte sich in dem Faserwerk, den Nerven, die in ungeheurer Anzahl den Faden spannen und sich in der Höhe entfalteten.

Nun traf ein Lufthauch die Vision und drehte sie geschmeidig um die Achse wie eine Tänzerin. Moltner stieß einen Ruf der Überraschung aus. Die Strahlen und Gitter der Wunderblume schwenkten in neue Ebenen, in neue Felder ein. Myriaden von Molekülen beugten sich der Harmonie. Hier wirkten die Gesetze nicht mehr unter dem Schleier der Erscheinung; der Stoff war so fein und so ohne Schwere, daß er sie offen spiegelte. Wie einfach und zwingend das alles war. Die Zahlen, Maße und Gewichte traten aus der Materie hervor. Sie warfen die Gewänder ab. Kühner und freier konnte keine Göttin sich dem Eingeweihten mitteilen. Die Pyramiden reichten mit ihrer Schwere an diese Offenbarung nicht heran. Das war pythagoreischer Glanz.

Hier wurde im Rhythmus wechselnder Figuren deutlich,

was den Forscher, wenn er die Grenzen seines Feldes überschreitet, am Abgrund wie ein Flügelschlag berührt. Doch war es schöner. Und heiterer.«

Soviel als Bruchstück einer Einweihung. Die Wiederholung mag insofern erlaubt sein, als sie Eindrücke schildert, die für diese Stufe der Annäherung typisch sind. Zu ihr gehört auch, daß die blaue Farbe mächtig wird. Darauf sollte man auch in der empirischen Welt achten.

Wir finden ja, nicht nur seit dem Erwachen des Nationalbewußtseins, sondern auch innerhalb der weltrevolutionären Bewegung, Vorlieben für gewisse Farben ausgeprägt. Dem Rot kommt zugute, daß es unterhalb der politischen Ordnungen als reine Elementarfarbe Macht hat und im Feuer der Brände und Vulkane, vor allem aber im Blut erscheint. Demgegenüber konnten sich die weißen Lilien der Bourbonen oder später die Schwarz- und Braunhemden nicht durchsetzen. Allerdings ist dieses Rot, ähnlich wie das Kreisen des Blutes vom Herzschlag, von ständiger Bewegung abhängig. Die rote Farbe wird im Kampf, vor allem im Bürgerkrieg, gezeigt.

Das Blau dagegen ist die Farbe des Geistes und der höheren, nur durch ihn zu erreichenden Einheiten. Es ist als Farbe kosmischer und planetarischer Weiten auch die des ordnenden Geistes, der über die Leidenschaften triumphiert. Dort ist kein Haß.

Soviel zur Beachtung, die das Erscheinen der blauen Farbe als Symbolon verdient. Symbole werden zwar gewählt, doch geht dem eine Vorwahl in der Tiefe voraus. Dann werden sie stimmen, und in diesem Sinne stimmt es, daß Blau und Silber für die Luftfahrt symbolisch sind.

276

Wenn wir Eindrücke typisch nennen, so setzt das voraus, daß sie nicht vom Individuum für sich allein in Anspruch genommen, sondern von anderen geteilt werden.

Das Anfluten blauen Lichtes kündet die Annäherung an. Diese Erscheinung ist typisch; sie fächert sich in der individuellen Wahrnehmung auf. Es trifft sich, daß ich in diesen Tagen einen Privatdruck erhielt: »Schicksalsrune in Orakel, Traum und Trance« (Arben-Press, Arbon 1969). Darin die Aufzeichnung von Rudolf Gelpke über den Einstieg des »Astronauten Dr. Erwin Jaeckle zu Stein am Rhein« (2./3. Dezember 1966).

Ich zitiere daraus zum Thema:

19.00 Einnahme (0,2 mg LSD).

20.45 Fühlt sich »leichter«.

20.55 Nun deutlich einsetzende Wirkung. Intensität von Blau (Rauch von Räucherstäbchen, Schatten im Zimmer). »Noch leichter.«

21.10 Farben: weiterhin »Blaustich«. Akustik unverändert (zum Schlagen der Turmuhr: »noch immer kleinstädtisch«).

21.15 »Wandbild gewinnt dritte Dimension.«

21.20 »Ich könnte mir denken, daß eine Seerose so schwebt auf ihrem Stiel. Mein liebster Aphorismus: Die größte Liebe ist die Sachlichkeit, noch besser in Latein: AMOR MAXIMUS AMOR REI (EST): Anfangsbuchstaben ergeben: amare.«

21.25 »Bin jetzt wieder nüchtern – – – möchte im Augenblick bleiben, ohne Ein- und Ausbrüche – – – Hellblau, unerhörte Frische, auch auf der Haut, kühl auf wunderbare Art – – – bin wie in einem warmen Bad, könnte aber auch zugleich das Wasser sein – – – die Schatten werden schärfer, ja, sie atmen.«

21.35 Draußen Motorengeräusch. »Ja, auch der Motor ist einverstanden – – – Gelpke, wo schweben denn Sie?«

21.50 Verschiedene Farben, dann keine mehr. »Präsenz ist Transparenz – – – Licht ist immer gut.«

22.00 »Ernst Jünger sagt ›Einstieg‹, weil er in der Höhle wohnt – ›Ausbruch‹, das sieht für ihn nur schön aus.«

22.55 »– – – ich weiß immer, daß das Auge ein Astloch ist.«

Auch nach dem Abklingen ungewöhnliche Einsichten, die

zum Teil nur bei ähnlicher Gestimmtheit eingehen. Etwa: »Schelling: hat Untiefen, wußte mehr, als er wußte.« Oder: »In Rom – sah die Schrift von Petrarca: die hatte Sog, kein Gewicht.« Oder: »Meine Komplexe liegen ganz an der Oberfläche. In der Tiefe bin ich identisch mit mir, das heißt: nicht eitel.«

Endlich, »auf dem Rückflug«, Sentenzen speziell über den Rausch: »Das ist kein ›Rausch‹: mit dem Alkohol kann man das gar nicht vergleichen – das sind ganz andere Sprachen. In der Narkose sinken wir: bis das Wasser über uns zusammenschlägt – hier jedoch steigen wir: der Himmel öffnet sich wie eine Blüte.«

Schließlich: »Auf- und Abstieg haben spiegelgleiche Eigenschaften.«

277

Wenn dem Leser an einigen Stellen dieser stark gekürzten Notizen vorausgegangene Erwägungen anklingen, so ist das ein Zeichen dafür, daß die Lektüre gefruchtet hat.

Zu allen Zeiten, längst vor Delphi und Dodona, werden die Offenbarungen des Einzuweihenden durch die Deutung des Eingeweihten, des in der Innenlandschaft Erfahrenen, ergänzt. Das Innere der Natur rückt nah heran in der Stimme des Entrückten, doch bedarf es des Auguren, um die oft wirren Aussagen zu sondern nach Rang und Gewicht.

Die Mode hat sich der Psychopharmaka auf ähnliche Weise bemächtigt wie der Astrologie. Die Zeitungen sind davon erfüllt. Das ist nicht zufällig, sondern ein Zeichen, das wachsende und unbefriedigte Bedürfnisse ankündet. Das Jahrhundert wird sich nicht vollenden, ohne daß hier noch seltsame Erscheinungen eintreten.

Alle Welt dichtet – doch wem gelingt je ein vollkommenes Gedicht? Das gilt auch für die Deutungen. Hier hat die Entdeckungsgeschichte noch kaum begonnen; es fehlen Ort und Namen auf der weißen Karte der Innenwelten – – ihr

Babel, ihr Bab-el-Mandeb, ihr Sinai. Selten wird, wie in der »Offenbarung«, ein Schimmer davon gesehen.

Wo wird der Mensch mit sich identisch? Gelingt ihm das »Erkenne dich selbst« – dann sind es doch immer noch zwei. Auch Vater und Mutter müssen Eins werden.

Die Macht der Bilder erweist sich dadurch, daß sie uns in Bann schlagen. Doch sie können noch stärkeren Zwang üben: indem sie uns einsaugen. Wenn wir eintreten in die Elemente, die Charaktere, Geister, Götter – so heißt das nicht, daß wir mit ihnen identisch werden, sondern mit uns selbst. Wir rufen unser Abwesendes herbei.

278

Als ich in jenem Protokoll wieder einmal auf den Namen Rudolf Gelpkes stieß, entsann ich mich der ersten Begegnung mit ihm. Sie dürfte in jene Zeit gefallen sein, in der ich mich mit der dritten, der mexikanischen Stufe der Annäherung zu beschäftigen begann. Er wohnte damals mit Mutter und Schwester in einer Villa unweit von Basel, einer Stadt, in der ich in den fünfziger Jahren zuweilen, und immer gern, gelebt habe.

Die Mutter holte mich aus Binningen zum Essen ab. Unterwegs hielt sie vor einem Hotel, um noch einen Gast aufzunehmen: Wilhelm Furtwängler. Als wir zu dritt über den Marktplatz fuhren, sprang ein Bolzen aus dem Getriebe; Frau Gelpke stieg aus, um einen Mechaniker zu holen, doch ehe sie ging, hatte sich hinter uns schon eine Reihe von Straßenbahnen aufgefädelt, deren Schaffner gewaltig klingelten. Der Meister und ich mußten dem Merkur ein Opfer bringen, indem wir den Wagen schoben, bis er von den Schienen herunterkam. Dann gingen wir, um uns zu erholen und das Weitere abzuwarten, in ein nahes Café. Insofern war das Herausspringen des Bolzens ein glücklicher Zufall – das ist eine Erfahrung, die mir mit Pannen oft zuteil wurde. Wir kamen so zu einem ruhigen Stündchen, um ein Thema zu besprechen, das schon Plato beschäftigte und zu dem ich immer gern die Meinung intelligenter Zeitgenossen gehört habe: wie nämlich der musische Mensch sich am besten dem Machthaber gegenüber verhält. Später hätten wir dazu nicht mehr Zeit gefunden, denn Furtwängler, der am Abend dirigieren sollte, zog sich gleich nach dem Essen zurück. Er pflegte an solchen Tagen bis zum Auftritt zu meditieren und zu ruhen.

Rudolf Gelpke begann damals zu studieren; die erste Begegnung war flüchtig, doch gut aspektiert. Wenn ich später hin und wieder von ihm hörte, war es, als ob sich Orient verdichtete. Es gibt eine Wahlverwandtschaft zu Geist und Substanz fremder Kulturen, ein tiefes Eindringen. Es kamen Übersetzungen aus dem Persischen wie jene des wunderbaren Märchens der Prinzessinnen in den sieben Sterntürmen. War er inzwischen Professor in Teheran geworden, gab er wie Mircea Eliade Gastrollen an amerikanischen Hochschulen? Ich weiß es nicht oder habe es inzwischen vergessen; diese Welt mit ihren Examina, Titeln, Akademien und Ehrungen ist *im Grunde* unwichtig. Sie wimmelt von Revolutionären, die nicht einmal ein Auto entbehren können und wie Walfischläuse am Bauch des Leviathans schmarotzen, von dem sie auf Gedeih und Verderb abhängen.

Es kam seine Apologie des Rausches – auch hier vertritt er den Orient gegen den Okzident. Ich schlage das Vorwort (Teheran, März 1966) auf und finde meine Erinnerung durch den Satz bestätigt: »– – – Ich habe die vergangenen zehn Jahre zu ungefähr gleichen Teilen im Orient, vor allem in Iran (Persien), und im Okzident, Europa und den USA, verbracht.«

Ich las in seinem Buch auch das Kapitel wieder, das Antonio Peri und seinen Ausflügen gewidmet ist. Überhaupt sehe ich den Autor eher in Gesellschaft von Antonio, dem Prinzen Achmed und seiner Peri Banu als in jener der Gelehrten, von solchen wie Galland, Hammer-Purgstall, Rückert abgesehen. Die Orientalisten bilden eine besondere Elite aus. Sie folgt einer Lockung, wie auch Goethe sie empfand.

Als Kernstelle aus Gelpkes Werk (»Vom Rausch im Orient und Okzident«) zitiere ich folgende:

»Der *Drogenforscher* (wie ihn beispielsweise Ernst Jünger – – – in der west-östlichen Gestalt des Antonio Peri geschaffen hat) ist eine durchaus neuzeitliche Erscheinung. Er kann nur in einer Gesellschaft entstehen, deren religiöses Weltbild zerbrochen ist, und in der daher auch das Wissen um den metaphysischen Stellenwert und den Symbolcharakter von Rausch und Berauschungsmittel verloren ging.«

Erfreulich ist, daß kurz darauf der Autor dem Wein und seiner Ebenbürtigkeit auf allen Stufen gerecht wird – es gibt hier, wenn man ihn dem Opium vergleicht, wohl einen Unterschied der Schlüssel, nicht aber der Kammer; viel wichtiger ist der Unterschied zwischen der abendländischen und der orientalischen Auffassung. Ich zitiere:

Für den Abendländer »ist die Realität die Außenwelt. Infolgedessen wird er immer versucht sein, jede Lebensform, jede Ansicht und überhaupt alles, was den Menschen vom *Tun* abhält, als ›Flucht‹ *vor* und *aus* der Realität zu verurteilen. Der Orientale nimmt den entgegengesetzten Standpunkt ein: für ihn ist der ›Weg nach innen‹, die mystische Reise, die einzige Wirklichkeitserfahrung, die Zeit und Raum, und damit den Schleier des Vergänglichen, durchstößt. Daher ›flieht‹, von ihm aus gesehen, wer nach außen lebt: der Tatmensch.«

Spricht man vom Wein in orientalischer Beleuchtung, so kann man weder an Omar dem Zeltmacher noch an Hafis vorübergehen. Von diesem sagt Gelpke: »Selbstverständlich hat der Wein für einen Wissenden von der Größenordnung eines Hâfez *beide* Bedeutungen« (nämlich die symbolische und die reale), und er belegt es durch die Verse:

Den Becher, Schenke, laß erglühn vom Purpurlicht der Wonne.
Stimm an ein Lied, o Spielmann, denn nach Wunsch kreist uns die Sonne.
Ich schaut ein göttlich Spiegelbild tief unten im Pokale –
Tor, dessen Sehnen nie gestillt der Wein aus *unsrer* Schale;

ich fürchte, bricht der Morgen an am Tag der Auferstehung,
verklagt statt meines Zechens man dein Fasten als Vergehung.
Ein lebend Herz, das liebend schlug, kann nimmermehr ersterben,
uns ist bestimmt im Weltenbuch, die Ewigkeit zu erben …

(Nachdichtung von Georg Jacob
in »Unio mystica«, Hannover 1922)

279

Wenn mir der Ausdruck »Drogenforscher« nicht recht eingeht, so wird das weniger am Wort liegen als an der Entwicklung, die es genommen hat. Eine indogermanische Wurzel »prk« hat sich in den romanischen und germanischen Sprachen zu Verben aufgespalten, denen zum Teil eine fragende, zum Teil eine forschende Absicht innewohnt (argentum poscere: Geld fordern). Forschung ist zwielichtig.

Der Kampf in Fausts Kabinett wird um die extensive oder die intensive Richtung des Wortes geführt: es geht um Wissen oder Wissenschaft.

Und seh, daß wir nichts wissen können,
Das will mir schier das Herz verbrennen.

Inzwischen ist die Forschung immer mehr von der Technik, der Statistik, der reinen Ziffer abhängig geworden, von den Hebeln und Schrauben, den Mikroskopen und Fernrohren. Der Forscher wartet nicht mehr auf dem Anstand, ob der Königstiger, der Auerhahn oder wenigstens ein seltener Nachtfalter erscheint; er ist eine Nummer auf Drückjagden. Widrige Typen streifen an den Rändern, so der impotente, unverschämte Alte, der mit der Stoppuhr den Orgasmus mißt. Der Herzschlag wird durch das Ticken der Uhr ersetzt. Kein Wunder, daß sich die Gäa entlaubt. Doch wird sie nach der Weißung des Winters noch manchen Frühling hervorbringen.

Wir leben in einer Zeit, in der die Worte ihr Gewicht verlieren, wie das hin und wieder vorzukommen pflegt. Sie müssen dann neu aufgeladen oder ersetzt werden. Auch »forschen« wird anrüchig. Intelligente Abendländer wie Flaubert, der die Neigung zum Orient teilte, haben das vorausgesehen (»Bouvard et Pécuchet«, 1881). Damals konnte man sich in geistigen Dingen noch etwas herausnehmen.

Gelpke greift also auf den ehrwürdigen Stamm des Wortes zurück. Der Liebende fragt anders als der Neugierige. Ihn treffen noch Licht und Schatten der kosmischen Jagd. Ihm naht noch immer die große Jägerin als Mondgöttin, während Aktaion für seine frevelhafte Neugier *von den eigenen Hunden* zerrissen wird.

Es heißt, daß dem Aktaion dabei »nichts Menschliches als das in solcher Lage Entsetzlichste, die Besinnung, blieb«. Höchst wunderbar an diesem großen Mythos ist nun die Art, auf die Chiron, Lehrmeister auch des Aktaion, die Hunde beruhigt. Er stellt ein Bild von ihm auf, um das sie dann friedlich versammelt sind.

Das berührt die Aufgabe des Künstlers, des musischen Menschen, des Wissenden in Zeiten, in denen die Hunde ledig geworden sind. Das Kunstwerk wirkt nicht nur als Schicksalsweisung in die Zukunft – es deutet, sühnt und befriedet auch das Vergangene.

RÜCKBLICK AUF GODENHOLM

280

Das Schauspiel des blauen Fadens verdanke ich dem Vormittag in Bottmingen; ich verwob es mit einem anderen Erlebnis, dem Besuch der keltischen Heuneburg in einer Winternacht. Es war eine Losnachtbegegnung; sie wurde nur angedeutet, und mit Grund.

Daß das schmale Bändchen (»Besuch auf Godenholm«) weder Eindruck machen noch Erfolg haben würde, wußte ich von vornherein; und es tat mir leid, als ob es fröre, wenn ich es in den Schaufenstern sah.

Für Baader war die Aufgabe der Kunst noch Transparenz. Innerhalb der Konsumgesellschaft bestimmen andere Prinzipien. Das liegt in der Natur der Dinge, und wer hier den mißvergnügten Nobile spielen möchte, macht sich nur lächerlich. Gerade hier gewinnt die Meditation ihren besonderen Reiz. Selbst intelligente Zeitgenossen konnten mit dem Text wenig anfangen, wie ich ihren mehr oder minder befremdeten Anmerkungen entnahm. Er ließ sich auch schwer einordnen.

Als ich nach dem Ersten Weltkrieg zur Vorschriftenkommission kommandiert war, begann ich mich mit der neuesten Literatur zu beschäftigen. Dem war in den Lazaretten und während der Rekonvaleszenz ein Lesesturm vorausgegangen, der vor allem den Klassikern und Romantikern gegolten hatte und nicht ohne Wirkung geblieben war. Hinsichtlich der Modernen, zu denen ich nun überging, verdanke ich eine gute Vorwahl Friedrich Georg, der ein Jahr früher invalid geworden war. Er wies mich auf die Expressionisten hin, vor allem auf Trakl, dem ich durchaus treu geblieben bin.

Damals in Berlin fiel mir auch eine Novelle von Gottfried Benn in die Hand, »Gehirne« – die Lektüre führte zu weiterer Anteilnahme an seinem Werk. Für jeden intensiven Leser gibt es einige wenige Autoren, »an deren Schaffen er teilnimmt« und von denen er erhofft, »daß bald etwas Neues erscheint«. Das ist ein weites Spielfeld für Erwartungen, Erquickungen, Enttäuschungen.

Daß hier »etwas los war«, spürte ich an den Gedichten, besonders an Versen, die sich dem Ungesonderten näherten und die Schicht berührten, die ihm aufliegt und an die es wie Tau und Nebel noch qualitätslos anzusetzen beginnt. Das Unbestimmte ist hier noch stark. Es wurde angesprochen – wie etwa hier:

> O daß wir unsere Ururahnen wären.
> Ein Klümpchen Schleim in einem warmen Moor.
> Leben und Tod, Befruchten und Gebären
> glitte aus unseren stummen Säften vor.
>
> Ein Algenblatt oder ein Dünenhügel,
> vom Wind Geformtes und nach unten schwer.
> Schon ein Libellenkopf, ein Möwenflügel
> wäre zu weit und litte schon zu sehr.

Das ist Wegzehrung für den Ausflug nach Orplid. Ein schönes Gleichgewicht von Bewußtem und Unbewußtem schwingt in den Versen, auch von Sicherheit und Schmerz. So fährt ein Boot mit gutem Tiefgang auf den Grenzflüssen.

Das Gedicht – sein Titel ist »Gesänge« – fällt dann ab. Doch im Werk zählen die Lichtpunkte. Auf lange Strecken wächst die Wüste; die Zeit wird quälend – die Trauer, die schon die Romantik durchtränkt, dieses »ich weiß nicht, was soll es bedeuten«, wird zur modern instrumentierten Tristesse. Ich habe die »Werke« (1960) vor mir, um das Wort im Inhaltsverzeichnis nachzuschlagen, und finde dort untereinander wie Etiketten eines Gewürzladens:

> Träume
> Traum
> Tripper
> Tristesse
> Trupp hergelaufener Söhne
> Turin I

Da kann man schon ahnen, was gekocht werden soll. Die letzten Strophen übrigens sowohl von »Tristesse« wie von »Turin I« sind wieder sehr schön.

Den Erfolg brachten Darbietungen wie »Tripper« und »Morgue«. Allerdings ist zu unterscheiden zwischen Applaus und Kredit. Den Kredit oder das Maß, in dem ein Autor ernst genommen wird, schafft immer die Annäherung. Was ins Auge fällt, was blendet – ästhetisch, politisch oder einfach durch Überraschungseffekte – ist nicht das Haus mit seinen Mauern, Kellern oder Böden, sondern die Einrichtung: die Hausbar mit ihren Nutten, das Rixdorfer Kakophon. Das sind Kulissen; am Beifall ist nicht zu ermessen, ob das Stück kaum die Saison überstehen oder dreihundert Jahr lang gespielt werden wird.

Weniger durch Lob wird man dem Autor gerecht als dadurch, daß man sein Karma und seine Tragik sieht, die immer eng mit der Zeit und ihrem mörderischen Zugriff verbunden sind. Da kann es im besten Falle einen guten Kampf geben, bei dem Erfolge eher schädigen. Die Zeit formt mit an Werk und Bildern, selbst wenn sie Narben hinterläßt.

281

In den Jahren, die »vor der Mauer« lagen, flog ich zuweilen nach Berlin, um die Brüder zu treffen, die aus der Zone kamen; wir wohnten in einem kleinen Hotel in der Nähe des Anhalter Bahnhofes. Ich suchte dann auch Ernst Niekisch und andere Freunde auf.

In guter Erinnerung ist mir ein Abend bei Gottfried Benn, mit dem ich seit einiger Zeit korrespondiert hatte. Lieber hätte ich ihn einmal am Mittelmeer getroffen, an Küsten, an denen man aufatmen kann, als ob man aus dem Zuchthaus käme, und an denen auch er sich wohlfühlte. Doch er schrieb mir, ich glaube, nach Montecatini: »Würde gern mit in den Süden fahren, aber ich müßte soviel Diätregeln befolgen (Duodenalgeschwür), soviel Medikamente mitnehmen

(Rheumatismus), soviel Salbentöpfe einpacken (Ekzem), daß ich mich nicht fortgetraue. Bis zum siebzigsten Jahr konnte ich meinem Körper zumuten, was ich wollte; er parierte und tat alles, was mir gefiel. Plötzlich große Baisse, und die albernen Worte ›allergisch‹ und ›neurovegetativ‹ nützen mir nichts, helfen mir nicht weiter.«

Ein Hautarzt, der mit Salbentöpfen reisen müßte – das sah nicht freundlich aus. Leider kam dann auch bald einer der schwarzgerandeten Briefe, wie sie immer häufiger ins Haus flattern.

Gottfried Benn ist eines der vielen Pastorenkinder, durch die das evangelische Pfarrhaus die Literatur bereichert hat. Paris oder Rom wären für ihn »passiger« gewesen als Berlin, doch kann man sich sein Land nicht aussuchen.

Damals, als ich ihn in der Bozener Straße besuchte, war er noch gesund und wohlauf. Die Parterrewohnung mochte aus der Gründerzeit stammen, sie hatte gleich ihm die Feuerstürme überlebt. Benn verdankte das nicht zuletzt der Armee. Er hatte in beiden Weltkriegen als Arzt gedient. Im Bürgerkrieg schafft die Uniform fast noch eine bessere Tarnung als an der Front. Benn konnte sie brauchen, denn gehässige Verfolger hatten sich auf ihn spezialisiert, und zwar mit einem Eifer, der selbst Himmler gegen den Strich gegangen war. In der absurden Korrespondenz, die sich daran anspann und die zum Teil durch den unermüdlichen Joseph Wulf ausgegraben worden ist, ging es einmal auch darum, ob sich in »Benn« nicht ein semitischer Vorname verkappt habe.

Der Korridor der »Berliner Wohnung« ist fensterlos. Die Begrüßung im Halbdunkel war angenehm. Europäische Höflichkeit, fast schon zur zweiten Natur geworden wie bei den Fernöstlichen. Sternzeichen Stier – das konnte ich nicht recht ins Bild bringen und hätte es eher der Gattin zugetraut, ja auf den Kopf zugesagt. Sie stand neben ihm, ich sah im trüben Licht ihr volles, ruhiges Gesicht und das dichte, rotbraune Haar, in dem eine eingebleichte Strähne leuchtete. Sie sprach wenig, doch schien es, als ob ihre Gegenwart dem Gespräch eine Dimension zufügte. Solchen Partnern begegnet man, wenn auch selten, und es wäre zu wenig, wenn man sagte, daß sie sich auf die Kunst des Zuhörens verstehen. Ihr Schweigen ist vielmehr der Sprache günstig und gibt ihr Körper wie ein Resonanzboden: durch Mitschwingen. Nun wandte sie sich der Küche zu, und ich durfte einen Blick in die Wohnung tun.

Es muß ein fahler Tag gewesen sein – der Ordinationsraum schien mir ziemlich trüb. Wahrscheinlich gab es aber scharfe Lampen, denn Hautbefunde setzen eine peinliche Inspektion voraus. Ein mit dunklem Leder oder Wachstuch bezogenes Sofa, wie sie zur Untersuchung dienen, war mit Zeitungen überblättert, die zum Teil auch am Boden verstreut lagen; das sah nach einer ausgedehnten Nachmittagslektüre aus. Neben dem Sofa hielt ein Stativ einen Glaszylinder, an dem ein Gummischlauch hing. Ein Apparat für umfangreiche Infusionen – ein, wie Benn sagte, museal gewordenes Instrument.

Übrigens wurde die Praxis wenig – oder sagte er: kaum noch? – besucht, was ihn auch nicht zu bekümmern schien. Vielleicht störten die Leute ihn nur in der Meditation. Zwischen den Konsultationen kritzelte er Briefe oder auch Gedichtentwürfe auf die Rezeptblätter.

Er deutete auf die Zeitungen: »Es scheint, daß wir wieder einen üblen Gegner gemeinsam haben – nun, von mir können sie schreiben, daß ich mit Fliegen Unzucht treibe – das läßt mich kalt.«

Dann durfte ich noch einen Blick in die Praxis der Gattin werfen – das war ein Unterschied wie Tag und Nacht. Ich hatte eine Vision von zierlicher Ordnung – wenig Metall, dunkles Holz, vielleicht Mahagoni, mit Perlmuttintarsien; das sah nach ruhiger, präziser Arbeit aus. Hier sich einen Zahn ziehen zu lassen, mußte fast ein Vergnügen sein.

Als die Tür auf- und wieder zuschwang, hatte ich den Eindruck eines déjà vu. Dann tauchte das kleine Atelier von Marie Laurencin aus der Erinnerung auf. Auch dort hatte sich die Tatsache, daß gearbeitet wurde, fast ganz in Wohlgefallen aufgelöst – damals in Grün und Rosa wie hier in

Silber und Kastanienbraun. Besser als Einkommen ohne Arbeit ist noch Arbeit ohne Mühe, Arbeit als Spiel.

Wir setzten uns dann zum Essen, dem wir behaglich zusprachen. Hummerschwänze in Mayonnaise, alter Burgunder – damals also konnte vom Duodenum noch nicht die Rede sein. Lagebeurteilung. Es ist eine Erholung, wenn man in den Denkhütten noch einen Geist trifft, der die individuellen, institutionellen und regionalen Grenzen zu überspielen weiß und dazu über eine Prise aristophanischen Humors verfügt.

Kleine Kabine in der »Titanic«; in den Gängen ist Unruhe. Wasser schwappt hin und her, führt Zeitungen, Stroh, Undefinierbares mit, auch Leichname schon. Die Ratten pfeifen vor der Tür. Der Service funktioniert nicht mehr, aber es ist noch Vorrat im Schrank – Importen, Hennessy. Das gehört zum Stil des Jahrhunderts; ich bin daran seit dem Ersten Weltkrieg gewöhnt. Es kommt dabei zu scharfen Wahrnehmungen, guten Bemerkungen. Die physische Sicherheit ist dürftig bei wachsender geistiger Präsenz. Das ist unverdaulicher Stoff für den Leviathan; er wird ihn ausspeien.

»Ptolemäer und Mauretanier« – eine Schrift, in der wir über einen Leisten geschlagen wurden; er tat einige Anmerkungen dazu. Das Mittelmeer; die Türme von Antibes: »eine fanatische Sache«; ich hatte ihm eine Aufnahme von dort geschickt. Geschichte: »So sang- und klanglos tritt das Reptil nicht ab.« Ich erfuhr, was ich noch nicht gewußt hatte: daß er als Arzt bei der Erschießung von Edith Cavell am Ort gewesen war (12. Oktober 1915). Über Soldatenselbstmorde und ihre Ursachen. Das war die Sparte, die er im Zweiten Weltkrieg verwaltet hatte; auch das war mir neu, doch einleuchtend, die Nähe zum Selbstmord überhaupt.

Dann über Reisen, noch einmal Mittelmeer. Die Gattin: »Wenn du jetzt von deinen Reisebekanntschaften erzählen willst, gehe ich so lange hinaus« – das war offenbar als Stichwort für den Abgang in die Küche gemeint. Benn ging in die Bibliothek, um seinen Bericht über das tragische Ende von Miß Cavell zu holen; er brachte den »Besuch auf Godenholm« mit, der unlängst erschienen war.

Er setzte sich wieder neben mich: »Wissen Sie – das ist das Raffinierteste, was Sie gemacht haben.« Dann blätterte er in dem Bändchen und begann eine Passage zu lesen, die sich mit dem Ziel beschäftigte, das durch Annäherung erreicht, doch nicht überschritten werden kann. Für einen Augenblick wird die Erscheinung mit dem Sein identisch, die Woge mit dem Meer.

»Es würde stets wiederkehren, daß das EINE aus dem Getrennten aufstieg und sich mit Glanz bekleidete. Dieses Geheimnis war unaussprechlich, doch alle Mysterien deuteten es an und handelten von ihm, von ihm allein. Die Wege der Geschichte und ihre Listen, die so verschlungen schienen, führten auf diese Wahrheit zu. Ihr näherte sich auch jedes Menschenleben mit jedem Tage, jedem Schritte an. Nur dieses Eine war das Thema aller Künste, von hier aus wurde jedes Denken in seinem Rang bestimmt. Hier war der Sieg, der alles krönte und jeder Niederlage den Stachel nahm. Das Staubkorn, der Wurm, der Mörder nahmen daran teil. Es gab nichts Totes in diesem Lichte und keine Finsternis.«

Er legte das Buch zwischen uns auf das Sofa und sagte: »Was ist das? Was ist das – – – das ist der Penis! Das kann nur der Penis sein!«

282

Das sollte ein Monolog bleiben, denn eben jetzt kam Ilse Benn mit dem Kaffee – es kann auch der Kognak oder ein Glas Sekt gewesen sein. Jedenfalls blieben wir noch eine Stunde beisammen, während deren ein guter Euphon herrschte. Ich fuhr dann ins Hotel zurück und dachte über die Begegnung nach.

Etwas daran hatte mich mehr betroffen als das Gespräch über Bücher, Menschen und Tatsachen, auch als Glanz und Elend des Dichters, der ein Stück von sich der Meute preisgibt, deren Hecheln sich mit dem Triumph der Hörner mischt. Das folgt dem Autor und seiner Mühe durch die Dämmerungen als fahle Leuchtspur, als Kometenschweif.

Die Gegenwart gibt mehr als Mitteilung und Reflexion – Einheit im Zeitlosen, nicht nur in der Zeit. Die Lider des Dichters öffneten sich über den gewölbten Augen in weichem Schwung der Tauben- oder auch der Eulenfittiche. Das war der Blick des Träumers, der starke Neigungen entfalten und Zuneigung erwecken konnte und der auch leidensfähig war. Zum Leiden muß man ja fähig sein. Es deckt die Aussage. Das Schweigen steht hinter dem Wort. Wenn ich mich recht entsinne, hatte er einmal die Worte den Flimmerzellen verglichen, die sich an das Sein herantasten. Aber zuvor muß man sich an das Wort herantasten. Jedes Wort gewinnt erst Gewicht, wenn es wieder berührt, wiederentdeckt worden ist. Dem Dichter genügt ein kleiner Bestand an Worten, Beschränkung ist ihm eher förderlich. Der Überfluß bezaubert im Becher wie im Meer.

Zwei Verse genügen, damit wir einem Dichter treu bleiben. Ich hatte die Gedichte mitgenommen und las noch einmal die Strophen, die mich in der Jugend bewegt hatten:

O daß wir unsere Ururahnen wären.
Ein Klümpchen Schleim in einem warmen Moor.

Ein Zeugnis für das Maß, in dem das Leiden sich seit Rousseau verdichtete. Dem schwebten zwar auch ferne, doch humane Archipele vor. Die Klassiker lieben die Auflösung nicht; ihr »höchstes Glück« ist anderer Art. Benns Einblick in die Verwesung ist weiter fortgeschritten als der Baudelaires; auch das ist eine Passage, die durchschritten werden muß.

Als ich mir in dem öden Zimmer die beiden Strophen vorlas, machte ich die merkwürdige Entdeckung, daß ich sie bislang stets falsch gelesen und zitiert hatte. Es schien, als hätte bisher der blinde Fleck des Auges auf dem Wörtchen *Moor* geruht. Ich hatte es als *Meer* begriffen und den Reim in »schon zu sehr« gesucht.

Ein Klümpchen Schleim in einem warmen Meer.

Der Irrtum war nun behoben; ungern ließ ich von ihm ab.

283

Ich schließe diese Berliner Erinnerung ab, während es draußen schneit und von Stauffenbergs Linde die Vögel zu- und abfliegen; eben pickt neben mir am Fenster ein Dompfaff mit seinem Weibchen die Sonnenblumenkerne auf.

Wir schreiben nun den 11. Februar 1970; es ist Aschermittwoch – am Abend werden wir wie alljährlich zum Schnekkenessen in den »Adler« von Altheim gehen. Gestern wurde auf dem Riedlinger Marktplatz »die Hex verbrannt«. In diesem Winkel Oberschwabens erhielten sich archaische Züge noch ziemlich frisch.

Das Manuskript neigt sich dem Ende zu. Es beschäftigte mich viel länger, als ich beabsichtigte. Bevor ich den Faden wieder anspann, las ich wie allmorgendlich die Post. Das ist meist ein Hors d'œuvre, das für den Tag genügen würde; ich erwähne es in diesem Zusammenhang der Notiz zu »Godenholm« wegen, die in einem der Briefe stand. Sie wurde vermutlich angeregt durch jene Stelle, die auch Benn beschäftigte, wenngleich auf andere Art. Vintila Horia schreibt mir aus Madrid (7. Februar 1970):

»Dominique de Roux m'a fait avoir ›Visite à Godenholm‹. Je l'ai déjà lu trois fois et à chaque lecture j'y trouve des nouvelles beautés. Le titre lui-même veut dire peut-être la maison des Dieux ou le toit des Dieux, si je ne me trompe, et il s'agit là de la dernière initiation, celle de la mort, exquissée ou pressentie de la première page – – –«

Es ist ein Zufall, daß der Brief gerade heute, daß er ad hoc kommt, doch bestätigen mir ähnliche Zeichen, daß der Ankratz stärker zu werden beginnt. André Almuro, der nach dem Vorbild französischer Romantiker im Winter seine Pariser Wohnung gegen ein Bauernhaus im Schwarzwald vertauscht, fragt mich hin und wieder nach Einzelheiten für seine Oper »Visite à Godenholm«.

284

Ein Buch muß ins Herz treffen. Dann findet es sein Ziel über Länder und Meere hinweg. Das bezeugte mir vor Jahren der Besuch Guidos, eines jungen Holländers, der mich an den jenes Orientalen erinnerte, von dem de Quincey erzählt. Dort war es die Witterung des Opiums, die zur Begegnung führte – hier die mexikanische.

Der Orientale war unheimlich; er wurde zum Wiedergänger in de Quinceys Angstträumen. Auch Guido kann in den Träumen auftreten, doch immer als freundlicher Gast. Die Fähigkeit, Traumfigur zu werden, ist nicht jedem gegeben; sie wird durch den Anteil am Psychokosmos bestimmt – wie immer auch dieser Anteil beschaffen sei.

Die Bücher haben ihre Schicksale – das sah ich hier wieder, denn wie mochte Guido in seiner Hütte auf einer Insel des Golfs von Mexiko an »Godenholm« geraten sein, dessentwegen er mich aufsuchte? Was konnte ihm die Lektüre eines verschlüsselten Textes gesagt haben, der in einer ihm fremden Sprache geschrieben war? Jedenfalls hatte er instinktiv erfaßt, daß darin ein ihm vertrauter Einstieg geschildert worden war.

Einer mußte ihm die Schrift gesandt oder gebracht haben – vielleicht Wolfgang Cordan, der viel in Mexiko reiste und früh gestorben ist. Oder war sie ihm aus dem Kreise von Wolfgang Frommel zugekommen, auch einer der Schlüsselfiguren, von denen wenig gesprochen wird, doch die man kennt?

Im Zweiten Weltkrieg hatten sie in Amsterdam eine schwer definierbare Zelle gebildet – musisch, politisch, philosophisch, sokratisch, georgiastisch, einen der Ganglienknoten, die Frommel als seine »Pfalzen« bezeichnete. Auch nach Paris war aus ihrem Grachthaus dieses und jenes durchgesikkert – Dinge, die ich so genau nicht wissen wollte; ich hörte darüber von Trott und auch von Erhard Göpel, wenn er von einem seiner Besuche bei Beckmann zurückkehrte. Guido war damals sechzehnjährig; er machte für sie den Fliegenden

Radler und konnte von Glück sagen, daß er nicht liquidiert wurde.

Auch hierher kommt er mit dem Fahrrad, auf dem er Europa durchquert, falls er sich nicht zu Fuß oder als Anhalter bewegt. Einmal fuhr er auch einen invaliden Wagen, den er ohne Papiere sogar über die Grenze gebracht hatte.

»Guido, sind Sie denn wenigstens versichert?«

»Ja, vertikal.«

Guido hat etwas an sich, das den Polizisten auffällt, doch wenn sie sich ein wenig mit ihm beschäftigten, löst sich die Begegnung in Wohlgefallen auf. Ein stiller, freundlicher Gast. Wenn ich am Morgen sein Schlafzimmer betrete, ist das Bett unberührt. Er hat auf dem Fußboden genächtigt, in seinem Schlafsack, der ihm auch im Walde und selbst bei Regenwetter dient. Den Vormittag verbringt er im Garten; gern weilt er dort in der Laube, allein mit dem I-Ging und den Schafgarbestengeln, die er neben dem Buch ausbreitet und bewegt.

Ich kenne manchen, dem das »Buch der Wandlungen« viel bedeutet; das verbindet sich bei den meisten, wie bei Ernst Wilhelm Eschmann, mit fernöstlichen Neigungen. Bei Guido geht die Verflechtung bis auf den Grund. Ist dieser Grund erreicht, so wird der Geist zum Augurendienst fähig, und dann mag jedes Orakel befragt werden: es wird antworten. Es wird ein mehr oder minder ausgefeilter Schlüssel unter anderen. Die Materie wird grenzenlos: heimatlich. Dann kann man, wie beim Rausch, den Schlüssel fortwerfen.

Zuweilen ist ein Brief von Guido bei der Post – aus Holland, Deutschland, den Vereinigten Staaten, Mexiko. Es kamen lange Telefonate aus Kalifornien, die mich der Kosten wegen beunruhigten. Guido arbeitete dort als Tischler – das konnte einen Wochenlohn ausmachen. Eine Zeitlang schrieb er aus Frankreich, wo er in einer Farm Kinder betreute; er hat eine gute Hand dafür.

»Momentan haben wir einen dreijährigen Deutsch-Amerikaner; er kam mit einem schweren Fall von Fernseh-Vergiftung hierher. Nach einigen Tagen hat sich schon das Schießdelirium gegenüber allem Lebendigen gelegt; der Patient liegt augenblicklich seelenruhig auf der Wiese und schaut die Blumen an.«

Die Briefe sind, obwohl nicht in der Muttersprache gehalten, von aphoristischer Prägnanz. »Zu Neujahr habe ich Ihnen zwar einen Brief komponiert, doch wie die meisten Federstreiche meiner Hand ist er im Papierkorb verschwunden. Also heute von der Faust weg. In Wilflingen sagten Sie letzten Sommer: ›Europa ist geschichtlich tot.‹ Die Geschichte der Welt ist Geburtswehe des weiblichen Prinzips. Bis dahin geht die Menschheit noch auf allen Vieren. Wolfskehl: ›Blut sei Same, Gift der Geist.‹ Den Mord an den Blumenkindern in New York fasse ich als Menetekel auf. ›Psychedelisch‹ klingt wie ein pharmazeutisches Präparat. Das Wort stammt vom Papst der amerikanischen Alice-D-religion. Man scheint dort in den letzten Jahren gewaltige Sprünge gemacht zu haben. Anhänger bin ich nirgendwo gewesen, aber den Lesekoller hab ich gekriegt. Aus Tepotzlan kommt Nachricht, daß Sie eine Reise nach Mexiko vorhaben. In der ›Perfektion der Technik‹, habs leider nur auf Englisch, fand ich den Satz: ›Life is reduced to a choice of evils.‹ Der alte kohlschwarze Neger – er war noch Köhler obendrein – der mir im Busch von Haiti entgegenkam, stellte *die* Kernfrage der Zeit: ›Wat je fooh?‹ Er mußte es ein halb Dutzend Mal wiederholen, bis ich sein Pidjin kapierte. In Deutschland bekamen wir einen L.K.W. mit wiedergeborenem Motor geschenkt: einen Liebes-Kraft-Wagen.«

Und so über Seiten fort. Der Text löst sich in Assoziationen auf. So unterhält und versteht man sich, wenn man schon einiges getrunken hat. Guido hat auch eine gute Hand für das Holz, er baut Tische und schnitzt Sandalen, die von Snobs geschätzt werden. Sobald das Geschäft floriert, macht es ihm kein Vergnügen mehr. Ich glaube, daß er in einem Heim war, bevor er zu den Amsterdamer Untergründlern kam. Wer dort nicht ruiniert wird, muß eine »gute Kuttel« haben, wie man in Schwaben sagt.

285

Wahrscheinlich wird diese Form der Existenz sich ausbreiten. Die Gesellschaft wird in zunehmendem Maße nicht nur vater-, sondern elternlos. Der Staat, der »tausendschuppige Drache«, verwandelt sich in einen pädagogischen Giganten und stampft Schulen aus dem Boden, die von Fabriken immer weniger zu unterscheiden sind. Die Ausbeutung verlagert sich und wird intensiver; wie früher die Muskelkraft, so wird heute das Großhirn monopolisiert.

Wird damit die Evolution zum Abschluß gebracht und der Prozeß in eine stabile Ordnung ausmünden? Die Frage wurde von Nietzsche verneint, Huxley und Orwell bejahen sie, als Pessimisten allerdings. Huxleys Vision ging gegen Ende seines Lebens dann wieder über Glanz und Elend des Letzten Menschen hinaus – über das Ideal der »Vielzuvielen«, wie Nietzsche sie nennt.

Zunehmen wird jedoch nicht nur der babylonische Ausbau des pädagogischen Automatismus und der automatischen Pädagogik, sondern auch das dumpfe Mißbehagen der Betroffenen. Man kann die Zeitungen nicht öffnen, ohne daß man auf seine Spuren stößt.

Das Schauspiel ist nicht von heute, denn seit jeher preist der Zeitgeist vor der großen Gaukelbude seine Spezialitäten an – bald als Zauberkünstler, bald als Billiger Jakob, bald als Zahnreißer. Hat einer zwei bis drei Mal den Eintritt bezahlt und wurden ihm drinnen nicht nur Haut und Haare, sondern auch Kopf und Kragen abgefordert, so verwandelt sich der staunende Gläubige in einen unverschämten Gläubiger, der nun selbst die Tribüne besteigt. Die Szene wird dürftiger. Zuletzt:

> Umgibt in Rauch und Moder nur
> Dich Tiergeripp und Totenbein.

Wenn die Wüste wächst, bedeckt sie sich mit Gerippen, mit Gestell und Gestänge; auch das ist ein Schauspiel, das wiederkehrt. Die Kleinen Übergänge fördern dann nicht mehr. Um Vorgänge zu studieren, müßte man, wenn nicht den Mythos, so vielleicht die Paläontologie zu Rate ziehen.

286

»Godenholm« blieb also für mich nicht gänzlich Monolog. Es führte mir einige Grenzgänger zu, Typen, die kein Programm haben.

Die »Heime« – das ist einer der Euphemismen, die auftauchen, wo Heimat verloren geht. Sie entlassen bekanntlich einen hohen Prozentsatz von Kriminellen, Prostituierten, Psychopathen aller Art. Das sind die Schatten einer Sehnsucht, die nicht gestillt wurde. Die hölzerne Glucke, wie künstlich sie auch ausgetüftelt wurde, hat nicht genügt.

Guido führte außer dem I-Ging immer einige Tröstungen mit – eine Handvoll Mescal-Bottoms, Marihuana und ähnliches. Einmal brachte er auch aus La Maurie, so hieß seine Kinderfarm, einen Blumentopf mit blassen Hanfkeimlingen an. Er wußte nicht, daß sie in unserem Klima taub bleiben.

Wir unterhielten uns darüber nur theoretisch, um so mehr, als ich den Eindruck hatte, daß seine Physis durch die Einstiege angegriffen war – nicht so sehr durch die Häufigkeit des Zuspruchs als durch seine Intensität. Die großen Drogen, die wir jetzt behandeln, führen nicht zur Sucht. Freilich: krank sein kann man sein ganzes Leben, sterben nur ein Mal. Wir finden daher den großen Rausch in seinen Heimatländern auch tabuiert. Er ist entweder den Wissenden vorbehalten oder auf Initiation und Festzeiten beschränkt. Auch sollen drei Annäherungen genügen: zur Jünglingsweihe, vor der Hochzeit und auf dem Sterbebett. Es heißt, daß Huxley kurz vor dem Heimgang noch Meskalin genommen hat. Besser als Opiate jedenfalls.

»Sterben ist nicht so einfach« – das war das letzte Wort meines Onkels Paul. Das ist wohl richtig – und daher muß es gelernt werden. Das ist wichtiger als die gesamte Maschinentechnik einschließlich der Mondflüge. Man hat es auch immer gewußt, schon in Eleusis, schon bei den Langobarden, den Chatten, den Hariern, den Wikingern. Das ist der Sinn der Mutproben, die der Aufnahme in die Männer- und Geheimbünde vorausgehen. Der Jüngling wird in die Geister- und Totenheere eingeführt und kehrt verwandelt zurück.

Einzelheiten bei van Gennep (»Rites de passage«), Mircea Eliade, Schurtz – und »fein verteilt« überall.

287

Wo so hoch gespielt wird, kann keine Gewöhnung eintreten, und der Mißbrauch wäre dem zu vergleichen, was man früher als Sakralschändung ahndete. Ich sagte bereits, daß »Mexiko« nicht geographisch aufzufassen ist. Es ist in feiner Verteilung überall, wenngleich der Boden dort besonders trächtig ist. Innerhalb unserer Einteilung gehört das Kokablatt nicht dazu, obwohl es dort wächst, wohl aber das europäische Mutterkorn mit »Hofmanns Elixier«.

Haschisch, um dessen Streichung aus der Liste der sogenannten Rauschgifte jetzt eine Kampagne geführt wird, ist der »mittleren Stufe«, dem Orient, zuzurechnen, und die Erfahrung von Jahrhunderten lehrt, daß es sehr wohl zu zerstörender Sucht führen kann, ebenso wie die euphorisierenden Derivate des Opiums. Zudem kann es aggressiv stimmen, und eine Reihe von Untaten, wie sie gerade jetzt gemeldet werden, haben ohne Zweifel damit zu tun.

Wir wollen hier nicht Nutzen und Schaden gegeneinander abwägen, sondern uns an das Thema halten: Annäherung. Das Mannigfaltige wird durchschritten und bleibt im wesenlosen Schein zurück. Die Phytochemie ist fähig, einen Palast mit tausend gläsernen Kammern zu entwerfen, zu dessen Ausstattung die Pharmakologen und Pharmakognosten als Innenarchitekten beitragen. Sie können ihn mit Bildern und bequemen Möbeln, mit Bädern und Wandelhallen ausstatten. Die Skala von »Welt als Wille und Vorstellung«, die Vielfalt energetischer und phantastischer Möglichkeiten, wird gesondert und gesichtet werden; sie lassen sich trennen, ordnen und benennen wie eine vieltastige Klaviatur. Hier ist noch unerforschtes Land.

Doch was besagt das – solche Paläste werden durchwandert, als ob sie ausgestorben wären; man kennt die Zustände. Solange wir nicht die letzte Kammer öffnen können, sind wir nicht Hausherren. Nun muß der Meister kommen, der Guru, dann enden Komfort und Wissenschaft.

288

Guido hatte sich nach seiner politischen Phase als Solitär durch die Länder bewegt. Im »Sich-Anschließen« verbergen sich Handschellen. »Umfunktionieren« heißt: das Seil der Funktion am anderen Ende anfassen. So vergeudet man Kraft. Wenn man losläßt, wirft man den Gegner um. »Widerstand leisten« heißt, Kraft in einer vom Gegner bestimmten Richtung abgeben. Schnell ist man entlarvt. Je weiter man nach Osten kommt, desto besser wird das gesehen.

Antonius, der die Wüste zum Wald machte, hatte darüber nachgedacht. Er drängte sich nicht zum Martyrium. Aber er stand an sichtbarer Stelle, wenn die Verurteilten vorbeikamen. Dann ging er zum Fest, das er sich selbst bereitete. Wir sind hier noch Anfänger. »Wenige sind wert, daß man ihnen widerspricht.« Doch wer listig genug ist, darf auch auf Gemeinplätze eingehen. Zarathustra geht über den Markt.

289

Guido hatte mit den Eingeborenen auf Haiti geraucht, kannte die Blumenkinder von Kalifornien, die Provos von Amsterdam, die bunten Hippies, die auf den Stufen der Spanischen Treppe und am Rande der Barcaccia hocken, die Undefinierbaren, die überall auftauchen und einen neuen Argot sprechen. Solche Gesellen sind Kundschafter in die Unterwelten; gut ist, wenn sie zudem gebildet sind.

Wichtiger als die regionalen und horizontalen Differenzen des Einstiegs sind die vertikalen: die Lotungen. Für Guido waren es auch Tempi; die große Fahrt begann, wenn er sagen konnte: »I am high.« Dann kam, was er die »chymische Hochzeit« oder den Orgasmus des Geistes nannte: »I am stoned.« Diese Ausdrücke sind üblich; er hatte noch einen dritten, den er Wolfskehl verdankte und den er zu sekretieren bat. »Ich bin noch keinem begegnet, der so weit gediehen ist.«

Immer aber droht auch der »down-kick«, das Jüngste Gericht.

EIN PILZ-SYMPOSION

290

Der »down-kick« drohte auch bei unserem Pilz-Symposion, im Frühjahr 1962, doch zog er, ohne sich voll zu entfalten, als dumpfes Mißbehagen vorbei.

Das Symposion galt einem der mexikanischen Wahrsagepilze, der »champignons hallucinogènes divinatoires«, die in Europa seit langem, allerdings nur theoretisch und esoterisch, bekannt gewesen sind. Schon im unerschöpflichen Codex des Bernardino de Sahagún findet sich die Abbildung einer Spezies: eine Pilzgruppe, über der ein Vogelmensch mit spitzem Schnabel schwebt. Bald nach der Conquista kam es zu den ersten Prozessen gegen Personen, die mit dem Pilz kommuniziert hatten. Er wurde als »chose diabolique« angesehen.

Die Wissenschaft begann sich mit dem Pilz erst nach der Reise des Ehepaars Wasson zu beschäftigen, das mit einem Team von Ethnologen, Chemikern und Fotografen die entlegenen mexikanischen Gebirgsdörfer aufsuchte, in denen sich der Kult erhalten hat. Sie nahmen an den Riten der Eingeborenen teil. Der erste Bericht erschien im Frühjahr 1957 in »Life«. Ihm folgte 1958 die gewichtige, reich illustrierte Monographie von Heim und Wasson »Les Champignons hallucinogènes du Mexique«. Das Werk genügt sowohl hohen wie detaillierten natur- und geisteswissenschaftlichen Ansprüchen und reicht auch über sie hinaus. In ihm vereinen sich so verschiedene Disziplinen wie die Ethnologie, die Archäologie, die Mythologie, die Geschichte, die vergleichende Linguistik, die Mykologie, die Pharmakodynamik, die Phytochemie. Außerdem werden Auguren wie William Blake zitiert: »Wer nicht in einem stärkeren und besseren Licht sieht als unser zum Vermodern bestimmtes Auge, der sieht nichts.«

Für Wasson sind Visionen »in unsere Tiefe einmagaziniert«. Der Pilz entzündet sie. Übrigens rühmt er ihm nach, daß er nicht süchtig mache – er habe von keinem der Indianer je von einem »penchant aux champignons« gehört. Wahrscheinlich kamen die Wassons kurz vor Toresschluß in jene unwegsamen Täler: mit dem ersten Hubschrauber.

Es konnte nicht ausbleiben, daß bald darauf der Pilz bei Sandoz in Basel unter die Lupe genommen wurde – phytochemisch von Albert Hofmann und pharmakologisch von Heribert Konzett, der aber, glaube ich, damals schon nach Innsbruck berufen war. Jedenfalls verdichtete sich im Lauf unserer Korrespondenzen der Wunsch nach einem Symposion, zu dem wir auch Rudolf Gelpke einluden.

291

Bald war es so weit, daß ich die Vorbereitungen treffen konnte, bei denen wenigstens die gröbste Aussonderung des Profanen geboten ist. Eine gewisse Nüchternheit des Raumes kann nichts schaden, im Gegenteil – die Einzelheiten verwirren nur. Yazdi, ein von Gelpke übersetzter und gern zitierter Perser, gibt in dieser Hinsicht in seinem Traktat über die Kunst des Opiumrauchens genaue Anweisungen. Zu vermeiden ist das Rauchen an windigen, schmutzigen oder dunklen Orten, in Gesellschaft eines Tadlers, eines Fremden, eines Nichtrauchers. Auch ist es verpönt, allein zu rauchen, denn dann ist zu befürchten, daß sich Dämonen einstellen. Als ideal gilt ein kleiner, in sich geschlossener Freundeskreis. Hinzuzufügen wäre heute, daß man einen Raum wählen sollte, in den möglichst keine Motorengeräusche eindringen. Das wird immer schwieriger.

Ein Diwan und bequeme Sessel waren vorhanden; ich sorgte für Decken und Fußbänke, auch für sowohl bequemes wie exotisches Habit, darunter eine Chelabija, die ich vor kurzem aus Ägypten mitgebracht hatte. Am Vorabend wurde der große Kachelofen geheizt. Er schluckt Unmengen von Holz, an dem es in Stauffenbergs Wäldern nicht fehlt. Dafür speichert er aber auch die Hitze für geraume Zeit, ohne daß man nachzulegen braucht. Er steht in dem Parterrezimmer, in dem die Gestapo die Akten verwahrte, die sie nach dem Attentat beschlagnahmte. Die Siegel haften noch an der Tür.

Vor kurzem hatte ich zum andern Mal geheiratet. Das Stierlein zahlte hier seinen Einstand; mit der Ankunft der Gäste sollte das Erdgeschoß tabuiert werden. Oben war ein »Theatersouper« vorzubereiten, eine Schallplatte aufzulegen, die Katze einzusperren, die Kontakte zum Telefon und den Haushaltsmaschinen zu unterbrechen und überhaupt Störungen vorzubeugen, soweit es möglich war.

Das wird, wie gesagt, immer schwieriger. Die rasante Monotonie der Motoren ist der Todfeind jeder höheren Wahrnehmung. Hier spricht der Wille gegen die Vorstellung. Diese Geräusche haben sich verstärkt und vervielfacht innerhalb der zwanzig Jahre, während deren ich hier auf dem Dorf wohne, und zwar nicht nur infolge des Durchgangsverkehrs und der Überfliegungen, sondern auch durch die Automaten, die sich auf dem flachen Lande und in den Häusern ausbreiten. Das akustische Gewebe hat sich verändert – es verkümmert der Anteil der Menschen, der Tiere, der Glokken, der es musterte. Das geht in die Tiefe; beim Schall der Düsenjäger sehe ich die Fische im Gartenteich zusammenzucken und auf den Grund tauchen.

292

Wir saßen nun zu viert am Tische, auf dem das Glas mit den Zauberpilzen stand. Sie waren eingeweicht; jeder begann zwei oder drei davon zu kauen. Sie waren zähfaserig, hatten einen dumpfen, modrigen Geschmack.

Die Pilze nehmen in besonderer Weise am Werden und Vergehen teil. Sie sind der Erde näher als die grünen Pflanzen, ganz ähnlich wie die Schlange ihr näher als die anderen Tiere ist. Hier wie dort ist der Körper in geringerem Maß gesondert; der Fuß dominiert. Dafür ist auch der Reichtum an heilenden und tödlichen Kräften stärker – und an Geheimnissen. Der alte Pulverkopf wußte, warum er die Schlange als das klügste Tier bezeichnete.

Es verfloß, wie üblich, eine halbe Stunde oder ein wenig mehr in Stillschweigen. Dann kamen die ersten Zeichen: die Blumen auf dem Tisch begannen aufzuglühen und sandten Blitze aus. Es war Feierabend; draußen wurde wie an jedem Wochenende die Straße gefegt. Die Striche drangen schmerzhaft in die Stille ein.

Dieses Scharren und Fegen, manchmal auch ein Kratzen, Pochen, Poltern und Hämmern, hat zufällige Anlässe und ist zugleich symptomatisch wie eines der Anzeichen, die eine Krankheit vorkünden. Es spielt auch immer wieder eine Rolle in der Geschichte der Beschwörungen. Görres berichtet darüber aus Ägypten, Gottfried Keller aus der Schweiz. Man muß ein solches Detail erfahren haben, dann kennt man seinen Ort. Rare Insekten sind überall verborgen, nur muß ein Entomolog in die Landschaft kommen, um sie zu sehen. Vor dem Sonntag wird gefegt, geputzt, gereinigt; bevor die Tür sich öffnet, wird gepocht und geklopft. Nichts ist natürlicher. Das Fest unterbricht weniger den Alltag, als daß es ihn sinnvoll erhöht. Was wir sonst fast instinktiv verrichten, wird uns in höherem Sinn bewußt.

293

Nunmehr begann der Pilz zu wirken; der Frühlingsstrauß glühte stärker, das war kein natürliches Licht. In den Ecken regten sich Schatten, als ob sie Gestalt suchten. Mir wurde beklommen, auch fröstelig, trotz der Hitze, die von den Kacheln ausströmte. Ich streckte mich auf das Sofa, zog die Decke über den Kopf.

Alles war Haut und wurde angetastet, auch die Retina – dort wurde die Berührung Licht. Dieses Licht war vielfarbig; es ordnete sich zu Schnüren, die sanft hin- und herschwangen, zu Glasperlenschnüren orientalischer Eingänge. Sie bilden Türen, wie man sie im Traum durchschreitet, Vorhänge der Lust und Gefahr. Der Wind bewegt sie wie ein Gewand. Sie fallen auch von den Gürteln der Tänzerinnen nieder, öffnen und schließen sich im Schwung der Hüften, und aus den Perlen weht ein Geriesel feinster Töne den geschärften Sinnen zu. Das Klingen der Silberreifen an den Fesseln und Handgelenken ist schon zu laut. Es riecht nach Schweiß, Blut, Tabak, gehackten Pferdehaaren, billigem Rosenöl. Wer weiß, was in den Ställen getrieben wird.

Es mußte ein riesiger Palast sein, mauretanisch, kein guter Ort. An diesen Tanzsaal schlossen sich Nebenräume, Fluchten bis in den Untergrund. Und überall die Vorhänge mit ihrem Glitzern, ihrem Funkeln – radioaktives Gegleiß. Dazu das Geriesel gläserner Instrumente mit ihrem Locken, ihrem buhlenden Werben: »Willst, feiner Knabe, du mit mir gehn?« Bald hörte es auf, bald kam es wieder, zudringlicher, eindringlicher, des Einverständnisses fast schon gewiß.

Nun kam Geformtes – historische Collagen, die Vox humana, der Kuckucksruf. War es die Hure von Santa Lucia, die aus dem Fenster die Brüste vorstreckte? Dann war die Heuer futsch. Salome tanzte; die Bernsteinkette sprühte Funken und steilte im Schwingen die Brustwarzen auf. Was tut man nicht für seinen Johannes? – verdammt, das war eine üble Zote, das kam nicht von mir, war durch den Vorhang geraunt.

Die Schlangen kotig, kaum lebendig, wälzten sich träge über die Fußmatten. Sie waren mit Brillantsplittern gespickt. Andere lugten mit roten und grünen Augen aus dem Plafond. Es glitzerte und wisperte, es zischelte und blinkte wie winzige Sicheln beim Bilwisschnitt. Dann schwieg es und kam von neuem, leiser, zudringlicher. Sie hatten mich in der Hand. »Da verstanden wir uns gleich.«

Madame kam durch den Vorhang; sie war beschäftigt, ging, ohne mich zu beachten, an mir vorbei. Ich sah die Stiefel mit den roten Absätzen. Strumpfbänder schnürten die dicken Schenkel in der Mitte; das Fleisch hing drüber weg. Die ungeheuren Brüste, das dunkle Delta des Amazonas, Papageien, Piranhas, Halbedelsteine überall.

Sie ging jetzt in die Küche – oder gab es noch Keller hier? Das Glitzern und Wispern, das Zischeln und Blinken war nicht mehr zu unterscheiden; es wurde, als ob es sich konzentrierte, nun hoch frohlockend, erwartungsvoll.

Es wurde heiß und unerträglich; ich warf die Decke ab. Das Zimmer war matt erleuchtet; der Pharmakolog stand am Fenster im weißen Mandarinenkittel, der mir noch vor kurzem in Rottweil beim Narrensprung gedient hatte. Der Orientalist saß neben dem Kachelofen; er stöhnte, als ob ihn der Alb drücke.

Ich war im Bilde; es war ein Schub gewesen, und er würde gleich wieder einsetzen. Die Zeit war noch nicht um. Das Mütterchen hatte ich schon anders gesehn. Aber auch Kot ist Erde, zählt wie das Gold zu den Verwandlungen. Damit muß man sich abfinden, solange es bei der Annäherung bleibt.

Das waren die Erdpilze. Mehr Licht war in dem dunklen Korn verborgen, das aus der Ähre ausbricht, mehr noch im grünen Saft der Sukkulenten an den glühenden Hängen von Mexiko. Wahrscheinlich birgt die Mistel noch größere, unerforschte, doch früh geahnte Geheimnisse. Der Erdgeist ist mächtig in vielen Formen, in den Slums wie auf der Avenida, in der Subura wie auf dem Kapitol. De Quincey sah den Consul Romanus im Triumphzug und Nietzsche den viehischen Cäsar, als Rom »zur Hure und zur Hurenbude« geworden war.

Der Einstieg war schief gelaufen – vielleicht sollte ich noch einmal dem Pilz zusprechen. Doch schon kam das Raunen und Wispern wieder, das Blitzen und Glitzern – der Blänker zog den Fisch hinter sich her. Ist einmal das Motiv gegeben, so stichelt es sich ein wie in der Walze – der neue Schub, die neue Drehung wiederholt die Melodie. Das Spiel führt über die schlechte Strähne nicht hinaus.

294

Ich weiß nicht, wie oft sich das wiederholte, und will es nicht ausspinnen. Manches behält man auch lieber für sich. Jedenfalls war die Mitternacht vorbei, als wir wieder beim Gespräch um den Tisch saßen. Auch oben wurde es gehört. Von dort kam es herunter, unglaublich zart und bezwingend, eleusinisch den Erdgeist auslöschend.

Dies Bildnis ist bezaubernd schön.

So zieht kein Titus, kein Cäsar ein. Wenn wir nur dies zu bieten hätten als Ausweis vor der letzten Schranke – es würde das Tor sprengen. Dies und die Herzmuschel.

Wir gingen nach oben; der Tisch war gedeckt. Noch waren die Sinne geschärft und aufgeschlossen: »Die Pforten der Wahrnehmung.« Das Licht wogte aus dem roten Wein der Karaffe, ein Schaumring brandete am Rand. Wir hörten ein Flötenkonzert.

Den anderen war es nicht besser ergangen: »Wie schön, wieder unter Menschen zu sein.«

So Albert Hofmann, der endlose Städte des alten Mexiko durchwandert hatte, zwischen Palästen mit goldenen Dächern, Säulen und Stufen aus Edelstein, im labyrinthischen Suchen nach Menschen durch eine Welt von geometrischer Schönheit in echoloser Stille, im schattenlosen Licht. Doch war sie ausgestorben wie die Messingstadt des Emir Musa, kein Vogel überflog sie: einsame, weltenferne, menschenleere Pracht.

Der Orientalist dagegen war in Samarkand gewesen, wo Timur im Nephritsarg ruht. Er war dem Siegeszug gefolgt durch Städte, deren Morgengabe beim Einzug ein mit Augen gefüllter Kessel war. Dort hatte er lange vor einer der Schädelpyramiden gestanden, die dem Völkerschrecken errichtet wurden, und hatte in der Masse abgeschlagener Köpfe den eigenen erkannt. Der war mit Steinen inkrustiert.

Dem Pharmakologen ging ein Licht auf, als er es hörte: »Jetzt weiß ich auch, warum Sie ohne Kopf im Sessel saßen – es wunderte mich; ich kann mich nicht getäuscht haben.«

Ich frage mich, ob ich das Detail nicht streichen sollte, da es die Requisiten der Geistergeschichten streift.

»Mit Gespenstern lassen wir uns nicht abspeisen.«

»Auch nicht mit Wundern – das sind Kurzschlüsse.«

»Da ging schon Görres unter sein Niveau.«

»Une jolie femme a bien d'autres moyens de faire la charité.«

»So schön war sie nun wieder nicht.«

NOCHMALS LSD

295

Zur rechten Zeit und am rechten Ort kann ich das Mutterkorn als missing link nachtragen. Ich bewahrte vom »Auszug seiner tödlich feinen Säfte« seit langem drei Ampullen neben den mexikanischen Raritäten, die mir Guido von seinen Ausflügen ins Haus brachte. Am letzten Freitag kam Albert Hofmann aus der Schweiz herüber, um mein Urteil über seine Darstellung zu berichtigen. Darstellung – so muß man wohl eine Operation bezeichnen, die weder als Entdeckung noch als Erfindung scharf zu umreißen ist. Entdeckt wird alles; wir heben einen Schleier von der Natur und ihren Kräften, in deren Inneres wir nicht eindringen. Das ist gefährlich und war es auch in diesem Fall. Dann schneiden wir aus dem Überfluß für uns zurecht. Der Reichtum der Großen Mutter wird angezapft. Die technische Welt ist nicht nur Mühle, sie ist auch Melkstube. Das wird schon an den Retorten sichtbar, bis in die Form. In dieser Landschaft wird nicht nur raffiniert gemahlen und aufgespalten, es wird an Millionen Bohr- und Zapfstellen auch angesogen und destilliert. Wir melken selbst den Lichtstrahl und die Luft.

Das sollte uns heut nicht kümmern; wir machten uns gleich nach dem Frühstück auf eine andere Reise, die mit Einbruch der Dunkelheit endete. Wider Erwarten war es mir möglich, Notizen zu machen – das zeigt übrigens, daß ich in diesen Breiten schon befahrener geworden bin. Anbei das Logbuch, ohne Kommentar:

Wilflingen, den 7. Februar 1970

10.25 Keine Feile zum Öffnen der Ampullen; sie mußte im Dorf besorgt werden.

LSD E. J. 150 gamma oder 0,15 mg
A. H. 100 gamma oder 0,10 mg

Aufgelöst in einem Gläschen Wasser, leichte Fluoreszenz.

»Schmeckt nach Nichts.«

»Das Nichts ist eine gefährliche Sache.«

»Auf gute Fahrt!«

Gespräch über synthetische Stoffe. Auch nur Bausteine, die wir hin- und herschieben. Geformte Ziegel kommen aus der Tongrube, Findungen, nicht Erfindungen. Auch der Züchter hochkultivierter Blumen kommt ohne Samenkorn nicht aus.

10.45 A. H. Spürt die erste Wirkung. Ziehen in den Schultern, Müdigkeit. »Noch mehr somatisch.« Plattenspieler: Mozart.

10.55 Konzert für Flöte und Harfe in C-Dur. Eine Blaumeise pickt am Fenster. Ob sie wohl etwas hört? Man hört alles mit, wenn man tief genug in das Ungesonderte steigt.

Die Meisen picken Sämereien aus Beutelchen, deren Gelb jetzt intensiv wird. Ebenso gewinnt die Kalkplatte mit dem versteinerten Fisch ein intensives Orange, das ich selbst im Sonnenlicht bislang nicht an ihr beobachtete. Die Ziegel auf einem der Stauffenbergschen Türme werden kräftiger rot, wie bei Sonnenuntergang. Dort, wo sie bemoost sind, wird auch ihr Grün lebhafter. Die blaue Farbe dagegen noch ganz tot. Wir sind überhaupt tot, industriefarben, brachliegend.

Ich sitze im Arbeitszimmer, A. H. in der Bibliothek. Es beginnt zu schneien.

11.15 Auch das Blau wird jetzt kräftiger. Schwarz immer noch tot. Ob ich hinübergehe? Das könnte ihn aber erschrekken.

Hat Bedürfnis, zu liegen. Mozart war ihm »wie das Drehen von Porzellanfiguren«. Also noch tot.

»Ob wir *das* noch schaffen können? Wäre immerhin ein Test.«

»Ach, wissen Sie, *das* schafft sich von selbst.«

11.40 »Wollen Sie schlafen?«

»Schlaf ist das nicht.«

»Wäre auch schlimm.«

11.50 Außenwelt immer noch störend. Traktoren. Aber schon dieses Raunen – – – als tuschelten in einem der Séparées des Universums zwei.

»Das sind Schalksnarren.«

Die Glocken läuten. »Besser als die Maschinen.«

Verschärft sich unsere Wahrnehmung? Oder wird die Materie offensiv? Das werden wir nie ausloten.

12.10 Unser Boot schlenkert gewaltig. Auch in das Nüchterne.

12.45 War einen Augenblick mit mir – mit ihm selbst – allein. Dann zu A. H.: »Jetzt etwas besser. Besser, ja besser – wenn auch noch nicht ganz.«

Für einen Augenblick Identität.

13.00 Adler-Abgleichungen.

A. H.: »In unserer Sprache nichts Vergleichbares. Kommt doch aus einer anderen Welt.«

Wir treten jetzt in andere Räume ein, in denen es friedlich wird. Nur wer den Krieg kennt, weiß, was Frieden heißt.

A. H.: »Das Blau wird jetzt transparent.«

E. J.: »Der Name Hofmann auch.«

13.15 Es wird durchaus angenehm. Als quölle es reich in die Erscheinung hinein.

13.16 Versuche es wieder mit dem Adlerflug. Nicht nur die Ränder – das Leinen violett.

13.30 E. J.: »Ich brauche jetzt keine Verstärkung mehr.«

A. H.: »Ich glaube, es genügt.«

13.50 Wieder: die Adlerstellung – der Adlerflug. Drei Mal: Die Schwingen!

14.00 Die letzte, zarteste Annäherung – der Fittich, dessen, der sich opfern will.

14.35 »Lange« Abwesenheit.

15.00 Adlerflug. Identität.

15.23 Drei Schwingen.

15.30 Der Frühling kommt. Das war das charmanteste, zarteste Einverständnis mit der Wiederkehr.

16.35 Blau, strahlend.

A. H.: »Ich erlebe die Schönheit dieser Räume – – – nun, sie kommt schon wo her.«

17.15 Adlerschwünge, drei.

Mit Einbruch der Dunkelheit begannen wir uns zu unterhalten: wir stiegen aus. Der Flug war gelungen – störend waren nur die Maschinen gewesen; ihr Takt ist der Hauptfeind sowohl der Meditation wie der musischen Einschwingung. Mechanisierter, brutaler Wille; entweder wird man überfahren oder galvanisiert.

Man müßte Orte inmitten entlegener Gärten wählen, mit einfacher, gediegener Ausstattung. Wenig Metall, am besten Bronze, viel Holz von Sorten, wie man sie zum Geigenbau verwendet, Strohmatten, Schilfdächer. Kein großer Ausblick, weder auf Meer noch Gebirge – ein Wasserbecken würde genügen, ein Mäuerchen, auf dem eine Eidechse ruht.

Wir machten noch einen Gang um das Dorf, jeder für sich, bevor wir uns zu Tisch setzten. Es hatte getaut und begann wieder anzufrieren; immer noch waren die Emanationen lebhaft; der Schnee glühte wie die frisch ausgestoßene Schlacke eines Hochofens.

PEYOTL

296

Wir haben das Pferd vom Schwanz her aufgezäumt: Europa, Orient, Mexiko. Zunächst der reine Genuß mit Gewinn und Gefahren, sodann das Abenteuer mit seinen phantastischen, ästhetischen und geistigen Bezirken, endlich Annäherungen, für die man früher verbrannt oder verehrt worden wäre und für die wir die Namen aussparen. Das Wort kristallisiert.

Auch diesen letzten Abschnitt möchte ich mehr thematisch als chronologisch angreifen.

297

Beim Umzug von Überlingen nach Kirchhorst hatte ich auf eine Zeit ruhiger Arbeit gehofft. Wenn ich jedoch vom Schreibtisch über den Pfarrhausgarten auf die Straße blickte, begann ich zu ahnen, daß mir das nicht lange vergönnt sein würde – es vibrierte dort immer lebhafter, und zunehmend bedrohlicher.

In dieser Zwischenzeit wurde ich einmal, zusammen mit Sieburg, Pückler und anderen, nach Fuschl eingeladen – und zwar von Ribbentrop, der an eine Art von brain-trust dachte und dort einen einleitenden Rundblick über die außenpolitische Lage gab. Ich konnte in der Sache nichts bestellen – die Figur hat sich einige Male in meinem Leben wiederholt. Die Schilderung dieser Reise – wir flogen von Frankfurt nach Salzburg und zurück – gab übrigens später Friedrich Sieburg Stoff zu einem seiner anekdotischen Glanzstücke.

Ich kehrte mit einer gewissen Beruhigung nach Kirchhorst zurück in der Meinung, daß eine Pokerpartie gespielt würde. So war es wohl auch beabsichtigt. Daß ich es *im Grunde* besser wußte, beweist mir der Text von »Auf den Marmorklippen«, der mich damals unter Zwang beschäftigte. Diese Erzählung gehört weniger in den Bereich der Literatur als in den der Visionen – als Beispiel für das, was man in Westfalen und auch bei uns in Niedersachsen den »Vorbrand« nennt.

Daß die kleine Schrift sogleich und selbst während der ersten Kriegstage auf das lebhafteste politisch kommentiert wurde, war unvermeidlich und insofern zutreffend, als das Schicksal sich *auch* politisch instrumentiert.

Im Grunde hatte ich den Krieg verloren, ehe er begann. Allerdings ist unser Bewußtsein vielschichtig, und die Einsicht reicht selten bis auf den Grund. Zuweilen dachte ich, daß ich mich getäuscht hätte – so beim Einzug in Paris. Dann wieder fühlte ich mich durch Einzelheiten bestätigt, die ich nicht *gewußt* haben konnte, so während des 20. Juli 1944 – wenn wir von einem »bösen Erwachen« sprechen, so trifft das die Situation. Nur kennen wir selten den Inhalt der Träume, die vorausgegangen sind.

298

Für Jahre war es nun vorbei mit der ländlichen Einsamkeit, die ich erhofft hatte. Es war vorbei mit der Meditation, der ausgedehnten Lektüre, den Gängen durch das Moor und die Heide, den Abendgesprächen im kleinen, vertrauten Kreis. Eine Fülle von Begegnungen war zu bewältigen. Ich will das nicht als Verlust buchen. Die Menschen tragen zwar ab, sie tragen aber auch zu. Besonders im »Majestic«, in dem jetzt über Vietnam verhandelt wird, gaben sie sich die Klinke in die Hand. Ich sah dort die Palette in ihrer vollen Breite – vom Oberbefehlshaber bis zum Telefonisten, vom hohen SS-Mann bis zum proskribierten Juden – Idealisten und Realisten, Verfolger, Verfolgte, Attentäter, Mörder, Selbstmörder.

Das setzte sich fort, als ich wieder in Kirchhorst war. Die Unruhe hielt noch Jahre nach dem Einmarsch der fremden Truppen an. Das Pfarrhaus lag an der Straße Hannover-

Hamburg – damals gab es noch nicht die Autobahn. Die Wagen folgten dicht aufgeschlossen der Alten Celler Heerstraße, deren Pflaster die Reifen poliert hatten. Besucher sprachen für Minuten, Stunden oder Tage ein; manche blieben auch jahrelang.

Einer der Gäste, die regelmäßig kamen, war Walter Frederking, ein Hamburger Arzt, den Keyserling einmal unseren begabtesten Psychotherapeuten genannt hatte. Er behandelte damals meinen Verleger Benno Ziegler, der an Bulbärparalyse erkrankt war, einem zum Glück höchst seltenen Gehirnleiden. Die Diagnose schließt das Todesurteil ein. Auch Ziegler besuchte mich etliche Male; er bot den herzbeklemmenden Anblick eines fortschreitenden Verfalls. Zum Bild der Krankheit zählt eine schleichende Lähmung der Sprechorgane, die unter anderem dazu führt, daß beim Reden nacheinander bestimmte Laute ausfallen. Benno war schon bei seinen Besuchen im »Majestic« von Sorgen beschattet gewesen, die nicht nur das eigene Schicksal angingen. Seine Frau litt in hohem Maße unter dem Zweiten Gesicht und sah Einzelheiten der Katastrophe voraus, die sich später bestätigten. Nun zogen neue Wolken auf.

Zunächst hatten mich noch seine Lagebeurteilung und seine Pläne gefesselt; er war ein intelligenter, aktiver Geist, der es aus bescheidenen Anfängen zu Einfluß gebracht hatte. Es kam aber der Punkt, von dem an ich nicht mehr auf den Inhalt, sondern nur noch auf die Form seiner Worte lauschte – auf die armselige Apparatur, auf die wir angewiesen sind. Da war wieder ein Ausfall, als ob eine Taste gehemmt, eine Type gelöscht wäre. Dann kamen Erstickungsanfälle – er ging vor die Tür, um zu husten, während er sich die Serviette vor den Mund preßte. Wir sprachen dann weiter, als ob nichts geschehen wäre – doch es war unheimlich.

Bei vielen Krankheiten kommen Tage und Wochen, in denen der Leidende nicht mehr zu sprechen vermag. Wir müssen dann in unserem wortlosen Schatz nach ungeprägter Münze suchen, damit er fühlt, daß er sich auf uns verlassen kann.

299

Am Ausgang war kein Zweifel; nur wird der Aspekt bei solchen Leiden dramatisch – das Zeitliche wölbt sich ganz nah und unverkennbar mit seinen Schrecken auf. Daß der Patient dem nicht Rechnung tragen wollte, sondern sich intensiv an seine Geschäfte klammerte, schien dem Arzt nicht recht zu sein. »Er hat den Ernst der Lage noch nicht erfaßt.«

Indessen sind gerade die kleinen Rückzüge schmerzlich – die letzte Reise, der letzte Ausgang, die letzte Unterschrift. Man setzt den Namen noch unter einen Postscheck, während nicht nur das Postamt, sondern auch die Welt der Namen und Zahlen schon wie eine Kulisse versinkt.

Es schien mir, daß der Therapeut hier die Domäne des Geistlichen betrat. Dazu ist freilich jeder berechtigt, vorausgesetzt, daß er genug zu bieten hat. Dann kann er uns weit in das Namenlose an der Hand führen und noch ein Stück darüber hinaus.

Wie weit Frederking das vermochte, entzieht sich meinem Urteil – jedenfalls habe ich über ihn als Lotsen von Patienten, die stark havariert waren, Rühmliches gehört. Damals beschäftigte ihn neben dem »Autogenen Training« auch die »Narko-Analyse« – also die Auslotung psychischer Probleme im ad hoc herbeigeführten Tiefenrausch. Dem Betroffenen oft selbst verborgene Leiden sollen hervorgehoben und geheilt werden. Es kann genügen, daß sie »besprochen« oder benannt werden. Schon an sich kann der Rausch Katharsis bringen: Reinigung. Ebenso kann er Schaden anrichten. Das sind Drastica, deren Wirkung nicht jeder Patient gewachsen und zu deren Anwendung nicht jeder Arzt berufen ist.

Hat Frederking den Meskalinrausch in die Heilkunst eingeführt? Jedenfalls war er einer der ersten, die sich mit der Droge in dieser Absicht beschäftigten. In Aufsätzen im »Medizinischen Monatsspiegel« und in »Psyche« ging er auf Einzelheiten ein. Wir unterhielten uns darüber, nachdem wir Bennos Zustand besprochen hatten; später, als ich nach Schwaben gezogen war, schloß sich dem ein Briefwechsel an. Er erstreckte sich, wie ich dem Dossier entnehme, über fünfzehn Jahre bis zu Frederkings Tod.

300

Es konnte nicht ausbleiben, daß wir eine Séance verabredeten. Vom Meskalin hatte ich damals noch ziemlich abenteuerliche Vorstellungen. Sie gründeten sich auf die Monographie von Beringer, der in Freiburg mit dem Stoff experimentiert hatte, und auf Berichte von Reisenden.

Zu einer Verabredung kam es erst im Januar 1950, als ich nach Ravensburg gezogen war. Wir wollten uns in Stuttgart treffen; Ernst Klett hatte dort an einem Südhang an Stelle des zerstörten ein neues Haus gebaut. Es war geräumig; die Decken waren mit Schilf, die Wände mit Büchern verkleidet – bis auf die Glasfront mit dem Ausblick auf ein dicht bebautes Stadtviertel. Der Horizont wurde durch den bewaldeten Gegenhang begrenzt. Der Garten, ein alter Weinberg mit roter Krume, liegt so geschützt in der Sonne, daß die Paulownia starke Stämme bildet und die Smaragdeidechse den Winter übersteht.

Seit jenem Januartage haben sich mir Haus und Garten imprägniert. Die Paulownia hat mexikanische Kontur gewonnen; die Lichter, die unten in den Wohnblocks leuchten und an den Hängen sich bewegen, nehmen für Augenblicke den Zauber eines kosmischen Schneegestöbers an. Es kann auch vorkommen, daß ich auf einer Straße oder in einem Bahnhof unvermutet in Mexiko bin. Die Dinge und Menschen fügen sich dem ein. Ich notiere das, weil es darauf schließen läßt, daß Engramme sich einprägen.

Der Termin kam mir ungelegen; gerade jetzt war ich zu Extravaganzen schlecht aufgelegt. Die Wohnung war zu klein; ich hatte einen Teil meiner Bücher zurücklassen müssen, ein anderer stapelte auf dem Korridor. Das Manuskript ging mühsam voran; die Post war unfreundlich. Noch war mir das Mittelmeer verschlossen, die große, bewährte Quelle der Heiterkeit. Banine bemühte sich in Paris um ein Visum für mich; sie kam damit nicht voran. Außerdem hatte ich mich mit Perpetua verzankt – oder, genauer gesagt, ihr wieder einmal Anlaß gegeben, mir gram zu sein. Sie war nach Goslar gefahren, wo wir vor dem Krieg eine Reihe guter Jahre verbracht hatten.

Sanguinische Temperamente sind glücklich veranlagt; sie vergessen bald. Als sie in Goslar aus dem Zug stieg und Fritz Lindemann sie fragte, was denn los sei, war ihr Zorn schon verraucht. »Ach, mal wieder Knies mit dem Alten gehabt« – dabei dachte sie schon halb an die Rückreise. Mir pflegte das länger nachzugehen. Wenn Martin von mir sagte: »Er ist nicht treu, aber anhänglich«, so galt das auch für Verstimmungen. Die Wellen schlugen nicht so hoch, doch verebbten sie langsamer.

Das sind Unterschiede der Temperamente, auch der Sternzeichen. Einmal, beim Frühstück, studierte sie einen astrologischen Kalender und sagte: »So, jetzt weiß ichs und hier steht es: die Widder fressen die Fische auf.« Meine Erwiderung: »Es gibt auch Walfische«, war zwar zoologisch nicht ganz richtig, aber als Kompliment gemeint und wurde auch so aufgefaßt. Im Fühlen, Denken und Handeln war sie großzügig. Theodor Heuss sagte einmal von ihr: »Das ist eine Frau, der man drei Güter anvertrauen kann.« Daran hat es mir leider gefehlt.

An jenem Morgen also war ich in grauer Stimmung; die Wohnung war öd und ungeheizt. Dazu kam, daß ich früh aufstehen mußte, um zur rechten Zeit in Stuttgart zu sein. Der Wecker ist ein Instrument, das ich von jeher gehaßt habe. Ohne Frühstück ging ich zur Bahn, nachdem ich mich durch das kalte Bad ins Lot gebracht hatte.

In Stuttgart war Walter Frederking schon angekommen; wir konnten gleich zur Sache gehen. Zufällig war Mathias Wieman im Hause; seine Gegenwart war wie immer unmittelbar kräftigend. Er fuhr im Lauf des Tages weiter und hatte nur unseren Präliminarien beigewohnt. Sie regten ihn zu einem eigenen Versuch an, den er ein wenig später mit seiner Frau Erika unternahm.

Wir stiegen gegen drei Uhr nachmittags zu viert ein, nahmen um vier Uhr eine zweite Dosis und waren etwa zwölf Stunden unterwegs. Auch Frederking schattierte sich durch ein geringes Quantum und befolgte damit eine der Vorschriften des Persers Yazdi: »In gemischter Gesellschaft müssen die Nichtraucher wenigstens symbolisch ›eine Pille‹ mitrauchen.«

Ich hatte mir ein Blatt Papier und einen Bleistift zurechtgelegt, kam aber nicht zur Aufzeichnung. Der Doktor hatte mir das vorausgesagt. Nachdem ich etwa eine Stunde in leichter Übelkeit verbracht hatte, erschreckte mich ein Knall wie ein Pistolenschuß. Neben mir hatte die Hausfrau eine Nescafé-Dose aufgemacht. Zugleich begann ein Farn in einem Blumentopf sich zu bewegen, und zwar auf eine zugleich vitale und mechanische Weise, ähnlich wie Raupenketten – das konnten Segmente eines grünen Tausendfüßlers sein.

Das war der Anfang. Man wird gefaßt, gefesselt durch besondere Vorweisung. So ertönt ein Kanonenschuß, steigt ein Banner auf vor großen Schauspielen: Vor-Weisung. Wenn wir uns umblicken, steht einer hinter uns. So muß man übrigens die moderne Welt sehen, ihre Präzision, ihren ungeheuren Anschub von Tatsachen. Das ist Signalwesen.

Wir waren mit Visionen, Meditationen, Schauen und Horchen auf Bilder und Kompositionen beschäftigt bis gegen sechs Uhr abends, als die Welt schon ziemlich aus den Fugen geraten war, doch sich zugleich die Spannung qualvoll steigerte. Es war, als ob das Anfluten der Bilder nicht mehr genügte; sie mußten zurückbleiben. Wir verlangten nach einer dritten, stärkeren Dosis; der Arzt hielt sie für zumutbar.

Wenn solche Steigerungen fruchten sollen, müssen sie den Umschwung in die Qualität bringen. Sie gleichen dann, wenn wir uns eines Bildes aus der Mechanik bedienen wollen, dem Durchbrechen der Schallmauer. Die Fahrt erreicht eine Grenze, an der die gestaute Luft wie in einer Wehe zerreißt – und damit bewegt sich das Fahrzeug in einer neuen Phase: dem Überschallflug.

Das ist, wie gesagt, ein grobes Beispiel aus dem Bereich der physikalisch-titanischen Welt, doch ist es typisch für ihren unersättlichen Heißhunger und seine Eskalation. Nach ungeheurem Antrieb wird auch die Schwere aufgehoben wie der Schall. An den kritischen Punkten, auch der Thermodynamik, gibt es keine Steigerung mehr, sondern Überraschungen. Ein solcher Punkt ist dort zu vermuten, wo Zeit und Ewigkeit angrenzen.

301

Frederking hatte ein Protokoll geführt. Es lohnt sich kaum, daraus zu zitieren, da diese Fixierungen vom Erlebnis eher abtragen. Allerdings reichte Frederkings Kapazität über das hinaus, das Psychologen im allgemeinen zu bieten haben oder sich anmaßen. In ihm war etwas, das keinem Spezialisten fehlen sollte und dessen Mangel das Wissen ungenießbar macht, als ob das Salz fehlte – ich meine: musische Substanz. Ich hatte sie an ihm schon gleich empfunden, denn ohne diese Voraussetzung kommt es nicht zu dauernder Berührung – doch in jener Nacht wurde sie, wie überhaupt hinter der Erscheinung das Substantielle, deutlicher. Ich sagte es ihm auch und will doch diesen Abschnitt seines Berichtes ausziehen:

17.10 »Wie kann sich die Welt gewaltig ausdehnen! Mehr als ein paar hundert Jahr. Nein, es ist Steinkohlenzeit mit Fischen und Sauriern. Betrachte dann Frederking. Ein musischer Mensch, groß. Wundert sich, daß er das nicht schon früher sah.«

Nicht erwähnt finde ich, daß er dann noch einmal herankam, chinesisch aus einem Nebenraum heraustanzte. Er hatte sich einen Lampenschirm wie die Strohkappe eines Reisbauern aufgesetzt und fragte: »Wie sehen Sie mich?«

»Jetzt sehe ich Sie als Portugiesen. Sie stehen in einem dunklen Zimmer und blicken auf einen hell besonnten Platz. Zwischen Platz und Zimmer die *Jalousie*. Sie blicken hindurch. Jetzt wirds ganz finster in dem Zimmer, als ob die Dunkelheit zusammenränne in ein Tintenfaß.«

302

Ich wiederholte den Ausflug noch zwei Mal in Gesellschaft und ein Mal allein. Die Intensität der ersten Befahrung wurde nicht mehr erreicht. Erika Wieman schrieb mir nach ihrem Versuch, es sei ihr unbegreiflich, wie man ein solches Wagnis nochmals riskieren könne – sie trug eine Erinnerung an teils erhabene, teils grauenvolle Ausflüge in Aureolen und Tauchkugeln davon. Übrigens hatte sie mich und gemeinsame Bekannte gesehen und in einer Weise beurteilt, die sich bestätigte. Manche hatten wie Eulen als Weissagevögel aus hohlen Bäumen herausgeblickt.

Mathias fügte hinzu: »Es ist wohl sicherlich – und das wurde mir angesichts von Erika erneut klar – ein erzwungener Vorgriff, Übertritt in ein Zwischenreich, in dem die Seele ihre erste Zeit verbringt, nachdem sie den Leib verlassen hat. Ich bin im Zweifel, ob ein solches Erzwingen, nicht mit Hebeln und mit Schrauben, doch mit Chemie und Alchemie, nicht ein Frevel ist, ob der legitime Weg nicht über Fasten und Beten, über Sammlung und Versenkung zur Erleuchtung führt, ob nicht der geistige statt des magischen Weges dem Menschen zugeordnet ist.«

Das erinnert an das Fazit, das Baudelaire zog. Aber beide hielten sich nicht an die eigenen Spielregeln – und hatten Gewinn davon.

Einmal genügt – darin muß ich Erika recht geben. Auch Gurdjeff war dieser Meinung, zum mindesten, was die Adepten betrifft. Sie haben dann eine Vorstellung von den Dimensionen gewonnen, innerhalb deren sie sich als Blinde bewegen, haben ein Mal die Tiefe ausgelotet, die unter den Planken ihres Bootes gähnt. Dort durften sie Grund fassen, und diese Landnahme hält vor.

303

Ich glaube, es war das nächste Mal, das durchaus schief lief – ein Nachmittag in Gesellschaft, die Frederking durch unterschiedliche Dosierungen aufeinander abgestimmt hatte; er verstand sich in dieser Hinsicht auf Regiekünste. Auch seine Gattin war dabei.

Nachts blinkten unten die Lichter in einem Abstand, der den der Galaxien übertraf. Das war keine räumliche Entfernung mehr. Die Lichter waren nicht böse wie auf den Gemälden von Hieronymus Bosch – sie waren leblos und nicht zu beleben – kristallisiertes Nichts. Die Welthöhle war trostlos öde – es wollte kein neues Licht kommen. Noch gab es eine Instanz, die das betrauerte.

Melancholisch war auch der einsame Ausflug in Ravensburg, der sich bis in die Nacht ausdehnte. Ich saß am Fenster und blickte auf die Schneefläche. Daß der Schnee bunt ist, weiß jeder Maler – hier aber brachte er in immer stärkeren Emanationen Wolken und Wogen von Leuchtstoff hervor. Dazwischen blitzten eingewobene Fünkchen – scintillulae. Sie sprühten von der Lohe ab.

Auch hier war Ferne – ich hörte das Bellen eines Hundes – das war der Fenriswolf. Aus dem Schaum, der aus seinem Rachen geifert, entstand die Milchstraße. Doch hier war der Raum nicht leblos; er war von Erwartung gespannt. Halb war ich im Einverständnis, doch war es unheimlich.

Ich ging auf und ab, setzte mich in den Sessel und sah die Bücher an. Die Rücken erhoben sich wie Türme – ich hatte nicht gewußt, was hier an Kraft steckte. Daß sie bedruckt waren, Titelblätter und Texte trugen, war unerheblich, war bloßer Abglanz, platonische Schattierung geistiger Macht. Die Autorschaft war eine winzige Anleihe auf Zeit.

So dürfte ich die Erscheinung, ja selbst die bloße Erscheinung, nicht immer sehen. Es ist gut, daß unsere Wahrnehmung sie filtert, daß unsere Sinne sie aufteilen, das Wort sie fixiert. Ich ging hinüber, wo der Sohn am Tisch saß; das Mahl war vorbei. Die Frau kam durch die Tür in priesterlicher

Haltung, die Hände auf der Brust verschränkt. Die Ärmel fielen bis zum Boden herab. Hell stand sie im dunklen Rahmen; ich sah sie in ihrem Amt und Auftrag, sah auch das Totemtier des Sohnes, so wie ich die Bücher gesehn hatte.

Das war in Ordnung, das war gut. So saß ich lange, beide betrachtend, im stillen, friedlichen Raum. Wie vorhin das Feuer aus dem Schnee, so kam jetzt Kraft, kam Zutrauen zu mir. Als ich später darüber nachsann, fiel mir auf, daß kein Wort gesprochen worden war.

Unüberbrückbare Entfernungen drohen uns vom Sein zu trennen, wenn die Annäherung mißglückt. Gelingt sie aber, so fängt das Sein an, sich zu verdichten; Außen und Innen, Vergangenheit und Zukunft beginnen zu verschmelzen, die Welt wird heimatlich.

Die Angst wird durch die Wahrnehmung des Unheimlichen erzeugt. Es rückt uns näher, es wird in uns eintreten. Doch nun wird der Augenblick gewonnen, an dem es die Maske ablegt und als das Heimatliche erkannt wird – es wird als Eigenes vertraut.

304

Es ist nicht unbedenklich, in Gesellschaft Grenzen aufzusuchen, an denen das behaviour, das Benehmen, mit dem wir uns bekleiden und in dem wir uns gefallen, durchsichtig wird. Das spüren wir schon beim Umtrunk und noch viel stärker dort, wo der Rausch Pforten aufsprengt, die man auch vor sich selbst verschlossen hält. Yazdi sagt daher in seinem Opiumtraktat, daß man zwar nicht allein, doch auch nicht unter Fremden rauchen soll.

Allerdings reicht der Anstand dort, wo er echt ist, fast auf das Ungesonderte hinab. Man sieht das an Kranken, die noch auf Formen achten, wenn schon das Sprechen schwerfällt – sie »halten noch auf sich«.

Rauschhafte Stimmungen sind nicht streng von der Norm geschieden; sie weben sich an den Rändern des Alltags ein.

Der Faden nimmt zwar eine ungewöhnliche Farbe an, doch ist er durchlaufend. Das führt zu Kühnheiten und Mißverständnissen, auf die sich die Wirkung von Lustspielen gründet – die Realität spielt auf verschiedenen Ebenen.

Ähnliche Szenen können bei den mexikanischen Partien vorkommen. Man pflegt sie ihrer Dauer wegen früh zu beginnen, und der Haushalt stellt Ansprüche – besonders in Zeiten, in denen der Mangel an dienenden Brüdern und Schwestern immer spürbarer wird. Aber auch sie müßte man versorgen oder zum mindesten anheitern, damit sie stimmhaft würden wie in einer Oper, in der ohne Gesang kein Brief überreicht, kein Besen geschwungen wird. Das macht das Leben in Städten wie Neapel a priori leichter, während man sich im Norden mit dem Libretto begnügt, falls man nicht überhaupt verstummt.

Wir sind schon ziemlich munter und plaudern, während die Hausfrau, um für eine Kollation zu sorgen, ins Erdgeschoß gegangen ist. Bald kommt sie erschrocken wieder und berichtet, daß sich die Spiegeleier in der Pfanne belebt haben. Sie haben plötzlich gelbe Kegel aufgetürmt. Überhaupt ist es da unten nicht geheuer – es war heiß und unheimlich. Brennt es nicht etwa gar? Haha, die Zentralheizung. Sollten doch vielleicht nach unten gehen und für Ordnung sorgen – vorher die Jacken ausziehen.

Für einen Augenblick weht es von unten herauf wie aus der Kaschemme; die Sache wird zweideutig. Es geht aber vorbei und war nur komisch; schlechte Musik würde gefährlich sein.

305

Man kann das Meskalin nicht als so unbedenklich deklarieren, wie es Huxley tut. Richtig ist, daß die hier zu vermutenden Schäden nicht ins Gewicht fallen, verglichen mit denen, die Alkohol, Tabak und Tabletten anrichten. Zu bedenken ist indessen, daß es die Ausgangsposition verstärkt, die auch zu schwach oder schief sein kann. So könnte ein Kind, ähnlich dem Zauberlehrling, Gewalt gewinnen, die es nicht zu bändigen vermöchte, oder es würden tyrannische Neigungen verstärkt. Potenziert könnte auch das Belanglose werden, wie im Fall der Stenotypistin, die Berge von Schlagsahne sah.

Es würde dann nicht zum »Ausflug durch eine chemische Tür in die Welt transzendentalen Erlebens« kommen und nicht zur »kurzen zeitlosen Erleuchtung«, die Huxley mit Recht in unserem programmierten Bildungsgang vermißt. Daran ist nichts zu ändern, denn:

> Wenn sie den Stein der Weisen hätten,
> Der Weise mangelte dem Stein.

Zu erwähnen ist, daß die mexikanischen Drogen nicht erotisieren wie Äther und Alkohol. Sie führen tiefer in die Charaktere als bis zur Kreuzung, an der sich die Geschlechter abzweigen. Die Charaktere werden durch das Geschlecht beeinflußt, doch nicht bestimmt. Ein Grapholog kann daher eine gute Analyse geben, obwohl er über das Geschlecht des so Beurteilten im Ungewissen bleibt. Alter, Bildung, Zeitstil und Temperamente prägen zwingender.

Das Risiko ist anderer Art. Im Augenblick kann erkannt werden, was sich sonst erst in Jahren enthüllt. Dorthin führt keine Beichte hinab.

*

Woher kommt übrigens das leichte Stolpern bei der Lektüre von Begriffen wie »transzendental«? Doch wohl daher, daß die Abgrenzungen des Idealismus für uns den Kosmos nicht mehr aufteilen. Wir haben zwar kein besseres Wissen, doch eine neue Sicht. Wie einen grammatikalischen, gibt es auch einen philosophischen Instinkt.

RAFFINIERTE MATERIE

306

Ich zitiere: »Was den Offenbarungscharakter mancher Meskalin-Versuche noch fragwürdiger macht, ist der Umstand, daß das mysterium tremendum nicht nur unterschiedslos von allen Dingen ausgeht, sondern von ausgesprochen banalen.« (Dr. Peter Ringger)

So erwähnt der Autor bei der Schilderung eines Selbstversuches, daß er lange in den Anblick einer halbgeöffneten Tür versunken war. – – »Mir schien dabei, als hielte ich den Sinn der Welt in Händen.«

Ich muß das anders beurteilen. Solche Wahrnehmung oder solche Kraft zur Wahrnehmung kündet an, daß wir in der Annäherung weit vorgedrungen sind. Eine Tür beginnt sich zu öffnen – das ist freilich von alltäglicher Banalität. Doch schon bei Rembrandt wird es unheimlich. Der malt nicht nur die Tür, sondern auch, was dahintersteckt. Die Tür beginnt sich zu öffnen – – wir werden zur Prüfung oder zur Zeugenschaft gerufen, das Gericht tritt ein, um uns das Urteil zu verkünden, der Arzt kommt aus der Röntgenzelle wieder, wir erfahren die Ängste des Proskribierten, das Entzücken des Liebhabers, der während eines langen Tages die Geliebte erwartete. Das alles instrumentiert mit hellen und dunklen Tönen die Schicksalssymphonie.

Die Tür ist wie ein Spiegel – sie wirft uns das gewohnte Bild zurück. Doch nun wird sie durchsichtig. Oder besser: wir beginnen zu ahnen, daß sie durchsichtig werden kann. Nicht dieses oder jenes Schicksal mit seinem vergänglichen Glück und Unglück wird eintreten. Nun wird die Zeit wie ein Vorhang gerafft. Nicht dieses oder jenes Schicksal, das Schicksal in summa, das Schicksal als Gebirge wirft seinen Schatten voraus.

307

»Im Augenblick des Todes treten wir in die Substanz der Geschichte ein.« Eines der besten Worte von Léon Bloy. Bei solcher Annäherung wird das Episodische unwichtig, während die Materie stärker zu strahlen beginnt. Die Tür, die Pforte wird an sich bedeutend – der schmale Pfad, das finstere Tal verengen sich zur Brücke von Sirat, die Zeit und Ewigkeit wie eine Messerklinge trennt. Unter Billionen zeitlicher Passagen zählt nur die eine, die, wie die Eins im Zahlenkosmos, in jeder von ihnen verborgen ist.

Das Kreuz wird stärker und mächtiger erfahren, wenn der Gekreuzigte von ihm herabgestiegen ist. Die Propheten haben mehr, die Evangelisten weniger gesehen – so geht es mit jeder Erfüllung in der Zeit. Die Mondlandung ist eines der Beispiele dafür in der unseren. Hier ist unter anderem einer der Gründe zu suchen, aus denen die Juden den Messias nicht akzeptiert haben. Ebensowenig kann heute der Mond akzeptiert werden in der Form, in der man ihn anbietet.

Immerhin hat sich damals das Sein in der Erscheinung als Epiphanie verdichtet, während es sich heute zur Erscheinung verflacht. Hügel und Kreuze gab es in Menge; Pompejus ließ die Landstraße bis Neapel mit Kruzifixen säumen, nachdem er den Spartacus besiegt hatte. Aber einmal erschien im Hügel der Weltenhügel und im Kreuz das Schicksal des Menschen schlechthin. Für einen Augenblick hat sich die Tür geöffnet; der Vorhang riß entzwei. Das hielt für Jahrtausende vor.

So kann man die Tür, so kann man das Kreuz sehen. Würden wir in einer mathematischen Welt leben, so wäre damit der Zahlenkosmos fixiert worden – im Koordinatenkreuz als dem Gerüst aller arithmetischen und geometrischen Rechnungen. In einer magischen Welt würde ein Splitter von seinem Holz das Ziel von Kreuzzügen und Wallfahrten.

Bloy, der in unserer Epoche ein erstaunlich scharfes Auge für Zeichen und Figuren hatte, sagt in einem seiner Tagebücher, daß sich die Form des Kreuzes auf alle Fälle historisch realisiert hätte. Wäre Christus mit dem Schwerte gerichtet worden, so würde der Griff in Kreuzform verehrt, sollte man ihn gesteinigt haben, so würde er mit zum Kreuz gebreiteten Armen gestorben sein. Das ist ein Beispiel unter vielen – und zwar ein Beispiel für die Seinsverdichtung unter gleichzeitigem Schwund der Realität. Je stärker Wirklichkeit einströmt, desto mehr schwinden Namen und Daten dahin. Das wird in einer eigentümlichen Verknüpfung von Vernichtungsgefühlen und wachsender Heiterkeit erlebt.

308

Bei Vater und Mutter, bei Adam und Eva, bei Göttern und Halbgöttern, bei Protozoen und Kristallen kann die Annäherung nicht aufhören. Auch nicht bei dem, was die Psychologen ans Licht bringen.

Dostojewski erwähnt in einem Brief an A. F. Blagonrawow vom 19. 12. 1880 das Kapitel der »Karamasows«, in dem er Iwans Gespräch mit dem Teufel schildert, und befürchtet, deswegen der Abgeschmacktheit oder gar des Aberglaubens bezichtigt zu werden. Er fügt hinzu: »Ich danke Ihnen dafür, daß Sie mir als Arzt die Naturtreue in der Schilderung der psychischen Krankheit meines Romanhelden bestätigen.«

Die Stelle wirkt ungefähr so, als ob ein Geisterfürst an einer Zollstation nach Paß und Kleingeld suchte, anstatt durch die Schranke und ihre Wächter hindurchzugehen. Das sind Zeichen einer Zeit, in der die Theologie ihre Macht einbüßt und sich der Wissenschaft an die Rockschöße hängt. Auch Nietzsche rühmt Dostojewskis »psychologische Meisterschaft«. Das ist eine Fähigkeit, die in unserer Zeit zum Handwerk gehört, und zwar zu seinen analytischen Voraussetzungen. Es fragt sich, wie bei jedem Handwerk, wozu es dienen und wohin es führen soll. Die psychologische Differenzierung wird sich eher im Wesenlosen ausfasern als auf den Grund führen.

309

Inzwischen hat sich das Bild der geistigen Landschaft stark verändert, und es gibt Dinge, die gewonnen haben, indem sie durch das Jungbad der Entwertung hindurchgegangen sind. Sie werden in neuen Perspektiven gesehen und weisen daher in neue Fernen hinaus. In diesem Zusammenhang ist das Modewort »Entmythisierung« zu erwähnen, wenn auch nur als kinetisches Phänomen, als eine Art von Aufräumung.

Wenn ich etwa das theologische Mobiliar forträume, Bilder abhänge, weil sie mir verstaubt, vielleicht sogar genant vorkommen, so bleiben an der Wand leere Stellen zurück. Der Blick fällt freilich nicht ins Leere, sondern auf das, was die Bilder gemeint haben. Das haben sie verstellt, verhangen auch. Dergleichen begegnet uns oft in der Wohnung, vor allem bei Umzügen – wir nehmen ein vergilbtes Bild ab, und hinter ihm erscheint die Tapete in ihrer vom Licht nicht ausgelaugten Kraft. Diese Tapete stellt das Ungesonderte, vielleicht auch schon den Raster dar.

Von dort strömt Kraft zu; wir werden nicht nur zur Schöpfung neuer Bilder fähig, sondern sehen auch, was die alten gemeint haben, begreifen die Opfer, die für sie gebracht wurden. Das ist die Phase, die der Umwertung der Werte folgt. Sie kündet sicherer als der Hammer, daß die Linie passiert wurde.

Freilich: die alten Bilder haben nicht genügt, und auch die neuen wird die Zeit abnützen. Wir dringen in ihr Inneres nicht ein. Dennoch beginnt sich der Zeit und ihrer Vielgestaltigkeit ein Blick zuzuwenden, der nicht nur hinter, sondern auch in den Masken die Substanz errät. Das Aufkommen der Kulturmorphologie zu Beginn des Jahrhunderts weist darauf hin. Dieses Abheben Schicht um Schicht, von denen jede fasziniert und doch im letzten nicht befriedigt, als ob man unter dem Schutt stets von neuem zerstörter Städte das Troja des Dichters suchte, ist eines unserer großen Erlebnisse.

Verfeinerungen des Materialismus mußten dem vorangehen. Nicht jeder wird fündig, der hier Leben sucht. Der Sarkophag mit seinen Hüllen aus Stein, Holz, Metallen birgt auch nur eine Mumie. Doch daß da mehr ist, kündet der Skarabäus an. Wenn er die Flügel regt, wird alles lebendig bis in den härtesten Stein.

310

Das ist die Zeitleuchte, ein Thema für sich. Wenn wir als Knappen oder Steiger die Schicht befahren, geologisch und paläontologisch, historisch und prähistorisch, als Höhlen- und Tiefseeforscher – so sind das Belebungen. Die Dinosaurier, die Leute aus Cro-Magnon, die Pharaonen aus dem Tal der Könige, Agamemnon aus Mykene treten, durch Wissen heraufbeschworen, bei uns ein. Auch das ist freilich nur ein Schattenspiel in unserer Höhle – ein Hinweis auf die ungeheure Dichte der Substanz. Dort ruhen sie inmitten zahl- und namenloser Fülle, ob wir von ihnen wissen oder nicht. »Die Auferstehung« zählt wie »das Wunder« zu den Hilfsbegriffen, durch die wir für uns Unfaßbares andeuten. Es sind Auflösungen zeitloser Mächte durch die Wahrnehmung. Lichteinfall durch ein Fenster unter vielen, und so erträglich nur.

»Mehr Licht« könnte auch »Nur Licht« bedeuten und wäre in diesem Sinne als Wort der Passage zu verstehen.

SKEPSIS NACH BEDARF

311

Der sich entwickelnde Zeitstil ist nüchtern, objektiv und von unerbittlicher Präzision. Zugleich ist er in höchstem Maß phantastisch – und diese beiden Qualitäten im Handeln ins Gleichgewicht und in der Anschauung zur Deckung zu bringen, ist unsere Aufgabe. Das Problem beschäftigte mich in einer kleinen Schrift »Sizilischer Brief an den Mann im Mond« (1930), der nichts hinzuzusetzen ist.

Der Zeitstil färbt auch die Befahrung jener Schichten, in denen sich nicht Ereignisse und Objekte, sondern Ideen darstellen, und die wichtiger als die Ausflüge in den astronomischen Kosmos sind.

Götter, Dämonen, Ahnengeister, Totemtiere, unmittelbare Emanationen der belebten und unbelebten Natur wurden von jeher erfahren; die Begegnung bedeutete für die Betroffenen und oft auch für die historische Welt eine Zeitwende. Hier wird nicht mühsam erforscht und ausgegraben, sondern der Vorhang öffnet sich für einen Augenblick, der dem Zeitlosen nahekommt. In den heiligen Schriften und Mythen der Völker haben sich Zeugnisse dieses Einblickes in große Geheimnisse erhalten, eines Einblickes, der eher erschreckt als beglückt. Die Elemente werden trächtig wie am Strande von Patmos oder auf dem Sinai.

312

Der Skeptizismus hat von den Enzyklopädisten bis zu den Textkritikern und den ausgesprochenen Nihilisten eine Anzehrung der Bildwelt eingeleitet, die in der Kulturrevolution endete. Die Weißung kann jedoch nur Oberflächen abdekken. Ist sie absolut geworden, beginnt sich der Prozeß zu ändern; die Monotonie wird vielsagend.

Wo einst die Bilder hingen, bleibt nicht leerer, sondern unbestellter Raum. Die Strahlung von dort kann so stark werden, daß sie zu blenden beginnt. Das gilt nicht nur für den Schwund der Bilder, sondern auch der ihnen einst gewidmeten Zuwendung. Das Opfer, das Gebet, die Anrufung unterbleiben zwar in ihren vorgeformten Umgängen und Zeremonien, doch lassen sie ein ungestilltes Bedürfnis zurück. Dieses Bedürfnis vermag sich selbst nicht zu deuten, denn es wurzelt tief im Bios und seinen Instinkten: schon die Blume verehrt, indem sie sich der Sonne zuwendet.

Hier drohen nun besondere Gefahren, denn wenn die Leere das Verebbte ansaugt, kommt es zu primitiven Rückschlägen. So erklärt sich nicht nur das überall aufblühende Sektenwesen, sondern auch die göttergleiche Verehrung, die politischen Popanzen und ihren Theorien gewidmet wird. Intelligente Zeitgenossen entäußern sich hier der letzten Hemmungen. Ein Neger, der in den Wald geht, um seinem Fetisch eine Handvoll Früchte zu verehren, wirkt nicht nur vernünftiger, sondern ist auch weitaus ungefährlicher.

Hierher auch die Exzesse, die zu unserem Thema in engerer Beziehung stehen. Es sind Begleiterscheinungen des Großen Überganges, der Zeitenwende, der Wendezeit.

313

Das Wissen beginnt die alten Zeiten und Räume zu beleben; das sind Beschwörungen. Es kann nur ein Anfang sein. In den Grotten von Lascaux, im Tal der Könige, am Löwentor von Mykene, im auferstandenen Pompeji ergreift uns ein Schauder, als ob die platonischen Schatten durchsichtig würden – jetzt könnte sehr Altes, Ehrwürdiges eintreten.

Ehrwürdig freilich nur im Hinblick auf das Unbegreifliche, das sich im Reich der Spiegelbilder abwandelt. Das ist mehr als räumliche und zeitliche Größe, als Ruhm der Künstler, als Macht der Könige. Das alles war gleich uns sterblich, und es ist unsterblich wie wir. Daher die Trauer des Emir Musa und das geheime Frohlocken an den Zeitwenden.

Die Archäologie zählt heute zu den fortgeschrittenen Wissenschaften, und zwar im ambivalenten Sinn des Wissens: sowohl der Erkenntnis als auch der Annäherung.

314

Die Skepsis begleitet uns als Mephisto, und ohne sie würden wir uns unbehaglich fühlen wie Peter Schlemihl, als er den Schatten verlor. Der Mensch ohne Skepsis ist heute der Nackte, der Primitive, das gefundene Fressen der Spaßvögel – im besten Falle museumsreif. Die Brille ist mehr als ein Hilfsmittel; sie ist ein Kleidungsstück.

Die Brille ernüchtert; Geisterseher trifft man seit langem nur noch bei den Hinterwäldlern an. Nur in den Träumen bedürfen wir der Skepsis nicht, und alle Versuche, die Bilder auszuloten, erreichen nicht den Grund. Die Alten meinten, daß wir im Traum wie Götter dächten und handelten. Der Traum ist ein stärkeres Medium.

Vergessen will ich endlich nicht das Ausruhen im absoluten Blau, das die Bilder nicht auslöscht, sondern in sich aufnimmt, als schmölzen Firneisstücke im unbewegten Meer. Es ist nicht das Blau der Adria und auch nicht das der Ägeis oder des Pazifik – vielleicht sind Mittelmeere im Äther fernster Galaxien von solchem Glanz. In unserer Zeit genügt die Nacht zum Ausruhen nicht mehr.

315

Wenn ich auf dieser oder jener Kugelschale des Psychokosmos lande, mich mit den Göttern unterhalte, die dort wohnen, mit Thor und Freia, mit Brunhild und Judith, mit dem ruhenden Panther und dem Skarabäus – so zweifle ich nicht an ihrer Kraft und Weisung; ich ließ den Schatten fallen, wir stehen im unberührten Licht.

Doch bei der Rückkehr lege ich den Schatten wieder an.

Das war nicht Minderung, es war Erweiterung des Bewußtseins – ein objektiver und auszudeutender Befund. Ich kann berichten, kann auch verschweigen, was ich erfahren habe – sei es aus Vorsicht, sei es aus gebotener Scheu. Ich habe nicht nur begriffen, was die Sehr-Alten und die Sehr-Fernen bewegt hat – ich habe es in ihrem Raum und mit ihren Augen geschaut.

Das ist nicht zu verwechseln mit der Einschwingung in vergangene Zeiten und ferne Räume, wie sie mehr oder minder den Romantikern gelang. Es ist auch etwas anderes als das archäologische, historische, ethnologische Herantasten der Gelehrten an den Geist der Zeit.

Inzwischen hat sich das Bewußtsein mit seinen unbarmherzigen Schatten noch verschärft. Indessen begleitet uns das Bewußtsein auch tiefer in den Wald. Das erlaubt uns, Begegnungen zu konturieren und einzuordnen, denen noch vor kurzem der Geist nicht gewachsen war. Und mehr noch: in sie einzutreten und durch sie hindurchzugehen.

Annäherung wird durch Eintretendes bestätigt, Anwesendes durch Abwesendes ergänzt. Sie treffen sich im Spiegel, der Zeit und Unbehagen löscht. Nie war der Spiegel so leer, so ohne Staub und bildlos – dafür haben zwei Jahrhunderte gesorgt. Dazu das Klopfen in der Werkstatt – der Vorhang wird durchsichtig; die Bühne ist frei.

PARERGA
ZU »ANNÄHERUNGEN«

ERSTDRUCK 1974
in »Ensemble« 5
herausgegeben von Clemens Graf Podewils
und Heinz Piontek

HUND UND KATZ

Der Streit um den Vorrang des Hundes oder der Katze wird nie entschieden werden, wie alle Fragen des Geschmackes und mehr noch der Sympathie. Hier treten tiefe Neigungen ans Licht, auch Abneigungen. Es gibt Menschen, und sie sind nicht selten, denen die Nähe einer Katze oder eines Hundes physisches Unbehagen erweckt.

Richelieu war in Katzen, besonders in ganz junge, vernarrt. Bismarck zog gewaltige Doggen vor. Kaum denkbar ist, daß Hitler sich mit Katzen befreundet hätte; er hielt sich Schäferhunde, deren letzten er vor seinem Tode vergiften ließ.

Bei solchen Vergleichen gibt es eine Reihe von Gesichtspunkten. Gehen wir von der Noblesse aus, und zwar im Sinn der Wahrung der eigenen Freiheit, Unabhängigkeit und Würde, so gebührt ohne Zweifel der Katze der Preis. Sie nimmt keine Befehle entgegen, sie läßt sich auf nichts ein – es sei denn, daß es ihr behagt. Sie läßt sich nur locken und streicheln, wenn es ihr gefällt. Eigentlich streichelt sie sich an uns; das hat Baudelaire gut gesehen, der ihr auch schöne Gedichte gewidmet hat.

Zu Rennern hätte Hades sie gemacht,
Bequemte sich zum Dienst ihr stolzer Mut.

Bei Herren, die Dienst erwarten und Dienst verlangen, werden wir daher eher Hunde und Pferde finden, und oft in großer Zahl. Das galt noch vor kurzem; heut muß man weit reisen, um noch einen Zwinger, einen Marstall oder gar ein Gehege von Jagdfalken anzutreffen, und selbst an den Rändern hegt man sie fast nur noch als Schaustücke. Das Reiten ist ein Sport geworden wie jeder andere. Das Zu-Pferde-Sitzen ist kein Ausweis mehr, grenzt ritterliche Lebensart nicht ab. Wichtiger als das Pferd ist im dynamischen Zeitalter die Zahl der Pferdekräfte, die in Bewegung gesetzt werden können; sie sind bezifferbar.

Als Pückler seine Reisebriefe schrieb, waren Orient und Okzident noch von Pferden und Hunden erfüllt. Die Fuchshatz bildet ein wichtiges Thema dieser Briefe; Pückler berichtet von einem ihrer fanatischen Liebhaber, einer wahren Wiedergeburt des Wilden Jägers, der sich zwei ungeheure Meuten hielt – mit der einen jagte er den Fuchs, während die andere sich ausruhte. Diese Hetzer, und mehr noch die Hirschhunde, verschlangen unglaubliche Mengen von Fleisch; das reine Abfüttern einer Meute kostete jährlich mehr als tausend Pfund, und das zu einer Zeit, in der in Irland selbst an Kartoffeln Mangel war. Der Hund, vor allem in seinen großen und starken Rassen, gehört in Burgen und Paläste als Freund der Mächtigen und Reichen, der Jäger, Kavaliere und Polizisten; er findet sich auch in den Höllen und Abgründen. Die Bibel weiß nichts Gutes von ihm zu berichten, außer dem: daß er Lazarus die Schwären leckt. Er ist aber auch der treue Wächter und Verteidiger seines Herrn, und oft der letzte, der zu ihm hält.

*

Obwohl sie schon zu seinen Lebzeiten bösartige Kritik erfuhren, sind Pücklers Briefe eine Fundgrube. Eleganz ist in Deutschland immer suspekt. Die Lektüre gleicht dem Gang durch einen Maskenball, bei dem man im Konfettigewölk kaum die Figuren sieht. Es gibt da nicht nur komische und eitle, sondern auch groteske und archaische. Einer Zeitmode gemäß wird jedem Kapitel eine Quintessenz oder ein Consommé vorangesetzt, ein Lehrbeispiel für Feuilletonisten zum Thema: »Die Überschrift«.

In dem hier erwähnten Kapitel findet sich außer »Die Fuchsjagd« und »Der famose geistliche Fuchsjäger« unter anderem »Billy, der Rattenvertilger«, »Die Farben der Tage«, »Anekdote von Walter Scott«, »Straßenmystificateurs«, »Nachteil der Sandländer«, auch »Eine Fahrt im Dampfpostwagen«.

Dieser Dampfpostwagen bildete eine der Attraktionen im Regentspark; er legte fünf Meilen in der Stunde zurück. Pückler war natürlich unter den ersten Neugierigen, die (1828) eine Fahrt wagten. Er fand »den fettigen Eisengeruch, der auch die Dampfschiffe so unangenehm macht«, hier doppelt widerlich. Die Pferde und die Segelschiffe konnten sich zwar noch hundert Jahre halten, bis es rapid mit ihnen zu Ende ging, doch spürte hier die Witterung des Kavaliers den Feind schon in den Anfängen. Die Stelle entspricht jener im Wilhelm Meister, in welcher der erste Pfiff der Maschine geschildert wird. Eintretendes kündet sich an.

Am gleichen Tage probierte der unermüdliche Fürst auch den »Drachenwagen«, die Erfindung eines britischen Schullehrers, die ihm besser gefiel. Das Fahrzeug wurde durch einen großen Papierdrachen bewegt. Pückler: »Die Empfindung ist sehr angenehm, da man über die kleinen Unebenheiten des Bodens, wie darüber gehoben, hinweggleitet. Als Amüsement auf dem Lande ist die Sache jedenfalls sehr zu empfehlen.«

Die Begegnung des homo ludens mit dem homo faber verschmilzt an den Rändern; die Technik kann Formen des Spiels annehmen und umgekehrt. Die Freiheit verhärtet; in die Marionetten strömt Leben ein. Die kleinen Automaten in den Bistros: man wirft eine Münze ein, läßt die Kugel schnellen, wippt mit den Flippern, hört es klingeln und zünden, sieht Ziffern erscheinen, Lichter aufglühen und geht wieder davon. Man ist nun zum Jupiter geflogen, hat ein Rennen gewonnen oder hunderttausend Tonnen versenkt. Das sind Gebetsmühlen.

*

Zurück zu den Katzen. Ihre Nähe ist gut für Menschen von ruhiger, betrachtender Lebensart. Die alten Frauen lieben sie sehr. Rom ist auch eine Residenz der Katzen, die halbverwildert auf dem Forum, am Marcellustheater und an anderen Plätzen in großer Zahl hausen. Die Ruinen mit ihren verfallenen Gewölben bieten ihnen Unterschlupf. Oft sah ich dort eine dürftig gekleidete Alte, die den Tieren in einem Körbchen etwas Gutes zubrachte. Sie kamen dann auf den Ruf aus dem hohen Grase oder hinter den Trümmern und Säulen hervor, stießen kleine Erkennungsschreie aus, schnurrten und streichelten sich mit gekrümmtem Rücken an der spendenden Hand.

Ein ähnliches Vergnügen bereitete Paul Léautaud zusammen mit seiner Freundin, der »Panthère«, den Katzen des Luxembourg. Er ließ dafür von einem Schlachter in der Rue de Seine kleine Pasteten zurechtmachen.

Dem musischen Menschen leistet die Katze besser Gesellschaft als der Hund. Sie stört die Gedanken, Träume, Phantasien nicht. Sie ist ihnen sogar günstig durch eine sphinxhafte Ausstrahlung. Albrecht Erich Günther, ein großer Liebhaber der Katzen, hielt sie für dämonenfeindlich und führte darauf ihren unschätzbaren Beitrag zur Hausgemütlichkeit zurück.

Richtig ist, daß die Katze nicht an der Person hängt; sie ist nicht treu wie der Hund. Dafür liegt ihr die sklavische Ergebenheit fern. Sowohl der Name des Hundes wie der der Katze wird als Schimpfwort verwandt. Das gilt allerdings für fast alle Haustiere und viele andere bis hinab zum Wurm und zur Schnecke und bezeugt ex negativo tiefe Verwandtschaften. Als Totemtiere werden die freien und mächtigen gewählt – der Löwe, der Bär, der Büffel, der Adler, der Falke, und auch die Schlange gehört dazu. Merkwürdig ist, daß die Katze in der Bibel unerwähnt bleibt, obwohl die Juden sie zum mindesten durch ihren Aufenthalt in Ägypten gut kennen mußten, wo sie zu den Tieren zählte, die göttlich verehrt wurden.

Die Katze hängt also weniger an der Person als am Haus. Allerdings gehört der Mensch dazu. Wenn ich Manda beobachte, die mir seit bald vier Jahren und auch in diesem Januar 1969 Gesellschaft leistet, so bewundere ich ihren Sinn für den passenden Ort zur passenden Zeit. Vormittags kommt sie gern zu mir ins Studio, weil es dort am stillsten ist. Auf dem Flur ist es unruhig; in der Küche klappert Geschirr oder springt die Spülmaschine an, die ihr besonders zuwider ist. Sie könnte auf den Boden gehen, doch den bewohnten Raum zieht sie vor. Meist bleibt sie unsichtbar auf einem unter die Tischplatte geschobenen Stuhl. Auf Deckung von oben legt sie Wert. Wenn die Sonne scheint, dehnt sie sich am Fensterbrett; sie springt auf die Kaminplatte oder auch auf den Schoß, wenn es ihr dort besser behagt. Es kommt auch vor, daß sie am Boden sich auf den Rücken legt – das heißt, daß sie gestreichelt werden will.

Warum berührt uns der Genuß eines solchen Wesens so tief, erquickt, erheitert uns auf eine Weise, die stärker wirkt als seine individuelle Zuneigung? Gewiß: es ist schön, wenn der Hund uns anblickt, als ob er in unseren Augen etwas erraten möchte, ein Zeichen erhoffte über die ungeheure Kluft hinweg. Aber auch wenn er unsere Sprache verstünde – wir könnten seine Frage nicht beantworten. Ich hatte nur einmal einen Hund, eine Schäferhündin; und es war seltsam, wie stark das Tier wußte, daß es mir gehörte, obwohl ich viel an ihm versäumt habe. Es starb an der Staupe am Fußende meines Feldbettes in einem der Quartiere des Ersten Weltkrieges. Ich saß vor ihm und bereute, wie ich immer bereut habe und auch Grund dazu hatte, wenn einer Abschied nahm. Es war eine stille Stunde, während die Schatten länger wurden, friedlich, fast außerhalb der Zeit. Luxi hatte goldbraune Augen und überströmte mich bis zum letzten Atemzuge mit Zärtlichkeit. Womit hatte ich das verdient? Da ging etwas vor, von dem ich nur ahnen konnte und dem sie näher war als ich.

*

Die Blicke der Katzen sind ferner und fremder; ihre Augen sind gelb wie der Bernstein, blau wie der Saphir, grün wie der Türkis. Mandas Augen sind von einem Blau, wie es sonst in der Natur kaum vorkommt, auch nicht bei Korallenfischen und Paradiesvögeln. Die Iris erinnert mich an das Blau der Kaiserwinde an einem warmen, windstillen Vormittag.

Manda ist die geborene Herrin; sie nimmt meine Zuneigung und meinen Dienst als selbstverständlich hin. Ihre Macht ist groß, weil sie auf Schönheit gründet, die ihrer sicher ist. Sollte sie vom Schicksal eine Ahnung haben, so vielleicht die, daß ich ein zu ihrer Aufwartung bestimmter Tempelsklave bin. Luxi dagegen hielt mich vielleicht für ihren Gott.

Es kommt auch vor, daß Manda mir die Hand leckt, dann aber aus einer Art von Neugier, bestimmt nicht aus reiner Zärtlichkeit. Wenn sie nicht nach Wunsch bedient wird, stößt sie grauenvolle Töne aus, so etwa, wenn das Futter nicht rechtzeitig kommt. Sie verlangt rohe, grob zugeschnittene Lunge, ungern Milz, zuweilen ein Stückchen Fisch.

Heute, am 20. Januar 1969, es geht gegen Mittag, liegt sie seit dem Morgen neben mir unter dem Tisch auf ihrem Plätzchen, erschöpft von nächtlicher Ausschweifung. Es sind die Nächte, in denen die Märzkätzchen gemacht werden. Vom Nachmittag an setzt sie uns mit ihrem Röhren und ihren Brunstschreien zu, wirft sich auf den Rücken und zerkratzt die Sessel, bis ich es nicht mehr aushalte und sie hinauslasse. Ein grauer Kater wartet schon im Schatten des Holzstalles. Sie entfliegt meinen Händen, schießt durch den Schnee tiefgurrend auf ihn zu. Beide verschwinden im Dunkel; man hört aus den Gärten ihre dämonischen Umtriebe. Die Schreie der Siamesin sind erschreckender als die der Dorfkatzen. Ein Bauer vom Dorfrand, der ihretwegen nicht schlafen konnte, sagte: »Wenn ich nicht wüßte, daß es Ihre wär, hätt ich sie hingemacht.« Er hatte durch sie schon im Sommer einen Satz Küken eingebüßt.

*

Um jedes Tier ist eine Aura; es steht so gut im Mittelpunkt der Welt wie wir. Wenn ich die Hühner im Halbdunkel der Tenne beobachte, aber auch in der vollen Sonne bei ihrem wachsamen, machtvollen Eindringen in den verbotenen Garten, wird dieser Eindruck stark. Vor zwei Jahren kam ich mit dem Stierlein auf einem unserer Gänge durch ein verlassenes Dorf im Inneren von Angola. Es war um die Mittagsstunde;

die Neger waren in der Pflanzung oder auf der Jagd. Wenige Hütten und Vorratsspeicher randeten den Dorfplatz; in den senkrechten Strahlen glühte der goldgelbe Sand. Dort scharrten die Hühner in großer Stille; es war ein Dorf der Tiere, nicht der Menschen mehr.

Die Macht des Tieres ist ungeheuer; dicht steht der Kosmos hinter ihm. Ich könnte Maler und Dichter nennen, denen selbst heut der Zugang offensteht, der den Theologen seit langem verschlossen ist. Was man dort vom Lamm und der Taube und auch von der Schlange erfährt, sind Allegorien ohne Saft und Kraft. Das erinnert an die geschlechtslosen Engel von Paradiesen, in denen Langeweile herrscht.

Mit den Juden begann die Entmythisierung, nicht nur der Götter, sondern der gesamten Natur, die Vererzung der Schlange, die Verachtung der Höhen, auf denen Bäume und Tiere verehrt wurden. Die Christen sind ihnen darin gefolgt.

*

Der Katze fehlt die unmittelbare starke Sympathie zur Person, die dem Hunde gegeben ist. Er ist der Begleiter des aktiven, wachsamen Menschen, vor allem des Jägers und des Hirten – schon an den frühesten Lagerfeuern muß er sich zu ihm gesellt haben. Das ist echte Symbiose, ein enges Zusammenleben und auch etwas mehr.

Der Hund nahm an den Zügen und Fahrten des Menschen teil. Wir finden ihn bei den Eingeborenen der Tropen wie bei den Eskimos. Schon seine Wildformen jagen gesellig und über große Entfernungen.

Die Katze hingegen ist ein Tier nicht des Lager-, sondern des Herdfeuers. Bei ihr schuf nicht die Lebensart des Menschen, sondern sein Wohnsitz die Gemeinschaft; es ist mehr ein Zusammenwohnen als ein Zusammenleben, das sie verbindet – weniger Symbiose als Synözie. Wahrscheinlich wurde hin und wieder ein Junges gefangen und gewöhnte sich ein. So sah ich auf der Farm von Krosigks im Libolo eine Ginsterkatze, die ein Jäger gebracht hatte, ein ebenso elegantes wie furchtsames Tier, das sich bei der geringsten Annäherung auf einen Schrank oder unter den Schreibtisch flüchtete. Nur die Tochter des Hauses, ein Mädchen von zwölf Jahren, durfte es anrühren. Von ihm nahm es auch Futter an. So gibt es immer Menschen, die aus dem Ungesonderten und seiner inneren Wärme die Sonderungen überwinden und damit zur Zähmung berufen sind. Der Funke springt über beim Kontakt.

Die Ginsterkatze sah ich häufig über den Fahrweg springen, als Schatten, in dessen grünlichen Lichtern sich die Scheinwerfer spiegelten. Sie kann wie eine Echse über den Boden schleichen; Brehm sagt von ihr, daß sie hundert Gelenke zu regen scheint. In diesen Genetten und Civetten verbirgt sich vielleicht noch manches Haustier; als besonders angenehme Gesellin wird die zierliche Tigercivette gerühmt.

*

Der Hund jagt am Tage, die Katze bei Nacht. Sie ist nicht nur ein Tier des Herdfeuers, sondern nächtlich durchaus. Die Augen, die Ohren, die Tasthaare, das unhörbare, geschmeidige Wesen, der Tagschlaf bezeugen es. Sie jagt nicht im Rudel und bedarf keiner Leitung; sie fühlt sich wohl in der Einsamkeit.

Es liegt daher in der Natur der Dinge, daß die Katze die Gesellschaft der Einsamen sucht. Sie gehört zur anderen Seite des Menschen – dorthin, wo er behaglich die Muße genießt, wo er Ideen nachhängt, dichtet, phantasiert und träumt. Dort verschläft sie den Tag, nicht ohne selbst zu träumen, wie ich es an Manda bemerke, die zuweilen im Schlaf die Kiefer regt, als ob sie ein Mäuschen belauschte, oder die Lunte sträubt, als ob ein Hund sich näherte. Dann wieder stößt sie einen Seufzer des tiefsten Wohlbehagens aus.

Nicht in der Bewegung, in der Ruhe sammelt sich ihre Macht; und das Behagen, das Mitbehagen daran ist tiefer und allgemeiner, als es die bloße Zuneigung gewähren kann.

Auch hier ist Kontakt, doch er erwärmt nicht nur, sondern die versammelte Macht beginnt den Raum zu durchweben und sich mitzuteilen, sein Hintergrund tritt hervor. Zeitloses, Wunschloses dämmert heran.

*

Je mehr wir uns auf die Zeit einlassen und mit ihr dahineilen, desto weiter entfernt sie uns vom Währenden. Das gilt auch von den Tieren; nie hat man von ihnen mehr und weniger gewußt. Nie mehr, was ihre Anatomie und ihr Verhalten betrifft. Nie weniger über ihr heiles Wesen, ihren unberührten Schöpfungsglanz, wie ihn Märchen und Mythen als Wunder, und wie ihn Kulte als göttlich erfaßt haben.

Partielle Blindheit, gekoppelt mit hohem Scharfsinn, kennzeichnet den homo faber, gleichviel ob er die Augen auf den Stern, den Menschen oder das Atom richtet. Darauf ist seine Macht gegründet – sein Leiden freilich auch, vielleicht sein Untergang.

*

Der Norden, die aktive Welt, die Melancholie, der Hund, das Bier passen zusammen, ebenso wie der Süden, der Traum, der Wein, die Katze, die dionysische Heiterkeit. Wir können solche Ketten bilden und sie beliebig verlängern wie Moleküle der organischen Chemie. Das sind subtile, doch auch hinfällige Verwandtschaften. Wir merken es sogleich, wenn wir uns dem Einzelfall zuwenden. Da gibt es eigentlich nur Varianten, nur Ausnahmen.

Etwa: daß Bismarck und Hitler starke Hunde lieben mußten, leuchtet ein – ebenso, daß Bismarck und Pückler für Hunde und Pferde Sinn hatten. Bismarck und Hitler haben Frankreichfeldzüge geführt. Richelieu war ein Katzennarr; Clemenceau hörte gern, daß er »der Tiger« genannt wurde. Beide haben Kriege gegen das Reich geführt.

Daß Hitler Pferde nicht mochte, lag nicht nur in seinem Wesen, sondern war auch epochaltypisch, denn unsere Zeit ist dem Pferd ungünstig. Sie ist überhaupt, und das wird immer bedrohlicher sichtbar, dem Tier und der Pflanze feindlich, doch die Rolle des Pferdes ist zudem jene des Standessymbols. Nur im Sport wird es noch geduldet, also dort, wo Arbeitscharaktere auch in das Spiel eindringen. Es überlebt auf ähnliche Weise wie auch das Segelschiff.

Hitler dezimierte die Aristokratie und würde sie ausgerottet haben, hätte er noch Zeit dazu gehabt. Gern hätte er den Krieg ohne Offiziere mit Technikern und Funktionären geführt. Daß er Politruks in die Armee einschleuste, war ein Ansatz dazu.

Ein junger Soldat, der von Narvik zurückkam, erzählte mir, daß dort oben ein Geschützverschluß gefehlt habe. Hitler, dem das zu Ohren kam, habe sofort das Magazin genannt, in dem dieser zu finden gewesen sei. Derartiges macht Eindruck unter Technikern.

Ähnlich wie gegen Pferde hatte Hitler auch einen Widerwillen gegen Bier. Schon der Geruch von Leuten, die Bier getrunken hatten, war ihm unangenehm. Das wiederum hing eng mit seinen vegetarischen Gewohnheiten zusammen, die meist eine besondere Empfindsamkeit voraussetzen. Diese Eigenschaft war ihm insofern günstig, als sie ihn vor Gefahren warnte und Anschlägen entgehen ließ. Es gibt Berichte über Änderungen von Reiserouten und festen Plänen, die auf sehr feine Tastfäden hinweisen. Hysterische Züge fehlen nicht. Das Bild der Mutter ist erstaunlich; ein Musterbeispiel für den lunarischen, somnambulen Typ. Dann der Vater dazu, ein Wachtmeister.

»Wenn mich dieser Oberst mit seinem einen Auge anblickt, wird mir immer ganz anders« – das schon früh über Stauffenberg. Wenn er sich allein präsentiert, etwa beim Abschreiten einer Front, sucht er die Pudenda zu verdecken, entweder mit der Mütze oder mit der Hand. Ein auffälliger, durch viele Bilder belegter Zug. Ein Defekt, auch Kastrationsangst könnte sich darin andeuten. Es scheint, daß der Leichnam noch genau untersucht wurde, obwohl man mit Benzin nicht gespart hatte. Den Wunsch, nach dem Tode unauffindbar zu sein, hatte er mit Sade gemeinsam; und obwohl beider Motive sich stark unterscheiden, gibt es doch einen Berührungspunkt.

Zur sensiblen Seite gehört das Wittern, der angeekelte Zug, der die Oberlippe hebt und den er mit vielen großen Verfolgern gemein hat – mit Stalin, Berija, Himmler und anderen.

Chaplin brauchte wenig Maske zu machen, um den Diktator vorzustellen: beide sind Altersgenossen, fast auf den Tag genau. Hier liegt der Bezug in der Timidität. Nicht nur vom Erhabenen zum Lächerlichen – auch vom Lächerlichen zum Fürchterlichen ist nur ein Schritt. Übrigens ist Chaplin der Potentere, der tiefer Durchgreifende. Auch das Gelächter kann Grundfesten erschüttern und Mauern einreißen. Hitler schoß, und Chaplin heizte sogar mit Dynamit.

Das ist ein Thema für sich. Hier war anzudeuten, daß die Zuordnung zu Typen wie »Hund und Katze« nur grobe Unterschiede trifft. Bei Bismarck müßte man den Bären, bei Clemenceau den Hahn dazunehmen. Und so sind immer feinere Differenzierungen nötig, bevor man das Individuum trifft. Das war einfacher, als man sich noch des Totems sicher war und nach ihm unterschied. Ein starkes Bewußtsein führte sich nicht auf Charaktere, sondern auf Typen zurück; es setzt Begehungen voraus, bei denen nicht nur die Ähnlichkeit, sondern die Identität mit dem Tier erlebt wurde.

Diese Einheit ist seit langem verloren gegangen; eines der letzten Anzeichen dafür ist die Entfernung von Pflanzen und Tieren aus Schilden und Fahnen, wie das der Lilie und des Adlers aus den Wappen und Feldzeichen. Daß es sich um einen Verlust handelt, ist an der Stärke des Begehrens zu ermessen, das er hinterließ. Es drängt zum Suchen, zum Sich-Wiederfinden, und sei es auf dem Umweg über Mexiko.

ZUM GLÜCKSSPIEL

Die Germanen verspielten Haus und Hof und Weib und Kinder, wenn man Tacitus glauben will. Jedenfalls wurden bis in unsere Zeit nicht nur Vermögen, sondern auch Erbgüter im Kartenspiel vertan. Im Heer von Cortez gab es einen Soldaten, der »die Sonne verspielt« hatte – ein zentnerschweres Bild aus einem Tempel, das ihm bei der Teilung zugefallen war. Von Kriegern, Piraten, Spielern erworbenes Gut hat keinen Bestand. Am Spieltisch beschleunigt sich der Umsatz; große Summen werden gewonnen und wieder verloren in einer einzigen Nacht. Das Spiel macht süchtig; es ist jenen Formen des Rausches ähnlich, deren Reiz in der Raffung besteht.

*

Im Anschluß an die Französische Revolution ist hoch und oft verderblich gespielt worden. Das hat auch in der Literatur seinen Niederschlag gefunden, so in Balzacs Schilderung der Pariser Spielhöllen. In den Londoner Klubs zählten Partien von gefährlicher Höhe zu den Gelegenheiten, bei denen der Dandy seine Kaltblütigkeit zur Schau stellte. Wellington machte hier keine Ausnahme.

Riskantes Spiel ist eines der Symptome, die den Verfall der Aristokratie kennzeichnen. »Im Grunde« ist die Wurzel angegangen, doch im Kaleidoskop der Geschichte entsteht der Eindruck, daß die Axt an den Stamm gelegt wird, und zwar durch fragwürdige Existenzen, die in der Gesellschaft auftauchen. Casanova erzählt von einem Schwerin, der in London den Pour le Mérite seines großen Ahns versilberte.

Ähnliches wird immer wieder vorkommen. In jeder Herde gibt es das räudige Schaf, in jeder Familie den mißratenen Sohn. Statistisch darf es nicht überhandnehmen. Wer sich auf Vehses Manier mit den genealogischen Zusammenhängen, den Stammbäumen und Biographien beschäftigt, wird finden, daß mit der Wende zum 19. Jahrhundert die Güterverkäufe und die Liebesheiraten zunehmen.

*

Für manche Berufe ist der Leichtsinn unentbehrlich; er gehört existentiell dazu. Unter den Reitern sind die Leichten, vor allem die Husaren, seit jeher für ihr sanguinisches Temperament berühmt. Ihre Aufgabe ist die Beunruhigung des Feindes, das Spähen, die Überraschung, der Überfall. Sie »plänkeln« – das Wort ist mit »blinken« verwandt. Der klassische Angriff, der entscheidende Stoß war der schweren Kavallerie vorbehalten, die gepanzert und mit geradem Degen focht. Der Fürst zog sie als Leibwache vor.

Der leichte Typ ist von Tolstoi in der Novelle »Zwei Husaren« mit Licht und Schatten umrissen; auch Kleist führt ihn in seinen Erzählungen vor. Zum Husarenstreich gehören die schnelle Beute, der kühne Angriff, das verwegene Spiel. Gern wird auf *eine* Karte gesetzt.

Die Artverwandtschaft mit berittenen Nomadenvölkern deutet sich nicht nur in der Ausrüstung, sondern auch physiognomisch an. Einen Zieten könnte man sich auch bei den Panduren vorstellen. Bei manchen Regimentern wurde auf Häßlichkeit geradezu Wert gelegt.

Zwielichtiges, Blinkerndes bleibt auch dort, wo sie in die Weltgeschichte eingreifen. Blücher, den Napoleon den »besoffenen Husaren« nannte und dem selbst Léon Bloy Bewunderung zollte, behielt bis ins Greisenalter die sanguinische Unruhe. Sein Eifer, am Feind zu bleiben, ihn zu hetzen, besonders vor Waterloo unschätzbar, konnte dämonische, an die Wilde Jagd erinnernde Züge annehmen. So hechelt der Hund hinter dem Fluchtwild her. Zuweilen war er nicht richtig im Kopfe und bildete sich ein, daß dort ein Elefant hause. Natürlich war er auch ein gewaltiger Spieler und dazu ein schlechter Zahler; noch bewahren Familien von ihm Bons, die er nicht einlöste.

Blücher, der schon als Knabe zu den schwedischen Husaren entlief, war ungebildet; seine Stärke lag nicht im Wissen, sondern im Charakter und im Temperament. Sein Trinkspruch an Wellingtons Diplomatentafel: »Was die Schwerter uns erwerben, laßt die Feder nicht verderben«, blieb lange sprichwörtlich. Bei solcher Begabung fehlt es selten an Mutterwitz, der den Nagel auf den Kopf trifft, wie Blücher in vielen seiner Aussprüche. So über Preußen, als er nach 1815 mit zerrütteter Gesundheit von einer Kur zurückkam: »Der Staat hat keine bessere Konstitution als ich; im Kriege sind wir frisch, im Frieden wills nicht recht gehen.«

Schlagfertig war auch Zieten, überhaupt haben die beiden Lebensläufe manche Ähnlichkeit. Zum Leichten Reiter gehört die kecke Rede; beide wurden deswegen von Friedrich an die Luft gesetzt, doch auch wieder eingestellt. Der große Reiterführer des Siebenjährigen Krieges war Seydlitz; er trat bei den Kürassieren ein.

*

Gefährliche Züge werden im Bürgerkrieg oder in bürgerkriegsähnlichen Lagen offenbar. Dann kann der Husar in der Rolle dessen auftreten, der »nicht viel Federlesens macht«. Schnell ist er mit dem Aufhängen oder dem Erschießen bei der Hand, wie Blücher den Sachsen gegenüber, die bei Lüttich meuterten, als die Nachricht von der Zerstückelung ihres Landes durch den Wiener Kongreß eingetroffen war. Der preußische General von Borstell verweigerte aus Gewissensgründen die Ausführung der Exekution und wurde kassiert. Er war übrigens alter Kürassier.

Auch Galliffet repräsentiert mit seiner scharfgezackten Lebenskurve den Typ genau. Im Namen klingt der Hahnenschrei der Trompete, die vor Sedan zur letzten berühmten Attacke rief. Er schmeckt auch nach dem zähen Pulverdampf über den Leichen von Gefallenen.

Erinnerungen, die einen Mann vom Schlage Borstells vernichtet haben würden, haben Galliffet offenbar wenig bedrückt. »Voilà l'assassin« – so stellte er sich später als

Kriegsminister der Kammer vor. Bei ihm mag Mexikanisches einspielen, auch Erinnerungen an das stumpfsinnige Gemetzel von Sebastopol, das Vorbild künftiger Materialschlachten. Rochefort, der mit seiner »Laterne« das Muster jener rotgehefteten und ungemein rasanten Wochenblätter herausgab, berichtet über eine gefährliche Begegnung mit ihm. Der Mann der Feder entging dabei um Haaresbreite dem, der kein Federlesens macht. Atypisch ist Galliffets Verhalten in der Dreyfus-Affäre, das ihm auch noch den Haß der Konservativen eingetragen hat.

Man darf wohl sagen, daß die Generale im 19. Jahrhundert gut unter Aufsicht standen, von Südamerika abgesehen. Entweder die Monarchen oder die Parlamente hielten sie im Zaum. Nun blühen sie überall hervor, nicht nur in Afrika. Wo Argumente nicht mehr überzeugen, ist von den terribles simplificateurs bis zu den simplificateurs terribles nur ein Schritt. Tolstoi, der solche Charaktere aus Krieg und Frieden kannte, geht im Detail auf sie ein. Ein Linienoberst, der bei einer Abendgesellschaft einen jungen Offizier durch seine schlichte Humanität bezauberte, erschreckt ihn am nächsten Morgen durch den Eifer, mit dem er die Vollstreckung einer Prügelstrafe überwacht.

Es versteht sich, daß mit den Pferden und Reitern auch das Glücksspiel in seinen alten Formen aus der Mode kam. Der Vater, dem der Sohn die Spielschuld beichtet, verschwand selbst als Romanfigur. Desgleichen der Sohn, der sich eine Kugel vor den Kopf schießt oder in Amerika Teller wäscht, weil er auf Wort spielte. »Spielschulden sind Ehrenschulden« – eine Floskel, die viel Unheil angerichtet hatte – sie zog nicht mehr.

Am Spieltisch wird Schicksal verbilligt; schon das »Ehrenwort« ist ein verbilligtes Wort. Billig wird alles im Maß, in dem die Ziffer Eingang gewinnt. An unangenehmen Vorfällen und an Prozessen, die ihnen folgten, hat es noch um die Jahrhundertwende nicht gefehlt.

POTENZ UND VERMÖGEN

UMSATZ UND KAPITAL

Das rollende Geld schafft Schichtung, das ruhende Gliederung. Ein qualitativer Unterschied, nämlich der zwischen mechanischer Vermehrung und organischem Wachstum, deutet sich darin an. Vermögen kann nicht einfach dadurch gebildet werden, daß sich das Konto erhöht. Quantitativ betrachtet, kann ein Vermögen klein, ja winzig sein wie das eines Münchener Rentners vor dem Ersten Weltkriege. Sein Wert verbirgt sich nicht in der Ziffer, sondern in der jeder Beschleunigung abholden Muße, der friedlichen Sicherheit, die es gewährt. Sie läßt sich in einem Gärtchen, das, wenngleich nicht ohne Mühe, besorgt wird, vielleicht besser genießen als in einem Park.

Eine dynamische Gesellschaft schichtet sich, wenn überhaupt, nicht nach dem Vermögen, sondern nach dem Einkommen, das Verfügungsgewalt verleiht. Diese wiederum kommt dem Umtrieb zugute – der Verfügung über eine größere Zahl von Pferdekräften, der Raumüberwindung durch fernhintragende Mittel, dem Umsatz überhaupt, auf den auch die Investierung zielt. Dazu gehört die Reklame; die Bedeutung eines Buches wird nicht nach dem Wert, sondern nach der Höhe der Auflage geschätzt.

Zu bedenken ist ferner, daß die Verfügungsgewalt nicht immer dem zukommt, der das Einkommen verdient hat und der sie verdient. Seine Gewalt kann sich in die der Verwaltung umsetzen. Es gibt ein böses Erwachen am Morgen nach den geglückten Aufständen. Bei der Verteilung erscheinen andere Typen als jene, die vor der Front oder auf den Barrikaden gekämpft haben. Hinter der Erledigung der ersten Garnitur steckt eine Art von Gesetzmäßigkeit, vielleicht sogar von Vernunft. Grauenvoll wird der Aspekt, wenn man sich mit den Schicksalen im einzelnen beschäftigt, etwa mit dem der Sozialrevolutionäre vor und nach der Oktoberrevolution.

DIE PREUSSEN UND DER KRIEG

Zur Legende der Preußen gehört, daß sie gern Krieg führen. Sie haben vielmehr eine instinktive Scheu davor. Verglichen mit Ludwig XIV., ist der Große Kurfürst ein normaler Monarch und Friedrich die glänzende Ausnahme. Im Alter kehrte er zum Typus zurück und ist als der »Alte« Fritz ins Volksbewußtsein eingegangen, nicht als der junge im blauen Panzer, wie Pesne ihn gesehen hat.

Sie sind viel weniger Krieger als Soldaten, Fanatiker der Ordnung – die Sache muß »klappen«, ökonomisch, sozial – und militärisch natürlich in erster Linie, weil sie dort im übersichtlichen Modell paradiert. Friedrich Wilhelm I. ist der Urpreuße; er vertritt sie bis auf den Knopf. In die nordischen Händel Karls XII. wider Willen verwickelt, hat er seitdem keinen Krieg mehr geführt, obwohl es an guten Gelegenheiten nicht mangelte.

Die Preußen mögen die Kriege nicht, weil sie Elementares herauffördern, Unordnung mitbringen. Sie schätzen den übersichtlichen Rahmen: den Staat als großen Gutshof, die Ordnung der Exerzierplätze. Das Scheitern der Lineartaktik war eine Katastrophe für sie. Bei Valmy, ganz ähnlich wie an der Marne, sprachen die Nerven mit. Nolentem trahunt – es gibt einen Geheimzwang der Geschichte, der in das Geschehen lähmend einspielt; Goethe hat das dort besser als die Generale gesehen.

Friedrich Wilhelm II. war weder Soldat noch sonst bedeutend, war ein labiler Charakter, jedoch mit Hintergründen, wie ihn das Porträt von Anton Graff vortrefflich festgehalten hat. Unter ihm hat das Land den größten Zuwachs gehabt. Friedrich Wilhelm III. mußte an den Krieg herangetragen werden wie ein lauriger Hund zur Jagd. »Ich das gleich gesagt haben«, hörte man von ihm noch 1813, wenn es Rückschläge gab. Yorcks Selbständigkeit verdroß ihn, obwohl sie der Monarchie neues Leben einflößte. Friedrich Wilhelm IV. hat innen- und außenpolitisch große Chancen verpaßt. Die »Großdeutsche Lösung« gehörte dazu. Die Kaiserkrone hatte für ihn »den Ludergeruch der Revolution«.

Wilhelm I. erinnerte der Kaisertitel an den »Charaktermajor«. Er, unter dem nur glückliche Kriege geführt wurden und der ein guter Monarch war, zeigt die typischen Züge der Preußen: Begeisterung ist ihm fremd, zuwider sogar. Als nach 1864 siegreiche Regimenter mit Rosen in der Gewehrmündung einzogen, war er indigniert; ebenso als nach 1870 Hohenlohe sich mit einem Helm bei ihm meldete, den vor Sedan eine Kugel gestreift hatte. Als er nach Saint-Privat einen gefallenen Husaren in seiner roten Montur am Straßenrand sah, kam ihm der Gedanke, daß der Rock noch gut sei – man könne ihn auf Kammer abgeben. Der einem preußischen Feldwebel zugeschriebene Ausspruch: »Es wird Zeit, daß det Jesieje uffhört«, trifft wie jede gute Anekdote die Dinge im Kern.

Sie mögen Freiwillige nicht. Ihr Spieltrieb ist stark, doch wenig entwickelt; er richtet sich auf automatische Perfektion. Die Potsdamer Wachtparade hatte einen fast illusionären Zug, der intelligenten Reisenden nicht entgangen ist. Kein Stamm, wenig Heimat, doch Staat und Vaterland. Vielleicht hat das ihr nüchternes Urteil in Machtfragen bestimmt, das sie in ihren besten Zeiten auszeichnete. Hitler mußte sie aus der Verwaltung und der Armee ausräumen, bevor er richtig zum Zuge kam. Von Anfang an bestand gegenseitige Abneigung.

Wilhelm II., der auf romantische und beinah literarische Art den Schrecken genoß, den Rüstung und Waffen ausstrahlen, wurde im Kriege fast unsichtbar. Das war kein Medium für ihn wie Reiterattacken, Flottenparaden, Tempelhofer Feld. Waldersee, Bülow, Moltke der Jüngere – in Personalfragen hatte er, ganz im Gegensatz zu seinem Großvater, eine unglückliche Hand. Der Anspruch wird in den Phänotyp verlegt – vom Sein in den Schein.

Es ist nicht unmöglich, daß er im Urteil gewinnt. Vermutlich war er, ähnlich Friedrich Wilhelm IV., für ein Amt zu begabt, in dem es weniger auf Intelligenz ankommt als auf Charakter und Charisma.

Vergleiche mit König Gunther und Hamlet drängen sich auf. Vielleicht wird er einmal als tragische Figur erfaßt. Die Behauptung ist insofern nicht gewagt, als sie auf jeden Menschen zutrifft – doch fehlt es fast immer an einem Shakespeare oder wenigstens einem Georg Büchner, um ans Licht zu heben, was sich hinter der Maske verbirgt.

Es sind auch weniger die Kriege, die man den Preußen verübelt hat, es ist ihre Resistenz gegen die Zeit und deren verändernde Kraft. Sie bildeten den Block, der in Europa am letzten geschmolzen wurde und der dem Fortschritt am zähesten widerstand. Bedenkt man, was nach ihnen kam und was vielleicht noch auf uns zukommt – so wird man vielleicht eines Tages auch ihr Mißtrauen anders beurteilen.

BÜCHER UND LESER

Unter den Denkmälern der Traumstadt dürfte auch eins nicht fehlen, das der unbekannte Leser dem namenlosen Autor als Zeichen der Dankbarkeit für den Genius widmete, der ihm zu einer zweiten und leichteren Existenz verhalf. Mir jedenfalls will es scheinen, als ob ich auf lange Strecken hin stärker in den Büchern als in unserer Zwischenzeit gelebt hätte. Ich fuhr nicht von Leipzig nach Halle, sondern von einem Kapitel zum anderen. Dazwischen lag der öde Gleichtakt der Schwellen und Schienen, den die Telegraphenpfähle aufteilten, die Leere der technischen Welt. Das war schon auf der Schule so, und dann bei den Soldaten – ein Leben auf Fortsetzung.

Der Palast des Lesers ist dauerhafter als jeder andere. Er überlebt die Völker, die Kulturen, die Kulte, ja die Sprachen selbst. Erdbeben und Kriege bringen ihn nicht ins Schwanken, auch nicht die Brände von Bibliotheken wie jener von Alexandria. Märkte, Fellachendörfer, Kolosseen, Wolkenkratzer, Länder und Inseln wachsen in ihm empor und schwinden, als ob Regen sie fortspülte. Die Wirklichkeit wird verzaubert; der Traum wird Wirklichkeit. Das Tor steht offen zur magischen Welt.

Ich glaube, ich erwähnte schon einmal den Mandarin, der in einer Kette von Delinquenten auf seine Hinrichtung anstand und in ein Buch vertieft war, während vorn das Köpfen seinen Fortgang nahm. Der Leser ist meist zerstreut, doch nicht, weil er der Umwelt nicht gewachsen wäre, sondern weil er sie weniger wichtig nimmt. Das vor allem, wenn sie billiger wird und ihre Offerten im Wert sinken.

Fontanes »Irrungen, Wirrungen« sind mir in fester Erinnerung. Ich könnte Einzelheiten daraus genauer berichten als jene des Tages, an dem ich mit der Erzählung bekannt wurde. Es war der, an dem die Otago-Rifles frisch ausgeruht aus Neuseeland kamen, um uns anzugehen, und wir uns gegenseitig beschossen und in die Luft sprengten. Während der Pausen kehrte ich an die märkischen Seen der Gründerzeit zurück.

Tausend und eine Nacht – dieses unvergängliche Geschenk der magischen Welt an den Westen – begann ich als Neunjähriger zu lesen, im Juni des Jahres 1904; das war der Monat, in dem ich das Buch auf dem Geburtstagstisch der Mutter fand. Es war die vierbändige Übersetzung von Gustav Weil, zu der ich immer wieder wie zu einer Oase in der Wüste Zuflucht nahm, bis ich zu der zwölfbändigen von Littmann überging. Die Märchen gruben sich tief ins Gedächtnis ein und ebenso die Bilder der reich illustrierten Ausgabe. Ich spürte das jetzt wieder in Taroudant, einer marokkanischen Stadt, die trotz ihrer Nähe zur Küste noch stark orientalisches Gepräge trägt.

Tausend und eine Nacht: das Muster einer zugleich kollektiven und anonymen Autorschaft. Das Werk könnte von einem Dämon erfunden sein – über Nacht wie eines der Geisterschlösser erbaut. Man könnte auch an das Perlmutt einer Muschelschale denken – an eine Zerebralspur, die sich irisierend verhärtete.

KRANKHEIT UND DÄMONIE

NOTIZEN ZU WALTERS MISSGESCHICK

Krankheiten kommen und gehen; sie erscheinen und verschwinden wie Kometen, nachdem sie Unheil stifteten. So die Malaria, deren Macht jetzt eingeschränkt, doch nicht gebrochen ist. Als Krankheit der Sümpfe ist sie auf dem Rückzuge. Ein Arzt, Ernst Thonnard, hat ihr vor dreißig Jahren eine Studie gewidmet, die den Rahmen seines Faches überragt.

Die großen Seuchen ähneln den Kriegen, obwohl sie zeitlich und räumlich schwer zu begrenzen sind. Ihre Opfer sind nicht minder zahlreich, doch anonym. Das »Namenlose« bezeichnet Mächte, die schwer zu erkennen, schwer zu benennen, schwer zu ertragen sind. Sie können, oft kaum bemerkt, als politische Großmächte auftreten, denen weder Heere noch Waffen gewachsen sind. Die Malaria beendete Kreuzzüge, Belagerungen, Romfahrten. Fünf deutsche Kaiser starben in Italien an ihr. Den Indern war sie schon vor dreitausend Jahren als die »Königin der Krankheiten« bekannt.

Traum, Rausch und Fieber sind verschwistert; sie sind in den Sümpfen zuhaus. Zwei, drei Grad erhöhter Blutwärme genügen zum Eintritt in eine neue Bildwelt; der Fiebernde beginnt zu träumen, als ob sich seinem Geist ein Vorhang öffnete. Im Bann der schwülen Niederungen wird das Leben passiver; die Existenz nimmt pflanzenhafte Züge an.

Mancher der Kranken kehrt ungern in die Gesundheit zurück. Vom Lotos, der Wasserlilie, die beim Mondschein in den Sümpfen aufblüht, meinten die Griechen, daß sie sich ängstige, wenn der Tag anbricht. Die Lotis, eine Nymphe, hieß es, habe sich in sie verwandelt, als sie vom Priap verfolgt wurde. Bei den Indern segelt die Göttin Lakschmi in einem Lotoskelch über den Zeitenabgrund als Tochter des Ozeans und der Nacht.

Die Lotophagen, Bewohner der Sümpfe, von deren Kräutern sie sich nährten, galten als Träumer, die das Gedächtnis verloren hatten und ihm nicht nachtrauerten. Der Neunte Gesang der Odyssee berichtet von der Begegnung der Griechen mit ihnen, einem gutmütigen, doch gefährlichen Volk. Odysseus hatte zwei von einem Herold begleitete Kundschafter ins Innere ihrer Insel entsandt:

> Und sie gingen und fanden bald lotophagische Männer.
> Diese nun taten den Unsrigen nicht das geringste zuleide,
> Aber sie gaben den dreien von ihrem Lotos zu essen.
> Wer nun die Honigsüße der Lotosfrüchte gekostet,
> Dieser dachte nicht mehr an Kundschaft oder an Heimkehr,
> Sondern sie dachten dort bei den lotophagischen Männern
> Lotos pflückend zu bleiben und abzusagen der Heimat.

Das ist eine frühe Begegnung des politischen Bewußtseins und seiner Verantwortung mit dem vegetativen Wohlbehagen, auch den Gefahren der Sucht. Odysseus, der immer Rat weiß, greift zur Entziehungskur: Er läßt die Männer einfangen und gefesselt unter den Schiffsbänken ausnüchtern.

Palus: der Sumpf, das stehende Wasser – das Wort galt auch als Bezeichnung des Styx, der Unterwelt. Der Sumpf ist ein Zwischenreich, nicht Land und nicht Wasser, dunstig und zwielichtig. Malaria ist die schlechte, die ungesunde Luft und zugleich der Name jener Krankheit, des Paludismus, die früh tötet oder in eine dämmernde Existenz mündet. Sie durchwebt das Schicksal der Europäer nicht nur in den tropischen Kolonien, sondern schon an den Rändern ihres Kontinents. Die Energie erlahmt, die Zahl der roten Blutkörperchen nimmt ab.

Die Kinder, schon mit Malaria geboren, welken dahin; viele sterben früh. Ich sah sie noch, zart und blaß wie ätiolierte Triebe, während meiner ersten Besuche auf Sardinien. Freilich sind die Alteingesessenen wenigstens relativ durch die »Prämunition« gesichert – der Ausdruck stammt aus der Tuberkuloselehre und bedeutet den Schutz durch wiederholte Ansteckung. Die Festigung wird im Verlauf von Generationen erworben, als vererbter Gewinn. Die Macht der

Krankheit wird nach und nach gebrochen wie die einer Brandung, die sich an der Flachküste erschöpft. Der Fremde hat diesen Vorteil nicht. Der römische Beamte, der nach Sardinien versetzt wurde, rechnete mit drei Jahren; der Sarg zählte zum Reisegepäck.

Noch in unserem Jahrhundert gab es in Rom Quartiere, in denen während der Hundstage die Malaria aufkam; der Gang über den Friedhof der Fremden an der Pyramide des Cestius ist auch in dieser Hinsicht aufschlußreich. Im Baedeker wurde geraten, die Fenster geschlossen zu halten, wenn der Zug durch die Campagna fuhr.

Die große Zeit der Sümpfe war vorüber, als die Vögel und Säugetiere kamen und die Zahl der Vulkane sich verringerte. Fell und Gefieder mußten nun ergänzen, was einst die Erde von sich aus gab. Der Umsatz war kräftig in den heißen Gründen, in denen Drachen und Ungeheuer hausten, vor allem die Schlange als Sinnbild mächtigen Lebens, das auch den Tod umfaßt. Sie ruhte unter dem gefleckten Schierling oder auf dem toten Holz der Mangroven, das eine fahle Sonne beschien.

Der Sumpf ist dem Bewußtsein und der Geschichte feindlich, doch nicht der Lebenskraft. Es gibt dort weder Ahnen noch Helden noch höhere Gliederung. Geschichte mit ihrem Zeitbewußtsein konnte sich erst anbahnen, nachdem die Heroen sie vorgebahnt hatten. Ihnen folgte der Pflug in die Niederungen, deren Brut sie erlegt hatten. Das ist nur ein Beispiel großer Veränderungen, die über Meer und Berge reichen; blendendes Licht kommt mit dem Widder – sein Sonnenzeichen löst das des Stieres ab, das ganz der Erde zugehört.

Herakles, Theseus, Moses setzen neues Recht und neue Ordnung; der Stall des Augias wird durch Ströme gesäubert, der Minotauros bezwungen, die Anbetung des Goldenen Kalbes als Frevel gesühnt. Die Argonauten, die das Goldene Vlies erbeuten und den Stier vor den Pflug zwingen, sind frühe Widder – Alexander ist der letzte, mit ihm schwindet die mythische Welt.

Noch gibt es Sümpfe, doch selbst durch das Amazonasbecken werden schon Straßen gelegt. Noch fordert die Malaria ihre Opfer, deren Dunkelziffer nicht einmal zu schätzen ist. Sie kann jedoch am Zügel gehalten werden, wie die anderen großen Seuchen auch. Das Mikroskop, dann Fortschritte auf den Gebieten der Chemie, der Pharmakologie, der Zoologie, auch des Verkehrs und der Verwaltung gaben der Medizin die Handhaben. Daß sich bereits im vorigen Jahrhundert die Bevölkerung Europas auf das Doppelte vermehrte, wird vor allem mit der Abnahme der Kindersterblichkeit erklärt, zu der auch die Bekämpfung der Malaria beigetragen hat.

Die Krankheit hat nicht nur Erscheinung, sondern auch Gestalt. Sie hat nicht nur Ursachen und Anlässe, sondern auch Gebiet und System. Sie kann ganz oder zeitweilig schlafen, ohne daß Symptome sie anzeigen. Sie verdient erst ihren Namen, wenn der Kranke antwortet. Es gibt zahllose Protozoen – viele sind harmlos, andere gefährlich oder hochgefährlich, wiederum andere unentbehrlich und wohltätig. Doch auch die hochgefährlichen werden erst wirksam, wenn die Physis sich auf sie einläßt und antwortet. Auf diese Beobachtung gründen sich, vor allem an den Rändern der Medizin, Methoden und Vorschriften. Doch gleichviel, was, sei es taktisch, sei es strategisch, gegen die Krankheit unternommen wird – der Kranke bleibt ihr Knecht oder ihr Herr. Erfolg, das heißt Gesundung, ist nicht die eigentliche Frucht der souveränen Haltung, die er dem Leiden gegenüber einnehmen kann.

Früher sah man die großen Seuchen als leibhaftig; sie drohten als Heuschreckenschwärme, alte Frauen, fahle Reiter; Erdbeben und Kometen kündeten sie an. Das Pestmännlein brachte aus dem Walde den Schwarzen Tod in seinem Hut.

Nicht nur die Krankheiten als solche bilden ein Ganzes, sondern auch die Krankheit als Übel, das durch die Zeiten geht. Es wechselt nur Art und Feld der Angriffe. In der Arbeitswelt sind sie eng dem Tempo verhaftet, das Herz und

Nerven verschleißt und die Unfälle mehrt. Dazu kommen Vergiftungen. Während die Pest weicht, nimmt die Verpestung zu. Es ist unmöglich, sich dagegen ganz zu sichern – das Gift verbirgt sich in der Luft, dem Wasser, steigt aus der Erde in die Nahrung auf. Es kommt als Strahlung, als Droge, als Medizin und ist nicht auf die Materie beschränkt.

*

Armin Müller, auch einer der Ärzte, die Krankheiten im Sinne Goethescher Naturbetrachtung anschauen, spricht vom »gleichsam dämonischen Charakter« der Syphilis. Sie werde dem zuteil, der ein schlechtes Los in einer Lotterie gezogen habe, die jeder bespielt.

Dämonie ist in jeder Krankheit verborgen; darin darf man den Naturvölkern zustimmen. Sie wird bei einigen Leiden besonders deutlich, wie bei der Hundswut, der Armin Müller gleichfalls eine frappierende Studie gewidmet hat. Das Einzigartige an der Syphilis ist der moralische Effekt, dem sich selbst gebildete Ärzte nicht entziehen konnten; die Behandlung begann mit einer Standpauke. Die kausale Verflechtung von Schuld und Strafe, auch die Heimsuchung bis ins »dritte und vierte Glied« wird hier zum Musterbeispiel der pädagogischen Abschreckung.

Hier ruhte auch der Schwerpunkt von Walters Beunruhigung. Ich sagte ihm damals: »Desertier doch nach vorne, geh in die Gräben, Oppen« – das war der Oberst – »wird dich gewiß nicht zurückschicken.«

Er antwortete: »Daran habe ich auch schon gedacht. Aber um fallen zu können, muß man sauber sein.«

Dem moralischen Aspekt unterzogen, also mit einer Verfehlung oder wenigstens einem Versäumnis in Verbindung gebracht, kann jede Krankheit werden – das galt schon zu Urväterzeiten als ausgemacht. »Bedenke doch, wo ist ein Unschuldiger umgekommen? Oder wo sind die Gerechten je vertilgt?« So in Hiob 4, und weiter im 25. Kapitel: »Der Tod nimmt weg, die da sündigen, wie die Hitze und Dürre das

Schneewasser verzehrt. Der Mutterschoß vergißt sein; die Würmer haben ihre Lust an ihm. Sein wird nicht mehr gedacht; er wird zerbrochen wie ein fauler Baum.«

Die Krankheit ist ein Übel und zudem ansteckend. Mit ihrer Schwere wächst das Mißtrauen, mit dem der Kranke betrachtet wird. Defoe führt in seinem Rückblick auf die Pest in London Beispiele dafür an. Das Entsetzen hat sich in unfreundlichen Wendungen unserer Sprache erhalten, auch die Abneigung: »Der Kerl hat die Pest im Leib.«

Der Kranke ist lästig, oft gefährlich; er muß isoliert werden. Dennoch gelingt es nicht, den Einzug der Krankheit zu verhindern – »König Pest«, eine der Novellen von E. A. Poe, schildert ihren jeder Vorsicht spottenden Triumph.

Auf besonders brutale Art pflegten die »Sandelholzkapitäne«, Abenteurer, die im vorigen Jahrhundert die Südsee auf der Suche nach dem kostbaren Holz durchkreuzten, sich eines Kranken zu entledigen. Sie setzten ihn bei Nacht auf einer Insel aus. Meist waren die Eingeborenen, die ihn am Strande fanden, menschlicher und pflegten ihn gesund. Sie dagegen wurden durch die Ansteckung gezehntet oder ausgerottet bis auf einen resistenten Rest.

Ein Erlebnis, das der Vater als junger Mann im Jahr 1892 gehabt hatte, habe ich bereits an anderer Stelle notiert. Ich wiederhole es hier, weil es das Thema illustriert. Er kam eines Morgens am Hannoverschen Hauptbahnhof vorbei, als eben ein Reisender aus dem Eingang trat und über den Ernst-August-Platz ging. Aufmerksam auf den Fremden wurde er erst durch den Zuruf eines Lehrlings, vielleicht des klassischen Schusterjungen: »Das ist ein Hamburger!« Dabei ist zu wissen, daß damals, 1892, in Hamburg zum letzten Mal in Deutschland die Cholera wütete.

Offenbar war hier ein neues Schimpfwort entdeckt worden. Der Zuruf machte den Vater nachdenklich. Er wurde zu einem der Marksteine seiner Entwicklung, die sich bei Wohlwollen den Einzelnen gegenüber durch Skepsis hinsichtlich der Spezies kennzeichnete. Beobachtungen, Erfahrungen, Enttäuschungen hatten sich in ihm zu einem antirousseauischen System verdichtet; der Mensch war ihm zunächst suspekt. Er folgte damit einem gängigen Verhalten; das Besondere daran war nur, daß er, es zu kaschieren, sich nicht die Mühe nahm. Im Unbekannten auf einer Insel, in der Wüste oder selbst im Wald am Rande einer Großstadt erscheint uns zunächst die Spezies – wir werden mißtrauisch. Schon als Kinder wurden wir vor dem fremden Onkel gewarnt.

*

In »Aussatz« möchte ich ein Pendant zu »Ausschlag« sehen – es schlägt sich etwas nieder oder es setzt sich etwas an. Zunächst wurden fremdartige Stellen an der Haut entdeckt, Verfärbungen. Die Etymologen führen das Wort auf »Aussetzen« zurück. Das ist einleuchtend, doch so nachlässig arbeitet die Sprache im allgemeinen nicht. »Lepis« ist die Schuppe, Lepra die Krankheit, die die Haut schuppig macht.

Ausgesetzt wurden die Leprösen allerdings. Sie wohnten in Sondersiechenheimen außerhalb der Siedlungen, hatten auch ihre eigene Kapelle und ihren Friedhof dort. Zuvor wurden sie ausgesegnet, gleich schon Gestorbenen, von der Gemeinde verabschiedet. Es hieß, daß schon das Blut der Aussätzigen die Brunnen vergifte; sie mußten sich auf ihren Gängen durch eine Schelle oder eine Klapper ankündigen. Wenn sie einkauften, mußten sie die Münze in eine mit Essig gefüllte Schüssel werfen, wie das auch während der Pestzeiten gebräuchlich war.

Der unheimliche Ton der Siechenklapper war in den mittelalterlichen Städten allgemein bekannt, fast sprichwörtlich. »So kläpperts, als wenn die Sondersiechen mit ihren Kläppern zusammenkläppern« (Ulrich Krafft in einer seiner Predigten, Ulm 1503). Noch bei Wilde hören wir vom »Geschrei der Leprosen im Moor«.

Der Aussatz, einer der Schrecken des Mittelalters, ist nur noch an den fernen Rändern bekannt und wird bald nur mehr in der Medizingeschichte zu finden sein. Die großen Leiden nehmen ihren Gang wie die Kulturen; sie erscheinen, haben ihre Blüte, regieren lange und sterben ab. Dieses Verschwinden ist fast befremdlicher als das Erscheinen – ein ungeheurer Fisch taucht wieder unter, nachdem er Unheil gebracht hat.

Die Furcht verschwindet nicht mit ihm. Sie verteilt sich nun auf andere Felder, wechselt ihr Objekt. Sie beschäftigt sich kaum noch mit der Paralyse, wenig mit der Schwindsucht, viel mit dem Krebs, dem Herzinfarkt. Die Herzleiden begleitet eine intensive Angst. Das sind Varianten zur eigentlichen Melodie: dem »Wehen der Lüfte des Todes«, wie es im Gesangbuch hieß.

Auch die Schrecken des »mal de Naples« sind historisch geworden; der Weg war lang vom Leiden Ulrichs von Hutten, der nach elf Quecksilberkuren der Krankheit erlag, bis zu Maupassant, in dessen »Horla« das Anpochen des Wahnsinns und das Grauen vor ihm nachklingen.

Das ist sehr fern von den handfesten Anfängen – von einem Rabelais und seinen »Venus-Seuchlingen«. Überhaupt hat man den Eindruck, etwa wenn man die Tagebücher der Goncourts liest, daß der Literatenkreis, der hier auftritt, geradezu ein luxuriöser Nachtisch für das Übel geworden ist, dessen fressender Hunger sich besänftigt hat. Es verlegt sich nun auf die Nerven und irrlichtert durch das fin de siècle, dessen Bewußtheit und artistisches Feingefühl ihm eine unheimliche Phosphoreszenz verleihen. Der Horror findet sich bei Verlaine und seinem Gefolge, bei Rops und Murger, auch bei Dehmel: »Wir sind die Wollustseuche und der Tod.« Die Schrecken des Aussatzes haben sich verloren, dafür kommt diese Angst mit ihren nervösen Tastfäden. Edmond de Goncourt sieht im Restaurant, wie die Tischsitten des Bruders sich vergröbern; er weist ihn darauf hin. Jules beginnt zu weinen, dann kann auch Edmond die Tränen nicht zurückhalten.

Über Nietzsches Fall sind die Gelehrten nicht recht einig; soviel ist sicher, daß Overbeck nach dem Zusammenbruch spezifische Medizinen in des Freundes Turiner Zimmer fand.

*

Wenn wir die Krankheit als Macht ansehen, und zwar als selbständige Größe mit einer eigenen Bahn und vielleicht auch mit eigenen Aufgaben im Gesamtbild, dann werden wir sie nie im Ganzen fassen, sondern nur im Ausschnitt, in der Perspektive unserer Zeit. Sie erscheint nicht nur verschieden im Heer der Kranken und in den Völkern, die sie durchwandert, sondern auch in den Zeitaltern. Das gilt sowohl für die Krankheit wie auch für die Art, in der ihr der Kranke antwortet. Nicht umsonst bezeichnen wir mit dem Wort »das Leiden« bald einen Tatbestand, bald eine Tätigkeit.

So waren auch Walters Ängste epochaltypisch. Sie wären kurz vorher in dieser Weise nicht möglich gewesen, denn es mußte ihnen die Dunkelfeldbeleuchtung innerhalb der mikroskopischen Technik vorausgehen. Wir sähen das unvollständig, würden wir es nur als ein Verhältnis von Ursache und Wirkung auffassen. Der Eintritt in eine neue Stufe des Bewußtseins verändert nicht nur die Optik – man müßte denn den Begriff sehr weit fassen.

Allerdings muß bei einer hochgezüchteten Optik auch die Furcht zunehmen. Das sind Korrespondenzen; wir sehen mit solcher Ausrüstung Gefahren in weiter Ferne und auch solche, die im Wassertropfen verborgen sind. Bloy führt die Erfindung schneller Transportmittel, wie der Automobile und Flugzeuge, auf die Furcht zurück. Von Raketen war damals noch die Rede nicht. Das menschliche Ingenium müsse Zustände vorausahnen, in denen von der Erreichung eines fremden Kontinents innerhalb von Stunden das Leben abhänge.

Das Innere von Zeit und Zeiten entzieht sich der Einsicht, doch gibt es immer wieder Überraschungen hinsichtlich der Gleichzeitigkeit von weltweit getrennten Erscheinungen. Kurz vor der Französischen Revolution wurde von Herschel der Uranus entdeckt. Ohne diesen Planeten ist kein Horoskop mehr sinnvoll – und ebensowenig eine politische Prognose ohne die Kenntnis dieser Revolution. Schon der Name stimmt nachdenklich. Nicht minder ist das der Fall mit dem Neunten Planeten, dem Pluto, der 1930 mehr errechnet als visiert wurde. Sind das Benennungen, Eingebungen, Zufälle?

*

Merkwürdig ist, wie ein Keim sein besonderes Bild entwikkelt, wenn er aufgeht – ein Saumgeschwür, eine Veränderung der Hypophyse, bestimmte Formen von Größenwahn. Eine Infektion, die den einen zugrunde richtet, kann bei einem anderen Mängel ausgleichen. Ein Fieber eröffnet neue Bildwelten. Eine Geisteskrankheit treibt zunächst eine ungeahnte Blüte, einen genialischen Ausbruch hervor. Auch von dem, was dann geschieht, nehmen wir nur grobe Symptome wahr. Der Einblick führt über den Mikrotomschnitt kaum hinaus.

Das ist der Stil der Pflanzstädte. Ein Samenkorn, eine Spore flog an und entfaltet eine Blume oder eines der farbigen Bilder der dermatologischen Lehrbücher, einen Lupus in Schmetterlingsform. Ein Virus machte sich bei einem Kinde als Schnupfen kaum bemerkbar und lähmt seinen Bruder auf Lebenszeit.

Wie sehr unser Wissen über die Krankheiten zunimmt – der Kranke fragt sich mit Recht, was er, und gerade er damit zu schaffen hat. Das steht auf einem anderen Blatt. John Kennedy, der viel zu leiden hatte, sagte: »Das Leben ist ungerecht. Die einen sind gesund, die anderen krank.« Das ist ebenso richtig wie die Feststellung, daß nicht jeder Präsident der Vereinigten Staaten wird. Und wiederum: welches schier unglaubliche Zusammenspiel von Zufällen mußte sich verflechten, damit die Kugel, die auf ihn abgefeuert wurde, ihn tödlich traf. »Nein!« rief seine Frau, als sie sich über ihn warf – das ist das erste sich solchem Unheil gegenüber aufdrängende Wort.

Übrigens rüttelt ein solcher Tod immer an den Grundfesten des Bewußtseins – nicht nur im politischen Machtbereich. So rief auch dieser Geister auf den Plan, die sich mit Astrologie und Zahlenmagie beschäftigen oder denen seltsame Wiederholungen und Korrespondenzen im geschichtlichen Ablauf auffallen. Sie wittern okkulte Zusammenhänge, dringen aber zur eigentlichen Tiefe der Beschwörungen nicht vor. Vergossenes Blut hat eine Macht, die sich der Vorstellung entzieht. Daß mancher Mord, wie etwa der von Sarajewo, ein unabsehbares Gefolge findet, ist nicht mehr und nicht weniger merkwürdig als die Tatsache, daß ein Kind mit einem Streichholz eine Stadt anzünden kann. Immer aber hat man auch die brennende Macht des zum Opfer gebrachten Blutes gekannt. Es wird gleich dem gehegten Feuer wohltätig.

*

Etwas Eigenes, im Innern der Natur Verborgenes, muß zur Krankheit hinzukommen. Daher die Ausdeutung im Sinne von Schicksals- und Schuldfragen. In der Hygiene wird das säkularisiert. Krause kommt aus Kalkutta wieder und schleppt die Pocken ein. Hat sich nicht impfen lassen – ein krimineller Fall.